新时代 北京卷

教育文库

北京市第十五中学

聚焦新课程新教材的探索与实践

北京市第十五中学"双新"项目研究成果集

谭小青◎主编

中国言实出版社

图书在版编目(CIP)数据

聚焦新课程新教材的探索与实践：北京市第十五中学"双新"项目研究成果集 / 谭小青主编. -- 北京：中国言实出版社，2024. 11. --（新时代教育文库）.
ISBN 978-7-5171-4944-6

Ⅰ. G63-53

中国国家版本馆CIP数据核字第2024HM6909号

聚焦新课程新教材的探索与实践

——北京市第十五中学"双新"项目研究成果集

责任编辑：王君宁
责任校对：王建玲

出版发行：中国言实出版社
　　　　　地　址：北京市朝阳区北苑路180号加利大厦5号楼105室
　　　　　邮　编：100101
　　　　　编辑部：北京市海淀区花园北路35号院9号楼302室
　　　　　邮　编：100083
　　　　　电　话：010-64924853（总编室）　010-64924716（发行部）
　　　　　网　址：www.zgyscbs.cn　电子邮箱：zgyscbs@263.net

经　　销：新华书店
印　　刷：徐州绪权印刷有限公司
版　　次：2024年11月第1版　　2024年11月第1次印刷
规　　格：710毫米×1000毫米　　1/16　　22.5印张
字　　数：365千字

定　　价：89.00元
书　　号：ISBN 978-7-5171-4944-6

本书主编简介

谭小青 中共党员，现任北京市第十五中校长，硕士研究生毕业，中学化学高级教师，国际化学奥林匹克竞赛主教练。历任北京四中教研组长、教学处副主任、教学主任、教学副校长。长期从事中学化学教学、化学奥林匹克竞赛辅导、科技教育和教学管理工作。多次获全国化学奥林匹克竞赛"优秀园丁奖"。在各种刊物发表论文数十篇，主编及合作主编了《用数学的美感描绘世界》《让我们的声音被听到》《人文基础 科技特色 多元发展：北京市第四中学自主课程建设的创新探索》等多部著作。主持多项科技部和教育部国家级研究项目，多个课题研究荣获国家级教学成果二等奖，市区一、二等奖。2009 年 9 月荣获"北京市优秀教师"称号。西城区第十二届、第十三届党代会代表。

文库编委会

主　任：顾明远

编　委：（以下按姓氏笔画排序）

尹后庆　代蕊华　朱卫国　朱旭东

李　烈　李有毅　吴颖民　陈如平

罗　洁　姚　炜　唐江澎　韩　平

褚宏启

本书编委会

主　编：谭小青

副主编：吕　静　张绪姝　曹　煜　许海静

编　委：（以下按姓氏笔画排序）

王　芳　邓连娣　邓　超　刘　娟　刘　键

阮其红　张永华　张希涛　陈丽琴　陈　欣

杨　岩　张依依　吴奇琰　张建遥　宋相佚

何　淼　杜鑫雨　郑毅斌　郭东辉　海　娜

彭　云

总　序

党的二十大报告中指出，"教育、科技、人才是全面建设社会主义现代化国家的基础性、战略性支撑。必须坚持科技是第一生产力、人才是第一资源、创新是第一动力，深入实施科教兴国战略、人才强国战略、创新驱动发展战略，开辟发展新领域新赛道，不断塑造发展新动能新优势"。为深刻领会以习近平同志为核心的党中央作出这一战略部署的深义和赋予教育的新使命新任务，加快建设教育强国，加快推进教育高质量发展，展示新时代我国基础教育的发展变革和取得的重大成就，中国言实出版社策划、出版了"新时代教育文库"丛书。

进入新时代以来，教育系统全面贯彻党的教育方针，落实立德树人根本任务，培养德智体美劳全面发展的社会主义建设者和接班人；促进教育公平、提升教育质量，加快推进教育现代化，办好人民满意的教育。教育的中国特色更加鲜明，教育面貌正在发生格局性变化。新时代以来，我国教育普及水平实现了历史性跨越，更好地保障了人民受教育的机会；教育服务能力稳步提升，为国家重大战略实施和经济社会发展提供了强大的人才和智力支撑；教育改革开放持续深化，服务全民终身学习的教育体系进一步完善。"新时代教育文库"丛书记录了、见证了基础教育事业的发展变革，对研究我国基础教育具有一定的史料价值。

本丛书选题视野开阔，立意深远。丛书以地区分卷，入选学校办学特色鲜明、教学教研成果突出，既收录了办学者、管理者高水平的理论研究创新成果，也收录了一线教师对课堂教学的真实感悟案例，收录了一线管理者的成功经验总结，这些，对基础教育工作者、研究者具有一定的参考价值。

是为序。

著名教育家，中国教育学会名誉会长、北京师范大学资深教授

2022 年 12 月

代序 | 借"双新"项目研究，助学校高质量发展

北京市第十五中学创建于 1952 年，是北京市首批重点中学，北京市首批示范高中校，北京市首批特色高中校。学校拥有春明校区（初中部）和陶然校区（高中部）。2017 年成立北京市第十五中学教育集团，集团目前有北京市第十五中学附属幼儿园、北京市第十五中学附属小学、白纸坊小学、北京市第三十一中学、北京市第十五中学分校等。经过了 70 多年发展，几代耕耘，薪火相传。学校现有师资力量雄厚，先后拥有十多名特级教师、正高级教师，近百名市区学科带头人、区骨干教师。多位教师获市级以上劳动模范、优秀教师、"紫禁杯"特等奖等光荣称号。

2020 年 7 月，北京市西城区被教育部确定为全国首批 20 个普通高中新课程新教材实施国家级示范区之一，并以项目研究的方式推进示范区建设，简称"双新"项目。学校作为西城区所属重点实验校，积极申报并开展"双新"项目研究。

学校希望借助"双新"项目的开展和实施，全面贯彻新时代党的教育方针，落实立德树人的根本任务，实践"师生共时、和谐成长"的教育理念，以"培养德智体美劳全面发展的社会主义建设者和接班人"为最终目标，努力培养"有品质、饱满的人"。同时，伴随着新课程改革的进一步推进，学校在课程建设和教育教学方面主动求变，努力完善北京市第十五中学以"价值引领、五育并举、多

元发展"为理念的特色课程体系，持续探索"有品质、饱满的课堂"的实施路径和方法，从而有效地提升学生核心素养，提高教育教学质量。力争形成可借鉴、可推广的经验和成果，在促进学校多样化特色发展等方面发挥示范和引领作用。学校出版这本"双新"成果集的目的也在于此。

事实表明，学校通过"双新"项目的推进，达成了最初的预想，有效地改进教育评价，加强校本课程建设，推进课堂教学改革，健全教育管理，加强学生发展指导，提高教学管理水平，助推学校高质量发展。

学校以研促变，加强学习与培训，促进研讨和交流。先后外请专家进行线上线下讲座数次，进行学校层面组内研讨多达 30 余次，不仅强化教师团队的科研能力，同时也加强了教师队伍的建设，有效助力教师的专业成长，为学校后续科研打下了坚实的能力基础，提供了足够的师资储备。

学校以研促教，积极探索课堂教学改革。三年来，学校克服疫情带来的各种困难，创新工作模式，扎实推进项目研究。仅在 2020—2021 学年度第二学期，学校组织了以"双新"项目成果为主题的公开课展示活动，提供了市级、区级和校级各类公开课总计 56 节，与市区各类学校分享前一阶段的研究成果，得到了市区领导的指导和高度认可。2022 年 10 月 15 日，在中国教育学会高中专业委员会和西城区教委等大力支持下，学校承办了以"新课程、新教材、新探索、新发展"为主题的普通高中新课程新教材实施国家级示范区交流研讨会，也是全国首个举办以"双新"项目成果展示和研讨为主题的学校。此外，学校还承办西城区科研月分论坛，观摩课、研究课 300 余节，出版专著 2 本，获批发明专利 3 项，产生了大量学生作业集、作品集、教学资源库及"双新"项目研究相关优秀论文。

虽然历时三年的"双新"项目研究已经画上了圆满的句号，但是课堂的变革需要借助科研的力量，学校在教育教学方面的研究仍在继续。在感慨那些宝贵的研究成果诞生不易的同时，也看到了未来依然充满挑战，学校会扎实做好科研工作，紧跟时代的脚步，持续探索，不断前行。"路漫漫其修远兮，吾将上下而求索"，北京市第十五中学愿为教育事业高质量发展而不断奋斗！

学校在三年的"双新"项目研究过程中，得到了教育部、市区教委及相关部门的领导和专家的关心和帮助；在出版这本论文集的过程中，得到了中国言实出版社的大力支持，在此一并深表感谢！这本书中的每一篇文章都是老师们在研究过程中的总结和提炼，可能还不太成熟，我们也恳请兄弟学校各位老师、社会各界朋友批评、指正！

北京市第十五中学

2024 年 7 月 9 日

目　录

"基于学生本位的'家校社'共育的治理体系研究"项目研究报告

…………………………………………… 谭小青　曹　煜　陈　盈／001

"普通高中美育课程的开发与实践研究"项目研究报告 …………杜鑫雨／013

"高中语文校本课程的开发与实践研究"项目研究报告 …………海　娜／021

"一体三位生涯教育指导体系的构建与探索"项目研究报告 ………包　鑫／044

"普通高中思政课课程资源开发实践研究"项目研究报告 …………何　淼／060

"普通高中体育校本课程开发与实践的研究"项目研究报告 ………张建遥／083

"单元教学视域下的高中生物作业设计与实施"项目研究报告 ……王　芳／113

"中学数学关键能力培养的策略研究"项目研究报告 ……………郑毅斌／145

"基于真实情境的问题导向的教与学的研究"项目研究报告

………………………………………………… 陈丽琴　张永华／160

从学科教学到学科育人的实践研究

　　——以北京十五中高中思想政治课的探索为例 ………………张依依／173

"单元教学视域下的高中政治作业设计实践研究"项目研究报告

………………………………………………………… 张希涛／184

基于历史学科核心素养的深度学习研究与实践

　　——依托历史材料研读的深度学习探索 ················· 阮其红 / 199

"基于学科核心素养的深度学习研究与实践"项目研究报告 ········ 吕　静 / 212

普通高中学生学习方式的变革实践研究

　　——物理课堂教学实践 ································ 邓连娣 / 231

"探寻英语教学中提升中学生文化认同感的有效策略研究"

项目研究报告 ··· 宋相佚 / 250

"新课标背景下高中英语读写结合教学策略的研究"项目研究报告

　　··· 黄　健 / 256

"动态数学软件 GeoGebra 在高中数学探究式教学中的应用研究"

项目研究报告 ··· 张　彤 / 266

"基于高中政治核心素养的议题式教学研究与实践"

项目研究报告 ··· 孙丽华 / 279

基于真实情境的问题导向的教与学的研究

　　——以高中政治学科构建问题导向式教学模式为例项目研究报告

　　··· 张宏兴 / 294

促进高中化学学科核心素养发展的实践研究

　　——基于相关主题教学内容在不同学段的价值分析和教学目标确立

　　··· 陈　欣 / 308

"基于学科核心素养的教、学、评一体化设计研究"项目研究报告

　　··· 张绪姝 / 324

"基于学生本位的'家校社'共育的治理体系研究"项目研究报告

谭小青　曹　煜　陈　盈

一、问题的提出

青少年阶段是人生的"拔节孕穗期"。今天的他们，身处"数字化、网络化、智能化"深入发展的时代，也恰逢世界百年未有之大变局和"两个一百年"的历史交汇期。在这样的背景下，无论是社会关系，还是家庭关系都会发生深刻的改变。在未来，对于相当一部分父母来说，居家办公、弹性工作成为可能，这些父母会有更多的时间和孩子相处。所以如何与孩子沟通，如何和孩子共同成长，就成为父母需要学习的一个重要内容。

因此，我们应该通过科学理性分析教育的"瓶颈"和"危机"，聚焦家校社共育的"契合点"，以"立德树人"为根本任务，将教育路上的潜在"危机"转化为提升教师综合素养、家庭教育水平的"契机"和"转机"。以学校教育为主体，以家庭教育、社区教育为依托，努力构建学校、家庭、社区三位一体融合共育的新模式，完善家校社共育的治理体系，实现学习资源、活动资源、社会实践资源共享机制。通过营造一种自然、和谐、全面、稳定、有序的教育环境，挖掘每个孩子的生命潜能，从而促进每个生命个体的持续发展。这也是我们进行此项研究的大背景。

二、解决问题的过程与方法

（一）已有文献整理

关于"基于学生本位的'家校社'共育的治理体系研究"项目的完整研究文章尚未见于国内外报道。

1. 国外相关研究文献综述

系统的家校社合作研究与实践起源于美国，一共经历四个阶段，目前的研究主要有：

（1）美国的合作伙伴模式研究：学校成立"家长志愿者协调委员会"，使家长资源作为教师教学的补充，配备家长志愿者协调矛盾纠纷，每年有供教师、家长签约的合作协议书，以合同形式明确家校权责关系。

（2）英国的家长担任"教学助手"模式研究：该模式的前提是家长必须学习专业课程，经考试取得从业资格后方可受聘，对家长的素质要求较高。

（3）日本的 PAT 模式研究：日本建立了从国家到地方再到学校的三级PAT（家长教师联合会）组织。PAT 拥有三种属性：一是社会法人属性；二是社会教育团体属性；三是成人教育团体属性。

2. 国内相关研究文献综述

通过 CiteSpace 科学知识图谱分析研究方法对相关研究文献中的关键词进行统计，并进行可视化处理，发现该研究领域的主要关键词为"家庭教育""学校教育""家校合作"和"家长委员会"等，"家校共育"研究呈现如下特征。①家庭和家长参与或主导教育。②"家校共育"涵盖内容丰富，宏观方面的关键词有"家校共育""家校互动""家校联动""家校携手""家校 / 园合作""家校沟通""家庭与学校合作""家校合一""学校、家庭、社会一体化 / 三位一体""家长与教师合作 / 沟通""家庭教育与学校教育结合 / 整合""合力教育 / 教育合力"等，微观方面的关键词包括"家访""班主任与家长沟通"等。③"道德教育"是"家校共育"研究领域的一个重点研究课题。④"家校共育"经常强调"三位一体"，即强调家庭、社会和学校的联合，共同实现教育的目的。

（二）概念界定

家校社共育：鉴于家庭、学校和社区对个体均具有教育责任，有学者提出了"家校社协同共育"这一概念。所谓家校社协同共育，是指家庭、学校和社区在明确主体责任的基础上能够联动配合，保持一致的教育思想信念和教育行动，促使学生全面和谐地发展，取得最佳的育人效果。

（三）研究内容

1. 研究目标

一是在交流形式上，如何更好地解决家校社交流从单一走向多元的问题。

二是在参与机制上，如何更好地解决家长、社区管理者从形式上参与向管理上参与转变的问题。

三是在合作模式上，如何更好地解决"互联网+"背景下家校社合作模式转型的问题。

四是在合作关系上，如何更好地解决家长、社区管理者参与学校管理从依赖关系向互助关系转变的问题。

2. 具体研究过程

（1）针对交流形式，如何更好地解决家校社交流从单一走向多元的问题。学校要让家长真正拥有"话语权"，避免教师和家长之间的单向交流，让家长主动参与到学校的教育中来。我校将在现有"家长论坛"的基础上，继续完善家校社交流的多种形式，为家长及社区管理者发表意见、展现教育智慧提供更多机会和平台。

我校原来在家校合作中所采取的方式是家长会、家访、专家讲座等。每学期召开两三次的家长会，似乎形成了一种固定模式，大体上都是班主任介绍学生的基本学习状况，并指导家长如何辅导孩子学习。而如今的家长为了顺应社会，他们真正关心的不仅仅是学生的成绩，更重要的是学生的道德品质、性格发展、人际交往、能力开发等，但这些内容家长在这种家长会上是很难全面了解到的，这就不能达到家长会的真正效果。

最终我们根据家长的实际情况和需求，将家长会以"家长论坛"的形式呈现。我们想达到这样的目的：一是试图改变家长会现有的状态及其带来的沉重的消极影响，改变那种长期以来家长会成为以成绩作为唯一主打牌的宣布会的状况；二是坚持家校教育互补的原则，把家庭教育的作用发挥到极致。

（2）针对参与机制，如何更好地解决家长、社区管理者从形式上参与向管理上参与转变的问题，学校将充分利用家长委员会和家长学校这两个平台，让家长、社区管理者更多地参与到学校的日常管理中来。

学校将继续推出"家长讲坛",邀请各种职业类型的家长走进学校,结合自身职业特点和兴趣爱好,与学生分享职业的发展前景和需要具备的能力。针对具体学情,讲坛内容更加丰富、形式上也更加多样:在医院工作的家长可以教学生如何预防疾病,在法制部门工作的家长可以提醒学生提高安全意识⋯⋯

(3)针对合作模式,如何更好地解决适应"互联网+"背景下家校社合作模式转型的问题。学校也将充分利用智慧校园建设的契机,利用现代教育信息技术的优势,积极创新"互联网+"家校社合作的新模式,学校将继续加强班级公众号与年级公众号建设。

在平时的班级工作中,班主任常采用家长会或微信等方式与家长沟通、交流,但这些形式不能让家长全面了解班级的情况,更制约了家长对班级建设的作用,而班级公众号就弥补了这样的缺失。班主任和学生一起及时将班级公告、日常工作、主题活动等内容放置在公众号中。家长们可以在第一时间了解孩子的学习生活情况,还可以看到较有针对性的家庭教育信息以及其他家长的观点,更可留言与回复,发表评论,提出意见。

通过这样的家校互动,老师不仅可以从家访、开家长会等繁重的工作中解脱出来,还可以通过多种途径及时让家长了解到孩子的最新情况,确保学生向家长反映信息的真实性和及时性,这样平台的搭建,不仅使家校教育同步合辙,而且拓宽了家校教育结合的思路。

(4)针对合作关系,如何更好地解决家长、社区管理者参与学校管理从依赖关系向互助关系转变的问题,学校将继续推行"三方密谈"项目和家长开放日等活动;也将依托宣武少年宫和陶然亭街道办事处拓展家长和学生的社会实践活动资源。

(四)研究方法

此项研究以北京市第十五中学全体师生活动、家长及社会资源互动作为资料收集范围,以全体师生、家长与社会人士作为课题研究对象。

在研究中,研究者用到了:

文献研究法:本课题研究涉及家校社合作共育的内容,通过文献法可以全面分析本研究所涉及的相关领域的情况及其最新的发展趋势,可借鉴国内外对于该项研究的参考资料,努力分析他们的观点及论点等,更好地为本研究提供有益的参考。

调查研究法:通过问卷、访谈等方法对家长、学生、老师以及社区工作者进行调查，了解、分析各个群体对家校社共育的认识和理解，以及他们对学校相关活动开展的意见或建议，以便为家校社合作提供更多的帮助和支持。

行动研究法：通过对各个群体的调研，综合分析、研判结果，提出研究的重点问题特别是家校社共育的治理体系、交流形式、参与机制、合作模式及合作关系上的研究问题，收集相关资料，拟定更有效的行动方案，积极开展系列的、具体的研究，力争取得最佳效果。

案例研究法：对于家校社共育的各个群体的突出典型个案进行归纳总结分析，形成规律性和可借鉴性的参考，帮助家长和学生发现最好的自己，进一步促进学生的发展。

三、成果的主要内容

通过实践探索，研究者构建出了带有我校特色的、基于学生本位的家校社共育的治理体系结构。以美国家校社共育领域高级顾问 Trise Moore 的四大共育建议——在早期建立信任、主动分担责任、透彻交流平衡期望、为努力赋予意义作为实践指导，同时遵循人本主义教育观的基本原则，即自我同一性原则、启发性原则、美育原则、超越性原则、价值原则，构建了充满人文精神的家校社"筑真"共育体系（图1），达"品"愿景，"筑真"为径。

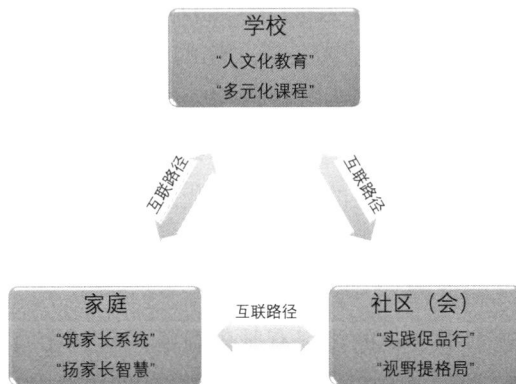

图1 家校社"筑真"共育体系

"筑真"共育体系以学校、家庭、社区（会）作为三大支柱，共同构成"品"字结构，同时每个支柱内又包含两大类内容，且相互间通过互联途径彼此联通，以确保共育功能的正常发挥。

（一）学校——"筑真"之"源地"

1. 人文化教育

学校博物馆将一件件作品自然而然地带进学生的生活，使"美"成为校园中的一种常态，感受"美"、领略"美"、欣赏"美"成了学子日日的功课与修为。定期推出的"别样空间"之专家讲坛、"相约星期二"之教师文化讲坛、"让我们的声音被听到"之学生讲坛，及教师文集《静朴丛书》、刊物《听香》《微语》，学生刊物《意叶》，开展的"学科与文明"年度话题交流等活动，拓宽了学生的关注范围。学校将这些优秀的文化要素汇集起来，实现文化的精准表达，从而形成基于学校的一种特定的人本力量，用这种力量去焕发每个人的生命热情，激发学校的活力。

2. 多元化课程

任何学习都不能把知识本身当作目的，面对生活和社会的复杂，学生不能萧然物外。所有的学习，是要帮助人们建立一种信心，具备了解社会的勇气，激发人的生命热情。在致力于人的全面成长进步的根本任务和提升学校品质的现实目标下，学校建立了独特的充满人文精神的课程体系。以此遵循学生身心成长规律及个性化需求，在教学理念上，从课堂上提倡"让学生发声""课堂的串联"，到"学历案"，再到"深度学习"的推广，学校通过打造师生学习共同体，让勤敏笃学成为每一位学生内化的行动准则。

在尊重学生学习能力的差异性和自主性的原则上，学校设立了节日文化课程、自主发展课程等不同课程形式。多元化的课程在参考学生不同文化基础、精神诉求、心理需要的基础上，为其提供多渠道发展空间，谋求知识与生命的有机融合，从而实现在校园生活中通过知识教育来培养学生的理性控制、逻辑思维，通过情感交流、优美人格的形成、自我的充分自由体现等活动来激发学生的非智力因素发展。

（1）主题节日文化课程。

每学年七个主题节日文化的设定有其内在的逻辑和德育内涵。主题节日文化的设置虽然固定在相应的月份，但每一年的主题都有变化，有思考有设计。综合考虑不同月份的自然景色特点、学生在不同阶段的发展规律与需求，充分结合学科教学的特色，最大限度挖掘主题节日文化活动的育人功能。

（2）自主发展课程。

"让我们的声音被听到"的学生讲坛侧重学术讲座，他们的研究与讲述为同龄人提供了广阔而丰富的思维场，更为到场聆听的人开启了一扇扇增长见识、通达智慧的窗。

"今天我领'秀'"侧重展示学生的特色能力。这个舞台的主人让大家发现，校园中从不缺少精彩，而是缺少用心的观察。只有静下心来默默沉淀，才能感知到生活的温度。

"午间音乐会"侧重学生艺术修养的提升。无论是演出者，还是观众，都以音乐为媒介，激起年轻人诗心的回荡，唤起自身对美、对善、对真理执着的追求，形成一种积极的人生态度。

多元化课程

课程名称	内涵
节日文化课程	3月心理节：引发学生思考社会、思考人生，学会理性对待生活。 4月合唱节：丰富学生文艺生活，提升音乐素养。 5月诗歌节：语文学科诗歌单元成果展示，营造诗意盎然的文化图景。 9月体育节：感悟体育与其他学科的互通性，挖掘潜在的文化内涵。 10月英语节：调动学生英语学习的积极性，开展英语节活动，提高口语水平。 11月科技节：提高学生的科技意识、创新能力，激发科学研究的兴趣。 12月艺术节：辞旧迎新，主体参与的"释放性"活动。
自主发展课程	"午间音乐会"——优雅的表达 侧重学生艺术修养的提升。无论是演出者，还是观众，都以音乐为媒介，激起年轻人诗心的回荡，唤起自身对美、对善、对真理执着的追求，形成一种积极的人生态度。 "学生讲坛"——智慧的表达 侧重学术讲座，他们的研究与讲述为同龄人提供了广阔而丰富的思维场，更为到场聆听的人开启了一扇扇增长见识、通达智慧的窗。 "今天我领'秀'"——多元的表达 侧重展示学生的特色能力。这个舞台的主人让大家发现，校园中从不缺少精彩，而是缺少用心的观察。只有静下心来默默沉淀，才能感知到生活的温度。

（二）家庭——"筑真"之"园地"

学校和家庭是孩子最重要的两个成长场所，父母是孩子的第一任教师，无论何时，都不应轻视父母在孩子教育上的影响力与感召力。"筑真"共育的理念源于学校，在学生家庭中渗透并得以持续实践。在其指导下，让家庭真正成为孩子的避风港与加油站。

1. 筑家长系统

积极、适当、畅通的家校联通结构是实现共育目标的基础之一，学校通过"新生一封信""家访""家校共育委员会"三种途径，打造家校沟通一体化。

新生一封信：高一新生入校时的第一份作业，就是家长和孩子就相同的三个问题——我的模样、对方的模样、家庭的模样进行描述并以文字呈现，交给班主任，这是班主任通过"非官方"的途径第一次与学生家长相遇。旨在通过分别自述的方式，了解学生与家长的基本情况，以及家长对教育、亲子抚育等问题的观点、态度。

线下家访与线上家访：新生入学后不久，班主任会单独联系家长进行一对一线上或线下家访，走进学生成长环境，通过所言、所观、所感去了解学生独特的场域文化。

家校共育委员会：经过一个学期的沟通与磨合，在高一年级的春季学期，学校与家长会正式成立年级的家校共育委员会。委员会与学校管理团队直接沟通，协助学校做好学生的日常教学工作（如组织学生家长进行晚自习值班等），对学校教育工作献计献策（如营养餐的构成、运动会展示活动的筹备等），并与学校教育教学理念保持高度一致。

2. 扬家长智慧

家长对孩子的教育渗透在其生活的各个方面，举手投足、只言片语，都会成为构筑孩子成长的一砖一瓦，因此，定期、高质量的思考、观念分享与观点碰撞就显得尤为重要。为此，由学校主办、家长共同参与的"家长论坛"与"家长讲坛"活动应运而生，并受到家长们的一致好评。

（1）家长论坛。

论坛以"为了孩子的未来"为宗旨，以年级为单位，邀请所有家长共同参与，迄今已经成功举办十七届。将舞台交给家长和学生，在包容、开放、积极的氛围里畅谈养育的种种话题。尽管每届论坛主题各有不同，但都离不开诸如今天我们该如何与孩子相处，我们要做什么，能做什么样的父母等核心话题。家长们展开思考、交流、对话、碰撞，乃至引发反思。

（2）家长讲坛。

家长群体里充满了丰富的职业角色，其中不乏各行各业的优秀从业者、管理者、领军者，他们对自己的行业有着独到的见解，而这都是学生可以借鉴的宝贵资源。因此，学校设立了家长讲坛活动，邀请各行业翘楚与学生分享职业心得与人生态度。利用班会时间，受邀家长与学生一同坐在教室里，谈论自己职业的选择、坚持的过程与当下的积累，学生有机会近距离接触各种职业与行业，通过提问，勾勒自己的职业生涯图景。

（三）社区（会）——"筑真"之"缘地"

法国著名社会学家布迪厄提出的场域理论：一个场域是在各种位置之间所存在的客观关系构成的网络，社会可以被看作是一个庞大的场域，同时也可以被看作是众多场域的结合，场域之间存在着一定界限，在不同的文化语境下又会重合，宗教、政治、文化、教育都可以看作是一个单独的场域，它们拥有着各自的场域规则，其中的个体需要经过努力获得场域认可的资本，并在场域中获得相应的地位。

社区（会）是"缘地"，意在寻找与学校意识形态一致的、适宜学生发展的微型社会空间供其适应、成长，让学生能够在毕业后，依旧对生活抱有长久的期待与活力，依旧可以让脚步追随目光，让诗意陪伴向往。对学生而言，学校与社会有着明显差异，从校园步入社会，他们需要一个"缓冲区"，需要有一个具备一定保护力渐入社会的过程。学校与社区（会）合作，也正是基于此——通过摘选、设计，营造适宜学生的"微型"社会场域，协助学生在这里实践并获得积极反馈，奠定他们对社会态度的基本底色。

1. 实践促品行

学校与所辖社区合作，为学生提供志愿性质的实践机会，比如陶然亭公园慈悲庵志愿讲解工作、龙泉社区委员会主任助理工作、陶然亭街道六德少年活动等。学校每年的高一（2）班，被指定为"雷锋班"，负责定期看望、陪伴身处养老院的学校教师遗孀左奶奶，全班同学每4人为一组，在团委老师的带领下，为左奶奶读报纸、打扫房间，做些力所能及的事。志愿活动旨在促进学生优秀品质的养成，包括但不限于助人、爱心、责任感等。

2. 视野提格局

存在主义心理学之父罗洛·梅将人的存在划分为三个层次：第一层是存在于自然世界；第二层是存在于人际世界；第三层是存在于自我世界。基于三层次的划分，学校对社会资源应用划分为：浸润自然之美、领悟人文之美、感召大国之美。当学生拥有更高、更广阔的视野，才会对其产生向往与动力，才可能会付出努力去成长为自己期待中的模样。学校可以做的，就是延展校园的外延，帮助他们与更真实的、更优质的社会资源相联结。

（1）浸润自然之美。

主要包括社会实践活动、艺术类选修课活动，让学生们走进自然，观山河湖海，览群山环绕，体味春夏秋冬在自然环境中的浸染，感受时光变迁所留下的印记。这不仅能促进他们对地理、生物等学科知识的理解，更能燃起他们对自然的崇拜、对生命的热爱。

（2）领悟人文之美。

中华五千多年的文明汇聚成一条源远流长的历史长河，以铜为镜，可以正衣冠；以古为镜，可以知兴替；以人为镜，可以明得失。人类思想的结晶犹如璀璨的繁星，掌握人文知识，是让学生站在巨人的肩膀上审视当下与眺望未来。为此，在研学活动中让学生参观一座博物馆、感受一处古老村落、走进一家科研院所……都在帮助他们与前人相联结。

（3）感召大国之美。

孩子是祖国未来的接班人，对国家的认同、归属与热爱，将直接影响国家未来的发展。多参与国家大事是学生与国家紧密联系的重要途径，比如，学校组织参与庆祝中华人民共和国成立 70 周年群众游行、对话 2022 年北京冬奥会活动，使学生对大国风范有了更深的理解。

（四）互联路径："纸书达意"与"飞书传情"

仅有先进的理念不足以支撑家校社共育的实现与良性循环，建立健全三者间准确、高效的互联方式，是确保学校充满人文精神的"筑真"共育体系实现的基础。因此，学校经过反复实践，总结归纳出"纸书达意"与"飞书传情"两种家校社互联路径。

1. "纸书达意"——理念的实物传递方式

学校的日常教育教学工作、重要活动，都会通过家长信的方式让家长知晓，每封家长信的文字部分都至少要经过三位老师共同合作才能完成，包含起草创作、意图表达、语句审校等，如此繁复，只为能将学校的育人理念，以家长最能接受的方式进行传递。此外，学生在开学之初，都会收到两本手册——学生手册和家长手册。学生手册主要讲解学校的各种规章制度及校园文化，家长手册不仅包含学校的各种育人理念，还包含对《家庭教育促进法》的解读，以及对家庭抚育的心理学指导意见。

2. "飞书传情"——理念的虚拟传递方式

在 5G 互联时代，学校充分运用微信、微信公众号、问卷星、腾讯会议、网络直播、校园网站等媒介及时、准确地向家庭、社会传递学校的教育教学工作，其目的在于让家校社共育各方及时相互了解，并准确把握共育核心理念。

（五）成效

在家校社"筑真"共育体系下，学校构建出一种多元文化兼容并蓄的教学氛围，家庭营造出一种温馨舒畅的人际氛围，社会给予了一种人文智慧和人文关怀兼具的发展氛围，这三个不同的空间不断实现对话，建立起了一种知识性、社群性与文化性的沟通。这种精神上的感通，心灵上的会遇，是跨越人间无数关卡的基础，学生在整个发展的过程中，寻找兴趣，挖掘潜力，在践行成长中收获感动，在彰显个性中深入思考。在这种生长环境中，学生学习能力、品行道德等方面获得全面发展：在市区模拟政协、模拟法庭等活动中积极建言献策，勇于担当；在关爱候鸟儿童、博物馆讲解、北京马拉松等大型活动中践行志愿精神，勇于奉献；在各级各类辩论、演讲、桥牌、DI等大型赛事中屡获佳绩，勇于挑战；在运动赛场、电视节目、媒体播报等公众平台崭露头角，勇于面对。这一切都源自家校社共育赋予孩子的自信、勇敢、乐观等品质，真正实现了人之整体性的尊严与价值的觉醒和肯定。

四、效果与反思

在进行课题研究的过程中，研究者积极进行实践探索、阅读相关文献、定期举行分享会，将研究不断推进、深入，并取得了一系列丰硕成果。

围绕本项研究，已经发表了《守住依"法"带娃底线，编织好"立德树人"主线》《如何让生涯规划教育点亮学生未来》《教育孩子是一种自我再成长 读〈亮见〉的心灵触动》等论文；出版了《十五中家庭教育指导手册》《十五中学生指导手册》与《十五中班主任指导手册》；在不同学术会议上进行了《新班级组建时的线上家访建议》《"家校社"共育模式的实践与探索》《建设具有抗逆力性的家庭氛围》等专题发言；举行了《后物质主义价值观下的学生状态》《亲子关系的调试》《同行共进·积极成长》等数十场讲座；召开了《自己能做什么来改变现状》《坚持的力量，面对挑战的勇气》《家校互动，助力孩子疫情期间学有所获》等百余场主题班会；制作了以《亲子沟通为什么有壁了》《萨提亚冰山理论视角下沟通模式的觉察》《共情与沟通》《应对考试焦虑》等为主题的家长与学生共同参与的"微课堂"。

教育归根结底是对人生命的塑造。OECD关于未来学校教育提出过四种图景，其中之一就是"学校作为学习的中心"——学校多元化发展，拆除"学校围墙"，学校与社区联系起来并不断改变学习、公民参与和社会创新。在这种图景下，学校教与学的组织安排将是灵活且不断变化的，不同的个人和机构参与者可以提供各种技能和资源以支持学生的学习。学生的学习活动也将在更广泛的教育生态体系背景下进行。

参考文献

[1]〔德〕安德列亚斯·施莱歇尔. 不寻常的一年：全球学校教育观察 [M]. 上海：上海教育出版社，2022.

[2] 经济合作与发展组织. 回到教育的未来：OECD 关于学校教育的四种图景 [M]. 上海：上海教育出版社，2022.

[3] 李家成，王培颖. 家校合作指导手册 [M]. 北京：北京大学出版社，2016.

执笔人：谭小青、曹煜、陈盈

"普通高中美育课程的开发与实践研究"
项目研究报告

杜鑫雨

一、研究背景

美育是审美教育、心灵教育，也是丰富想象力和培养创新意识的教育。我们将学校美育作为立德树人的重要载体，坚持弘扬社会主义核心价值观，强化中华优秀传统文化、革命文化、社会主义先进文化教育，引领学生陶冶高尚情操，塑造美好心灵，增强文化自信。我们应坚持面向全体学生，整体推进美育发展，加强分类指导，鼓励特色发展。我们要坚持改革创新，全面深化美育综合改革，加强各学科有机融合，整合美育资源，补齐发展短板，强化实践体验，完善评价机制。

在当今倡导素质教育的大背景下，普通高中美育课程的开发与实践更为引人关注。1999 年中共中央、国务院印发的《关于深化教育改革全面推进素质教育的决定》（中发〔1999〕9 号）中指出："美育不仅能陶冶情操、提高素养，而且有助于开发智力，对于促进学生全面发展具有不可代替的作用。要尽快改变学校美育工作薄弱的状况，将美育融入学校教育全过程。"到了 21 世纪，美育理论科学的发展进入了新的发展阶段，并得到了迅猛积累。在西方美育思想中，"个性展现""创造精神的培养"常常被摆在主导的地位，在现代教育理念中，个性发展也越来越受到重视。

为了适应这个发展趋势，我们艺术教师必须以全新的教育理念，积极探索新的学习方式，发挥艺术课程在人的培养中的特殊作用，从学生的综合素质培养出发，有效促进学生的全面发展和个性发展。但是从目前高中教育情况来看，高中生面临着沉重的高考压力，很多学生认为，美术、音乐等都是副科，未能端正学习态度，导致教育教学质量难以提升。艺术课堂上，学生要不就是做其他学科的作业，要不就是窃窃私语，更有甚者呼呼大睡，教学工作开展起来困难重重，美育素养的培养也成为一句空话。同时由于艺术课程自小学起就处于边缘状态，所以在教授高中美术课程时，教师面对的另一个挑战便是学生美术基础较差的现实问题。

因此，如何结合当下中学生的特点与现状，开发独具特色的艺术课程并实践，便是摆在每一位艺术教师面前的现实问题。我校美育课程体系建设目前初见端倪，艺术教师因材施教，教与学呈现出了全新的气象。但总体看，我们的课程还有待进一步梳理完善，主要表现为：课程之间逻辑关系不强，课程理念没有完全实现教育的全过程渗透，教师的课程开发存在着一定的盲目性，有的课程内容已经不能满足今天学生的需要。因此，整体规划、深度建构学校美育课程已经十分必要。

二、文献综述

（1）党的十八届三中全会明确提出"改进美育教学，提高学生审美和人文素养"，提升了美育在人成长过程中的重要地位。2015 年 9 月，国务院办公厅发布《关于全面加强和改进学校美育工作的意见》，从国家层面将美育提升至一个重要位置，并在构建美育课程体系方面提出建设性意见，是进一步完善我国教育的一项重要举措。教育部由此开始加强学校美育。

（2）2018 年 1 月，中华人民共和国教育部在其制定的《普通高中艺术课程标准》中贯穿了艺术学科核心素养，明确了艺术学科核心素养的内涵与实现方式，并在附录中进行了艺术学科核心素养水平的划分。艺术学科核心素养肯定了美育在学生素养提升方面的重要作用，为课程的开发与实施明确了教学改革的方向，既可以作为校本课程的课程目标，又是评价学生学习成果即素养达成程度的标准。艺术课程的内容编排与设置也应以培养学生核心素养为新的教学观，以提升学生艺术学科核心素养为最终的目标。

（3）2020 年 10 月，学习中共中央办公厅、国务院办公厅印发的《关于全面加强和改进新时代学校美育工作的意见》明确：学校的美术、音乐学科不是孤立的，而应建立合作，要树立大美育观；分地区、有条件地逐步实施舞蹈、戏曲、影视传媒课程；艺术教育要与学生的生活相连接，内容要平易近人；美育课程关注的不是传授技能，而应是带给学生轻松愉悦；让学生树立对艺术的自信，参与课堂表现、展示等活动，即核心素养中的艺术表现与创意实践。

三、概念界定

普通高中美育的学理转型、价值指向与建构：美学的"生活转向"与教育的"过程转向"是美育得以学理化的两条路径。普通高中美育的价值在于维护人之为人的本质，培养完整的人，让教育过程成为学生正确的世界观、人生观和价值观的形成过程。因此，学校美育应以提升人文素养、丰富社会情感、关照全人发展为价值指向，建构"身心一体"的美育理论模型，建立个人、社会和国家三位一体的美育课程体系，实施以"情感交往"定义的"审美课堂"。

高中艺术课堂中"美育"：高中艺术课程是培养学生具有较高艺术素养的必修课程，实施审美教育，培育时代新人。是包含音乐、舞蹈、美术、设计、戏剧、影视与数字媒体等的综合性课程。教师开展艺术课程，首先要注重培育学生逐渐形成一定水平的艺术学科核心素养，要多研究学习美育相关课程标准和学科核心素养，明确美育的意义，强调整体性与关联性，开展情景化教学，探索技术与艺术教学的融合点，并尝试运用多样性的评价方式。《普通高中艺术课程标准（2017年版2020年修订）》（以下简称《课程标准》），音乐、美术等学科核心素养是国家教育方针的指导思想在艺术学科上的具体体现。因此，新时代的艺术教育要贯彻我国素质教育德、智、体、美、劳全面发展的教育方针，深入贯彻全国教育工作会议精神，以保证我国教育方针在中小学艺术教育中贯彻实施。《课程标准》对教学目标、教学内容、教学方法和评价等部分存在的不足进行了重要的调整，从而更具针对性，更能体现课程的教育功能。其课程内容框架以美学为核心而构筑，更加能在教学中体现素质教育的精髓。教学对象面向全体学生，更加能体现出课程的教育功能，更为注重情感态度与价值观的渗透。《课程标准》和艺术学科核心素养明确定义了美育的意义，反映了时代的发展和社会的需求，是教师进行艺术教学的依据，是衡量艺术教学质量的重要标准，是加强教学计划性、提高教学质量的保证。

四、研究内容

（一）课程设置"通识的课程"

教师在认真研读《课程标准》与艺术学科核心素养的基础上，在面对的都是非艺术特长学生的前提下，如何结合大概念下的艺术7个元素，设计一门或几门适合全校的艺术校本选修课，成为需要面对的问题。本课程有两个很重要的属性：非专业、选修课。在此前提下，课程设置上，理论与实践相结合，讲授与讨论相结合。在理论课程方面，以讲座的形式开展，每一节课讲授一个专题，尽可能留些时间供大家提问、讨论。我们全体艺术教师在前期实验阶段已经开设了如"中国古代绘画撷英"、"古埃及黑白装饰画"与"哥特式教堂赏析"、"丙烯油彩绘画"与"陶然亭风景写生"、"西方歌剧欣赏"、"电影音乐赏析"等课程，为了区别于艺术史类课程，还开设"如何进行有效性美术馆参观""走近木心"等专题。这些已有专题，在整体规划上有所欠缺，后期还需完善。这些课程的特别之处，不单是讲艺术鉴赏内容，更多的是涉及艺术这个行业其他更广泛的基本知识，这也是学生们所愿意了解的，也能够更好地激发学生的兴趣点。

（二）如何开设"筑真特色课程"

我校高中部每个年级都有2—3个筑真班的学生。我们要思考给这些班级的学生开设什么样的艺术课程，才能既满足这部分学生广泛的艺术学习需求，又不至于因课程过于专业化而让学生望而却步。在以往的教学实践中，我们开设了"拼合肖像""漆画设计与制作""电影音乐赏析"等课程，结合筑真班的特点，我们也尝试将高中音乐课堂中的部分审美教育迁移到一系列的筑真会演中来。音乐教育在美育中的独特作用是其他学科所无法比拟的。自音乐教学体系成立以来，音乐教学的重点是"专业化"。大家通常认为音乐课是一门所谓的调剂性的学习歌唱、传授技巧和技法的课程，这种教学观点目前看来的确是狭隘与片面，使美育的作用和功能不能充分发挥和实现。在音乐教学过程中，以育人为目的，加强音乐中的审美教育，美育的成果才能予以保障。以刚才提及的演出为例，无论从舞台设计、演员服饰，还是节目的编排等，需要学生充分发挥主体作用，通过一系列作品来展现自己对文学、对生活、对艺术美的理解与表达，从而实现对学生的美的教育。

课堂教学是学校教育中最基本、最主要的教育方式，因此美术课与音乐课是审美教育实施的重要手段之一。我们也尝试与其他学科进行跨学科的大美育观下的综合教学活动，如与语文学科单元教学合作，共同学习文言文、表现季节的文章等，带领学生在课堂中注入艺术元素的分析与表达，也是进行深度阅读。高中艺术课堂不是狭义的"技术性"教学，不应仅仅局限于训练学生的艺术才能和技巧，更应该将重点放在学生感性认知的进一步开发，审美意识的进一步提高等，从而使学生的生理、心理方面更加健康，而这也是我们每位教师要思考的问题。我们有信心在今后的教学实践中为筑真班开发出新的美育课程。

五、研究方法

树立大美育观，加强理论学习。梳理已有课程，依托特色课程整合、学科渗透、课堂实践来树立艺术课程育人的理念。思考如何在学校教育教学生活的过程中将艺术核心素养的内在要求加以实践。深入学习《课程标准》，钻研教材，将核心素养细化并尝试落实，准确把握学科特色要求，以正在实践教学中的课程模块为载体确定单元教学整体的设计。研究方法包括文本研究、知识讲授与艺术实践、作品比较、示范与演示、综合评价与交流反馈等。

（一）以课程整合丰富教学内涵，转变丰富教学方式

在国家规定的，高中课程容量已经基本没有空间的前提下，将已有艺术特色课程进行梳理、重新整合。初步设想主要有以下几种方式：第一，基于国家课程的校本化、审美化开发，即将教学内容系列化、体系化、模块化，使教学内容更加符合学生认知特点和学科逻辑。第二，打通不同学科界，进行教育内容的跨学科整合，如教研组之间、学科之间的合作等，进行有关教学内容的开发，体现教学的多学科整合。第三，将立德树人的价值追求和中华优秀传统文化相关内容有机整合在特色课程内容之中，赋予课程更丰富的文化承载和价值追求。正如席勒所说，美育的目的不是单纯地促进某一种心理功能的发展，而是通过在内心中达到审美状态使各种心理功能达到和谐，即通过美育使受教育者具有协调和谐的心理状态和人格状态，从而为各种能力的高度发展和充分协调提供基础。在课程开发与实施中，更加注重实践，关注现实，贴近学生生活，不断实践转变教学方式。

（二）以审美精神重构教学文化，建设审美课堂

现代教学理论认为，教学是科学、哲学、技术、艺术这四者的综合，教学也就包含了科学"探究"、哲学"思辨"、技术"支撑"、艺术"设计"。教学是科学，它有科学美；教学是哲学，它有理性美；教学是技术，它有技术美；教学是艺术，它有艺术美。教师通过有计划的阶段课程开发与教学实践，在教学中关注审美精神对教学文化的影响，不断调整更新完善艺术课程。

（三）研究阶段与任务

我们将此项目规划周期分为两个阶段，在第一阶段里，教师们主要是结合自己以往以及现在进行的教育教学实践，寻找突破点，探索艺术大概念宏观指引下的新课程。在第二阶段里，教师们在实践中整理特色课程资料、形成单元设计、总结反思等，通过主题研讨、课程展示等活动，不断修改加以完善，并为相关案例与论文的撰写做准备。

六、研究成果

我们的终极目标是：高中美育课程建设逐渐深化，初步形成课程理念、课程目标、构建路径、实施与评价为一体的大美育课程体系，实现以美育重构中学生活的发展愿景。按照"课程目标的整体性、课程结构的多元性、课程教学的审美性"三个原则，将人文与科学、艺术与生活的课程内容，按一定的层次和结构关联性加以整合，在"培养感性素质高的、完整的人"的愿景下，构建"大美育课程体系"。但以上目标结合我校现状，显然需要较长的周期去实践。

在这个课题之下，我们目前的成果是：呈现学校艺术教育新样态，激发艺术教师队伍新面貌。具体如下：

（一）形成某一个特色课程或几个课程模块完整的单元教学设计

课题组教师们在课题的不同研究阶段内做了数节公开课，在实践中不断修改调整完善教学设计。从目前汇总成果来看，远远超出了之前的预期：2021 教育部北师大教师教育研究中心"中小学学习共同体建设"研究项目课程"木头人的畅想——体积与空间"；中国教育学会高中教育专业委员会 2021 年年会暨普通高中新课程新教材实施国家级示范区交流研讨会展示课 3 节；西城区艺术语言研究《造型元素中的线、形、色、质和空间》3 节；西城区《艺术语言在教学中的应用》教学设计一等奖；2022 教育部北师大教师教育研究中心"中小

学学习共同体建设"研究项目课程《音乐剧赏析》；大单元教学:《学会聆听》《古希腊美术鉴赏》《丝竹相和》《彝族舞蹈"阿细跳月"体验与创作》；初高中贯通培养艺术课程教学设计纲要：中国民歌、贝聿铭建筑设计与中国古典园林艺术欣赏、乐海泛舟、木浮雕制作、圣殿之旅——西方美术鉴赏、现代舞编创体验——以《乡愁》为例、戏剧"传奇"之旅、运用绘画中的形式语言实现艺术共情、丝竹相和；2022北京市普通高中特色课程《陶然亭风景写生》；戏曲课程系列《牡丹亭——游园》《歌诗乐舞　水磨情长》《包龙图打坐开封府》《京剧大师梅兰芳》《猛听得金鼓响画角声震》。

（二）撰写论文并开展主题研讨交流活动、学生作品展示与演出等

2022北京教育增刊出版:《讲故事助益高中美术教学》《非遗舞蹈入校园》《漆画课程实践》《京剧唱腔大单元思考》《让学生体验美术之美》。

参加各级别论文征文比赛:《普通高中美育课程开发与实践——漆画教学探究》《浅谈如何培养学生的音乐欣赏能力》《新课标理念下的美术学科教学思考与实践》《让孩子的心灵随音乐飞舞》《京腔京韵国粹情》。

学生作品展示与演出：校园文创《筑真画梦》系列丛书收录学生美术作品、校园学生作品《创意空间》等；高中学生合唱节专场主题演出《明媚的声音》、学生午间音乐会。

七、研究效果

全体课题组教师力求在该课题的实施过程中，学生对美育课程的学习兴趣与习惯、学习能力直至学科素养能有所改变并提升，在有限的美育课程学习中有所收获，懂得关注生活中的事物，尝试去观察思考，永远葆有一颗好奇心，真正做到学有所得。

（一）呈现学校艺术教育新样态

1. 形成多元化学校艺术特色

在此次课题研究学习过程中，每位教师都全身心投入到自己的课堂教学实践中，并结合自身专业特色开发新课程。在市区校各级活动中积极参与、展示交流，效果也得到师生好评。

2. 形成以学生为主体的校园文化特色

我们将学生的作品用于校园文化建设，让学生成为校园的主人。例如在建校 70 周年系列活动中，我们的主要标识就是由众多学生参与设计的，最终选出的一个标识设计被应用到各个环节，大家都很喜欢，这是一个很成功的设计；我们的楼道内挂满了装裱后的学生作品，学生在艺术长廊中穿梭、交流、赏析，在校园生活中体验艺术氛围；我们有一个"艺术创意空间"，定期更换学生作品，也成了独特的艺术交流场所；我们定期开办学生"午间音乐会"，各种器乐、个人才艺得到充分展示，好多学生平时在文化课学习生活中没有展现出的个人特色在此得到展现，艺术氛围浓厚、师生十分受益。

（二）激发艺术教师队伍新面貌

1. 提升教师的教育研究能力

在这一阶段的研究学习中，教师们或是用理论书籍充实自己，或是外出学习参观交流，或是在自己的课堂反复钻研实践改良，大家都在这一课题的凝聚下共同努力，教育研究能力切实得到提升。

2. 形成具有创新精神的艺术研究团队

我们全体课题组教师通过此次课题研究，提升了个人教学研究能力。通过一系列大单元课程的专题研究，理论与实践结合，改变了之前固有的思维方式，由原来"教的设计"转变为"学的设计"。大家共同努力，切实开发了有效的校本课程。同时我们也看到问题，如在模块领域的丰富性上做得还不够、与现代信息技术的结合还要继续深入探究等，这些有待提升的空间也将成为我们今后继续研究的动力。

执笔人：杜鑫雨

"高中语文校本课程的开发与实践研究"项目研究报告

海　娜

一、研究背景

关于校本课程的开发的研究由来已久。我国校本课程开发在政策上最早可追溯到 1986 年国务院颁布的《中华人民共和国义务教育法》。它提出实行中央和地方两级课程管理方式，这就推动了教材的多样化和课程的灵活性发展。1996 年原国家教委颁布的《全日制普通高级中学课程计划（试验）》规定：学校应该"合理设置本学校的任选课和活动课"，这一部分占周总课时的20%—25%。1999 年，国家、地方、学校三级课程管理制度开始试行。2000 年教育部基础教育司制定的《全日制普通高级中学课程计划（试验修订稿）》规定：地方和学校安排的选修课占周课时累计数的 10.8%—18.6%，同时学校还需要承担开发"综合实践活动"（占 8.8%）的课程。这些政策的提出，为校本课程的开发和实施提供了政策上的支持，之后的几十年中，国家各级各类教育部门为校本课程的落地实施颁布了一系列的政策法规。21 世纪以来，各级各类学校对校本课程建设进行的各种探索和研究也为校本课程建设累积了大量的实践经验。

为落实《国务院办公厅关于新时代推进普通高中育人方式改革的指导意见》（国办发〔2019〕29 号）和《教育部关于做好普通高中新课程新教材实施工作的指导意见》（教基〔2018〕15 号）要求，教育部组织开展了普通高中新课程新教材实施国家级示范区和示范校（以下简称示范区和示范校）建设工作。其主旨就是为了通过新课程新教材推进普通高中育人方式改革、促进学生德智体美劳全面发展，这就更要求国家课程能以符合地方学情特色、学校教学特色的校本课程的形式更好地落地，从而在学校教育中发挥核心作用，全面落实新课改新高考的理念和要求，切实提升普通高中学校的育人水平。

在这样的政策指引的基础上，打造具有西城区特色、十五中特色、实践与理论创新价值和推广价值的校本课程体系是新时代教育的需求。

语文学科的教学内容具有其他学科无法比拟的丰富性和综合性，"语文学习的外延与生活的外延相等"决定了语文课程的教学资源可供开发的空间是无比宽广的。北京十五中"培养有品质、饱满的人"的教育理念就是深植于古都北京、文化西城和历史悠久风光秀丽的陶然亭地区的厚土中的。而所有这些，又都是我们开发语文校本课程，让国家课程能更好地落地在学生心田中的重要资源。

我们十五中语文组的校本课程建设有着悠久的历史和辉煌的成就，我们的许多校本课程例如筑真班课程"筑真阅读"、校本选修课程"电影赏析"、校文化节日系列之"诗歌节"都是我们语文组甚至我们学校的"名片课程"，也曾多次开展市区教学展示活动，广泛受到全区甚至全市老师的好评。

在此基础上，我们借助西城区"双新示范区"建设的东风，把国家新教材新课程与十五中的优秀教学理念和十五中高中部语文组的优势传统项目结合起来，预期产生更优秀的研究成果。

二、文献综述

20 世纪 60—70 年代，西方发达国家出现了校本课程开发思想，其主要观点是：以学校为基地进行课程开发，实现课程决策的民主化。政府应明确在国家课程计划框架内的权力分配，把一部分权力下放给学校，强调学校、地方一级的课程运作，主张学校教师、学生、家长等参与课程决策。

改革开放后，我国校本课程建设进入快车道。自 20 世纪 90 年代后期以来，我国开始试行国家、地方、学校三级课程管理制度，课程决策权部分下放到了学校。如，1996 年原国家教委颁布的《全日制普通高级中学课程计划（试验）》规定：学校应该"合理设置本学校的任选课和活动课"，这一部分占周总课时的 20%—25%。2000 年教育部基础教育司制定的《全日制普通高级中学课程计划（试验修订稿）》规定：地方和学校安排的选修课占周课时累计数的 10.8%—18.6%，同时学校还需要承担开发"综合实践活动"（占 8.8%）课程。这改变了以前学校、教师在课程开发中完全被动接受的角色，原则上肯定了学校和教师在课程开发中的权力和地位。2001 年教育部颁布的《基础教育课程改革纲要（试行）》明确指出，改变课程管理过于集中的状况，实行国家、地方、学校三级课程管理，增强课程对地方、学校及学生的适应性。从政策层面为校本课程开发提供了保证。

三、概念界定

什么是校本课程？校本，即以学校为本，以学校为基础。校本就是从学校实际出发，充分考虑学校实际，挖掘学校种种潜力，有效利用学校资源，释放学校活力。校本课程是以学校为基地、以学校教育理念为目标、以学生个体差异为基础、以教师和学校资源为依托而开发的多样化课程。校本课程是相对于国家课程、地方课程而言，根据学校自身条件、社会环境，因地制宜，由学校内部人士（教师、学生甚至家长）参与决策编制的课程。

校本课程开发与实施具有重要的意义。首先，它是基础教育改革的需要，与教育思想、教育理念的更新相配套。其次，它能促进学生全面发展，有利于培养具有创新精神和实践能力的德智体美劳全面发展的优秀人才。再次，它能促进教师专业发展，推动教师完善自身综合素质，如学科知识、教育教学能力等。最后，它也能促进学校特色办学，甚至成为一所学校闪亮的名片。

语文校本课程是在校本课程的前提下，以语文知识为载体，以学生为活动主体，激发学生学习兴趣，提升学生语文综合素养的一门课程。语文校本课程除了具有校本课程的共性，也有它自身的特点：（1）多样化创造性，这是因为相比其他学科，语文学科在教学内容上具有极大的开发空间。（2）生活化开放性，生活中处处有语文，时时需要语文，北京随处可见的历史古迹均可以作为语文校本课程的材料。（3）社会化时代性，语文教学要与时俱进，关注社会热点，培养学生的思维能力。（4）情感化探究性，侧重于培养学生感受世界的能力，提高学生文化审美等方面的素养。

四、研究内容

（一）作为国家新教材课程的有益补充，完善高中语文课程体系

国家级新课程新教材在编写上大胆突破原有教材的编写传统，以单元教学为主要形式，每一单元含有不同体裁、相同或相近题材的文章若干篇，目的就是让学生通过这种单元学习掌握某一文学体裁和文学题材的基本特征。在实际学习中，要想比较充分地掌握一种文学体裁或文学题材还是需要大量的同类材料作为支撑的，校本课程中添加的内容就是国家课程的有益补充。

我们预期在研究结束后整理出一系列面向全校学生的能作为国家新教材课程的有益补充的语文校本选修课程。

（二）更好地激发学生的语文学习兴趣，满足学生成长的需要

新教材新课程作为国家级课程，它的实施是面对全体学生并且有固定课时和讲授形式的。相比较而言，校本课程的自由度就要大得多。

校本选修课程主要针对对某一种文学体裁或题材感兴趣的学生开放，在满足学生个性化学习需求的同时，还能充分适应部分学生在语文学习上的兴趣点，让兴趣成为最好的老师，从而带动学生对整体语文课程学习的积极性。

另外，校本课程的形式多样，内容也较国家课程更为活泼。例如我校的传统校本课程诗歌节，就是以节日的形式向学生传递诗歌之美。在各种活动中，诗歌潜移默化地融入了学生的生活，使学生感受了艺术对心灵的陶冶。又如我们的筑真阅读课程鼓励学生以话剧表演的形式呈现自己的阅读体验，不管是表演的还是观看的学生的阅读感受都因此变得更加丰富立体。同时，选修课程还可以突破语文课本以文本为主要阅读载体的形式，引导学生进行多样的阅读。比如我们的电影赏析选修课，就让学生通过电影的形式感受语言转化为光影的独特魅力。

同时，所有的这些校本课程都极力让学生投入其中，不管是诗歌节的朗诵展演、竞技大会还是筑真课程的话剧表演，都给了学生更多展示自己学习成果的机会，充分激发了学生对语文学习的兴趣和对国家课程的学习投入度。

北京十五中以"守直、筑真"为校训，以"培养有品质、饱满的人"为办学理念。什么样的人才是"有品质、饱满的人"？那在语文学习上一定应该是"世事洞明皆学问，人情练达即文章"，应该是"天地可阅读，万物为

书卷"的"大语文"精神所培养的人。要想培养有这样广阔的眼界和开放的心胸的语文情怀，就不能只局限于课本。我们只有带领学生借助以生活为最大课本的语文学习才能让学生真正看到艺术的魅力、生活的美，涵养学生的情操。

同时我们期待，在读、写、体验相结合的教学环境下，全面促进学生语文能力的增长，鼓励学生积极参与各级各类学科竞赛并取得优异成绩。

（三）体现学校办学特色理念，促进教师的专业发展

我们学校拥有一支学有专长的语文教师队伍。我们期待借助自由度和灵活性更高的校本课程建设，更有针对性地使用教师的专业知识、充分激发老师们的教学热情，让老师们的才华和专长能在教学中得以体现和施展，在教学设计、课堂教学、专业论文撰写等方面收获更多实践素材，在各级各类比赛中斩获佳绩，全方位地增强老师的教学能力。

五、研究方法

从 2021 年 3 月提交立项申请到 2023 年 3 月撰写结题报告，历时共计两年。我们以立项研究为基础，后期的研究分为理论学习、课程实践和资料整理三大部分，具体实践的相关研究方式和方法总结如下：

第一阶段：立项研究

我们是在 2021 年 1 月开始着手撰写立项申请书的。

在 2021 年 1—2 月的寒假期间，我们课题组的 9 位老师多次开展了线上的立项讨论会议，最终由海娜、王丹琳和周志宇负责撰写成文，在 2021 年 3 月 1 日上交了立项申请书。

第二阶段：理论研究

在提交了立项申请书之后，我们就开始了针对研究内容的理论学习和相关论文资料学习。其间我们先后聘请了市区教研员及北京师范大学的相关教授对我们进行理论指导并进行了相关论文资料学习。

相关论文资料学习

时间	专家姓名	专家职务及职称
2021 年 4 月 13 日	王忠亚老师	西城区教研员　高级教师
2021 年 5 月 12 日	周京昱老师	西城区教研员　正高级教师
2021 年 6 月 15 日	连中国老师	北京市教研员　正高级教师
2021 年 9 月 18 日	盛志武老师 王忠亚老师	西城区教研员　正高级教师 西城区教研员　高级教师
2021 年 10 月 9 日	盛志武老师 苏蓉老师	西城区教研员　正高级教师 西城区教研员　高级教师
2021 年 12 月 15 日	周京昱老师	西城区教研员　正高级教师
2022 年 10 月 27 日	周京昱老师	西城区教研员　正高级教师
2022 年 10 月 30 日	李小龙老师	北京师范大学　教授

　　除了接受相关专家老师的有针对性的指导外，我们还组织课题组成员以及语文组全体教师积极参加国家、市、区各级各类相关理论的集中学习。

相关集中学习

2021 年 6 月 17 日（周四）—6 月 18 日（周五）全天（网络课程） 中国教育学会中学语文教学专业委员会统编高中语文新课程新教材研讨活动
2021 年 10 月 15 日参加"新课程、新教材、新探索、新发展——普通高中新课程新教材实施国家级示范区交流研讨会"
2021 年 12 月 1 日普通高中新课程新教材实施学科教学研究课观摩活动
2021 年 12 月 19 日首届北京市基础教育发展论坛暨北京市教育学会 2021 年学术年会线上直播

第三阶段：实践研究

　　在实践研究阶段我们主要进行了对校本选修课程成体系的建立和教学的实践。我们依据研究对象及内容的不同面向学生开设了三类校本选修课程，第一类是筑真班课程（授课对象是每学年 3 个年级共计 7—8 个班，大概 300 多名学生，每周一节），第二类是校本选修课程（每学期针对高二学生开放 2 个班的名额，自主选课，覆盖大概 100 名学生，每周一节），第三类是节日类课程——诗歌节、戏剧节（分别设置在高一和高二两个年级，整个年级参加，两个年级大概涉及 800—900 名学生，每学年一次）。

　　开设筑真班课程的老师有：张彤、王宁、岳凝、孟京燕、海娜、王丹琳、周志宇。

开设选修课程的有：岳凝、金秋萍、葛钟利、海娜、周志宇（具体选修课程名称及内容见成果部分）。

戏剧节、诗歌节由 3 个年级的备课组长负责：张彤、王宁、王丹琳。

在此整体课程建设的基础上，课题组的老师们还根据相关课程的需要进行了一系列的具体研究，相关研究课例、发言及讨论会见下表。

相关研究课目录

时间	授课教师	课程名称
2021 年 4 月 27 日	周志宇	以《春江花月夜》为例，谈诗歌鉴赏的角度及方法
2021 年 10 月 15 日	周志宇	写作如何情景交融
	马娟	写作如何情景交融
	岳凝	写作指导
	金秋萍	写作指导
	张彤	写作指导
	葛钟利	《老人与海》的课内外延伸阅读
	王丹琳	《我与地坛》的课内外延伸阅读
	王宁、孟京燕	诗·酒·人生——筑真班阅读体验课
2022 年 10 月 14 日	周志宇	《五石之瓠》——《庄子》的课内外阅读

相关选修课程涉及专业内容讲座及发言

时间	讲座教师	讲座题目
2021 年 6 月 15 日	王宁	有纵有横谈《论语》
2021 年 6 月 15 日	张彤	谈《昨日的世界》——关于阅读选修课
2021 年 6 月 15 日	葛钟利	《学会提问》——如何给选修课设立开放的心态
2021 年 10 月 15 日	海娜、王丹琳	基于"深度学习"理念的语文单元教学策略
2021 年 11 月 2 日	王宁	筑真阅读分享课的组织与实施
2021 年 11 月 2 日	王丹琳	《我与地坛》的课内外延伸阅读
2022 年 3 月 29 日	张彤	基于"深度学习"理念的诗歌阅读课
2022 年 9 月 8 日	周志宇	中国山水诗的心灵境界
2022 年 10 月 29 日	海娜	关于《乡土中国》的课内外延伸阅读

戏剧节活动：2021 年 5 月 26 日，高一年级"不朽的经典　永远的莎翁"。

诗歌节活动因疫情影响未能如期举行。

第四阶段：资料整理

在第三阶段充分的实践研究的基础上，我们以学期为单位及时进行了相关资料整理。整理出了几套成体系的筑真阅读课程和面向全校学生的校本选修课程，相关教师也根据实践研究撰写了论文，具体内容见"研究成果"部分。

相关时间点说明：

虽然关于研究过程我们是按照立项研究、理论研究、实践研究和资料整理4个部分来撰写的，但这4个部分并无确定的时间先后顺序。我们根据研究的具体需要不断穿插进行，最终完成了整个研究。

六、研究成果

"高中语文校本课程的开发与实践研究"从2021年3月提交立项申请到2023年3月撰写结题报告，历时共计两年。本课题由海娜老师作为课题项目负责人，张彤、王宁、金秋萍、岳凝、孟京燕、葛钟利、马娟、王丹琳、周志宇等九位老师作为项目研究主要成员，以整个北京市第十五中学语文组的教学实际为研究的背景依托。在这两年中，我们克服了客观环境的各种不利因素的影响，对课题所涉及的相关内容进行了大量、丰富、切实的实践研究，在总结相关资料的基础上获得了相应的成果，特进行梳理和总结。

课程类成果：

第一类：面向全校学生开展的校本选修课程

这类选修课程，每周开设一节，针对全校高一、高二年级全部学生开放选修。学生可以自由选择自己感兴趣的内容，跟随老师进行学习。老师的课程有针对性地作为国家必修课程的补充和拓展、延伸，为有兴趣深入学习某部分知识的学生提供专业的引导。

在我们的实践研究中，老师们开设的选修课程有如下几门：

《庄子》内篇导读——周志宇老师

课题:《庄子》内篇导读

课程内容：以《庄子》内七篇为主，通过精读《庄子》内七篇，结合外杂篇《秋水》《知北游》等内容，引导学生了解庄子思想，亲近传统思想文化，明了儒道互补的背景与实际，提升思维能力与鉴赏能力，并活学活用，能够思考现实并且指导人生。

课程参与学生：高二年级学生（需要具备一定的文言文阅读能力、思辨能力）

课程成果：

1.带领学生完成《庄子》内七篇及外杂篇《秋水》《知北游》精读，积累了文言知识，提高了文言文阅读水平。学习庄子的叙述方式、论证方式，提高写作能力。

2.引导学生初步了解庄子思想，对庄子独特的思维方式与认知角度有了一定的了解，帮助学生感受到了庄子思想独特的魅力，体会到"反者道之动"，明了庄子思想作为"清醒剂""解毒剂"的独特效果，并结合所学启发学生思考儒道思想的差异，深入了解儒道思想，有利于学生继承与发扬优秀传统文化。

3.引导学生体会庄子独特的思维方式，提高了学生的思辨能力，扩展了学生看问题的角度与视野。结合实际，帮助学生理性看待问题，深入思考，以庄子思想指导自己的人生，培养正确的价值观。

经验总结：

1.《庄子》文本汪洋恣肆，阅读难度较大，可结合预习、课上引导等方式，帮助学生理解文本内容。同时，要尽量选择故事性强的文本进行阅读，以降低难度，激发学生兴趣。要求学生仿写小故事，也是深入体会庄子思想的好方法。

2.庄子思想深奥且魅力十足，在讲解过程中，要不断启发学生跟随庄子的思维路径进行思考，同时结合实际现象加以说明，能够帮助学生更好地了解庄子思想，同时使课堂更加生动。

3.思维能力的培养体现在日常生活中，在授课过程中，引导学生运用庄子思想分析一些社会问题，让他们体会并学习庄子思想强大的批判能力。同时反观自身，指导人生。

中国现当代小说选读——葛钟利老师

课题：中国现当代小说选读

课程内容：以鲁迅的《伤逝》、老舍的《微神》、张爱玲的《五四遗事》以及余华的《十八岁出门远行》、曹文轩的《泥鳅》《阿雏》等名家名作作为主要内容，引导学生了解中国现当代小说发展的梗概，增强学生对中国现当代文学的阅读、鉴赏和评价能力，在阅读小说的基础上，对整个中国现当代社会的发展加深认知和理解。

课程参与学生：高二年级，对现当代小说有阅读兴趣的学生

课程成果：

1.带领学生阅读了相关的现当代文学名家的名作，使学生基本了解了这几位作者的写作风格和所属流派，对中国现当代小说的发展过程有了基本认知。

2.在阅读的过程中，提高了学生审美鉴赏能力，进而促进了学生的写作能力。

3.学生在学期末自主撰写了阅读报告，并尝试进行了小小说创作，极大地促进和激发了学生对于语文课程的读写内容的学习热情。

经验总结：

1.有些小说篇幅比较长，还是要采取课内课外阅读相结合的方式来进行。基于选择此课程的同学都是对相关内容比较感兴趣的，所以课外阅读任务完成得还是比较好的。

2.中国现当代小说作家众多，作品风格迥异，又带有强烈的时代特征和个人色彩，在引导学生阅读时一定要注意取其精华去其糟粕，客观理性地对作品的文学性、艺术性和社会性进行评价。

《史记》人物——海娜老师

课题：《史记》人物

课程内容：以《史记》中《刺客列传》《老子韩非列传》《李斯列传》和《淮阴侯列传》为主要阅读内容，引导学生了解司马迁的写作风格及其记录历史人物的态度与思考，亲近传统思想文化，提升思维能力与鉴赏能力，并活学活用，能够思考现实并且指导人生。

课程参与学生：高二年级学生（需要具备一定的文言文阅读能力、思辨能力）

课程成果：

1.帮助学生增加了课外文言文的阅读量，提高了学生的文言语感，同时选择史料类的阅读资料可以开阔学生的视野，增加学生的历史知识，提

高学生的民族自尊心和自信心。

2.作为纪传体史书典范的《史记》拥有大量的鲜活的人物传记，符合学生的阅读需要，激发了学生阅读文言、学习文言的兴趣。

3.在人物的选择上要本着有趣而又能激发学生的人文精神的原则，促使学生思考，提高学生的思维品质。

经验总结：

在学习过程中，我们尝试了很多不同的授课方式，充分激发了学生的学习积极性。

1.讲授式教学法。如文史知识复杂的篇目，可由教师讲授。同时组织学生的学习小组共同进行断句练习，由学生小组一人或几人协作完成。

2.探究式教学法。教师积极构建开放的语文学习环境，给学生提供有关研究资料、网站、书籍等，让学生先自行阅读、探究，提出疑难问题，通过对话、探究，达成共识。也可提供相应的研究话题，引导学生积极探索，培养其创新精神和实践能力。

3.通过音像资料，赏析《史记》中的影视片段。

4.改编小话剧，让学生将《史记》中的一些精彩的片段改编成话剧，并进行表演。正如史记专家韩兆琦所说："《史记》中有些作品的艺术性极高，对后代小说、戏剧的发展影响很大，对这些作品的文学成就应该深刻体会。"如让学生表演《刺客列传》中的经典片段，提高学生的鉴赏力，增强书面和口语表达力，发挥学生的创造力。

这个时代读书，搜索引擎如此便捷，泛读是随时可以进行的，但是对于一本好书，就应该学会精读。特别是对于《史记》这一类的文化遗产，更应该作为我们的教材世世代代地传承下去。司马迁在《史记》中所歌颂的几乎都是一些勇于进取、勇于建功立业的英雄。他们有理想、有抱负、有追求；他们为了某种信念、某种原则可以不惜牺牲自己的生命；他们都有一种百折不挠、不达目的誓不罢休的精神。我们作为语文老师，更应该引领学生从中体会到这些精神财富。

中国古典诗歌分类鉴赏——金秋萍老师

课题：中国古典诗歌分类鉴赏

课程内容：本课程从古典诗歌发展史、边塞征战（秦时明月汉时关）、爱情闺怨（春蚕到死丝方尽）、思乡怀人（何人不起故园情）、送别离情（多情自古伤离别）、登临咏史（千古兴亡多少事）、山水田园（青青园中葵）等不同题材的角度，选择具代表性的古典诗人及诗词作品，引导学生从情感内容、表现手法及鉴赏技巧等方面领会感悟中国文人的精神世界。

课程参与学生：热爱中国古典文学的高二学生

课程成果：

1.引导学生从情感内容、表现手法及鉴赏技巧等方面领会、感悟中国文人的精神世界；逐步使学生领略本类别诗歌在不同文学史阶段，从初现、发展到成熟的过程中的不同风采。

2.引导学生理解、体悟古代诗人在不同境遇中的特定情感、人生定位，深入体味同一主题在不同情境、背景、诗人心境下的不同呈现，领略、体会同类情感在不同的诗作中的不同层次和语言的魅力，感受多样的人生情感体验。

3.引导学生在鉴赏中逐步把握多种表现手法、鉴赏技巧，提升古典诗歌鉴赏能力。

4.引导鼓励有兴趣的同学尝试在深入体会古典诗词意境的基础上，加入自己的人生体悟与审美理念，尝试改写或创作现代诗歌。不少学生写出了很有个性的作品。

经验总结：

1.古代诗歌鉴赏历来是语文教学的难点。并不是所有选修的学生对古诗词都有很浓厚的兴趣和敏锐的感受力，所以，在课堂情境的设置和探讨研究的方式上的选择就很重要，要尽可能争取让课堂内每一分子都情不自禁地深入古典诗歌的艺术殿堂。

2.在教学方法上，一开始以讲解为主，辅以视频、朗诵、歌曲欣赏，努力创设情境，激发学生的学习兴趣；慢慢地，增加诵读、质疑、讨论、写作及交流汇报的环节，提升学生的参与度，使学生沉浸在古典诗歌的意境中，能主动地阅读体味、探讨交流，进而鉴赏审美、有所感悟、有所积累，提升学生的鉴赏能力。

3.从实际授课来说，基本实现预期目标。对于真正喜欢诗歌的学生来说，这门课是有意义的，在课堂上很投入，生生、师生间交流很活跃；能从情感的熏陶、理性的思考、诗歌鉴赏的角度与方法等方面，为学生开启一个新的窗口。

中外影视名作欣赏——岳凝老师

课题：中外影视名作欣赏

课程内容：

《城南旧事》——别样离愁，纯美格调。

《小鞋子》——含泪的微笑，辛酸的温馨。

《卧虎藏龙》——侠与人，心与剑。

《辛德勒的名单》——历史中的人性深度。

《阿甘正传》——英雄源自凡人。

《罗拉快跑》——积极的选择与偶然的命运。

课程参与学生：高一年级对影视作品感兴趣的学生

课程成果：

1.学生通过观看健康、积极向上的影视作品丰富了情感体验，提高了思想认识，提升了审美情趣。

2.学生在整体把握影视作品内容的基础上通过细腻地品味语言，感悟经典的艺术形象，领悟影视作品中丰富的内涵，探讨生命的意义、生活的哲理、人生的价值和时代精神。

3.通过对作品个性化的解读，养成独立思考、质疑探究的习惯，增强探究意识和发现问题的敏感性，发展思维品质，增强思维的深刻性和批判性，追求思维的创新、表达的创新。

4.通过学生间的交流和思想碰撞，在互相切磋中，加深领悟，共同提高。

经验总结：

1.影视名作欣赏是一门艺术课，更是一门语文课，教学中要紧紧围绕学生的听说读写等语文基本训练展开，这是主要目的。学习这门课程，先要整体感悟整部作品，包括"作品介绍"，观赏影像资料。在此基础上阅读节选的重要剧本或欣赏相应的重点桥段，点面结合，整体与局部呼应，获得自己独特的感受。在整体感悟与个性解读的基础上组织学生展开讨论、探究，以书面形式完成练习和活动设计。鼓励学生有个性地表达，有创意地表达。

2.通过了解影视创作的基本元素，了解与影视欣赏相关的基本知识，从而提高学生的影视欣赏水平。

3.通过丰富多彩的实践活动来激发学生对影视欣赏的兴趣。教学中我们组织了如下实践活动，得到了学生的认可。例如：向大家推荐一部好电影或著名导演的系列作品（电视剧、纪录片等均可）；拍一部微电影（注明导演、编剧、演员、摄影、剪辑、后期制作、宣传片）；精彩桥段配音；写一篇影评（原创）等。

张金海老师的"朗诵指导"、李红利老师的"现代诗歌读与写"和王丹琳老师的"绝望的反抗——鲁迅小说欣赏"3门选修课程本学期还在实践授课阶段，尚未结课，故在此处暂不作总结，留待结课后一并总结相关资料和经验。

第二类：面向筑真人文实验班学生的特色校本选修课程

筑真人文实验班作为我校的特色实验班，一直以浓厚的人文色彩闻名于西城各校，而人文情怀的建构又离不开大量的文学作品的阅读与鉴赏，所以以建筑人文情怀为主导思想的"筑真阅读"系列课程就应运而生。

我校筑真人文实验班的校本阅读课程将高一、高二两个年级跨年级打通学段，在同一节课分享、交流阅读心得，共享智慧与感悟。筑真阅读课程形式多样，有读书分享，有分角色朗读，有文学经典片段演绎，也有与台下听众的互动，大家的思想在课堂中流动起来。在这个过程中，两个年级的学生相互影响与促进，营造情景式的阅读氛围，进一步建构筑真文化。

在这两年的实践研究中，我们开设的比较有代表性并形成了学生成果的筑真校本阅读课程主要有以下几个系列：

话剧《窝头会馆》的剧本阅读、改编与汇报演出课程——张彤老师

课题：话剧《窝头会馆》的剧本阅读、改编与汇报演出

课程内容：在老师的指导下，学生利用筑真课程的时间，将话剧《窝头会馆》改编成40分钟的独幕剧，并向两个年级筑真班的同学开放演出。

课程参与学生：高二（8）班学生

经验总结：

全班近20位同学参与了改编和演出，成功地演绎出窝头会馆中几户小老百姓的悲与欢、离与合、希望与绝望，展现了老北平各色人等的生活历程。

一部好的话剧能带给我们什么：它丰富了我的某种生命体验，让我通过观看舞台上表演出来的人而去接近一个真正意义上的人，并且接近一种具体的善，而不是某种单纯概念上的善。什么是单纯概念上的善？就是那种可以轻易地说出口，不需要对它负实际的责任，很多时候只是用来要求别人的善。这部剧让我的人生在经过了慎重的思考后反而产生了犹豫，而恰恰是这种犹豫才让我慢慢感知到了一个具体的处于困境中的人的挣扎与悔恨，让我至少在一个片刻减少了那种不需要负责任的道德上的优越感，这时候我才变得更像一个人了。

同样，一部好的话剧会让我思考审美对于一个生命的意义。我们的生命渺小又有限，这也是一个不争的事实，而对抗这种渺小和有限的最好的方法就是要让生命变得尽可能的丰富和饱满，让它因为观看和欣赏而变得结实甚至被延长，而欣赏艺术作品就是其中的一种方法，你要意识到，你是透过欣赏美而去感知和接近你永远无法抵达的至真和至善的，而正是这种至真和至善让你有了对抗或者彻底接受生命渺小和有限的可能，这让你的人生至少获得了一种存在的意义。

但是一双具有审美能力的眼睛不是与生俱来的，是需要训练的，在青少年时期如果不开发眼睛的审美功能，你的心灵通往美的一扇门就可能被关上了，你探索世界和自己心灵的一扇门也有可能被永久地关闭了，所以，请你意识到，在本质上，当我们的生活完全地脱离了艺术的美的时候，我们实际意义上的生命可能已经被缩短了。

"诗·酒·人生"古诗词阅读赏析课程——王宁、孟京燕老师

课题："诗·酒·人生"古诗词阅读赏析

课程内容：

1.选题阶段：在历代文人的精神世界里，酒已是他们的精神寄托，是催生文字的酵母。他们斗酒斗诗，诗增添了饮酒之乐趣，而酒则舒扬了诗的精魂。鉴于此，学生讨论决定先从陶渊明入手，追寻其文背后的点滴故事，细数那些如痴如醉的饮酒名篇。

2.准备阶段：

学生课下搜集大量相关资料，汇集整理。然后讨论呈现形式，大家纷纷献计献策，决定模仿撒贝宁主持的《典籍里的中国》，于是分工合作，

成立演员组、剧务组、编委会，一个星期后在课上表演。

3.课堂呈现：一位主持人和一位本期特约嘉宾共同主持电视台《诗·酒·人生》节目。他们穿越时空，来到陶渊明草屋、来到李白的身边、来到苏轼的近前，通过读他们的诗，感悟他们对人生的思考。

4.写下收获：

作业展示1：陶渊明诗篇篇有酒。悠悠迷所留，酒中有深味。酒里掺杂着您的一生，痛苦然而极乐的一生。不像阮籍的饮酒有醉酒逃祸和借酒浇愁的意味，先生则是追求酒所助成的物我两忘的境界。古代性嗜酒的诗人不少，但能识酒中之深味，从酒中体味人生真谛的，陶先生是为数不多的之一。

作业展示2：陶公欲仕则仕，不以求之为嫌；欲隐则隐，不以去之为高。饥则叩门而乞食，饱则鸡黍以延客。古今贤之，贵其真也。"真"这一字，是为人生而艺术，也是为艺术而艺术。而酒激发了诗人内心的真情，让他们得以在纸上运笔潇洒，留下传世诗篇。

课程参与学生：高二（1）（2）（3）班全体学生

课程成果或经验总结：

教学是以学生为中心，以学习为主线，以学情为依据，以习得为重点。教学要从"主要依靠教"走向"主要依靠学"。教学重在激发学生的学习兴趣与动力，重在让每一个学生都真正发生学习。学习是一个能动的对话与连接过程，教学促进对话，便促进了思维，便促进了学习。只有学生个体的深刻思考与探究，才有小组的有效合作与交流，也才有全班的精彩展示与互动，才能实现真正的深度学习。

山水慰我心："自然情怀"散文阅读——王丹琳老师

课题：山水慰我心："自然情怀"散文阅读

课程内容：

钟嵘《诗品序》中写道："气之动物，物之感人，故摇荡性情，形诸舞咏。"气候的变化，使客观景物也随之发生变化，而这些景物感动着人心，因而表现在舞蹈和吟咏上。从古至今，人们都深深地受到了自然的感召，在自然中汲取养分，又通过文字将自然之美转化为艺术之美。王国维先生曾说："以我观物，物皆着我之色彩。"每个审美主体都以自我的角度去观照自然，因而，笔下的自然便有独属于每个主体的印记，流露出各自不同的情怀、哲思和审美趣味。

根据新课标"文学阅读与写作"任务群的要求，结合人文主题，将本课程的主题定为"山水慰我心"，在这一主题的统领下，根据审美主体与客体的"观照—反映"关系，将《故都的秋》《登泰山记》《荷塘月色》《我与地坛》《赤壁赋》5篇文章整合为两个专题：专题一"有我之境"，组合《故都的秋》和《登泰山记》这两篇文章，学会观察景物的角度，把握景物描写的艺术手法，体会文章情景交融的特点，感受客观景物是审美主体的心理投射，感悟民族审美心理。专题二"山水寄情"，包括《荷塘月色》《我与地坛》《赤壁赋》3篇文章，把握景物描写的特点，梳理文章的情感变化脉络，理解审美主体借助客观景物感受到的心理慰藉与心灵超越，探究中国文人寄情山水的精神突围。共计11课时，具体分配如下：创设真实的情境，布置本单元的表现性任务，阅读5篇文章，进行小组分工，共1课时；专题一，3课时；专题二，5课时；在完成两个专题的深入阅读之后，从情景关系、审美情趣、谋篇布局等角度对5篇文章进行对比总结，共1课时；最后，完成"我仿佛第一次走过 _____"的作文交流，共1课时。

课程参与学生：高一（1）班全体同学

课程经验：

本单元教学设计的特色在于以下几个方面：首先，紧紧围绕着课程核心概念"审美主客体之间的关系"，展开三个基本问题，为了激发学生的学习兴趣，创设真实的情境，设置了挑战性的任务，给学生搭建台阶，提供学习支架，鼓励学生进行观点的交流与碰撞，真实地表达自己的感受和见解。其次，在教学过程中重视单篇教学，细读文本，充分挖掘文本的价值。最后，在单元教学的整体框架下，以审美主客体之间的关系为核心，分为两个专题，专题教学各有侧重，共同指向单元整体目标，同时重视文本与文本的关系，对文本进行比较鉴赏阅读。

在此须作解释的是，这些课都不是一节课，而是一系列课的合体，故而我们称之为课程而不是课例。另外还有孔子——《论语》及《史记·孔子世家》阅读分享课程和《2022筑真的足记，青春的光影》——"筑真毕业会演"实践课程正在开设过程中或因疫情影响资料尚未整理完毕，也暂不在这里进行总结。

第三类：节日类特色校本选修课程

我们十五中语文组的校本课程建设有着悠久的历史和辉煌的成就，我们的许多校本课程特别是我们的校园文化节日系列课程"诗歌节""戏剧节"都是我们语文组甚至我们学校的"名片课程"，也曾多次开展市区展示活动，广泛受到全区甚至全市老师的好评。

在继承以往经验的基础上，在此次的课题研究中，我们对这两项全校学生参与、旨在塑造浓厚的校园文学氛围的节日类课程又进行了深入的研究探索和改进。

戏剧节活动：

在 2021 年 5 月 26 日，我们以高一（1）班为主导，高一高二筑真班学生为主体，全校学生均可参与观看的基础上，开展了"不朽的经典　永远的莎翁"戏剧节展演活动。在活动中，学生们演出了莎士比亚的多部著名戏剧作品，受到全校师生的好评。

诗歌节活动：

为将诗歌节活动课程化、系统化，我们特别设计了面向全校学生开放的"诗歌节"组织选修课程，拟从各班选取对语文学习有兴趣、对诗歌有感触、有一定的组织协调能力的同学作为课程学习主体，由学生自主筹划、组织、表演、总结诗歌节各项活动。但因疫情影响此课程未能按计划成型。这可能也是这两年的研究过程留给我们的一个遗憾和新的任务。后期，一切教学活动正常化之后，我们一定会按计划进行实践，期待获得更多经验和收获。

学生成长类：

在开设相关选修课程的基础上，我们鼓励学生以写作的形式来记录自己的学习体验分享自己的阅读心得，积累了大量学生选修课论文类作业。

近两年，我们还一直组织学生参加"全国中学生科普科幻作文大赛"，学生获奖情况如下：

学生姓名	年级	班级	届数	初赛奖项	决赛奖项
刘思佳	2021 级	8 班	第八届	省级一等奖	全国二等奖
赵斯乐	2021 级	3 班	第八届	省级一等奖	未获奖
王语歌	2021 级	6 班	第八届	省级三等奖	
胡梦涵	2021 级	6 班	第八届	省级三等奖	

同时，我们还鼓励学生用自己的笔记录自己的生活。在包括"筑真阅读"在内的一系列筑真课程的教学过程中，我们都鼓励学生用写作的方式、用文字的形式记录学习过程和自己成长的点点滴滴。我们的这项校本写作课程进行了大概已经有10年的时光。最近，我们已经把学生的这些作品编辑出版，名为——《筑真·拾年》。

教师成长类：

除了以上我们提到的教师们设计、实施的相关课程，展示的相关公开课和讲座外，我们的教师们通过这两年的研究还有很多竞赛、论文获奖，总结如下：

序号	姓名	奖项
1	孟京燕	第七届全国中学生科普科幻作文大赛（初赛）优秀辅导老师
2	马娟	第八届全国中学生科普科幻作文大赛（初赛、复赛）优秀辅导老师
3	马娟	作为编委会成员参与《跨学科课程》图书的编写，教材与教参共计八册，由电子工业出版社出版
4	海娜	论文《古为今用，在运用中传承》获西城区二等奖
5	海娜	在西城区中小学网络学习平台课程资源建设中，作为指导教师参与了课程录制指导工作，为西城区教育教学作出突出贡献
6	海娜	《浅谈深度学习理念下语文单元教学对学生思维力提升的促进》获2022年西城区双新教育教学成果三等奖
7	海娜	第八届全国中学生科普科幻作文大赛（初赛、复赛）优秀辅导老师
8	周志宇	《"双新"背景下如何通过质疑培养学生批判性思维能力》获2022年西城区"双新"教育教学成果三等奖
9	王丹琳	2021年西城区第24届征文评比二等奖
10	王丹琳	2022年西城区语文学科教学设计评比一等奖

另外，我们在北京市语文教研员连中国老师带领下，联合初中部语文组撰写的《艾青诗选》阅读指导，今年之内也有望出版。

七、研究效果

（一）作为国家新教材课程的有益补充，完善了高中语文课程体系

本研究项目紧紧围绕国家关于校本课程的政策，以校本课程相关理论为指导，结合本校实际，积极开发与实践，探究出一套目标明确、内容丰富、特色鲜明、实施有效的校本课程。这些校本课程切合新课程新教材的要求，

是国家课程符合地方学情特色、学校教学特色的多样化落地，扩展了国家课程的内容，体现了国家课程的育人指导精神，能够辅助国家课程全面落实新课改新高考的理念和要求，切实提升育人水平。经过两年的研究和探索我们共开设了三大类 10 门校本选修课程供不同程度的学生根据自己的不同需求进行学习。

（二）激发了学生的语文学习兴趣，满足了学生成长的需要

校本课程的实践涉及学生，甚至可以说，学生才是校本课程的核心。学生的培养目标与成长需求是我校校本课程设置的重要依据，在课程开发与实践的过程中，教师随时关注学生的反馈，通过问卷调查、随机采访、课堂交流、课下反馈等方式，不断优化校本课程内容，提高校本课程质量，让校本课程真正成为激发学生语文学习兴趣、提高学生语文核心素养的好帮手，而不是成为一门有负担的"课程"。校本选修课程主要针对对某一种文学体裁或题材感兴趣的学生开放，在满足学生个性化学习需求的同时，还能充分适应部分学生在语文学习上的兴趣点，让兴趣成为最好的老师，从而带动学生对整体语文课程学习的积极性。

另外，校本课程的形式多样，内容也较国家课程更为活泼。例如我校的传统校本课程诗歌节，就是以节日的形式向学生传递诗歌之美。在各种活动中，诗歌潜移默化地融入了学生的生活，使学生感受了艺术对心灵的陶冶。又如我们的筑真阅读课程鼓励学生以话剧表演的形式呈现自己的阅读体验，不管是表演的还是观看的学生的阅读感受都因此变得更加丰富立体。同时，选修课程还可以突破语文课本以文本为主要阅读载体的形式，引导学生进行多样的阅读。比如我们的电影赏析选修课，就让学生通过电影的形式感受语言转化为光影的独特魅力。

同时，所有的这些校本课程都激励学生能投入其中，不管是诗歌节的朗诵展演、竞技大会还是筑真课程的话剧表演，都给了学生更多展示自己学习成果的机会，充分激发了学生对语文学习的兴趣和对国家课程的学习投入度。

我们期待，在这样读、写、体验相结合的教学环境下，能全面促进学生语文能力的增长，鼓励学生积极参与各级各类学科竞赛并取得优异成绩。

语文核心素养潜藏在语文课程之中，不同的素养对应着语文课程的不同方面，我校教师努力提升校本课程的深度、密度与厚度，利用好校本课程，切实提高学生的语文核心素养。不论是阅读课程、写作课程、表演课程还是探究

课程，都力求保证语文核心素养的落实，充分发挥校本课程对国家课程的辅助作用。当然，在校本课程的实践过程中也出现一些问题与困难，比如学生的需求多样化与课程数目有限、课时紧缺的矛盾，选课人数较多与小班化教学要求的矛盾，课堂探究与课后落实的矛盾，有些实践要求特别高的课程还受到了疫情的影响，经过教师们的努力，这些问题与困难都通过各种各样的方式得到解决，这也是我校今后进一步开发创设校本课程时需要充分考虑的问题，通过课程内容与方式的改进与转变，更进一步地提高学生的语文核心素养，使校本课程得到最佳的效果。

（三）体现了学校办学特色理念，促进了教师的专业发展

高中语文校本课程的开发具有其特殊性，需要结合语文学科的特色，落实新课程新教材的要求，开发出相较于国家课程更丰富、更活泼、更具有地方校本色彩的课程。这一任务充满挑战，我校教师认真学习相关理论，深入学习理解国家育人政策、育人精神、育人目标，结合校情与学情，发挥自身所长，多角度、多层次、多形式地创设课程，丰富了我校校本课程的内容，这一过程也充分发挥学校与教师的主观能动性，以相关理论为基础，以一驭万，游刃有余，创设开发新课程。教师的专业能力与专业素养得到提升，对语文学科的本质有了更为深入的探究，对"双新"背景下语文学科的独特目标与任务有了更加切实的了解。

在校本课程开发的过程中，教师们也克服了众多困难，积累了大量经验，为日后开发更多优质校本课程打下坚实的基础。当然，这一过程中也暴露了教师的不足之处，比如理论基础需要得到提升、创新意识需要加强、课程设置需要更加合理、课程形式可以更为多样化，等等，这些都是我校今后需要更加努力加以改进的方面。

总之，高中语文校本课程的开发与实践具有重要的意义。从课程角度来说，它是国家课程的重要补充，丰富了语文课程，体现了地方特色、学校特色，照顾了学生的学情，是真正贴合学生多样化需求的课程，也是有效落实语文核心素养育人目标的课程。从教师角度来说，它向教师提出了挑战，要求教师不断学习理论知识，落实育人精神，更新知识体系，扩展教育视野，保持创新热情，扎扎实实地研究一门课、开设一门课、上好一门课，成为真正了解学生需求、满足学生需求、引导学生发展的教师。从学生角度来说，它丰富了学生的课程内容，使学生的课程更为多样与活泼，尊重了学生的个体化差异与

发展需求，也使得语文学习更加亲切更加有趣，真正成为助力学生成长成才的"大语文"。从学校角度来说，语文校本课程是我校一张闪亮的名片，"筑真课程""人文选修课"是我校极具特色的校本课程，是我校培养"有品质、饱满的人"的目标的重要支撑，不断丰富的语文校本课程为我校教育教学实施增添了光彩。

本研究项目虽已结项，但我校校本课程的开发与实践并未结束，我们将汲取本项目的经验，百尺竿头更进一步，继续开发与创设新的校本课程，不断提高我校的育人水平，助力学生成长。

八、其　他

在这两年对于"高中语文校本课程的开发与实践研究"这个课题的研究过程中，我们的各位课题组的研究成员都尽心竭力作出了自己的贡献，同时我们的整个语文组的全体同人也都积极参与了我们的研究并贡献了自己的力量。比如吕静副校长一直是我们身边最亲切的专家，我们有什么不懂的地方总是第一时间想到向她请教。比如我们的邱红副校长，她未署名参与课题研究是为了把机会更多地留给年轻人，但是我们的戏剧节展演活动，主要是以她的教学班为主体，她为此付出了大量的心血。比如我们的张金海、李红利、郑莉老师，他们都是我们学校常年开设选修课程的老师。虽然此次他们不在研究名单内，但他们无私地把自己的课程内容分享给我们以丰富研究的资料。像这样的同人和事迹还有许多，笔者在这里就不一一赘述了，但要对我们全组成员致以最衷心的感谢。

另外还要感谢我们的几位教研员，北京市教研员连中国老师，西城区教研员周京昱老师、盛志武老师、苏蓉老师、杜志兵老师和王忠亚老师。每当我们在研究的过程中遇到困惑、需要理论指导时，他们总是热心、亲切又细致地帮助我们解答疑难，对于教学上的各种技巧和资料更是倾囊相授，可以说没有他们，我们是完不成这个研究的。

另外我还要衷心感谢学校科研部门的许海静老师、办公室的各位老师和各位校领导。在研究的过程中，他们为我们提供了坚实的后盾，为我们排忧解难，提供了诸多便利条件，没有他们，我们的课题研究也不可能顺利进行。

当然，限于我们的理论水平和教学经验，我们的课题研究还存在许多不足，特别遗憾的是受疫情影响，我们的一些特色选修课程没能进行或者受到了部分形式上的影响。今后，我们的研究还将继续，我们一定会弥补这些遗憾！

最后，衷心感谢西城区的专家们这两年来对我们的指导和关怀，研究如有不足之处，还请多多批评指正！

执笔人：海娜、周志宇、王丹琳

"一体三位生涯教育指导体系的构建与探索"项目研究报告

包　鑫

一、研究背景

（一）政策驱动

普通高中教育任务是促进学生全面而有个性的发展，为学生适应社会生活、高等教育和职业发展作准备，为学生的终身发展奠定基础。坚持以习近平新时代中国特色社会主义思想为指导，全面贯彻党的教育方针，落实立德树人根本任务，培养学生适应终身发展和社会发展需要的正确价值观念、必备品格和关键能力。《国务院办公厅关于新时代推进普通高中育人方式改革的指导意见》（国办发〔2019〕29号）中指出："加强对学生理想、心理、学习、生活、生涯规划等方面指导，帮助学生树立正确理想信念，正确认识自我，更好适应高中学习生活，处理好个人兴趣特长与国家和社会需要的关系，提高选修课程、选考科目、报考专业和未来发展方向的自主选择能力。"由此可见，伴随着普通高中课程改革和高考综合改革的推进，学生拥有更多的课程选择权和考试选择权，真正成为学习的主人。生涯规划教育能切实帮助学生学会选择，为实现学生和学校适应普通高中课程改革和高考综合改革起到了重要作用。2020年7月，北京市西城区被教育部确定为全国首批20个普通高中新课程新教材实施国家级示范区之一，这也为学校开展生涯教育提供了更多研究和交流的机会。

（二）学校背景

北京十五中秉承着"立足差异，和谐成长；守护人性尊严，提升生命品质"的理念，以促进学生的成长成才为目标，发展学生的核心素养，提升学生生涯成熟度和生涯适应力，持续推动学校生涯教育。自2013年推进生涯教育以来，学校开设生涯必修课程，分年级有侧重地组织仿真招聘、职业影子人、学生讲坛、家长讲堂等丰富多彩的生涯活动，但是仍然面临着下列挑战。

1. 生涯课程设计缺乏系统性

学校没有形成高中阶段连续的课程体系，没有统一的课程标准和教学框架，忽视了学科课程内在联系和逻辑。课程内容重理论指导、轻实践体验、借鉴经验多、针对性开发少、缺乏有效的效果评估工具。

2. 生涯师资队伍建设较单薄

现有的生涯教师多数由经过专业学习的学校心理教师发展而来，班主任和科任教师参与的很少，校外非教师人群非常有限且不固定，学校没有形成多元开放的生涯核心团队。

3. 生涯教育评价机制不完善

生涯教育评价具有诊断功能、激励功能、导向功能和鉴定功能，合理的评价机制不仅能指导学校生涯教育的努力方向，也能够激发学校生涯教育的动力。学校生涯教育工作和学生成长的评价缺乏追踪反馈机制。

4. 生涯教育实践平台单一化

学校生涯教育可以通过专门的生涯课程、生涯测试与个别辅导、职业实践体验、学科渗透、班会拓展、仿真招聘等多种方式展开。家庭和社会也是生涯教育的重要补充。

5. 家庭生涯指导过于表面化

多数家长将生涯发展等同于学业发展，认为生涯规划是"长大了以后的事情"，把精力全部放在学习成绩上，有的家长甚至限制孩子参与到社会和职业生活中，从而导致学生与社会生活相脱节。有的家长在引导孩子规划人生方面明显表现出能力不足，片面地把自己的职业经验传授给学生，视野不够开阔，限制了学生生涯发展的路径，这些都无法站在透视学生生命成长的高度开展生涯教育。

（三）学生困境

高中生正处于从未成年走向成年、初步选择未来发展方向的特殊阶段，是世界观、人生观和价值观形成的关键时期。高中生常见的生涯困惑有：对于自我认知不清和对于外界认知不足，缺少应对生涯问题的能力等。有的"没有优势学科"，有的"不了解自己、不知道自己的特长和优势"，有的"没有明确的未来发展目标"，有的"不清楚职业目标是什么、未来如何"，有的"不清楚将来选择什么专业"，有的"目前的学习状况与自己所想大学有差距"，有的"不知道什么专业有用，以后应该做什么"等。由此可见，高中生已经在思考自己的未来发展，但是在对于什么是生涯、怎样应对和处理生涯的问题上颇为迷茫。有些学生简单地将生涯教育等同于选科教育、专业选择或职业指导，这种倾向往往导致学生的生涯发展需求得不到重视，不能由远及近、以终为始地思考未来与现在的关联，无法掌握从长远发展的角度规划未来人生的观念和技能，容易出现"升学无意识、就业无想法、生涯无规划、学习无动力"现象。具体表现如下。

1. 自我认知模糊

自我认知是个体进行生涯规划的基石。经常听到学生表达这样的困惑：我是谁？我将来能做什么？我真正喜欢的事情是什么？我的人生目标在哪里？正是因为不了解自己的价值能力、兴趣、价值观等因素，对自我认知十分模糊，导致生涯准备不足。

2. 生涯意识淡薄

大部分学生只关心学习成绩，为了考上好大学而学习，而对于能考什么大学、学什么专业、将来从事什么职业等人生重大发展目标并不清楚，对于当下的学习与未来的职业发展的连接缺少思考，甚至没有思考，被动地接受他人的安排，自主选择能力和自主发展意识薄弱。

3. 专业选择盲目

繁重的学业压力导致相当一部分高中生学习动机消退，学习行为被动。即便是学业成绩良好的学生，也会对未来感到迷茫。尤其是在选择大学及专业的过程中，表现得不知所措，不知道如何选择专业，什么专业才能发挥自己最大的潜能和价值。要么听从家长的建议，要么盲目随大流。

4. 就业取向功利

高中学生往往对就业抱有较高的期望值，他们常常把自己职业目标放在"三大"（大城市、大企业、大机关）和"三高"（高收入、高福利、高地位）单位，职业定位的不合理会潜移默化地影响着学生的生涯发展和职业成就。

因此，十五中在"双新"课题的驱动下，在已有的工作基础上，尝试构建学校、家庭、社会"三位一体"的生涯教育指导体系，旨在培养适应未来社会发展并能创造自我幸福生活的身心健全的人才，这既是实现学校办学理念的重要支撑，也是落实核心素养的必要保障。

二、文献综述

（一）舒伯生涯发展阶段论

根据舒伯的生涯彩虹理论，将人的一生概括为成长、探索、建立、维持与衰退5个主要阶段。高中生处于探索阶段的试探期与过渡期，亦是生涯发展的关键期。该阶段包括试探期和过渡期以及经验承诺期，青少年通过学校的学习、社团活动以及兼职等方式，开始对自己的能力和岗位所需等有了一定的了解，青少年能够对职业进行具体的分析，为自己设置一个清晰可行的目标，在经过一番尝试发现目标无法实现后，则会确定新的目标，不断调整和提高自己。

（二）生涯建构理论

生涯建构理论（Career Construction Theory）由萨维科斯教授在2002年正式提出。生涯发展是一个主观自我与外部世界不断碰撞、相互适应且自主设计的过程，是个体通过一系列有意义的职业行为和工作经历来构建自身生涯发展过程，个体生涯发展的实质就是一个追求主观自我与外部世界相互适应的动态建构过程，不同的人有着不同的具体建构内容和建构结果。

（三）生态系统理论

生态系统理论（Ecological Systems Theory）由布朗芬布伦纳提出，强调个体嵌套于相互影响的一系列环境系统之中，系统与个体相互作用并影响着个体发展。个体发展环境包括微系统、中系统、外系统、大系统和长期系统。微系统包括家庭、学校和社区；中系统主要包括微系统各组成部分之间的互相联系和互动，比如家校合作等；外系统指会对个体产生影响但不直接接触的环境系统；大系统包括整个社会的要素构成的系统；长期系统指长时期的环境影响，以及影响个体发展和行为的方式。

（四）人本主义心理学

以罗杰斯和马斯洛为代表的人本主义心理学家认为，要重点关注人的价值与尊严，提倡充分发挥人的潜能，促进以人为本的发展。罗杰斯认为每个人都生而有之地具有自我实现的趋向，对于个人生涯发展而言，生命的过程就是做自己，成为自己的过程。

三、概念界定

一体三位以学生为主体，在充分地信任接纳和尊重个人特质的基础上，尊重每一位学生的天赋能力与不同个性，采取适合其特点的培养方式，最大限度地挖掘和发挥个体自身的能力与优势，促进他们的个性化发展。提供给学生更多的学习资源、工具与手段，在家庭、学校和社会中指导学生主动进行生涯探索，在与周围环境的相互作用下，统整个人生涯角色和生活形态。

以生为本的目标是指：一是要激活学生的生涯自主性、自发性的生涯意识，二是要培养学生选择与规划、服务社会的生涯技能，三是要培养学生可持续发展、积极乐观的生涯信念。

一体三位是指：学校、家庭和社会"三位一体"，其中学校为主导，组织统筹生涯教育资源，通过生涯师资队伍建设、生涯课程体系建设、生涯测评系统开发、生涯个体辅导等方面来促进学生的生涯意识、生涯技能、生涯信念的成长。家庭是通过家长论坛、家长讲堂等形式来达成生涯教育的目标。社会则通过高校、企业等生涯实践基地的形式来实现生涯教育目标。

四、研究内容

广义地说，生涯教育包括学校的一切课程与教育活动，其目的是学生的终身发展和有意义地幸福生活，可以说是将毕生发展观落实到学校教育的具体体现；狭义地说，生涯教育是帮助学生树立主动发展的观念、掌握生涯规划的知识与技能、确立生涯发展目标、进行生涯决策、寻求最佳生涯发展路径的专门性的且有计划的教育活动。因此，生涯教育指导是个系统工程，科学化、体系化、专业化才能真正融入学校的教育教学体系，促进学生的全面发展和健康成长。

（一）一体三位生涯教育指导体系的顶层设计

生涯教育是个系统化工程，学生生涯教育指导体的建构需要统筹规划和整体连续的指导，保证生涯工作的生命力和系统性。

（二）生涯师资队伍的规范化建设

面对快速增长的学生人数和日益多元的生涯议题，生涯教师无论从机构设置，还是职能发展，都需要达到专业化和职业化的要求。

（三）一体三位生涯课程资源的整合创新

完善的课程体系是生涯教育取得良好效果的重要因素，建立全方位的生涯课程体系，开发多样的生涯课程资源，创新课程教学方式，助力学生的生涯成长。

（四）生涯校本课程框架的开发

十五中生涯校本课程框架在设计上遵循知识为基、体验为重、学生中心的理念，结合学情校情建立系统的多维的课程体系。

五、研究方法

（一）文献研究法

在课题研究过程中，通过学习关于生涯规划理论的文献提升理论水平，开拓自身视野，同时了解新高考背景下探索生涯教育的主要方向。此外，通过研读文献，梳理成熟的生涯教育指导体系。

（二）调查研究

深入教师、家长、学生群体，采用调查问卷、访谈等形式，收集调研信息。了解生涯教育体系的推进、家长对生涯教育的重视程度、学生的生涯发展需求等资料，为推动生涯教育指导提供数字依据。

（三）行动研究

教师在课堂教育教学中渗透一体三位理念，多渠道全方位开展生涯教育指导，丰富学校生涯教育指导体系的内涵和外延。

六、研究成果

历经两年的教学实践和项目研究，项目组在生涯教育指导方面始终关注学生个性差异，关注学生核心素养，关注学生持续发展，形成了一体三位生涯教育指导体系。具体表现为三个方面，一是组织架构从分散走向整合；二是实施主体从单一走向多元；三是课程内容从片面走向全面，其中课程保障是基础，师资建设是关键，资源整合是合力。

（一）顶层设计

美国心理学家朗芬布伦纳提出生态系统理论，强调个体的发展是一系列系统相互影响的结果。十五中整合多种教育资源，探索提炼了生涯指导"1234 金字塔模型"，一个顶层是指构建完整的家校社生涯指导体系，两个基础是指加大教师培养力度和课程研发深度，三个支撑是指调动学校、家庭和社会中已有的教育资源，四个渠道是指专业课堂、学科渗透、校园生活和校外体验。

图 1　生涯指导"1234 金字塔模型"

（二）师资队伍

教师是学生的领路人，在生涯教育指导中发挥着重要作用。一方面，教师主体之间要加强联动，分工合作。心理教师负责生涯通识课程的设计开发、提供个体和团体生涯咨询；学生发展指导中心负责生涯体验活动的策划组织；教学处负责选科选考和志愿填报的政策解读。部门之间分工明确，协同配合。另一方面，组织生涯培训，提高教师的专业化水平，更新教育理论，提升研究能力和指导能力。自 2022 年开展项目研究以来，学校依托"一体三位生涯教育指导体系的构建与探索"，整合北京师范大学、中央财经大学、浙江师范大学等多所高校专家和兄弟学校的优质资源和先进理念，围绕生涯教育、心理健康、生命教育、家校合作开展教师大讲堂系列培训，共计 10 讲，旨在传播健康的教育理念和专业的育人技能，拓宽教师的工作视野和心灵场域，提升教师的生涯素养和职业胜任力。

表1 教师大讲堂系列培训

领域	题目	专家
生涯教育	整体构建学校学生发展指导体系，促进学生全面而有个性发展	曹新美
	聚焦学生异常的个体生涯访谈	董艳菊
	生涯学科融合的理论与实践	乔志宏
	聚焦学生成长的个体生涯访谈	董艳菊
心理健康	有效的师生沟通	吴洪健
	从习得性无助到提高乐商	任 俊
	后疫情时期的教师压力管理与情绪调适	白玉萍
	提升教师职业幸福感	曹新美
生命教育	中学生生命教育的现状及应对策略	张 丽
家校合作	构建良好家校关系	洪 明

参与此次培训的教师涉及初高中班主任和青年教师群体，还有自发参与学习的学科教师和其他学校的同人，收到了良好的效果。

（三）课程整合

广义的生涯课程资源包括学校的一切课程与教育活动，涵盖与学生未来发展有关的方方面面。狭义的生涯课程资源是指在学校中学习的与生涯相关的课堂教学以及活动等。我们的研究成果指的是广义的课程资源，除了生涯通识课程，还有专题指导课程、学科渗透课程、班会融合过程、外围生涯体验课程，充分发挥学校、家庭、社会的资源力量，帮助学生认识自己，获取生涯信息，提高自我管理能力，建立生涯自信，提升生涯适应力。

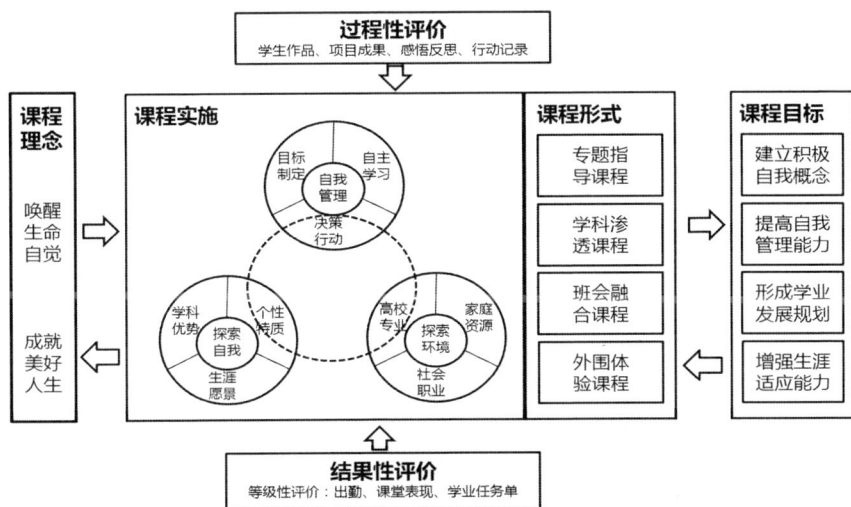

图2 生涯课程资源框架

1. 以生涯通识课为主体，构建多元高效生涯课堂

开设生涯教育的专门课程，是学校实施生涯教育的重要渠道，全面而系统地培养学生生涯发展所需基本素养，指导学生自主规划生涯发展路径。

生涯规划课程是一门综合性、实践性课程，主要分为三个模块。自我模块：认识自己的兴趣、能力、性格、价值观等个性特质，掌握认识自我的方法，树立积极生涯信念。环境模块：了解社会职业与大学专业信息，了解高中资源信息，促进探究外部环境的主动性，提升发掘资源、搜集整合信息、批判思考的能力。管理模块：通过自我监控、反思与调整，能够在专业选择和选考科目上做出恰当的决策，提升自己的目标、时间、决策、情绪、行动管理等方面的能力。

表2　生涯规划课程

自我探索	环境探索	决策管理
点燃兴趣的火焰	选科实验室	做自己的 CEO
大话西游之能力	专业星空图	目标总动员
性格派对	走进象牙塔	生涯行动力
最亮的星	Pick 你的专业	SWOT 你的人生
积极生涯态度	职业知多少	生涯规划书
二十年后的我	揭秘新高考	时间窗口
生涯鱼骨图	我的未来职业	人生 GPS

2. 以学科为支点，研发学科生涯渗透课程

生涯教育学科融合课程拓展生涯教育的深度和广度，是生涯教育不可缺少的阵地。生涯教育学科融合课程主要包括专业认知和职业认知两大部分内容。专业认知主要帮助学生了解高中课程和大学专业的联系，为选考选科和专业填报提供最直观的参考依据。职业认知主要帮助学生了解促进学科发展的历史人物、学科相关职业的历史名人、生活中的职场名人、拥有职业发展故事的普通职场人等，在学科教学中有意识地培养学生的生涯意识与生涯素养，提高对未来的预见能力和应变能力。

3. 发挥学校、家庭、社会资源优势，开发生涯体验课程

生涯体验课程主要以体验沉浸式活动为主，学校通过开发课堂内外、校园

内外资源，举办学生讲坛、仿真招聘会、职业影子人等校本特色活动，增强学生的生涯意识；通过创建微公益社、环境社、模联社、电视台、广播站、微电影社、辩论社，网球社等学生社团，调动学生生涯探索的积极性和主动性，强化专业兴趣和职业取向。此外，通过生涯专题讲座、生涯人物访谈、学长来了、企业参观等增进学生的生涯体验，锻炼学生的生涯适应力。例如，以生涯游学的形式，带领学生走进博物馆、高校、企业参观学习，了解社会对行业人才的要求和标准，丰富自己的职业生涯体验。又如，邀请优秀毕业生通过线上交流的方式对大学的学科特点与专业信息、未来的就业方向和职业发展等进行深度解读，有助于引导学生更好地进行生涯规划，探索自己的生涯方向。同时，邀请家长走进学校生涯教育课堂，根据自身的工作内容和职业特点，与学生们面对面分享职业发展经历和心得体会，增强学生生涯目标的原动力，做好人生发展规划。

4.由借鉴经验与方法转向校本化网络化，延展生涯教育的路径

随着网络的普及和技术的飞跃发展，采用网课、微课的生涯教育形式，具备了资源共享、反馈及时、可重复学习等优势。同时，借助微信等自媒体平台，收集学生的生涯成果，建立生涯成长档案，拓展了生涯教育的视角。

（四）生涯校本课程框架

课程框架以斯温的"金三角"理论为基础，以"自我认知""教育资讯"和"抉择定向"三个因素为着力点，设计出连续的多个主题课程，课程以学生生活为逻辑起点，以体现关注高中生活、关注学生生涯选择、生涯规划能力发展、关注外部资源使用为原则，帮助学生规划好自己的未来，同时更好地把握现在，促进学生全面而有个性的发展。

1.探索自我

探索自我模块帮助学生掌握认识自我的方法，加深对自身特点的认识，了解自己的兴趣、能力、性格、价值观、性别等个性特质，掌握认识自我的方法，发展个人素养，接纳认可自己，树立积极乐观的生涯信念。

表3 探索自我模块

	课程主题	课程目标	课程内容
1	叩问生涯，规划人生（1课时）	学生明确生涯和生涯规划的重要性，对生涯有希望感和主动感，有生涯发展意识	讲解舒伯生涯发展阶段论，在生命线活动中感受生涯历程
2	我的生涯角色（1课时）	学生体验多元生涯角色，积极主动平衡角色之间的冲突，平衡学业与生活	依托生涯彩虹图介绍九种生涯角色，绘画活动中引导学生选择和塑造不同阶段的生涯角色
3	点燃兴趣的火焰（1课时）	学生了解并探索职业兴趣，梳理"兴趣金字塔"，将学科兴趣和未来生活建立联系	让学生从日常生活中感兴趣的活动出发，通过心理测评发现自己的霍兰德职业兴趣代码，核对兴趣发展方向
4	大话西游之能力（2课时）	学生发现优势能力，结合能力特点对生涯发展进行思考，计划发展自己的特长	引导学生学习多元智能视角下的能力差异，撰写成就故事，盘点能力
5	性格派对（2课时）	学生理解性格对生涯发展的影响，分析自我性格和职业性格特点，塑造良好的个人品性	借助大五人格理论和MBTI测验，启发学生思考性格在生涯成长中的意义和价值，辩证看待性格的不同侧面
6	最亮的星——价值观探析（2课时）	学生澄清个人价值观和职业价值观，理解价值观是认识自我和决策行动的内在标准，深入探索自我	综合运用价值观卡牌交换和价值观拍卖等活动，帮助学生厘清内心的价值取向和职业倾向
7	二十年后的我（1课时）	学生整合个人内在资源，计划憧憬未来的一天，提高生涯发展的内驱力	让学生想象二十年后的某一天，并描绘出自己的生涯名片和生涯愿景

2. 探索环境

探索环境模块让学生在自我认识的基础上，探索与个人特质有关的教育与职业环境方面的信息，了解社会职业与大学专业知识，获取高校资源资讯，学习和探究教育和工作中的生涯机会，促进探究外部环境的主动性，提升发掘资源、搜集整合信息、批判思考的能力，设计未来发展所需的教育计划和职业生涯发展路径。引导学生通过职业体验，了解不同职业的能力需求、发展前景、社会责任等，结合自己兴趣、特长、个性等因素，合理规划升学与就业目标。

表4 探索环境模块

	课程主题	课程目标	课程内容
1	社会·家庭·自我（1课时）	学生综合认识家庭、社会环境等生涯发展因素，明确生涯发展中的助力与挑战	帮助学生运用SWOT组合分析法客观分析影响要素，引导学生建立资源意识和同盟意识
2	解码家庭资源库（1课时）	学生学会整合家庭资源，主动探索家庭职业环境和生涯发展的关联，学会从社会和家庭中汲取有效信息	通过"家族职业信息图谱""家族职业树"等体验活动，引导学生整合家庭职业信息，将家庭因素纳入个人规划

续表

	课程主题	课程目标	课程内容
3	走进象牙塔 （1课时）	学生了解大学学科门类设置，知道检索大学信息的途径和方法，形成合理的大学观	在大学接龙活动中，引导学生建立对大学的感性认识，用"金字塔"模型，让学生提前了解大学的分类
4	专业星空图 （1课时）	学生掌握九大专业群的划分类别，识别专业群组所对应的专业大类，明确专业和学科之间的关系	利用生涯卡牌，让学生分门别类地整合专业分类，明晰从专业课程、报考条件和专业前景综合考量心仪专业
5	选科实验室 （1课时）	学生了解新高考改革6选3政策和多元录取的路径，理解选科对大学专业的重要意义，学会多角度综合进行选科	讲解不同专业对高中选科的要求和限制，让学生结合自我、环境、社会三个因素进行选择
6	职业知多少 （1课时）	学生理解职业的多重意义，明确职业的分类，了解多样的职业世界，建立对未来职业的积极关注	讲解《中国职业分类大辞典》中对职业的分类，让学生了解社会行业和职业类型，帮助学生学习职业信息搜索的方法
7	我的未来职业 （1课时）	学生知道职业变迁和兴衰时有发生，了解未来世界对人才的需求，反观自己的实际情况，初步完成职业定向	在"职业预言家"和"我来当招聘官"中，让学生学会用PLACE方法聚焦职业的关键信息，锚定感兴趣的职业领域
8	职业影随 （2课时）	学生独立设计职业体验方案，了解职业必备的职业素养和关键能力，了解真实的职业世界	让学生对自己感兴趣的职业进行职业体验，如通过调查访谈等方式了解某个职业的准入条件、薪资待遇、发展前景等

3. 自我管理

自我管理模块力求引导学生做理性的生涯规划，管理好高中生活，挖掘学生的自组织和自成长的能力，通过自我监控、反思与调整，不断优化调整个人的生涯发展方向和路径，提升目标、时间、决策、情绪、人际、行动等方面的管理能力，科学管理高中学习生活，积极应对现实生活的重要任务。

表5　自我管理模块

	课程主题	课程目标	课程内容
1	树立积极的生涯信念 （1课时）	学生了解生涯信念对个人的影响，辩证地看待自己想法中不合理信念，积极将消极信念调整为助力，寻找正能量	透过人生剧本故事，让学生发现生涯信念AB面，帮助学生转化消极信念，体验积极生涯信念
2	目标总动员 （1课时）	学生感受目标的引领作用，确认自己的长期目标和短期目标，掌握科学的目标制定方法，指导学习和生活	让学生用思维导图绘制自己的目标蓝图，利用SMART原则修正目标管理，引导学生制订切实可行的目标计划

续表

	课程主题	课程目标	课程内容
3	时间窗口 （1课时）	学生反思时间使用情况，了解时间管理的方法，遵循要事第一的原则合理安排时间，提升时间管理技巧，增强自我管理能力	通过"时间纸条"，增强学生的时间价值感，通过"1分钟挑战"，核对学生的时间监控感，通过"待办事项清单"，提高学生的时间效能感
4	选择的智慧 （1课时）	学生了解不同的决策风格，学会利用决策平衡单进行选科决策，了解理性决策的影响因素，进行科学决策	协助学生探索个人的决策风格与技巧，基于蝴蝶模型，让学生练习使用决策平衡单
5	我能自控 （1课时）	学生明确自控力是一种可控的资源，了解自控力工作的心理机制，树立我能自控的意识，掌握2分钟启动法则和番茄时钟法，提升自控力	引入心理学实验，揭示自控力的本质，并解析自控力的两大系统，提升自控力
6	转动情绪的魔方 （2课时）	学生理解情绪的种类和功能，接纳不同的情绪。觉察和分析自己的情绪，合理地表达情绪。学生识别他人的情绪，对他人的情绪给予巧妙的回应	在"情绪猜猜看"中，让学生体验情绪多样性，在角色扮演中，让学生学习ABC情绪调节方法，学习保持合理的情绪认知
7	积极情绪养成记 （1课时）	学生明确积极情绪的正向意义，学习更多的获取积极情绪的方法，提高快乐感受力，保持乐观感染力，构筑健康的情绪资本	通过"快乐小瓶子"唤醒学生快乐时光，使用"三件小事"和"感恩日记"提升学生快乐指数
8	你好，拖延君 （1课时）	学生识别拖延的不同类型，了解拖延发生的生理机制和心理历程，降低拖延带来的自责和内疚情绪，掌握应对拖延的具体方法，提升积极行动的能力，树立我能战胜拖延的成就感及满足感	运用学生原创视频呈现日常生活中的拖延困境，从脑科学的角度揭示了拖延工作的生物学基础，提炼拖延的不同原因，协助学生制订行之有效的战拖计划
9	压力的自我管理 （1课时）	学生了解压力认知、心理和行为具体表现，理解压力模式下的战逃反应，学习应对压力的方法	通过"雨中人"绘画，让学生核对压力现状，通过制作《压力使用说明书》，梳理减压小技巧
10	沟通你我他 （2课时）	学生了解萨提亚模式下不同沟通姿态的外在表现、内在期待和感受，综合考虑自我、他人、情景三个要素，学会使用一致性表达	通过情景演绎沟通困境，使用雕塑技术，让学生看见行为背后的期待和渴望，指导学生使用"我句式"进行有效沟通
11	相遇在花季 （1课时）	学生从心理学的角度领悟爱的本质，认识友情与爱情的区别和联系，建立自然美好的性别角色形象，学会健康的异性交往，懂得对自己的行为负责	通过"爱的接龙"，让学生理解爱的真谛，通过"爱的难题"，让学生区分喜欢和爱情，通过"爱情匹配"实验，让学生拥抱更好的自己
12	生涯规划书 （1课时）	学生理解生涯规划书的意义和使用方法，分析综合各方面资讯，明确高中生涯规划及未来发展方向，树立主动发展的意识	让学生回顾高一的成长和变化，引导学生从自我现状出发，结合生涯计划，书写高中生涯规划书
13	我的个人简历 （1课时）	学生学习简历框架六格图，明确简历制作的标准格式，设计完成个人简历	学生以组为单位研讨学长的个人简历，提炼出基本信息、教育背景、科研经历、学习经历、工作经历、荣誉奖项六个基本要素，结合实际情况，撰写个人简历

七、研究效果

（一）一体三位生涯教育指导体系初见雏形

一体三位生涯教育指导体系以多维联动为标志，将课堂时间与课外时间、校内空间与校外空间、学科教学与学科教育、学生资源与社会资源、思维锻炼与实践操作深度融合，并将课程、教学、评价、管理、师生发展合为一体，形成课程群落。坚持以学生为中心，以体验式教学为主，教师的角色更多的是组织者、引导者；以活动为载体，重视学生的体验和感受。

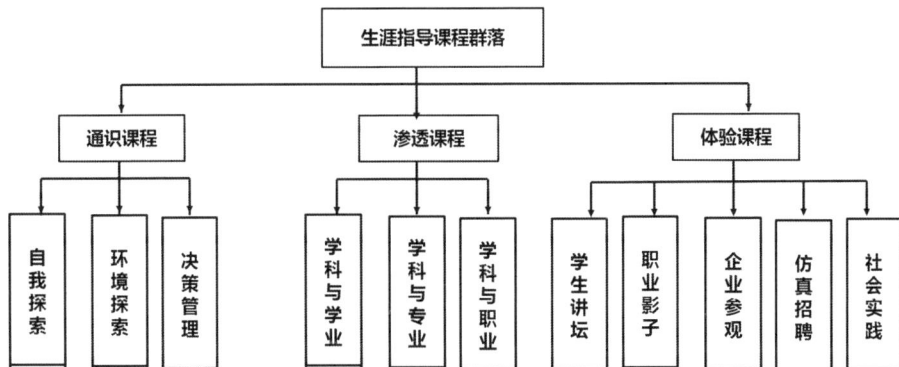

图3　生涯指导课程群落

（二）生涯师资团队的整体育人能力大幅度提高

由心理教师、班主任、学科教师共同组成的生涯教师团队，全方位地渗透生涯教育的理念和方法，提升了生涯教育的影响力，营造了良好的校园生涯教育场域。积累了多篇论文、教学设计、班会案例资源，获得市区多个奖项，并在"世界需要热咖啡"公众号上建了学生微课资源库和家长微课资源库。

表6　生涯资源库

类型	题目	教师姓名
论文	北京市十五中高一学生生涯适应力现状调研报告	包　鑫
论文	聚焦学生需求　联结课堂内外	包　鑫
论文	中学生涯辅导课有效性的研究	包　鑫
论文	北京市第十五中学生涯教育课程实施方案	包　鑫
教学设计	海—气相互作用	张琨佳

教学设计	高中信息技术课程导言	杨　军
教学设计	立足职场有法宝	佟军颖
教学设计	二价铁、三价铁之间的相互转化	苏　鑫
教学设计	安全火柴的设计——燃烧3要素	苏　鑫
教学设计	基于复分解反应的混合无除杂	苏　鑫
教学设计	专业星空	包　鑫
教学设计	如何提升自制力	包　鑫
教学设计	情绪受外界影响怎么办	包　鑫
教学设计	吾心可鉴——职业价值观初探	包　鑫
案例	会心	包　鑫
案例	"未来·你来"校园仿真招聘会	包　鑫
案例	点点萤火，汇成人间星河	郭东辉
班会案例	我的人生五样	陈　欣
班会案例	闲聊"6选3"	陈　欣
班会案例	与科技赛跑，赢得未来	张琨佳
班会案例	和你一起悄悄地拔尖	郭东辉
班会案例	脚踏实地　仰望星空	郭东辉
班会案例	拒绝无效勤奋	郭东辉
班会案例	自己做什么来改变现状	师　虹
班会案例	学会思考之给"懒"把把脉	师　虹
班会案例	让自己全情投入到每一段学习时间中	张依依
微课	转动情绪的魔方	包　鑫
微课	拿得起放得下的手机	包　鑫
微课	自控给我自由	包　鑫
微课	学会表达愤怒	包　鑫
微课	提升心理复原力	包　鑫
微课	亲子沟通，为什么有壁了	包鑫、肖连悦
微课	萨提亚冰山理论视角下沟通模式的觉察	包鑫、肖连悦
微课	共情与沟通	包鑫、肖连悦
微课	非暴力沟通	包鑫、肖连悦

（三）学生生涯作品硕果累累

表7　学生生涯作品

类型	名称	创作者
成果展	高一年级"云上访大学"成果展	高一学生
成果展	高二年级"云端访大学"成果展	高二学生
视频	口红	麻莉莉
视频	艺考生的烦恼	薛子琦
视频	你当像鸟，飞往你的山	张思琪
视频	以往鉴来，知往鉴今	范子豪

　　十五中将在一体三位生涯教育指导体系的支撑下，稳步促进师资队伍建设的专业化，推进生涯教育高质量发展，借力校友与家长资源，助推生涯意识及生涯目标的引领示范，运用系统科学的方法，指导学生增强对自我和人生发展的认识与理解，促进学生在成长过程中学会选择、主动适应变化，帮助学生学习如何平衡人生历程中各种社会角色关系，从而使他们更有可能遇见更好的自己！

执笔人：包鑫

"普通高中思政课课程资源开发实践研究"项目研究报告

何　淼

一、研究背景

（一）教育改革大背景

当前高中教育发展处于全面深化改革的重要阶段。高中新课程、新教材的"双新"工作实施中催生新课堂、新高考，高中政治课从教学内容到教学方式到考试评价方式都发生重大变化。如何在当前的形势下进一步提高高中政治教学和教育水平，这是一个亟待解决的问题，对高中政治教师来说无疑是一种挑战与超越。

课程资源是新课程改革提出来的一个核心概念。在国家颁布的各学科课程标准中都有"课程资源的开发与利用"这一组成部分。对课程资源的开发利用，是新课程改革的重要内容之一，也是实现新课改的必要条件。聚焦课程资源的开发和利用开展教学研究，有利于教师应对"双新"挑战，把握"新机遇"，实现课程多样化，创造适合学生的学习经历和学习品质，有效提高教育教学质量，为教师教学方式和学生学习方式的转变提供更广阔的空间。

高中政治新课程性质和理念、课程内容结构、课标要求和评价标准均有重大调整，过去积累的资源库过时了，相当一部分课程资源已经无用，保留下来的课程资源急需再开发和利用，大量新的课程内容需要新的课程资源支持。教师需求急迫，任务繁重。

（二）问题提出及课题研究价值

1. 课题研究的必要性

新课程新教材的实施导致原有课程资源不能满足教学需要，亟待开发新的课程资源。

（1）高中政治课程性质和理念发展变化要求。

高中思想政治课在整个高中课程体系中有一个特殊的性质就是要坚持思想性和方向性教育，在意识形态教育中有着突出的作用。

《普通高中思想政治课程标准（2017年版2020年修订）》（以下简称《新课标》）对高中政治课程性质的表述相较于旧课程标准发生了巨大变化，具体阐述为："高中思想政治课程是落实立德树人根本任务的关键课程，以培育社会主义核心价值观为目的，是帮助学生确立正确的政治方向、提高思想政治学科核心素养、增强社会理解和参与能力的综合性、活动型学科课程。""高中思想政治课程紧密结合社会实践，讲授马克思主义基本原理，讲授马克思主义中国化成果特别是习近平新时代中国特色社会主义思想，引导学生经历自主思考、合作探究的学习过程，理解中国特色社会主义进入新时代的历史方位，了解新时代中国特色社会主义经济、政治、文化、社会、生态文明建设和党的建设进程，培育政治认同、科学精神、法治意识和公共参与等核心素养，逐步树立共产主义远大理想和中国特色社会主义共同理想，坚定中国特色社会主义道路自信、理论自信、制度自信、文化自信，基本形成正确的世界观、人生观、价值观。"

新课程新课标背景下高中政治课程理念强调"坚持正确的思想政治方向"。新课程贯穿一条主线：用习近平新时代中国特色社会主义思想铸魂育人。强调坚持马克思主义指导地位，贯彻落实习近平新时代中国特色社会主义思想，突出思想政治课程的关键作用，有机融入社会主义核心价值观，充分体现马克思主义中国化最新成果，引导学生爱党爱国爱社会主义，坚定"四个自信"，形成正确的世界观、人生观、价值观。课程性质将其融入了学习的全过程中，重在把握思想政治课程的思想性和方向性，理解中国特色社会主义进入新时代的历史方位。

《新课标》中课程基本理念的表述内容上还有一个突出特点是更加强调学生学习的主体性。以往的基本理念是以课程为核心，而新的基本理念是以学生为核心，提出教师和学生是平等的主体。

在课程资源建设的过程中，要始终把教师队伍建设放在首位，尤其注重教师的经验，同时重视学生的生活和实践经验，使学生成为课程资源的开发主体之一。学生学习和生活也是课程资源，重视对学生身边的自然环境和社会资源的利用。学生不再单纯地参与教师设计好的教学活动，而是在主动探索和利用资源。

（2）落实"学科核心素养"新课程目标要求。

旧课程目标分为总目标和分目标。每课的分目标包括知识、能力、情感态度价值观三个维度。教师进行教学目标设定时更多关注知识目标，目标设定微观具体可操作，教学实施中有明显落实措施。教师设定能力目标通常明确但偏宏观，教学实施中有措施，但落实需要长期培养。教师设定情感态度价值观目标通常比较笼统，不易落实检测。

《新课标》中课程目标变成了："学科核心素养是学科育人价值的集中体现，是学生通过学科学习而逐步形成的正确价值观、必备品格和关键能力。""通过思想政治课程学习，学生能够具有思想政治学科核心素养。"思想政治学科核心素养，主要包括政治认同、科学精神、法治意识和公共参与。课程实施建议中每一个课程内容的学科核心素养目标要求具体化、细化。

"学科核心素养"是新增加的表述，高中政治课程要求围绕"学科核心素养"展开学习活动。课程目标的变化必然导致课程资源的选择、课程资源的开发和利用、教学过程、教学方法都随之发生改变，必然要求教师对原有教学资源进行再加工或者开发更适合的教学资源。

（3）课程结构的优化调整要求。

旧课程中的必修课程包括《经济生活》《政治生活》《文化生活》《生活与哲学》四个模块，选修是六门课程，文科学生必选《经济学常识》《国家和国际组织常识》两门课程，其他课程学校根据各自情况开展实施。

新课程聚焦思想政治学科核心素养，紧跟马克思主义中国化理论创新发展进程，考虑到高中学生多样化的学习需求及升学考试要求，将教学内容优化调整，包括《中国特色社会主义》《经济与社会》《政治与法治》《哲学与文化》四个模块，并规定了选择性必修是《当代国际政治与经济》《法律与生活》《逻辑与思维》，选修是《财经与生活》《法官与律师》《历史上的哲学家》。

	旧教材	新教材	
必修	《经济生活》	《中国特色社会主义》	一条主线：中国特色社会主义
	《政治生活》	《经济与社会》	
	《文化生活》	《政治与法治》	
	《生活与哲学》	《哲学与文化》	
选择性必修（必选）	《经济学常识》	《当代国际政治与经济》	全球视野
	《国家与国际组织常识》	《法律与生活》	法律手段
		《逻辑与思维》	科学思维

上图中可以看出，《中国特色社会主义》《法律与生活》《逻辑与思维》以及《政治与法治》中的法治部分是全新课程。《经济与社会》《哲学与文化》《政治与法治》的政治部分与旧教材有重复，旧教材的内容保留不足一半。比如必修二《经济和社会》中，新教材只有一半的内容与旧教材相同或相似，这些内容主要是中国的经济制度和经济发展理念，增加社会保障、社会责任等教学内容。

目 录

第一单元 基本经济制度与经济体制 ... 1

第一课 我国的基本经济制度 ... 2

 公有制为主体 多种所有制经济共同发展 ... 2

 坚持"两个毫不动摇" ... 8

第二课 我国的社会主义市场经济体制 ... 14

 使市场在资源配置中起决定性作用 ... 14

 更好发挥政府作用 ... 21

综合探究 完善社会主义市场经济体制 ... 26

第二单元 经济发展与社会进步 ... 31

第三课 我国的经济发展 ... 32

 坚持新发展理念 ... 32

 建设现代化经济体系 ... 38

第四课 我国的个人收入分配与社会保障 ... 44

 我国的个人收入分配 ... 44

 我国的社会保障 ... 50

综合探究 践行社会责任 促进社会进步 ... 57

对比新旧教材的课程内容可以看到，旧课程旧教材中有大量西方经济学理论和政治学理论知识，并且是旧教材教学的重点内容，新课程这部分内容基本没有了。大量的十九大、二十大报告原文、马克思主义中国化最新成果成为教材内容。这种变化从教学理念和教学目标上看更强调培养学生的中国特色社会主义道路自信、理论自信、制度自信、文化自信。

多半新课程内容没有任何可借鉴的资源，需要政治老师从零开始开发教学资源，任务极为紧迫。

（4）"活动型学科课程"的课程定位需要丰富的课程资源作为课程实施背景和条件。

《新课标》提出，高中政治课应"构建以培育思想政治学科核心素养为主导的活动型学科课程""尊重学生身心发展规律，改进教学方式"。

旧课程多数是讲授课，偏重于知识讲解。新课改后高中政治教师的理念发生重大转变，教学实践中大量采用案例式教学、探究式教学、实践活动课教学，课程资源相较以前更丰富。根据以往的教学实践经验，活动型学科课程实施过程中经常围绕一两个核心问题组织学生活动，这些课程除了设置恰当的主题外，最重要的就是获得相应的课程资源，甚至主题的设置也有赖于课程资源的开发。将高中政治课定位为活动型学科课程，意味着需要更加丰富的课程资源作为载体和支撑。课程资源的来源不能仅限于教材，更要来自教师和学生的生活实践。教师和学生既是课程的实施者，也是课程资源的开发者。课程资源的性质和使用方式直接制约学生的活动方式，也决定着学生的学习方式，因此，开发和利用课程资源是实施活动型学科课程需要解决的基本问题。

2.课题研究的迫切性

从上一个问题的表述中可以看出，新课程新课标新教材实施对所有的政治教师都是严峻的考验。以前所积累的许多经验没有用了，多年积攒的课程资源过时了，新的课程资源的开发紧急重要迫切。

另外，高中政治课特有的实践性和时政性特点，要求教学过程紧跟生活和社会的热点，这在无形中要求政治教师关注开发新资源，每一轮教学都要使用最新材料。即使在课程内容不发生任何变化的情况下，政治教师们也似乎热衷于使用最新的情境。这对政治教师素养的要求特别高，有时会出现备课负担过重，以及过于重视资源的新颖而导致忽视对已有资源的充分开发和合理使用的情况。

3. 课题研究的可行性

师资队伍的影响。我校高中政治组从 2009 年开始开展全组合作,进行课程资源的开发和利用。各个备课组结合教学实践分工整理资料,核心成员反复打磨修改,全组通过教研组活动研讨定稿,新一个教学学年再度修正。如此反复进行,我组已经完成旧教材所有国家教材、校本教材、合格考复习、高考复习课的资源开发,并建立完整的课程资源库。我组的课程资源库包含所有教材和会考复习高考复习用的知识清单库、课件资源库、教学设计库、学案文本库、试题库,并在全组共享。每年三个年级备课组在教学实践过程中对课程资源库资源进行修改、修正、更新,每年全组共享更新一次。这样的良好传统降低了我组教师们的备课负担,提升了课程资源资料的水准,提升了教学实效,也使每一位教师乐于分享自己的成果。新课程新课标新教材开始实施后,课程资源库急需更新。我校教师坚持优良传统,对新教材进行第一轮课程资源开发利用和更新,并全组共享最新的课程资源,但新资源库没有完全建立起来。本研究课题顺势而为,顺应教师们教学实践的需要。

学校教学环境的影响。十五中教学环境良好,设施设备齐全,教学条件优越,为高中思想政治课程资源开发提供了良好的基础条件。学校还配备了专业的信息技术教师团队和教学管理团队,他们的专业能力和管理能力对高中思想政治课程资源开发有着积极的影响。教师可以在难度比较大的多媒体制作时获得帮助,将文字、图像、声音、动画等多种媒体形式有机地结合起来,以达到更好的教学效果,从而增强学生的学习兴趣、激发学生的学习积极性。多媒体资源方便存储和修改的特性,使得课程资源更加多样化、丰富化、可持续化。

学生群体的影响。十五中学生的整体素质较高,具有较强的学习能力和创新能力,良好的家庭教育环境可以为学生的学习提供更好的支持和帮助。

在课程资源开发和教学实践中,需要充分利用这些条件和因素,为高中思想政治课程的教学和发展提供更好的保障和支持。

(三)课题研究的目标

结合实际需要将本课题研究目标确定为:

(1)通过研究,聚焦教学实践,总结出高中政治课程资源开发的原则和规律。

(2)通过研究,梳理全面、立体的高中政治课程资源开发利用的经验教训,初步形成高中政治课题资源开发的实施策略和方法。

（3）通过研究，形成一些经典的活动型学科课程资源开发的案例，初步建立北京十五中高中政治课程资源库。

（4）通过研究，变革北京十五中政治教师教学行为，提升教师的教材观、学生观、课程观、资源观，促进教师素质的提高。

（5）通过研究，创设有针对性的活动情境，提供丰富多样的活动操作材料，在学习活动中培养学生对高中政治的学习兴趣，养成高品质思维，逐步形成解决问题的能力，养成良好的学习品质，全面提高北京十五中学生的政治学科核心素质。

二、文献综述

百度文库和中国知网都是比较常用的学术资源搜索平台，收录了许多关于高中思想政治课程资源开发的文章，其中一些文章提供了具体的案例分析和文章细节。下面是对它们的综述。

开题时通过百度学术可以查到有关课程资源开发的论文达到 2 万多篇，多数是旧课程旧教材时期的经验总结。2000 年以后研究新课程新教材背景下高中政治课程资源开发的论文有近 100 篇。

从现有文献中可以看到，教师对课程资源开发基本内容达成一些共识。

（1）课程资源概念发生改变。长期以来，人们认为教材是唯一的课程资源，新课程开始后，逐渐认识到课程资源包含的意义范畴宽广，教师、学生、家庭、社会的生产生活实践都是重要的课程资源，从而确立一种新的课程资源观。

（2）课程目标不仅仅是传授知识，还包括对学生学习过程与方法的掌握，以及对学生情感、态度、价值观的发展与培养，落实学生的核心素养。

（3）结合政治学科核心素养要求和学科特点，高中政治教师课程资源开发坚持实用性、兴趣性，突出学生的学习主体地位。开发出适合学生并受到他们欢迎的课程资源，将更有利于教学目标的实现。

（4）现在高中政治课程资源开发和利用实施途径主要有以下几个方面：重视教材资源的充分使用和挖掘；利用新闻等材料来优化教材内容；重视利用互联网、音像等资源拓展课程资源来源；使用综合探究活动来转变学生学习方式。

在高中政治课教学实践中，已经有大量鲜活的资源被开发出来，例如各地爱国主义教育基地、文化古迹、名人故居、纪念馆、博物馆、展览馆、影剧院、文化馆等为学生提供免费的资源和服务。教师们结合教学内容、本校学生实际，以及单位资源特点，开发一系列课程资源，开展社会实践活动课，受到学生的广泛好评。这些新课程资源采用"自主、合作、探究"的学习方式，丰富高中政治的课程内容，调动学生的积极性，提高学生政治学科核心素养，为高中政治课注入了新活力。

但是实践中大多数高中政治教师并未完成新教材的课程资源开发。新教材开始实施仅仅一年半的时间，一线教学中多数高二年级教师完成《中国特色社会主义》《经济与社会》《政治与法治》《哲学与文化》四本必修新教材的教学，选修教材教学刚刚开始；高一教师也只完成《中国特色社会主义》《经济与社会》两本教材第一轮教学；还有相当一部分教师尚未开始新教材教学。通常，教学资源开发后经过教学实践会发现许多问题，通过教师不断反思，反复打磨研究才能成为经典教学案例。所以高中政治新教材的课程资源开发仅仅是个开始，没有形成体系，没有形成资源库。

在百度文库中，可以找到一篇名为《高中思想政治课程资源开发实践》的文章，该文章介绍了作者在高中思想政治课程资源开发实践中的经验和教训。作者在讲授《民族复兴大业》这一课程时，运用多媒体教学手段，开发了一系列的课程资源，提高了课程的教学效果。文章中详细介绍了课程设计的思路和具体实践，也提到了在课程资源开发过程中遇到的问题和解决方法。这篇文章的优势在于提供了具体的实践案例，为读者提供了实际操作的参考和借鉴。

在中国知网中，可以找到一篇名为《高中思想政治课程资源开发与教学策略研究》的论文，该论文主要研究了高中思想政治课程资源开发的理论和实践，并提出了相应的教学策略。论文中提到，高中思想政治课程资源开发需要遵循教育教学规律和学生认知规律，注重培养学生的主体性和创新思维。同时，需要根据不同的教学对象和教学环境，选择不同的教学策略和方法。论文还介绍了一些高中思想政治课程资源开发的案例，如基于网络平台的课程资源开发、基于多媒体教学的课程资源开发等。这篇论文的优势在于提供了理论与实践相结合的研究，为读者提供了全面的思路和方法。

在课题研究的三年中，新课程改革深入推进，为教学内容、教学方式和考试评价方式带来了重大变化，相关学者和一线教师进行了大量的研究和探讨，形成更多研究成果。主要探讨了新课程背景下高中政治教学的现状和面临的问题，提出了相应的对策和建议，包括注重学生的主体地位、创新教学方式、加强教师的专业发展等。多数文章从实践出发介绍了新课程背景下高中政治课程开发与实施的情况和方法，系统地阐述了教学目标、教学内容、教学方法和教学评价等方面的改革。在使用这些文章进行高中思想政治课程资源开发时，需要结合自身需求和实际情况，选择合适的资源，并进行仔细评估和筛选。

综上所述，这些研究成果为新课程背景下高中政治教育的改革和发展提供了重要的理论和实践支持，为教师提供了有益的经验和启示。课题组教师结合这些研究成果，根据教学实践采取适当的教学策略和方法，切实提高学生的核心素养。

三、概念界定

（一）课程资源

课程资源是指课程要素来源以及实施课程的必要而直接的条件。

课程资源可以分为有形资源和无形资源；素材性资源和条件性资源；自然课程资源和社会课程资源；文字资源、实物资源、活动资源和信息化资源；校内资源、校外资源和网络化资源等。上述各种类型的划分有其理论的依据和合理性。

《基础教育课程改革纲要（试行）》将课程资源分为校内课程资源、校外课程资源和信息化课程资源三类。《基础教育课程改革纲要（试行）》明确指出："积极开发并合理利用校内外各种课程资源。学校应充分发挥图书馆、实验室、专门教室及各类教学设施和实践基地的作用；广泛利用校外的图书馆、博物馆、展览馆、科技馆、工厂、农村、部队和科研院所等各种社会资源以及丰富的自然资源；积极利用并开发信息化课程资源。"

结合日常教学实践，本课题课程资源分类继续沿用《基础教育课程改革纲要（试行）》分类，将课程资源分为校内课程资源、校外课程资源和信息化课程资源三类。

校内课程资源指学校范围内的课程资源，除了教科书以外，还包括学校图书馆、实验室、专用教室、录像、电脑软件以及其他各类教学设施和实践基地。此外，教师、学生，师生不同的经历、生活经验都是非常宝贵、直接的课程资源。

校外课程资源指超出学校范围的课程资源，主要包括公共图书馆、博物馆、展览馆、科技馆、有关政府部门、工厂、农村、商场、企业、公司、社区组织等广泛的社会资源及丰富的自然资源。

信息化课程资源主要指多媒体化、网络化、交互化的，以网络技术为载体开发的校内外资源。信息化资源具有信息量大、智能化、虚拟化、网络化等特点，其优势是其他课程资源所无法替代的。随着教育技术的不断发展，信息化课程资源的开发与利用已经势在必行。

（二）资源开发

资源开发是指针对教学目标和教学内容，通过各种手段和技术，制作或收集各种教学资源的过程。资源开发需要根据教学需要和目标，进行教学设计、策划和评估，同时需要具备相关的技术和专业知识，以确保资源的科学性、有效性和适用性。资源开发可以由教师、教育机构、企业等进行，也可以通过合作共建、共享资源等方式实现。

四、研究内容

（1）通过问卷、访谈等开展现状调查分析，研究高中各年级学生的兴趣类型、喜欢的活动方式，确定学生的现有发展基础和差异。根据学生既有的知识经验和需求，根据可用的人、财、物条件进行资源开发。

（2）根据高中各年级学生的情况和政治课教学要求，对高中各年级政治课对学生核心素质的发展进行详细的目标规定，鉴别和利用各种课程资源，初步形成高中政治课程资源开发基本原则。

（3）总结和反思教学活动，形成一些经典的高中政治资源开发和利用案例。

（4）根据高中各年级政治课程目标和高中政治学科的特点，开发相应的课程资源，初步形成一个相对完整的课程资源库，课题组内共享课程资源。

（5）根据高中各年级政治课程目标和高中政治学科的特点，探索高中政治课程资源利用方式，设计学生学习方式，设计学案、活动资料等教学文本，确定课程的教学时间、空间及程序，并在此基础上形成多种切实可行的教学模式。

五、研究方法

本课题以行动研究法为主，以点面结合的方式进行整个研究过程。

（1）文献研究法：借助互联网查阅课程资源开发的文献，借鉴高中政治课程资源开发和其他学科课程资源相关资料文献、最新研究成果，不断充实本课题的研究，调整研究方向，借鉴相关方法，总结反思相关经验。

（2）调查研究法：采用问卷、访谈调查的方法，对学生现状及问题进行调查研究，并统计分析，据此提出研究内容和步骤。

（3）行动研究法：通过课题研究成员的教育教学实践，发现问题，改进方法和策略。

（4）案例研究法：找出高中政治课程资源典型案例，通过分析、研究、对比等方法，寻找课程资源开发与利用的方法和策略。

（5）经验总结法：教师及时总结整理分享实践经验，撰写教学案例、论文等，总结实施策略。

具体要求如下：

（1）各年级备课组集体备课，根据高中各年级政治课程目标和高中政治学科的特点要求开发课程资源，整理经典案例，案例主要包括教学设计、课件、学案等。

（2）不同学年段备课组之间协作，共享资源。

（3）组织跨备课组研讨活动，不断修订资源。

（4）组织教研组探讨讨论，修订统一资源。

（5）形成相对统一的课程资源库，主要包括课件、学案和试题等。

六、研究成果

经过三年研究，主要成果如下：

项目研究成果

序号	成果类型	成果名称	承担人
1	资源库	必修《中国特色社会主义》《经济与社会》《政治与法治》《哲学与文化》四个模块，选择性必修《当代国际政治与经济》《法律与生活》《逻辑与思维》三个模块上课用的课件、学案、公开课、经典案例资源库	全体课题组成员
2	资源库	合格考复习，等级考复习一轮、二轮，时政热点的复习提纲、课件、配套练习题，区里辅导资料资源库	全体课题组成员
3	学案集	《高一年级暑假作业——必修知识提纲和检测作业》	孙丽华、张依依
4	学案集	《高二年级暑假作业——选必知识提纲和检测作业》	何淼、张宏兴
5	学案集	《高三自主复习学案》	张希涛、佟军颖
6	学案集	《高三二轮提纲和检测作业》	何淼、张宏兴
7	区公开课	《优秀生课堂"法治专题的难点突破"》	张希涛
8	区公开课	《优秀生课堂例说经济探究题的解题方法》	何淼
9	研讨会发言	指向深度学习的单元教学分论坛发言《深度体验、理性思考、由衷认同》	何淼
10	案例	《教学资源开发总体认识》	张希涛
11	案例	《文化的民族性与多样性》	王颖
12	案例	《高三复习课教学资源信息的收集与处理》	张宏兴
13	教学设计	《坚持国有经济的主导作用》	孙丽华
14	教学设计	《实践是认识的基础》	张宏兴
15	教学设计	《个人信息保护之科学立法》	佟军颖
16	教学设计	《世界是普遍联系的》	何淼、张宏兴

（一）资源库建设与完善

2021年初步完成七本教材一轮课程资源开发和更新，文本、课件、经典案例等资料收集；初步建立课件、学案等资源库。2022年完成七本教材第二轮课程资源开发和更新，文本、课件等资料收集。2023年完成全部资源库更新，完善学案和教学课件、更新完善资料库，共享三个年级所有课件和资源。

2023年完成两轮合格考复习，等级考复习一轮、二轮，完成时政热点的复习提纲、课件、配套练习题的准备和区里辅导资料资源库的建设。

（二）完成十五中自编学案印刷和使用

根据十五中学生学情编写自主使用学案。2022年高一备课组孙丽华、张依依老师编写《高一年级暑假作业——必修知识提纲和检测习题》；高二备课组何森、张宏兴老师编写《高二年级暑假作业——三本选必教材的提纲和检测习题》；高三备课组张希涛、佟军颖老师编写《高三自主复习学案》。2023年高三备课组何森、张宏兴老师编写《高三二轮复习提纲》，印刷供学生使用。

（三）支持教师完成各级公开课

三年来，每年支持政治组完成2次学术周展示活动，共计6次学术周研讨。

国家级公开课：2021年教育部调研2节公开课：张宏兴老师《世界是普遍联系的》和何森老师《世界是普遍联系的》。

在2021年10月15日普通高中新课程新教材实施国家级示范区交流研讨会中，支持完成2节观摩、3节研究课，2个分论坛发言。张宏兴老师开展观摩课《实践是认识的基础》；孙丽华老师开展观摩课《坚持国有经济的主导作用》；何森在分论坛发言《深度体验、理性思考、由衷认同》；张宏兴在分论坛发言《基于同伴对话的高质量学习——以政治学科〈实践是认识的基础〉为例》。其他组里老师还提供3节研究课。

支持课题组教师完成2节区级研究课：2022年张希涛为区级公开课《法治专题的难点突破》开展线上课程辅导；何森老师录像课《经济探究试题解题方法》。

支持课题组老师完成校级15节研究课：佟军颖老师《运用结构化思维，解决逻辑推导型试题——一模经济学试题讲评》《我国政党制度》；张宏兴老师《婚姻法》《高三社会主义市场经济体制》《社会主义市场经济》《信息提取解读和逻辑建构》；孙丽华老师《人的认识从何而来》《侵权责任与权力界限》；张依依教师《唯物辩证法的实质和核心》《侵权责任与权力界限》；何森老师《举一反三——高三月考试卷讲评》《西城一模试卷讲评》；张希涛老师《我国政党制度》等。

（四）支持教师把自己的研究实践与案例在区教研活动中分享

何森《选必1当代国际政治与经济第一单元教学分享》《逻辑与思维第四单元教学分享》《逻辑与思维第四单元教学建议》《西城期末考试18题分析》；张希涛老师《民主与法治专题复习》《我国的收入分配与社会保障》；张宏兴老师《国家结构形式》；佟军颖老师《原始社会的解体与阶级社会的演进》等。

（五）邀请西城教研员到校指导青年教师公开课、常态课和指导学生高三复习

每年邀请3位区教研员到校指导教师授课。

（六）邀请北师大等学校专家到校为全组教师做讲座

开展培训 5 次：清华大学王传毅副教授《习近平教育理论》、北京师范大学李晓东副教授《新背景下高考政策与教学实践》、北京师范大学石芳副教授《教育素养下的高考评价》、清华大学冯务中副教授《二十大精神讲解》。

七、研究效果

（一）教师对课程资源开发的原则和方法达成一致

不同资源形式的开发需要采用不同的方法。

1. 教材资源的开发和使用

教材是最重要的课程资源。在教学实践中发现，高中生不愿意看教材，这一现象到合格考和高三等级性考试复习阶段尤其明显，学生更愿意使用各种教辅材料和学案。主要原因有：长期学习惯性、学习压力大没有时间、教材过难、缺乏阅读方法。

针对以上原因，教师可以采取相应的措施，重视教材使用，鼓励学生进行深入思考和探索。

（1）合理规划教学内容。在教学过程中，教师需要合理规划教学内容，根据学生的实际情况和学习进度，选择合适的教材和教学方法，以提高学生的学习效果。

（2）创设教学情境。教师可以根据教材内容和学生实际情况，借助多种教学资源，例如视频、课件、案例分析等，创设教学情境，丰富教学内容。此外，可以采用社会实践、实地考察等，让学生身临其境，深入了解和感受教材内容。

（3）任务引导学生主动思考。教师应该引导学生主动思考教材内容，例如，设置合适任务，通过小组讨论、问答等形式，鼓励学生进行互动，培养学生的批判性思维和创新能力。

总之，解决学生不看教材的问题需要教师综合运用多种方法，提高教材的吸引力，引导学生认识教材的重要性。

2. 视频资源的开发和使用

思想政治课常用的视频资源类型：

（1）政治纪录片。政治纪录片通常包含大量的历史资料和真实事件，可以为学生提供丰富的政治历史和政治制度方面的知识。例如，在讲授《中国特色社会主义》时，教师可以使用《正道沧桑——社会主义 500 年》等纪录片，介绍中国革命的历程和精神，帮助学生更好地理解和掌握中国革命史。纪录片《超级中国》用来讲解《经济与社会》等。

（2）新闻报道。新闻报道是我们最常用的课程资源，可以帮助学生了解政治形势和政策变化。例如结合经济数据讲解《经济与社会》、结合中国外交政策的变化和发展讲解《当代国际政治与经济》。

（3）动画视频。央视频、哔哩哔哩网站上有大量新闻、专业知识动画视频，生动形象，能够为学生提供视觉化的学习体验。例如，在讲授学术概念时，教师可以使用动画视频，帮助学生更好地理解政治学术概念。

思想政治课视频资源的主要来源途径包括以下几种：

在线视频平台：如哔哩哔哩、优酷、爱奇艺等提供了大量的视频资源，可以通过搜索和筛选等方式找到合适的视频资源。

教育资源网站：如西城研修网、网易云课堂、歌华有线等提供了大量的教育视频资源。

政府部门官网及其主管主办的网站：如中国政府网、学习强国平台上也会发布一些相关的视频资源。

自制视频：教师或学生可以通过录制、剪辑和配音等方式制作。自制视频可以根据需求和目的定制视频内容，从而使视频具有独特性和个性化。

视频资源在高中政治课上的使用可以增加课程的生动性和趣味性，激发学生的兴趣和好奇心，从而提高教学效果。但是，在使用视频资源时，应注意以下原则和问题：

（1）与教学内容紧密相关：选择与教学内容相关的视频资源，能够帮助学生深入理解和掌握课程内容。

（2）适度使用：视频资源应作为教学的辅助资源，一般一节课使用视频资源时间不应超过 15—20 分钟，不应取代教师的讲解和学生的互动参与。

（3）选择适当的视频：选择适合学生年龄段和认知水平的视频资源，不含不适宜内容。

（4）讲解与分析：教师应该引导学生观看视频，并进行讲解和分析，设置学习任务与学生进行讨论和互动，以提高学生的学习参与度，帮助学生深入理解视频中的内容。

总之，视频资源在高中政治课上的应用可以为学生提供直观、生动、形象的学习体验，增强学生的学习兴趣和积极性，提高学习效果。

3. 文字资源的开发和使用

文字资源开发需要考虑文字的排版和内容的准确性。

（1）确定选题。在文字资源开发中，首先需要确定合适的选题，选题应该具有一定的价值和意义，符合教学需要。

（2）确定教学目标。在文字资源开发中，需要明确教学的目的和学生的学情，以便确定提高文字资源的阅读性和可理解性。

（3）注重语言规范和信息准确性。在文字资源开发中，需要遵循语言规范和信息准确性的原则，以便避免错误、误解和传达信息的失真。

总体来说，不同资源形式的开发需要根据资源的特点和目的来选择适合的开发方法，同时还要注意资源的内容准确性、美观性和易用性等方面，以提升资源的质量和效果。

（二）教学资源库减轻教师负担

就教师而言，物化的教学研究成果，也就是教学实践中所生成的教学资源依托，主要是体系化的高质量的教学课件，公开课、展示课的教学设计，与教学内容紧密匹配的引导学生自主学习的学案，课后练习及作业布置，寒暑假的假期作业，阶段性测试题及数据分析，科研论文，自主开发的校本课程，培训学习的笔记，备课组的阶段性总结，等等。

三年课题研究下来，课题组已经完成了二轮七本必修教材和选修教材的上课用课件、教案的资源库的构建，不同备课组之间进行经验和资料的共享，所有老师可以在此基础上进一步备课，减轻了教师初步开发课程的负担，提升了教师的教学素养，为政治组的发展建设提供了一定的参考价值。

（三）丰富的教学资源的开发和使用实践，提升教师的素养

教师们在教学实践中自觉坚持课程开发原则，结合自己的教学任务，正确使用教学资源，课堂效果显著，以下是几位老师结合自己的教学案例分析。

1. 张宏兴老师《高三复习课教学资源信息的收集与处理》

伴随日常教学，教师日益发现，学生在具体学习过程中，容易对信息提取不到、提取不全；在分析问题的过程中，容易眉毛胡子一把抓，很多问题层级逻辑不清楚，无法搭建相关的关系；在解答问题的过程中，容易知识与材料、经验两张皮，无法结合。因此教师一方面需要通过信息技术 PPT 展示等方式，

更形象化、具象化知识，帮助学生进行学习；另一方面也需要提升信息搜集与整理能力，帮助学生更好理解相关知识。

在搜集相关材料时，要集中学科任务设置，时刻谨记目标与重点难点，围绕关键概念"以词带问"。

注意材料的类型与对应设问的类型。如必要性在讨论原因而非意义，历史梳理性材料一般回答成历史历程即原因类问题等。

在搜集相关资料时，注意材料呈现是否完整、是否提供针对问题的有效信息。如讲解"国家结构形式"中关于我国单一制时，使用"我国确立单一制的历史过程"这一材料，但材料只提到由我国复杂国情决定，但具体什么国情材料没有提供，所以需要另外搜索材料来补充完善，以达成教学目标。

在搜集资料时需要搜集多角度、多方式的材料，在材料呈现时应采用多种方式，如文字、表格、图示、视频、小组展示等。同时需要注意如果出现图示，需要能够进行详细的解答与说明；如果需要进行比较，需要控制变量，排除无效信息，聚焦目标集中展示不同从而引导学生进行相应的思考与学习。

在材料选择上，选择官方说法，并指向目标进行设问。

在材料呈现上，论证可以采用正向论证、反向论证的方式，所以在呈现材料时，也可以通过呈现正向材料和反向材料，达成重点和难点的突破（如对"国家主权意义"的了解、理解、感悟），引发自身情感波动，达成情感态度价值观目标。

2. 孙丽华老师《中华人民共和国民法典》注释本在高中思想政治课中的应用

背景介绍：该案例是一门高中思想政治课程的教学资源开发案例，该课程主要涵盖、政治、法律、社会主义核心价值观等方面的知识和思想，旨在培养学生的法治意识和公共参与等学科核心素养。

选题要精准。在高中思想政治课中应用《中华人民共和国民法典》（以下简称《民法典》）注释本，将依法治国和以德治国的思想相结合，具有一定的借鉴意义和现实意义。

教学目标要明确。旨在通过学习《民法典》注释本，培养学生的法治意识和公共参与等学科核心素养，政治性与学理性相统一，体现法律的学科逻辑。结合《民法典》的相关规定，理解民事权利、民事义务与民事责任三者之间的关系，形成民事主体依法维护自身合法权益、对自身行为负责、依法承担责任的意识。

　　教学资源要全面。使用大量的资源，包括《民法典》的相关法律条文、相关的法律解释、学生可能面临的法律问题以及一些经典法律案例的判例等，为后续的教学活动提供了充分的支持和参考。该案例使用了丰富的教学资源，包括 PPT、图片等多种形式，提高了教学的可视化效果和交互性，使学生更容易理解和接受教学内容。

　　教学设计合理。结合资源和教学目标进行的教学活动设计、选择的教学方法等，充分考虑了高中学生的思维特点和学习方式，提高了教学的效果和质量。

　　教学资源为教学活动提供了有力的支撑。如在学生分析打闹玩耍致人伤害责任认定的案例时，《民法典》的第 1165 条、第 1188 条和第 1200 条给学生的案例分析提供了法律依据。

　　教学效果显著。经过教学实践，该案例取得了良好的教学效果，学生明白了权利的行使在法律上是有依据的，当自己的合法权益受到侵犯时，应该用法律武器维护自己的合法权益，同时也懂得了应该为自己的行为负责，保护生态环境、维护社会公共利益及公序良俗是民法的基本原则，弘扬社会主义核心价值观是民法的立法宗旨。

　　3. 佟军颖老师《个人信息保护之科学立法》

　　该案例是一门高中思想政治课程的教学资源开发案例，该课题主要涵盖道德、政治、法律等方面的知识和思想，旨在培养学生的政治认同和法治意识。该课题是统编版高中思想政治必修 3《政治与法治》第九课的第一框，核心概念是科学立法，核心知识是科学立法的内涵以及如何推进。《普通高中思想政治课程标准（2017 年版 2020 年修订）》在此的内容要求是，搜集材料，阐述科学立法、严格执法、公正司法、全面守法的基本要求。《普通高中思想政治课程标准（2017 年版 2020 年修订）》在学业质量水平 3 的描述是，列举生活中立法、执法、司法和守法的实例，阐述全面依法治国的总目标。

　　本部分内容采取的是网上教学的方式，因此很难对学生当时的学习状态和实际的学习效果做出真实的评估和把握。同时，在前期《政治与法治》一、二单元的高三一轮复习的过程中，明显感觉到学生对此部分的知识掌握不扎实，知识上呈现碎片化、表面化、模糊化的特点，缺乏深度理解和建构，不能在单元体系中准确把握科学立法的内涵及推进方式，做不到联系实例加以合理分析和论证。因此，需要进一步帮助学生明确主干知识，构建"全面依法治国"这一单元视域下的知识体系，结合实例分析引导学生加深对科学立法的内涵和推进的理解，并以案例分析的方式提升学生的学习能力和素养。

该案例通过引入《个人信息保护法》这一实际的法律文件，帮助学生更好地理解法律体系、法治原则以及法律在现实生活中的应用。同时，通过分析《个人信息保护法》的制定过程、法律条款和实施细则，教师可以引导学生深入探讨科学立法、严格执法、公正司法以及全民守法等法治理念，增强法治意识，提高公民素质。此外，《法律与生活》中对于"人身权"的讲解中也涉及了个人信息保护的相关内容，选取《个人信息保护法》作为案例也是从选必修的角度进一步加深、拓展学生对个人信息保护的认识，增进学生对科学立法的认同。

该案例使用大量的资源，包括书面资源和视听资源。书面资源包括教材和《个人信息保护法》。教材作为一种系统性、结构化的书面教学资源，通常由专家和教育工作者编写，按照课程标准和教学大纲组织内容，为教师和学生提供指导性和参考性的教学材料。在本课的教学过程中，教材起到核心作用，需要学生在通读《政治与法治》第三单元的基础上，建构出知识结构图，同时教师也需要在充分阅读理解教材的基础上，做出合理有效的教学设计，从而引导学生学习知识、培养核心素养。《个人信息保护法》也是本课重要的书面教学资源，作为一部法律文件，它可以在政治课程中作为教学案例、实例或背景材料来使用。

视听资源选取的是视频和思维导图软件——Xmind，思维导图属于图形类课程资源，通过视觉表达方式呈现信息，帮助学生更好地理解和记忆知识。学生在绘制知识结构图的过程中，需要仔细阅读教材内容，理解概念的内涵以及不同概念之间的逻辑关系，展现自己对于知识的结构化理解。视频资源通过直观的视觉呈现，帮助学生更好地理解和掌握知识。在课后为学生提供了《个人信息保护法》的介绍视频，能够帮助学生加深对个人信息保护的重要性的理解以及对科学立法的深入认识。

在选择个人信息保护相关课程资源时，充分考虑了资源的质量、与教学内容的相关性以及学生的兴趣和需求，选择了高质量的课程资源，如视频和思维导图以提高教学效果，提升学生的学习兴趣和对知识的理解掌握能力。同时，避免了使用与课程内容无关或质量低劣的资源，以免浪费时间和精力。此外，还合理安排了不同资源的使用时间，避免占据过多的课堂时间，确保课程资源能够与教学内容和教学目标紧密结合，从而提高教学效果。

经过教学实践，该案例取得了良好的教学效果，在《个人信息保护之科学立法》的专题复习中，学生通过课前作业精确高效地完成了思维结构化的训练。以"科学立法"为核心词，画出了清晰明确的知识结构图，知识全面，重点突出，并且体现了知识间的逻辑关系。同时，多样化的课程资源也提高学生的学习兴趣和对知识的理解能力，激发学生的学习动力，有助于培养学生的自主学习能力。通过观看和分析使用与课程内容相关的视频片段，如新闻报道、纪录片、讲座等，来激发学生的兴趣、拓宽学生的视野、深化学生对某一主题的理解。

4. 张希涛老师《教学资源开发总体认识》

近年来，在新教材新课程的教学实践中，笔者创造并积累下来了一定的教学资源，为政治组的发展建设及后期的教学持续开展提供了一定的参考价值，也为自身的反思与提升提供了一定的依据和空间。

笔者近两年担任了高三和高一的思想政治课教学，就高三而言，积累下来的教学资源主要是专题复习的学案、各阶段测试题以及相应的练习题。各测试题或练习题都是精选了以往的高考题或模拟题进行重新组合编制的。而大量的学案的设计是以西城区高三政治总复习指导为参照，结合学生的实际水平，以单元专题为统领，通过问题引发思考，按照思维逻辑进阶的要求，促成学生深度学习。以高三政治主观题讲评课为例，学案是站在触发学生真正思考、主动发展的角度在环节设计上细致布局的。第一步是再分析设问：关键词有什么？对应的学科表征是什么？设问逻辑是什么？在设问上直接用简单图示加以表示。此环节的设置，意在为学生提供设问审读的程序化的、可操作的指导，从而在不断尝试、理解和把控中潜移默化为自己解读设问的技能。第二步是再审读材料：材料中哪些是关键信息？转化为学科本质是什么？这有益于学生基于自己原有的观念，与现有的引导性的问题形成一定的认知对峙，从而促成学生自我反思"为什么这是关键信息？怎么捕捉关键信息"。第三步是答题的逻辑及答案应该是什么？此环节意在学生正确解读设问和材料后生成新的答题认知，同时也借此核验学生在把握了设问和材料的有效信息后是如何将此转化为答题模式的，转化过程中是否存在问题？第四步是阅读标准答案，思考参考答案是如何来的。采用倒推的方式进一步督促学生在分析中厘清题意。第五步是找到考试时自己没有答出的答案是什么？为什么当时没答出？这提示自己要注意什么问题？第六步是学习小组评析具体答题示例，并做小组发言分享，教师予以点评。第七步是举一反三的再训练，首先，课堂上再练习一道与所评讲试题在情景的主题、知识和能力的考查、试题的类型、难易的程度相近似的一道题，并进行一定的答案展示和分析，以及优秀学习成果的共享，形成总结性评价。其次，课下留一道同上述情况相近的作业题。最后，在试题总结本上完整、细致地总结此题的解题思路和注意事项以及此类试题的答题要求，把它作为后期不断查阅和复习的参照，便于积累和提示。

高一教学过程中使用的教学资源多来自区教研培训，结合所教学生实际认知，重新设计每一节课的教学课件，力求体现单元教学概念下的深度学习。寒暑假的作业布置上，体现鲜明的学科特点，关注社会，关心生活，注重知识巩固拓展，进行试题精练，以及开展一些学科实践性探究活动。以高一政治寒假作业为例，第一项作业是：结合期末复习提纲，熟背并默写出所列知识；第二项作业是：做三套练习题；第三项作业是：寒假生活中有很多值得我们去关注的事情，请你就一个感兴趣的话题（贴近生活实际），写一篇500—800字的时事评论（体现个人观点，注重理例结合、思辨论证），题目自定。

5. 王颖老师《文化的民族性与多样性》

本案例描述丰富多彩的民族文化，阐释文化多样性的含义、表现和作用以及世界文化和民族文化的关系。面对文化多样性，树立正确的观念，采取正确的态度。

本案例从民族节日、文化遗产两个方面来展现不同民族文化的差异，感受世界文化多姿多彩的魅力，从而形成对文化多样性的感性认识；揭示世界文化多样性的含义，明确文化多样性的作用，理解文化是民族的，又是世界的，从而形成对世界文化多样性的理性认识；在经济全球化的浪潮中，面对文化的多样性，明确我们应坚持的正确态度和原则。

教学资源全面。在教育日趋发展的今天，随着信息技术的不断进步，高中政治课堂教学在现代教育技术的辅助下，带来了一套全新的教育教学思想，提供了一种全新教学模式，它为高中学生的政治学习提供丰富多彩的教育环境和有力的学习工具。案例中，重复利用了PPT这个多媒体软件，视频资源、图片资源丰富，非常吸引学生，增加了学生的学习兴趣。教学中运用的多媒体计算机和互联网所提供的外部刺激，对于知识的获取和保持是十分重要的。实验心理学家赤瑞特拉做过一个著名的知识保持即记忆持久性的心理实验。结果是这样的：人们一般能记住自己所阅读内容的10%，自己听到内容的20%，自己看到内容的30%，自己听到和看到内容的50%。通过多媒体技术的应用，我们可以改变传统的板书教学，使学生既能直观地看到又能形象地听到，这样学生所获得的知识的保持将大大优于传统教学的效果。课堂实施中，可以看到现代教育技术的运用使学生的学习方式发生了改变，学生主体地位得以充分实现，当然，在使用现代信息技术进行教学时，还要注意教师对课堂的引导，尤其是对设问的引导。在教学中不需要表面上的热闹，更需要的是学生对问题深入的思考。信息技术作为工具如何更好地使用，值得我们深入地思考和探索。

教学目标明确。通过介绍民族节日和文化遗产，培养学生的概括能力。通过对教材探究活动不同观点的交流、辩论，培养学生对现实问题的判断、比较、鉴别、概括的能力。通过本节课的学习，学生能够在认同尊重本民族文化、发展本民族文化的同时，尊重世界其他民族的优秀文化，促进文化多样性的发展，促进人类文明的发展。

教学设计思路清晰。以学生的生活逻辑为主线，注重基本原理与生活实际、学生原有的知识水平相结合。利用有效的问题设置，促进学生进行有效的思考、交流和反思。

教学效果显著。新课程改革强调，学习是学生生活的方式，生活是教学的源头。因此，文化生活教学必须取材于学生的生活实际，联系学生已有的经验，将教学内容纳入学生与社会的关系、学生与自我的关系以及学生与文化的关系中，引导学生形成对待生活中各种问题的正确的价值观，并形成健康负责任的生活态度。"经历是一种财富"，挖掘学生自身的生活体验，挖掘学生的生活感悟，可以说学生亲身经历就是一种可以开发的课程资源。因而本课以学生非常熟悉的春节来贯穿全课，设置不同话题，这就是把课程真正当作一种有文化价值的"文化资本"和"精神食粮"，用以熏陶学生的心灵，并引导学生建立和生成合乎时代精神的学生文化。

（四）以学生为中心，构建学生主体性，提高学生对政治课的兴趣

在思想政治课程资源开发中，应该注重学生的主体性，让学生在资源开发过程中发挥主导作用。

（1）高中学生的认知规律对高中思想政治课程开发具有很大的影响。高中学生处于认知发展的关键阶段，抽象思维和逻辑思维能力提升，认知方式多元化。在思想政治课应采用多种教学手段，如多媒体教学、课程设计等，以满足学生的需求。

（2）高中思想政治课程资源开发与学生主体性密切相关。学生主体性是指学生在学习过程中的自主选择、自我决定和自我管理能力，是学生主动参与学习的重要表现形式。在高中思想政治课程资源开发中，应该充分考虑学生的参与意识和互动性，鼓励学生主动参与课程资源的开发和使用，建立起师生之间的密切联系和互动。这样可以提高学生的学习效果和学习质量。

（3）建构知识体系，促进学生的知识建构。教师通过对教材、参考书、网络资源等多种途径的开发，为学生提供充足的知识资源，让学生在课堂内外都可以获得丰富的学习资料，将各个知识点有机地串联起来，形成完整的知识框架，从而更好地理解和掌握思想政治知识。

（4）提高学生自主学习能力。高中思想政治课程资源开发不仅可以提供学生所需要的知识资源，而且可以帮助学生培养自主学习的能力。通过自主阅读、自主学习、自主思考等方式，学生可以更好地掌握知识，提高学习效果。

（5）拓宽学生的视野和思路。丰富的资源有助于学生更全面地了解世界，更好地理解和应对国内外的政治形势。

总之，高中政治课程资源的开发和利用是实现新课改的必要条件，是提高高中政治教学和教育水平的关键措施。教师应该加强自身素质建设，共享和交流课程资源，为学生提供更好的学习体验和学习环境。

执笔人：何淼、张希涛、王颖、孙丽华、张宏兴、张依依、佟军颖

"普通高中体育校本课程开发与实践的研究"项目研究报告

张建遥

一、绪论

（一）问题的提出

1. 研究背景

目前我国青少年学生体质水平持续下降的现象十分严重，现阶段已经引起了国家和社会的高度重视，与学生体质健康问题密切相关的学校体育正面临着巨大挑战，因而对于学校体育课程提出了全新的要求。

"双新"背景下，以新课标、新教材为校本课程依据，学校不断丰富校本课程的教学内容，不断提高课程的适用性。在课程改革的全面推动下，校本课程的决策权开始向地方和学校转移，校本课程逐渐受到重视，逐渐从学校的实验课程转变为学校积极开展实施的课程。参与课程改革的教师队伍不断扩大，课程改革的进程也不断加快。体育课作为学校特色发展的重要途径，体育校本课程已经愈发受到学校重视，其重要性不言而喻[1]。

北京市第十五中学作为北京市首批示范校、奥林匹克教育基地校，一直以来对体育工作非常重视，投入了大量人力、物力，保证了体育课、体育选修课、课间操、课余训练、校内比赛等多项体育活动的有序开展，努力改善学生

---

[1] 季浏. 我国《普通高中体育与健康课程标准（2017年版）》解读 [J]. 体育科学，2018，38（02）：3-20.

体质，提高学生体育素养，培养学生体育学习兴趣，逐步使学生树立了"终身体育"的思想，这一直以来都是学校努力追求的目标，也成为学校体育校本课程开发与实施的强有力背景。

2. 我国素质教育的推行促进了中学体育课程改革

素质教育的提出是一次全新的教育理念和教育思想的革新，是我国实现现代化发展和社会主义现代化建设的必然要求。优质教育模式的不断更迭是新时期背景下的必然要求，是中学教育未来发展的必然走向。素质教育的前提和基础离不开身体素质教育和心理素质教育两个大的方面，而实施这两种素质教育的重要途径是学校体育课程。体育与健康课程的制定与实施是践行素质教育的必要环节，中学体育具有较强的素质教育功能，可以说中学体育教学是承载素质教育的重要平台①。

体育课程改革的目标要结合长期教育发展规划中素质教育的需求，以打好每一位公民的健康素质为基础，与国家教育改革的要求紧密结合。当今体育课程存在许多问题，如理论指导与实践教学对象不相符，课程设置缺乏科学性、全面性和民众性，课程内容大同小异，重教轻学，重体育课内轻体育课外，孤立了体育教学和大众参与运动训练，未能与竞赛有机统一，无法匹配体育多元化和学生多层次的要求②。近年来，学生身体素质水平为学校体育教育敲响了警钟。素质教育的推行极大地促进了中学体育课程改革的进程。改革从教学内容、教学思想、教育观念、人才的培养目标、培养规格和基本培养方式等构建学科的课程体系上提出了全新的要求，有利于学校体育活动的开展，保障体制健康活动的落实，促进学生的全面发展。

3. 国家为实施校本课程开发奠定了法律基础

1999年6月，《中共中央　国务院关于深化教育改革全面推进素质教育的决定》强调，调整和改革课程体系、结构、内容，建立新的基础教育课程体系，试行国家课程、地方课程和校本课程。2001年6月，教育部印发《基础教育课程改革纲要（试行）》明确提出，为保障和促进课程对不同地区、学校和学生的适应性，实行国家、地方和学校的三级课程管理。以上两个文件的发布，主要针对课程改革进行具体要求，强调了课程改革不仅要体现时代精神，

---

① 雷辉旭，周丽华，赵伟丽.学校体育素质教育改革路径研究[J].青少年体育，2021（03）：91-92.

② 郑玉霞.素质教育理念下高校体育教学实践研究[J].田径，2022（08）：70-72.

同时也要考虑不同地方与学校的区别。体育与健康课程充分考虑我国不同地区在经济社会发展和文化传统等方面的差异，根据运动项目的可替代性和健康教育的必要性，鼓励各地各校结合师资队伍、场地器材、学生运动基础等实际情况，充分开发和利用体育与健康课程资源，提高课程教学质量，形成学校体育与健康课程特色，增强课程实施的成效。

（二）研究目的及研究意义

1. 研究目的

（1）完善三级课程体系。

2001 年以前，我国各地的教学内容与教材都是国家统一制定与安排，自2001 年《基础教育课程改革纲要（试行）》实施后，我国改变了原有的单一的教材设置，开始丰富教学内容，提高课程的适用性。校本课程的决策权开始向地方和学校转移，校本课程也从个别实验课程转变成了要求广泛开展的课程。越来越多的教育者参与到课程改革的行列中，加速课程改革。课程开发的权利向下转移，完善了三级课程制度。学校根据自身条件对标《普通高中体育与健康课程标准（2022 年版）》（以下简称《新课标》），进行自我调整，有利于更好地落实《新课标》在学校的实施①。

（2）提升教师的专业素养。

对于校本教材的研究开发，有助于提升教师的专业水平，有助于教师主体意识的发挥。以校为本的教研制度的建立，对教师结合教改实践、更新教育观念、完善教育教学行为，提高实施素质教育的能力和水平，具有聚集的推动作用。教师们在不断反思中深入思考，增强问题意识，在同伴间的研讨、辩论中深化交流与合作，在专家和教研员的引领下提升研究能力和水平。

2. 研究意义

（1）理论意义。

体育与健康课程改革是体育校本课程构建的重要基石，体育校本课程的构建也是体育与健康课程改革的强有力支持，两者之间互为补充②。所以通过丰富体育校本课程内容构建的相关理论知识，结合对各地区各学校的体育校本课程内容的调查和文献研究，找到北京市第十五中学校本课程实施过程中存在的问

---

① 施澜，郑新华.三级课程体系下统整课程实践的比较研究——以深圳和香港两所小学为例 [J].现代基础教育研究，2020，39（03）：105-111.

② 庄弼.普通高校与高中体育课程的比较及高校体育教学改革设想 [J].体育学刊，2007（03）：5-8.

题，在调查中能够建立校本课程的评价体系，建立健全体育课程开发体系，为其他体育工作者提供宝贵的理论知识和经验借鉴。

（2）现实意义。

通过本研究能够推动北京市第十五中学更好地实现办学理念，发展体育特色。基于校本课程的核心理念以及北京市第十五中学的办学理念，推动校园体育特色项目开展，促进学校体育学科特色发展，发现在校本课程实施过程中所存在的问题并及时采取措施。

通过本研究能够提升北京市第十五中学体育教师专业素养与科研水平。体育校本课程的构建，对北京市第十五中学体育教师的教学功底和专业素质提出了更高的要求，也促进了教师的体育教学科研水平。

通过本研究能够帮助北京市第十五中学的学生更好地实现课程目标，培养实践创新精神。有利于提高学生体育活动的积极性，激发学生对于体育学科的学习兴趣。

（三）研究综述

1. 国外中学体育校本课程开发模式的发展研究

20世纪六七十年代，在教育领域形成的重要影响是教师开始追求在课程上的自主决策权，要求课程开发权力下放，提倡教师、学生和家长等参与到学校课程的制定与决策中。国外的"校本课程运动"也在这次影响力十分广泛的民主运动之下，正式站进入了历史舞台。随后经过多年的发展和演变，先后出现四种主要的课程开发的模式，包括目标模式、过程模式、实践模式和情境模式[1]，这些模式对校本课程的影响十分深远。

19世纪50年代，美国优秀的课程专家拉尔夫·泰勒出版了《课程与教学的基本原理》一书。泰勒认为教育目标是非常关键的，只有确定了教育目标才能进行课程开发的后续工作[2]。

美国著名学者惠勒对目标模式进行了更深一层次的改进和提高。他将选择学习插入至选择学习经验和组织学习经验两者之间，这一革新增强了惠勒的课

---

[1] 周建新. 美德两国体育课程模式对中国学校体育改革与发展的启示 [J]. 南京体育学院学报（社会科学版），2011，25（03）：58-60.

[2] 方晓波，杨健辉. 浅谈教学目标与教育经验的适应性——评《课程与教学的基本原理》[J]. 中国教育学刊，2020（12）：134.

程模式在现实课程开发中的适用性和实效性①。

美国学者小威廉姆·E.多尔在其著作《后现代课程观》一书中提出自组织的概念，该概念成为此领域发展的方向标。它的出现作为后现代科学的一个隐喻，在后现代课程观中的主要表现有课程的非线性特征、不确定性特征和开放性特征等②。

19世纪80年代，英国课程理论专家劳伦斯·斯滕豪斯通过将"目标模式"中存在的现象和问题进行改进，提出了"过程模式"。他提出并强调建立课程的一般目标十分必要，要求借助程序的规定来规范课程的发展。课程中内容的选取、安排和实施都要遵循教学实际，加强教师在课程中的作用，增强课程的开放性，将过程与形成性评价并重③。

几乎同一时期，美国课程理论专家约瑟夫·施瓦布提出了实践模式，强调重视教师和学生在实际课程中的重要地位，重视课程在开发过程中的步骤与结果、目标与方法，遇到问题需要进行全体的投票表决。强调教师和学生在课程中应具有主体地位，源于他们本身就是课程中的主要参与主体④。

历经了之前模式的发展和积累，英国教育学家斯基尔贝克提出了适用于学校层面课程设计的情境模式，要求课程设计根据不同实际情况进行，借助课程研发人员详细具体的分析和评估来完善课程的开发。情境模式包括分析情境、确定目标、设计方案、解释与实施、系统评价五个阶段过程。国外以上几种课程模式及革新观念对我国校本课程开发模式起到了启蒙式的影响作用⑤。

2. 国内中学体育校本课程开发模式的发展研究

2001年，教育部发布的《基础教育课程改革纲要（试行）》指出："改变课程管理过于集中的状况，实行国家、地方、学校三级课程管理。增强课程对地方、学校与学生学习的适应性。"在课程改革的大背景下，地方一级教育部

① 施良方.泰勒的《课程与教学的基本原理》——兼述美国课程理论的兴起与发展[J].华东师范大学学报（教育科学版），1992（04）：1-24.
② ［美］小威廉姆·E.多尔.后现代思想与后现代课程观[J].王红宇译.全球教育展望，2001（02）：42-45.
③ 吴惠青，郑和.个性化：校本课程开发的价值追求[J].教育发展研究，2001（02）：45-47.
④ 刘震，张岱渭.基于慕课的混合式教学探讨——以"马克思主义基本原理"课程为例[J].现代教育技术，2017，27（11）：99-106.
⑤ 张骞，丰雪情，刘飞.基于核心素养的初中化学课堂情境教学策略[J].中学化学教学参考，2018（22）：9-10.

门和学校拥有了部分课程的决策权，校本课程因此愈发受到广大教育界同人的重视。

校本课程在国内发展时间不长，大概历经了三个重要阶段，崔允漷在《校本课程在中国》中将这三个时期统一概述为：在教学意义上的课程建设活动时期、校本课程开发实践模式的探索时期以及作为国家政策的校本课程开发时期[①]。历经了这三个阶段的快速发展以后，校本课程逐渐吸引越来越多的教育学者参与加入到相关课题研究的行列之中。

王伟廉教授在《课程研究领域的探索》中强调了课程系统的大、小循环这一理论。该理论将课程分为小循环和大循环。这一大一小循环组成了课程的双环回路课程系统，这个课程系统同样可以用作课程开发。双环回路课程系统，主要是一方面根据理论的论证进行课程调整，另一方面历经实践的反馈来将课程进行修改和调整。双环回路课程系统较以目标模式为代表的单回路课程模式来说具有了进一步的发展[②]。

邵桂华教授在《体育教学中耗散结构与学生系统自组织的生成》中，从体育教学的角度出发，探讨论述了教学系统自组织形成的因素。将体育教学中学生系统的自组织生成进行了细致的研究。耗散结构理论提出立足于开放性、远离平衡态、非线性相关及涨落机制四个自组织系统生成的条件，探讨了体育教学中学生系统自组织生成的具体措施。自组织理论的研究对体育校本课程开发模式的开放性与循环发展具有指导意义[③]。

（四）研究对象

本研究以北京市第十五中学现状调查为理论和实践基础，以北京市第十五中学体育校本课程开发的实施情况为主要研究对象，以北京市第十五中学高一（1）班42人、高二（2）班32人，高三（5）班33人，共107名学生，体育教师8名、相关专家7名为调查对象。

---

① 崔允漷. 新课程"新"在何处？——解读《基础教育课程改革纲要（试行）》[J]. 教育发展研究，2001（09）：5-10.

② 叶信治. 向构建理论体系的高等教育学迈进的新尝试——评王伟廉教授主编的《高等教育学》[J]. 现代大学教育，2002（01）：109.

③ 邵桂华. 体育教学的自组织观 [D]. 南京师范大学，2004.

（五）研究方法

1. 文献资料法

本研究以"校本课程""课程开发与对策""高中体育实践"为关键词，查阅相关书籍、期刊、学术论文，登录与体育教材、校本课程构建相关网站，系统整理有关资料，了解大量有关高中体育校本课程研究的理论成果与背景知识，对研究本课题起到了良好的支撑作用。

2. 问卷调查法

本文根据本研究的目的与预期结果，设计了《北京市第十五中学体育校本课程现状与对策研究》调查问卷共两套，分别是体育教师调查问卷和学生调查问卷。

（1）问卷效度检验。

为了确保问卷的有效性，笔者在制定问卷后，邀请7名专家对其效度与内容进行检验。

表1　专家情况（n=7）

职称	教授	副教授	其他	合计
频数（n）	2	2	3	7

表2　北京市第十五中学体育教师调查问卷评分（n=8）

等级	非常合理	合理	基本合理	不太合理	不合理
频数（n）	3	4	1	0	0
比例（%）	37.5	50	12.5	0	0

表3　北京市第十五中学学生调查问卷评分（n=107）

等级	非常合理	合理	基本合理	不太合理	不合理
频数（n）	30	62	15	0	0
比例（%）	28	57.9	14	0	0

（2）问卷信度检验。

将8份体育教师问卷、107份学生问卷按照现场发放与收回的方式征集，半个月后通过同样的方式放发给8位体育教师和107位同学。通过数据分析，求得两次的相关系数为 r=0.887 和 r=0.843。两个问卷的系数均在0.8以上，表明具有很高的可信度。

表4　北京市第十五中学调查问卷发放情况

问卷类型	发放份数	回收份数	回收率（%）	有效份数	有效率（%）
专家	7	7	100	7	100
体育教师	8	8	100	8	100
学生	107	107	100	13	100

3. 访谈法

本研究在开展问卷调查的过程中对调查对象进行访谈，深入了解北京市第十五中学体育校本课程实施的具体情况、学校体育教学现状以及未来发展的大致方向，获得对北京市第十五中学体育校本课程实施与构建的相关建议和意见。

4. 数理统计法

本研究通过收集和整理访谈记录与调查问卷中的相关数据，用 Excel 软件计算其累计频率和累计频数，并进行总结归纳与分析。

二、北京市第十五中学体育校本课程实施现况

（一）北京市第十五中学体育校本课程现状

1. 教师方面

（1）教师基本情况。

表5　北京市第十五中学体育教师基本情况统计（n=8）

	类别	频数（n）	百分比（%）
性别	男 女	5 3	62.5 37.5
年龄	30 岁以下 30—40 岁 40—50 岁 50 岁及以上	1 2 2 3	12.5 25.0 25.0 37.5
学历	本科 研究生	6 2	75.0 25.0
职称	高级 中级 初级	5 1 2	62.5 12.5 25.0

通过对表5的统计与分析，能够知晓北京市第十五中学体育教师总数共8人，其中男教师占62.5%，女教师占37.5%。从年龄的构成来看，30岁以下

占 12.5%，30 岁到 40 岁占 25%，40 岁到 50 岁占 25%，50 岁及以上占 37.5%。从文化程度上来看，本科占 75%，研究生占 25%。从教师的职称来看，初级教师占 25%，中级教师占 12.5%，高级教师占 62.5%。通过对本研究结果的统计与分析能够看出来，北京市第十五中学男性体育教师居多，女性体育教师相对较少，这导致了女性体育教师所擅长的相关体育项目难以较顺利展开，这在一定程度上导致女学生的运动需求不能充分满足。除此之外，中青年体育教师相对较少，老教师为主，虽然老教师具有长期扎实的工作实践经验，教学经历也相对丰富，但是对于探索和创新的能力相对薄弱。从文化程度上来看，有 6 名教师本科毕业，2 名教师研究生毕业，组内整体拥有相对扎实的理论基础和经验基础，能够形成良好的传帮带。最后从职称上来看，中级教师有 1 名，初级教师有 2 名，其余皆为高级教师，表明组内体育教师在体育校本课程实施的经验上十分丰富，利于学校体育校本课程的实施。

（2）教师对校本课程的认知情况。

表 6　北京市第十五中学体育教师对开发校本课程的内涵了解程度（n=8）

	频数（n）	百分比（%）
完全了解	4	50.0
了解	3	37.5
一般	1	12.5

由表 6 可知，北京市第十五中学的体育教师对体育校本课程的内涵都有所了解，但是不够深刻。

（3）教师开发校本课程的意愿及能力情况。

表 7　北京市第十五中学体育教师开发校本课程的意愿（n=8）

	频数（n）	百分比（%）
愿意	5	62.5
一般	2	25.0
不愿意	1	12.5

表 8　北京市第十五中学体育教师开发校本课程的能力（n=8）

	频数（n）	百分比（%）
完全有	5	62.5
不完全有	3	37.5
不能	－	－

由表 7 可知，62.5% 的体育教师对体育校本课程开发表现十分积极，愿意参与其中。12.5% 的体育教师不愿意进行体育校本课程开发，认为没有什么必要，根据国家课程上好课对体育课程更好，体育创新的态度不够热情。25% 的体育教师则保持中立的态度。由表 8 可知，62.5% 的体育教师对体育校本课程开发很有信心，并积极参与，37.5% 的体育教师表示对校本课程的开发能力和信心不足。

（4）教师参加校本课程开发培训情况。

表 9　北京市第十五中学体育教师参加培训情况（n=8）

	频数（n）	百分比（%）
多年一次	6	75.0
没参加过	2	25.0

根据表 9 的数据可知，北京市第十五中学体育教师参加体育校本课程建设有关培训的频次较低，校本课程实施缺乏系统性的理论指导与实操培训，需要加强相关培训。

（5）教师开发校本课程方式与特色项目了解。

表 10　北京市第十五中学体育教师对特色体育项目了解情况（n=8）

	频数（n）	百分比（%）
知道	7	87.5
不知道	1	12.5

表 11　北京市第十五中学体育教师开发校本课程类型（n=8）

	频数（n）	百分比（%）
大课间	6	75.0
课堂	8	100.0
运动会	4	50.0
课外活动	7	87.5
竞赛	6	75.0

根据表 10 数据显示，体育教师对于本校开展特色体育项目的情况十分了解。由表 11 可知，教师开发的校本课程类型主要形式有大课间、课堂、运

动会、课外活动和竞赛。每一项所占比例都非常高，其中，课堂占比达到了100%、大课间占75%、课外活动占87.5%，这几项是学校开发体育校本课程的主要呈现类型。

（6）内容选择依据。

表12 北京市第十五中学体育教师对特色体育项目的了解情况（n=8）

	频数（n）	百分比（%）
知道	7	87.5
不知道	1	12.5

表13 北京市第十五中学体育课内容（n=8）

类别	选项	频数（n）	百分比（%）
健康教育课程	健康行为与生活方式	8	100
	疾病预防与运动损伤预防及处理	8	100
	生长发育与青春期保健	6	75.0
	心理健康与社会适应	5	62.5
	安全应急与避险	5	62.5
田径	跳高	6	75.0
	跳远	7	87.5
	跨栏跑	5	62.5
	短跑	8	100
	中长跑	8	100
	接力跑	8	100
球类项目	足球	5	62.5
	篮球	8	100
	排球	3	37.5
	羽毛球	4	50
	乒乓球	3	37.5
	网球	2	25.0
体武	健美操	3	37.5
	跆拳道	3	37.5
	武术	8	100
	击剑	1	12.5
新兴体育	花样跳绳	1	12.5
	定向越野	1	12.5

从表13数据可知，在北京市第十五中学体育理论课教学中，健康行为与生活方式、疾病预防与运动损伤预防及处理占比为100%，生长发育与青春期保健占比75%，心理健康与社会适应、安全应急与避险占比都为62.5%。可见，体育教师对于理论课的教学是非常重视的，学校对于学生体育知识的培养

十分到位，但是仍有教师对于理论课的内容不甚了解。

田径项目中，跳高占比 75%、短跑占比 100%、跨栏跑占比 62.5%、跳远占比 87.5%、中长跑占比 100%、接力跑占比 100%。从研究数据可知，北京市第十五中学作为田径项目传统校，对于田径项目的教学十分重视，同时由于教师绝大部分田径水平较高，所以课堂中田径占比很高。

球类项目中，足球占比 62.5%、篮球占比 100%、排球占比 37.5%、羽毛球占比 50%、乒乓球占比 37.5%。因为没有专业的排球场地，排球只能进行简单的传垫练习，上课内容是根据教师的专项情况和学校场地情况进行安排。

在体武类和新兴体育类项目当中，跆拳道、健美操、武术、击剑、花样跳绳和定向越野等项目被选作体育课的主要内容，其中武术占比比较高，达到了100%，其他项目占比相对较低，这主要是由体育教师的专长所决定。

（7）教师进行校本教程开发的影响因素。

表 14　北京市第十五中学体育设施满意度（n=8）

	频数（n）	百分比（%）
完全满足	7	87.5
基本满足	1	12.5

表 15　社区体育资源利用调查（n=8）

	频数（n）	百分比（%）
可以利用	2	25.0
很少利用	5	62.5
不能利用	1	12.5

根据北京市第十五中学体育设施满意度调查研究显示，体育教师对于体育设施还是比较满意的，体育设施能够达到课堂要求，满足学生上课的需求。根据社区资源利用调查研究显示，北京市第十五中学体育教师对于社区资源的利用呈现一种保守的状态，说明学校与社区之间有联系，但是不够密切，对于社区体育资源的利用不够充分，还需要加强。

2. 校本教材开发方面

（1）主体认知。

三级课程管理体制的应运而生，激发了广大体育工作者、体育教师参与课程改革，极大地促进了改革的积极性，使体育教师不再仅仅是课程实践的参与者，也成为校本课程的开发者。这对于我国中小学体育与健康课程教材的建设和发展，对中小学体育教师专业技能和素质素养的提高都有着重要作用，尤其是目前体育课程资源配置不均衡，体育课程资源匮乏的背景下，中小学体育教师能够根据我国三级课程管理体制和《新课标》要求，开发、开设符合本学校实际的校本教材，对于普遍提高中小学体育课程质量具有重要的意义。

（2）开发态度。

表 16　北京市第十五中学体育教师对于校本课程教材开发的态度（n=8）

	频数（n）	百分比（%）
支持	7	87.5
一般	1	12.5

根据表 16 显示，北京市第十五中学体育教师全员支持体育校本课程教材开发。

（3）参与动机。

表 17　北京市第十五中学体育教师对于校本课程教材开发的动机（n=8）

	频数（n）	百分比（%）
提供理论指导与依据	7	87.5
帮助教师提高教学质量	8	100
更合理利用学校资源	6	75
学校支持	4	50

根据表 17 数据可知，教师参与校本课程教材开发，主要动机为帮助教师提高教学质量，更合理利用学校资源，并且能够对学生提供理论指导与依据。

（4）开发方式。

①对目前的体育素材进行系统观察、归纳、整理与改进。

创编体育校本课程教材是一项艰苦的创造性劳动过程，教师需要有恒心并且细心。有些素材通常是学生在日常玩耍、娱乐等活动中产生的，需要教师对其进行观察、整理、改造后使之形成教材。

②在日常课堂教学实践中摸索。

在体育教学实践过程中，学生往往会自主创造出多种多样的锻炼方法，这些方式方法是教师创编教材的现实基础与素材。需要教师敏锐地观察、及时归纳，并在校本课程的教学过程中不断实践与打磨，课后进行总结梳理。

③结合教学组织形式与教学方法的改革创编新教材。

改革教学组织形式与教学方法，将会对创编新教材提供广阔的施展空间。例如，花样跳绳是一所学校在学生较多、场地较小的情况下进行的。通过不断地变换教学组织形式和体育实施方法，能够形成符合本学校特点和要求的校本课程教材。

（5）开发成果。

①优秀课例。

校本课程的开发不是另起炉灶，而是在对国家课程执行的基础上，结合校园实际情况，进行优化和补充。我们在严格执行国家课程的前提下，突出了"双新"的要求，主要在两个方面进行了探究与实践：第一个是按照《新课标》的三维目标进行教学设计；第二个是突出了学生在"学、练、赛、评"四个维度中的主体地位。

在教研组和各备课组的讨论中，突出了对以上两个问题的探讨，这在青年教师杨晨准备启航杯第一轮比赛《跨栏跑》的集体备课中体现得尤为明显。通过大家的集体努力，此课例在北京市启航杯第一轮比赛中脱颖而出。

另外，在依托教师专业技能的情况下，对奥林匹克知识和裁判法的教学环节进行了整理和开发，形成课程，放在每个模块的理论课学习中，提升了学生的学科素养。虽然每个模块学习中理论课的课时安排是国家统一规定的，但是在这个过程中，如何体现"双新"的要求是需要我们不断去探索和实践的。

另外，通过前期的线上教学，我们试点了线上跳绳选修课，学生经过一段时间的学与练，参与度非常高。同时打磨出一节线上跳绳课，作为青年教师杨晨参加启航杯第二轮比赛的课例，并最终获得市启航杯一等奖。

②丰富的校园选修课。

体育选修课的开发也能体现出学校的办学特色，体育组依据教师的特长，结合学校的场地情况，开展了许多体育项目。学生也根据自己的兴趣进行项目的选择，这种方式和方法调动了学生学习的积极性。在以往的教学实践中，也有比较成功的案例，如网球课、击剑课、足球课和篮球课，培养出了很多优秀的学生参加高级的比赛；另外击剑、网球两个课例获得了北京市一等奖和二等奖，足球选修课获得了西城区一等奖。

在以往成功的基础上，我们在"双新"的背景下对选修课进行继续开发。在上学期，击剑课、网球课和体能课参与了2021年学术年会暨普通高中新课程新教材实施国家级示范区交流研讨会，篮球课参加了2021西城区中小学体育学科骨干教师高级研修班培训，都取得了比较好的效果。

③丰富多彩的校园体育活动。

近年来，我校开展了田径、足球、篮球、跳绳、拔河等校园体育活动，这些活动都经过了精心的设计，旨在让学生充分地参与，学有所获。

校园体育竞赛活动对于学生学习成果来说，是检验场，是试金石。通过对这些活动结束后产生的效果的评价，我们进行总结，并去指导下一步的教学和活动设计，形成了学、练、赛、评的完整闭环。

在这些校园比赛中，学生也找到了自己的兴趣所在，比如，爱打篮球的杨皓喆在篮球赛中获得了掌声和关注，从此坚持练球，最后考入了北京体育大学，在毕业后成为 CBA 的职业球员；再比如，李轶璁在校园体育活动中担任志愿者后，立志成为一名优秀的记者，他在后来的学习中努力学习英语以及相关的体育知识，现在在美国成了一名知名媒体的 NBA 前方记者；还有，张昊品学兼优，2022 年被上海社科院所录取，这名学生高中时期给体育组留下了极深的印象，他在高中期间参加区运会 100 米、200 米、400 米、4×100 米和 4×400 米的项目，这些项目在两天之内完成，这意味着需要付出极大的体能，但张昊品顺利地完成了以上的任务。

④科研、讲座成果丰硕。

校本课程开发阶段，我校体育教师科研和相关课例讲座等成果丰硕，部分获奖情况如下。

表 18　北京市第十五中学体育教师科研和相关课例讲座成果

课题成果	2022 年中期成果	2023 年可推广内容
普通高中体育校本课程开发与实践的研究	1. 撰写论文 《智能教学反馈系统在高中田径教学中的应用研究》（杨晨、李晨曦）、《网球正手击球教学内容排编体系构建的研究》（张建遥、李晨曦、杨晨）、《升高球网对网球正手学习效果影响的研究》（李晨曦） 以上论文获 2022 年西城区"双新"教育教学成果奖三等奖 2. 发表文章 李晨曦撰写文章《三大球体育现场考试图解全攻略——篮球篇》2022 年 10 月 15 日刊登于北京考试报第 1660 期 3. 集团校范围内的研究课 杨晨《跨栏跑》 4. 集团校范围内学术周骨干教师发言 张建遥《深度学习在教学中的应用——以跨栏跑模块为例》	1. 推广《普通高中体育校本课程开发与实践的研究》相关论文精选 1 篇 2. 推出教学设计与配套教学实录精选 1 部，向西城区、北京市进行"双新"经验推广 3. 推广《身体功能训练》教学视频 3 部，在区内或集团校内直播或录播共享 4. 1 人代表学校在集团校"双新"相关研究汇报中进行学术发言、经验推广 5. 推出相关课程，在集团校"双新"相关研究汇报中进行展示、经验推广

⑤业余体育训练效果卓越。

在业余训练中，我们以特长生为训练主体，带动辐射了更多的学生参与进来，给普通生更大的舞台。这一举措对于常规课程和选修课程都是非常必要的补充。

以我们上半年的训练为例，通过对特长生的训练，我们也吸收了许多体育爱好者加入进来。其中有一个小姑娘，没有跳高的系统训练经历，刚开始跳1米2多，后来，通过坚持不懈的努力，现在已经能跳过1米4了，可能这个高度对于特长生来说不算什么，但对于她来说，却是一次脱胎换骨的经历，相信跃过横杆的那一瞬间，在她的成长经历上，会是浓墨重彩的一笔，会在以后给予她更多的勇气。许多同学也因此受到了鼓舞，努力练习，最后在结课考试中，整个年级能够跳跃至这个高度的学生有20多个。

（6）评价形式。

我校体育教师从学校的实际情况出发，结合不同年龄段的学生的年龄、心理特点，不断完善与优化教学的内容，使学生的身体素质得到了有效的改善。对于体育校本课程教材的评价，不能套用一般的学校体育教学评价方式，要避免面面俱到、广而罗列，应注重多元评价，同时更注重从评价中取其精华，去其糟粕，简化环节。

北京市第十五中学的校本课程教材评价主要包括以下几个方面：一、校本课程目标是否与国家课程目标相符合；二、校本课程内容的选择是否具有针对性和实效性；三、校本课程的组织是否恰当，是否符合学生身心发展的特点；四、校本课程评价标准是否明确；五、校本课程评价方法是否具有可操作性。

3.学校可利用资源现状

（1）场地器材情况。

北京市第十五中学拥有占地一万平方米的400米标准田径场地，拥有网球场、力量房、体育馆、乒乓球场等，拥有丰富的体育教学资源，能够满足学生的体育运动需求。

（2）体育教材情况。

目前北京市第十五中学体育教材主要有两本，分别为人民教育出版社出版的普通高中《体育与健康》教师教学用书以及人民教育出版社出版的普通高中《体育与健康》学生用书。教师进行体育教学活动的主要依据为这两本教材。与此同时我校还积极丰富体育校本课程教材的内容，我校开展网球、击剑、身体功能性训练、花样跳绳等课程，教师结合实践经验和理论基础积极丰富教材内容，提高了教材的实用性与适用性。

（3）经费情况。

北京市第十五中学规定体育经费的总支出不能低于学校支出的百分之一，可以说学校对于体育工作的支持力度巨大，在此基础上购入丰富的体育教具、器材，能够帮助学生拥有更好的运动体验和课堂体验。

4.学生方面

（1）学生对于体育课的认知情况。

表19　北京市第十五中学学生对于体育运动的喜爱程度（n=107）

	频数（n）	百分比（%）
非常喜欢	30	28.1
喜欢	33	30.8
一般	24	22.4
不喜欢	15	14.1
很不喜欢	5	4.67

表20　北京市第十五中学学生对于体育课的喜爱程度（n=107）

	频数（n）	百分比（%）
非常喜欢	38	35.5
喜欢	33	30.8
一般	29	27.1
不喜欢	5	4.67
很不喜欢	2	1.87

表21　北京市第十五中学学生对于学校运动设施满意度调查（n=107）

	频数（n）	百分比（%）
非常满足	35	32.7
满足	28	26.2
一般	24	22.4
不满足	18	16.8
很不喜欢	2	1.87

表22　北京市第十五中学学生对于学校特色项目了解程度（n=107）

	频数（n）	百分比（%）
知道	47	43.9
不知道	60	56.1

由表 19 和表 20 两组数据对比可知，学生对于体育课的喜爱程度要优于对于体育运动的喜爱程度，这说明体育校本课程的开展是成功的，也说明了学生对于体育课和体育教师的认可。

表 21 为学生对于学校运动设施满意度调查结果，通过数据可知，多数学生对于学校运动设施给予了良好的评价，但是部分同学因为场地的拥挤、占场地问题等，对于体育运动设施不是很满意。

表 22 为学生对于学校体育特色项目了解程度调查结果，通过数据可知，有一部分同学知道并能够清晰地说出学校的特色项目是什么，但大部分学生不太了解学校的特色项目，缺乏对于学校的了解。说明学校虽然通过各种方式进行过校园特色的介绍和展示，但是学生的了解程度不高，表明学校应该继续采用各种方式大力宣传校园体育文化，营造浓郁的校园体育文化氛围。

（2）学生对于体育校本课程内容的兴趣情况。

从表 23 可知，学生在校本课程中选择理论课选项的相对较少，对于理论课的积极性不高，多数同学还是选择以实践活动为主的体育课程。理论课部分，学生对于安全应急与避险知识、运动损伤预防及处理的需求较高，说明学生对于应急类知识较为感兴趣。

从研究数据可知，学生对于田径项目的学习兴趣较高，其中田径竞赛项目广泛受到学生的欢迎，学生选择较多。竞赛类项目学生积极性相对不高，其中长跑项目的积极性最低，说明学生热爱田径，但是对于中长跑项目存在抵触心理。

表 23　北京市第十五中学体育课内容（n=107）

类别	选项	频数（n）	百分比（%）
健康教育课程	健康行为与生活方式	23	21.5
	疾病预防与运动损伤预防及处理	45	42.1
	生长发育与青春期保健	33	30.8
	心理健康与社会适应	45	42.1
	安全应急与避险	66	61.7
田径	跳高	75	70.1
	跳远	80	74.8
	跨栏跑	60	56.1
	短跑	80	74.8
	中长跑	30	28.0
	接力跑	50	46.7

续表

类别	选项	频数（n）	百分比（%）
球类项目	足球	90	84.1
	篮球	100	93.5
	排球	60	56.1
	羽毛球	76	71.0
	乒乓球	90	84.1
	网球	79	73.8
体武	健美操	30	28.0
	跆拳道	23	21.5
	武术	40	37.4
	击剑	60	56.1
新兴体育	花样跳绳	50	46.7
	攀岩	23	21.5
	定向越野	23	21.5
地方、民族传统项目	踢毽子	70	65.4
	滚铁环儿	15	14.0
	抖空竹	40	37.4

由数据可知，球类项目明显受到学生的热烈欢迎，三小球、三大球占比都比较高。排球在校园中没有场地，导致学生选择较少。球类项目的运动需求整体较大，是体育校本课程开发的重点。

在体舞类和新兴体育类项目中，跆拳道、健美操、武术、击剑、花样跳绳和定向越野等项目都有很高的占比，这得益于学校体育教师的擅长领域较为广泛，学生因此受到教师的影响，对于以上这些项目持有积极的态度，十分乐于参加。

地方和民族传统项目学生选择相对较少，受限于体育教师的特长和学校的实际情况，大部分项目无法进行系统的教学。但地方和民族传统项目又是弘扬民族传统文化的重要途径，所以体育校本课程务必要有地方和民族传统体育项目。

（3）学生进行项目与活动内容选择的目的。

表 24　学生选择项目的目的（n=107）

	频数（n）	百分比（%）
体育合格考	60	56.1
增强体质，锻炼身体	70	65.4
掌握一两项体育运动技能	72	67.2
保持身材	102	95.3
获得运动快感，调节情绪	93	86.9
促进同学的人际交往，发展喜爱运动项目	44	41.1
服从教师的安排	33	30.8

根据表 24 数据显示，大部分学生对于体育锻炼已经不仅仅局限于被动地接受，而是能够清楚地了解体育运动带来的好处，并且为了自己的身体和健康去做出努力和改变。同样地，部分学生仍认为自己进行锻炼是为了应付考试或者为了学分，没有形成自我的能动性，这需要体育教师、家长和学校的共同努力，去矫正部分学生对于体育锻炼的意识误区。

（二）北京市第十五中学体育校本课程设置

1. 北京市第十五中学体育校本课程目标

在《新课标》的指引下，核心素养逐渐走上历史舞台，以立德树人为根本任务，以健康第一为指导思想，落实学生发展核心素养的要求，已经全面指导高中体育教学。目前，体育学科的目标设置紧紧围绕着核心素养进行。体育学科的核心素养主要有三个方面，分别为运动能力、健康行为与体育品德，三者之间又存在着联系：运动能力及基础，健康行为及核心，体育品德及保障。北京市第十五中学校本课程目标主要设置为以下三个方面。

（1）运动能力：运动能力发展的重点是提高身体机能，发展体能。通过校本课程的学习，学生能够运用所掌握的运动方法、技能和专业知识，积极投身比赛活动，并通过对所学运动项目相关规则和裁判知识的学习，具有一定的分析问题和解决问题的能力。能够自我制订并实施体能训练计划，并结合练习效果做出正确的评价。了解国内外的重大赛事，具备欣赏比赛的能力。

（2）健康行为：健康行为的重点是锻炼习惯的养成、情绪调控和适应能力的提高。通过对校本课程的学习，学生能够主动积极地参与校内外的体育活动与锻炼，掌握科学的锻炼方式方法，形成有效的锻炼习惯。掌握一定的运动技能，情绪稳定，乐观开朗，利于同伴之间的交流合作。适应自然环境的能力增强，能够注重健康，热爱生活、珍惜生命，拥有良好的生活态度和生活方式。

（3）体育品德：学生体育品德的培养重点是使学生积极进取，能够拥有一定的社会责任，遵守不同体育项目的规则。通过对校本课程的学习，学生能够积极主动地克服一定的困难，能够顽强拼搏，敢于挑战自我。能够以积极的态度对待比赛的胜负，能够胜任各种运动角色，并承担一定的责任，遵守比赛规则，尊重竞技对手，具有公平公正的意识和行为。

2. 北京市第十五中学体育校本课程的形式与内容

（1）体育课程安排。

我校高中的体育课程是模块教学，是男女生分班教学，因为从高一伊始学生身体状况、体育技能就参差不齐，所以我们从高中全学段考虑，根据学生情况、场地情况，统一安排教学，把田径、体操、大球类作为教学的主要内容。

高一第一学期：体能、体操（技巧）、足球。

高一第二学期：田径（短跑）、武术（太极拳）、体操（支跳）。

高二第一学期：田径（跨栏）、田径（投掷）、篮球。

高二第二学期：田径（跳高）、体操（双杠）、排球。

高三第一学期：田径（耐久跑）、篮球、足球。

高三第二学期：武术（形神拳）、羽毛球。

通过上面的教学安排我们可以看到，通过三年时间的学习，绝大多数学生基本能够掌握1—2项体育技能的要求，养成锻炼习惯，并对很多热门项目有了较为深入的了解。

（2）体育选修课。

我校从2004年就开始探索体育校本特色课程——体育选修课，每名学生根据自己的兴趣申报网球、击剑、足球、篮球、羽毛球、身体功能训练等项目，都是专业教师教授。通过每周一次，高二学段两个学期共20多课次的学习，加上课余的练习，学生能够达到较高的运动水平。这是高二学生正常每周3节体育课外，另外安排的体育选修课程。

其中，网球课与击剑课十分受学生欢迎，一节是李晨曦老师"网球——正手击球课"，另一节是尤兰兰老师"击剑活动课"。击剑课程是2004年开始进入校本选修课程，网球课程是2008年开始进入校本选修课程，都在学校坚持开展了十多年，学生基本上是看了选修课的介绍材料或是看到往届学生练习后慕名而来。零基础起步，通过课上学习、课下练习、课后训练，逐步掌握项目运动规律，通过半年多的学习，不少学生能够独立完成比赛，并能够参加市区级比赛。我们组还开展"普通高中体育校本课程开发与实践的研究"课题，希望在课堂实施环节更具效果。

（3）学校特色体育活动。

学校多年以来不仅注重课上教授环节，更注重学生的体育技能的应用，固定举办的体育比赛有：春、秋两季运动会，篮球赛，足球赛，拔河比赛，跳绳比赛等，这些体育竞赛的开展，培养了学生的锻炼意识，增强了学生体质，丰富了学生的课余文化生活，也为有天赋的学生创造展示的平台。不少学生脱颖而出，参加校运动队训练，成为学校体育的骨干力量，带动学生群体积极参与体育运动。

另外，在很多校内比赛中，例如，在校运会、篮球赛等校内赛事中，体育组教师有意识地培训学生参与竞赛的组织、管理、裁判等工作，多方面培养、提高学生与体育相关的能力，对于学生而言，既是挑战，也是锻炼，更是学习。

（4）课余体育训练。

我校是田径、篮球、定向越野的市级传统校，还有足球、网球、击剑等校运动队，这些运动队常年组织学生进行课余训练，每周至少3次，临近比赛每天练习，并经常参加市区比赛，取得过很多不错的成绩，甚至在全国比赛也曾斩获佳绩。

3. 北京市第十五中学体育校本课程教学评价方式

（1）终结性评价与过程性评价相结合。

教师通过结合不同的方式方法，在体育学习中进行评价。具体的实施过程主要表现为以下几个部分，步骤一，结合学生的实际学习情况进行评判，即在学期初对学生当前的水平进行综合评定。此后，在学生整个学期的学习过程当中，对其体育学习进行综合全面的评价，例如，对学生的课堂表现进行口头评判，也可在单元目标下进行针对性的评判。步骤二，为学生建立过程性的评价档案，可采用学科教师评价、学生自我评价、小组评价相结合的方式。步骤三，在完成整个学期的课程学习后，对学生进行终结性评价。通过采用多样化的评价手段，能够具体客观地评价学生的学习情况。同时，还能够调动学生的学习积极性，激发教师的教学热情。

（2）定性评价与定量评价相结合。

首先，针对部分能够量化的因素进行定量评价，针对无法进行量化的因素进行定性评价。其次，对某种因素进行具体的量化处理后形成的结果进行定性分析。最后，结合体育课程的目标与要求和学生的实际情况，教师运用等级评价和评语的方式进行评判。在实施等级评价时，针对学生的体能、技能进行综合评定。教师做出客观的、正确的评价，对学生的后续成长将产生积极直接的影响。与此同时，教师在整个评价过程当中，应该渗透情感，发挥出评价的反馈和激励等方面的综合作用，缩短师生的心理距离。

（3）绝对性评价与相对性评价相结合。

绝对性评价与相对性评价有效结合，能够有效促进学生体育综合素质的提高，有利于教师及时准确掌握学生的学习效果，有利于学校体育实践教学水平的提高。具体的做法为，在学生学习前，使用诊断性评价手段对学生进行全面了解，针对学生的学习兴趣、体能、体育知识以及技能掌握等几个方面进行初步的判定，以此作为学生入学的起点。并结合各学期结束时的终结性评价，与学习前的水平前后对比，从而更加细致地考量学生的进步情况。

三、北京市第十五中学体育校本课程开发的案例分析

（一）北京市第十五中学体育校本课程开发成功经验探析

1. 开发队伍师资组建

北京市第十五中学共8位体育教师，从职称上来看，中级教师有1名，初级教师有2名，其余皆为高级教师。表明体育组具有长期扎实的工作实践经验，教学经历也相对丰富。有6名老师本科毕业，2名老师研究生毕业，表明体育教研组的人员配置学历高，能力强，具有良好的理论知识与丰富的经验基础。目前体育教研组教师共事多年，气氛融洽，同时还具有良好的"传、帮、带"传统，利于青年教师的发展，更有利于体育组整体的发展。

通过对北京市第十五中学体育校本课程开发的调研结果显示，北京市第十五中学体育教师具有积极主动的开发意识，很多教师都能够发挥特长，积极创建学校特色项目，例如网球课、击剑课等，这些课程都深受学生的喜爱。除此之外很多教师能够通过培训和自我发掘形成专长，开发新的体育校本课程，例如我校的身体功能性训练等。

总之，北京市第十五中学体育教研组具有良好的师资储备，专业的技术能力，积极的工作态度，良好的工作氛围和光明的发展前景，为校本课程的开发提供了良好的基础。

2. 校本课程开发程序

北京市第十五中学校本课程教材开发已经形成了一套系统且符合学校实际情况的开发程序，主要包括调查分析、教材设计、创编教材、教学检验、评估调整和教学实践六部分。我校校本教材是通过不断的分析、设计、检验和调整完成的。我校校本教材符合学校实际特点，深受学生喜欢，方便教师实施，能够有效地推动学校体育校本课程的发展。

表 25　北京市第十五中学校本课程开发程序

阶段	开发、创编的步骤
调查分析	1. 北京市第十五中学教师开发体育教材的能力，估算教材创编所需时间、劳动力费用等 2. 调研学生体育需求，分析学生体育需求与课程目标是否冲突 3. 调查分析，学校周围社区可开发、能利用的体育资源
教材设计	1. 根据《新课标》的精神与要求，明确教材的目标，进行创编 2. 结合教师、学校、学生的实际情况，找准编写教材的切入点 3. 拟定教材的基本形态与框架，进行系统的设计
创编教材	1. 明确教学的目标 2. 分析教材的价值 3. 描述基本动作的教学方法 4. 提示练习的规则与学练赛的要点 5. 明确教与学的重难点与注意事项 6. 指导教学评价与明确评价指标
教学检验	1. 教材的预备性实验检验 2. 个人、部分教师、班级、小组的试点
评估调整	1. 对学生、教师和课程的反应进行调整、分析和评价 2. 调整教材
教学实践	在教学实践过程中不断调整、完善

3. 校本课程开发保障

（1）组织机构民主且开放。

目前学校的选修课的开设已有完备的申报审批制度，学校设立课程审议委员会制定了校本课程审议制度，使校本课程的开发过程成为民主决策的过程。学校必修课程管理依据《新课标》以及区教委关于"双新"的教研引领，把校本教研、校本培训、校本课程的开发作为校本管理的重要内容，由体育教研组长全权负责，并充分发挥组内全体教师的民主决策的作用，确保优质、高效地进行校本课程开发。

（2）建有良好的课程决策结构和沟通网络。

在选修课方面，一是学生在家庭和社区的影响下确立自己希望学习的内容，并在教师的指导下，自主选定学习的课程；课程审议委员会根据学校教育相关文件，对教师提交的《课程纲要》进行评估审议，并交由教师和学生自行选择实施，从而形成三个层面、各方面人员广泛参与的课程决策结构。二是学校倡导教师与课程专家进行沟通，为参与课程开发的各团体或小组之间交流提供时间和空间保障，并认真计划沟通交流的内容和形式，让校本课程开发的参与者皆能有效地获取相关信息，从而形成纵横交错的立体沟通网络。

（3）校内外课程资源较为丰富。

校本课程的开发中需要的校内外课程资源较为丰富，学校不断改善办学条件，积极提供师资、设施、经费、器材、场所等课程资源；另外，学校主动积极争取课程专家的指导，与校外资源主动对接，获取广泛的支持。充分利用区教育信息网获取相关课程资源，从而建立校内、校外两个支持系统。

4. 实施状况反馈

北京市第十五中学体育校本课程以核心素养为目标。校本课程开展实施的过程当中，得到了老师、学生、家长的广泛认可。在北京市和西城区举办的各种体育活动中频夺佳绩。除此之外，教师在实施的过程当中，校本意识逐渐得到增强，能够尊重学生的意志、品格、人格，能够意识到学生的差异，并在课堂当中予以重视。体育校本课程的开发，同时也为学生提供了广阔的发展空间与平台，基于学生的体育需求、体育运动兴趣、体育运动爱好，培养学生的综合能力、创新意识、创新思维、心理能力、社会适应能力、合作意识以及竞争意识等。据北京市第十五中学体育健康测试数据统计显示，学生总体的身体素质要高于其他学校学生。笔者也对一些家长进行了交流访谈，部分学生家长非常支持校本课程。学校的体育校本课程丰富了学生的体育理论知识、体育运动知识、体育运动技能，孩子们真正喜欢上了体育锻炼，喜欢上了体育课，掌握了正确的锻炼方法、培养了正确的体育锻炼习惯。因此，可以说，北京市第十五中学体育校本课程取得了较大的成效。

5. 评价体系

北京市第十五中学校本课程评价体系的建立十分重要，不仅仅是对学生学习进行评判，对教师，对教材也要做出相应的评价。这对于学生的学习、教师的教学都有着一定的积极促进作用。

（1）体育校本教材的评价。

对于校本课程教材的评价主要包括以下几个方面：一、校本课程目标是否与国家课程目标相符合。二、校本课程内容的选择是否具有针对性和实效性。三、校本课程的组织是否恰当，是否符合学生身心发展的特点。四、校本课程评价标准是否明确。五、校本课程评价方法是否具有可操作性。

（2）体育教师评价。

北京市第十五中学校本课程实施当中，对于教师的评价主要是针对教师的教学方法、教学态度、学生的学业进程、教学目标的达成程度等几个方面。在校本课程结束之后，学校会积极组织教师进行反思性的评判，从校本课程当中寻找问题，对自己课程内容的选择、内容的组织形式、教学方法、师生在教学过程中的互动和关系等方面进行多轮反思，并在反思后不断地对课程重构和改进，使教师实施校本课程的能力愈发提高，促进教师的教学不断革新进步，保证我校校本课程的最终质量。

（3）学生评价。

①学生过程性评价。

在体育教学日常实践过程当中，教师的评价通常具有随意性，那么学生到底好在哪里，棒在什么地方，学生不知道，教师可能也不太清楚。这样空洞的评价，无法让学生得到一个有效的信息反馈。因此，对学生的评价应做到宜实不宜虚，宜简不宜繁，简单自然，实事求是，因此体育组设计了学生课堂学习表现评价表。

表 26 学生课堂学习表现评价表

评价指标	师评	自评	组评	得分
1. 不迟到、早退，有事请假，提前到达操场 2. 服装适宜 3. 见同学动作不符合要求时，多鼓励，不说风凉话 4. 不让同学一个人完成器械练习保护，帮助注意力集中 5. 小组讨论时踊跃发言 6. 在球类的运动中主动承担捡球任务 7. 按顺序收放器材，不争抢，不拖沓				

②学生心理评价。

在日常的课程中，对于学生的心理健康的评定也十分重要，体育组因此设置了心理评价表。

表27　学生课堂心理评价表

评价指标	师评	自评	组评	得分
1.能产生最优化的心理状态				
2.能缓解紧张的情绪				
3.能增强自我的控制感				
4.有助于形成独立的个性				

③学生社会适应评价。

体育课程对于发展学生的社会适应能力也有着独特的作用。通过课程改革，帮助学生建立起对自我、群体和社会的责任感，形成竞争与合作意识，能够尊重他人、关心别人，培养良好的体育道德和集体意识。在学习中，学生养成关心同伴、帮助同伴、关心集体等品质，对于构建和谐的体育校本课程将有着十分重要的意义。

（二）北京市第十五中学体育校本课程开发的背景、原则与优势

1. 开发背景

北京市第十五中学创建于1952年，是北京市重点中学。作为北京市首批示范校、奥林匹克教育基地校，一直以来对体育工作非常重视，投入了大量人力、物力，保证了体育课、体育选修课、课间操、课余训练、校内比赛等多项体育活动的有序开展。努力改善学生体质，提高学生体育素养，培养学生体育学习兴趣，逐步使学生树立"终身体育"的思想，一直以来都是我校努力追求的目标。

2. 开发原则

（1）地域特色与校本特色相结合的原则。

《新课标》指出，体育与健康课程充分考虑我国不同地区在经济社会发展和文化传统等方面的差异，这就要求北京市第十五中学体育校本课程内容的构建与实施，要充分结合当前形势与地域特色，充分利用学校的场地、器材、设施以及师资条件，科学合理地设置，创建出符合学生特点的体育校本课程，使不同的学生在原有的基础上都能得到一定程度的发展，满足学生的终身体育需

求，帮助学生保持健康，提高社会适应能力，形成优良的品格。

（2）内容形式多样化原则。

北京市第十五中学在校本课程实施过程当中，遵循内容形式多样化原则，在可以接受的范围内，增加学生体育锻炼的可选择性，丰富练习的趣味性，如充分发挥教师的特长，结合学生的实际体育运动需求，设置丰富多彩的体育运动课堂，例如：网球、击剑、羽毛球、篮球等。

（3）实用性原则。

北京市第十五中学体育校本课程实施遵循实用性原则。体育校本课程实施过程中根据学生的实际情况，采取不同的方式进行，突出教学的重点、难点，方便师生准确地使用和利用教材，真正为学生学习体育与健康课程起到了推动作用。与此同时，注重对学生科学锻炼方法的培养，使教材与学校实际教学相互联系补充，形成终身体育的意识和习惯，提高体育教学的效率和质量。

3. 体育资源优势

北京市第十五中学校本课程的开发中需要的校内外课程资源较为丰富，学校不断改善办学条件，积极提供师资、设施、经费、器材、场所等课程资源；另外，学校主动积极争取课程专家的指导，与校外资源主动对接，获取广泛的支持。充分利用区教育信息网获取相关课程资源，从而建立校内、校外两个支持系统。

（三）北京市第十五中学体育校本课程开发过程中遇到的问题与对策

1. 问题

（1）教师方面。

在问卷调查和访谈的过程当中，体育教师关于体育校本课程实施的积极性都很高，但也存在着一些问题。首先，关于体育校本课程开发的专业培训相对较少，体育教师对于理论方面的汲取相对匮乏，让教师们感到心有余而力不足。此外，教材的构建缺乏专业人士以及科研人员的指导和指引。

其次，体育组人数较少，且存在年龄结构偏大的现象，导致很多需要创新的体育课程无法进行开展。除此之外，女教师相对较少，对于女生的体育需求一定程度上不能满足。

（2）体育资源方面。

北京市第十五中学是北京市重点中学，在开发体育校本课程的过程中，得到了学校领导的广泛支持。学校为校本课程的开发提供了丰富的校内外课程资源，积极提供师资、设施、经费、场所等课程资源。但是关于学校体育资源方面还是存在着一定的问题，首先，学校的操场和体育馆因为修建的时间相对较长，存在着一定的安全隐患，对教师的课堂把控和学生的安全意识提出全新的要求。其次，随着学校不断进行扩招，学生的数量逐年增加，导致学校的场地、器材捉襟见肘，需要学校进一步加大体育资源的投入。最后，因为疫情的影响，学校与周围社区的联系减弱，对周边体育资源的利用不够充分。

2. 对策

（1）创立课程开发研究的帮扶模式。

针对北京市第十五中学体育校本课程开发的相关问题，建议创立课程开发研究的帮扶模式。本校老教师相对较多，课程的开发经验以及一线教学经历十分丰富，同时，体育教研组拥有良好的传帮带传统，教学氛围良好，有利于青年教师的发展。所以在体育校本课程实施过程当中，应该鼓励青年教师积极开设新课程，同时老教师结合自身经验和实践经历，辅助青年教师开发研究新课程，帮助青年教师快速成长。

（2）整合资源，家校社联动。

针对北京市第十五中学体育校本课程开发的相关问题，建议整合资源，实施综合的校本课程实践活动。改变我国基础教育过于重书本轻实践的现状，加强课程与生活，课程与实践的联系，切实改变学生的学习方式方法，学生能够进行亲身体验，积极实践，发展创新精神、实践能力。而校本课程的开发和有效实施，需要教育行政部门、社会、学校、家长、教师的共同努力。

（3）建立完善课程评价体系。

针对北京市第十五中学体育校本课程开发的相关问题，建议建立完善课程评价体系。我校虽然已经有了一套评价体系，但是还需要通过实践进行检验。教师应对自己的教学行为不断分析和反思，以自评为主。同时，校长、教师、学生、家长应一同参与评价校本课程的可操作性与实用性，从而不断提高校本课程的开发水准，实现校本课程评价体系的成熟化。

（4）完善教研组建设。

针对北京市第十五中学体育校本课程开发的相关问题，建议完善教研组的建设。我校体育教师虽然对于校本课程开发与实施的积极性很高，但是能力相对匮乏，需要体育教师积极参与体育校本课程培训。学校应该聘请专家走进学校，与体育教师面对面进行指导培训。与此同时，体育教研组的年龄结构不太合理，应该积极扩充年轻人，积极挖掘体育教师潜力，开发新课程。

四、结论

首先，体育校本教程开发应该符合《新课标》的精神，能够根据学校特色、经济、基础建设等实际情况，并考虑教师的特点、学生的特点，有针对性地进行开发。

其次，体育校本教程开发只有结合学生的实际情况，理论与实践相结合，满足学生体育发展需求，才能有效保证体育校本课程实施的有效性。

再次，通过体育校本课程的开发，极大地促进了北京市第十五中学体育教师的学科综合素养，教师专业能力得到发展。

最后，通过体育校本课程开发，能够极大地促进学校体育教研组的建设，挖掘教研组的潜力。

执笔人：张建遥、李晨曦、季伟、闫玉、尤兰兰、张晋峰、杨晨

"单元教学视域下的高中生物作业设计与实施"项目研究报告

王　芳

一、研究背景

国务院于 2014 年 9 月 4 日颁布了《关于深化考试招生制度改革的实施意见》，高考改革拉开了序幕。北京市从 2017 年 9 月入校的高一学生开始，实行"3+3"新高考制度，不再划分文理科，根据语数外三门高考成绩和自选的三门学业水平等级考试的成绩，以及综合素质评价来进行高考录取。生物学科在新高考制度下，是六选三的选考科目之一，这对于学科的教学模式提出了提高其适应性、灵活性和创新性，尊重学生个性发展的新需要。作业是日常教学活动的重要组成部分，在整体课程改革的背景下，必须与新高考的要求接轨。

《普通高中生物学课程标准（2017 年版 2020 年修订）》（以下简称《新课标》）中要求，普通高中的培养目标是进一步提升学生综合素质，着力发展核心素养，使学生具有理想信念和社会责任感、具有科学文化素养和终身学习能力、具有自主发展能力和沟通合作能力。为了贯彻落实《新课标》，各地的教研部门、各个学校和教师都开始研究和尝试新课程标准要求下的课堂教学改革。很多的学校和教师在教学方法、策略和教学过程上有了新的探索和尝试，而教学的另一重要组成部分——作业，暂时还没有受到足够的重视，仍然保持传统的作业模式，形式单一，数量多且重复性高、缺乏创新，倾向于应试教育，偏重于三维目标中的知识目标与技能目标，不利于核心素养的培养。现在的高中生物作业布置普遍存在忽略"质"重视"量"，分层作业、自主设计性作业少，布置和评价方式单一，与实际生活联系不够紧密，不适应新课程标准的要求等问题。

据了解，大多数学校生物学科的作业以现成或自编练习册中的试题为主要内容，多数题目是以应试为目的设置的。作业的数量大致为，平均每天 10—15 道选择题、2—3 道非选择题，平均完成时间 40 分钟。而教师平均每天花在批改作业的时间为 90 分钟。这样的作业效果如何呢？常见的情况是，每天每班总有一部分学生迟交或不交，交上来的作业也存在不同程度的抄袭现象。其原因是作业形式单一，学生难以提起兴趣，完成后也无法获得成就感；同时单一的习题化作业形式也给部分学生提供了偷懒的机会，抄袭他人作业或者网络搜索答案的情况普遍存在。同时对于作业的内容，教师往往抱着"熟能生巧"的想法，对知识点进行重复训练，而学生对着不断重复的作业，早已没有了探究的欲望，即使不抄袭答案，也经常出现扫一眼题目，感觉似曾相识，凭印象写出答案的情况，完全没有进行深入的思考和必要概念的落实。所以经常有教师抱怨："这个题目作业中已经练过很多次了，但学生还是不会。"这充分说明，传统的题海作业，无法达成巩固课堂教学的需要，同时还压抑了学生学习的积极性和磨灭了学生的主观能动性，实际上根本无法满足学生的学习需求，更无法实现新课程的改革要求和社会发展的需要。

鉴于以上《新课标》对课堂教学及作业设计提出的新要求，以及现有的习题化作业资源无法达到课程要求的现状，编制出能够有助于达成学科培养目标的，以大概念的建构、关键能力的提升和核心素养的达成为导向的，少而精的新型作业成为《新课标》实施过程中亟待解决的一个关键问题。

我国第八次基础教育课程改革于 1999 年正式启动，作为持续时间最长的课程改革，从 2010 年开始，本次改革就走向了"全面深化"的阶段。2013 年，教育部基础教育课程教材发展中心开始组织各方的课程与学科专家及各地教研员与骨干教师，启动了"深度学习"教学改革项目。到 2017 年，基本理论框架、实践模型、义教阶段的学科教学指南完成。"普通高中指向核心素养的深度学习教学改进项目"从 2021 年开始在高中实施和推广，促进了高中的教育教学迈入深入实施的新阶段。

三年的课题研究在国家层面迈向现代化的目标指引下，在教育部课程改革推进政策的鞭策下，遵循着边研究边思考边改进的方式进行。但其服务于课堂教学质量的提升，服务于学生的高效学习，服务于立德树人的培养目标，是我们从未动摇和改变的初衷和追求。

二、文献综述

（一）多元智能理论与作业设计

20 世纪 80 年代，美国知名心理学家、教育学者加德纳在《心智的架构》这本书中首次提到"多元智能"这一教育理论。他指出，判断一个人聪明与否，单纯对其学业水平考查是不够的，所有的智能是一种综合的生活行为模式，也是一种能力，用于解决生活中遇到的实际问题和创造有价值产物。人的智能是后天形成的，是通过不断的努力得来的。在《心智的架构》一书中加德纳认为人的智能可以被分成七个类型，分别为自我认知、人际关系、空间、身体运动、音乐、逻辑数学和语言。从多元智慧的角度对人进行分析，可以认为人不仅仅具有一种智能，而是不同智能之间以组合的方式存在。由于个体与个体之间存在差异性，因此每个个体组成的智能也具有差异性，并且还会表现出熟练程度的差异和强弱的差异。

在高中教育中，每一个学生都需要得到发展，而学生群体是具有差异性和多样性的，这就需要教师了解每一位学生的个性，并且给不同的学生布置不同数量以及不同内容和不同评价标准的生物学作业。在作业布置上应不仅局限在常见的做题和背诵等形式，也可以是归纳概括、完成作品和动手制作等类型的作业。在作业完成的形式上也不仅是要求学生独立完成，可以让其与伙伴合作完成或者借助新媒体完成等。新课程理念下的作业，不管是布置形式，还是完成形式，或者作业内容，一定要多样化，并且要紧密联系课堂学习和日常生活，在作业中使学生眼、耳、手、脑、口并用，培养学生多方面的综合素养。

（二）建构主义学习理论与作业设计

元认知主义的不断发展，诞生了建构主义学习理论，是现代学习理论中受到较为广泛认可的理论之一。根据该理论的相关观点进行分析可以明确，学生在进行生物学知识学习的时候，是积极主动地构建生物学科的过程，而不是被动地学习生物知识、接受生物知识的过程。

生物教学是引导学生从自身经历出发，让新的经验不断构建的过程，而不是单纯地把知识灌输进学生大脑中的过程。把生物学作业引入生物课的学习中，不仅可以让学生对自己的知识水平有所了解，还能够在教材作业活动体系的基础上让学生的思维得到激发，从而主动参与到生物学知识的构建中，不断重新编排和完善生物知识体系，充分感受学习生物的乐趣。创建与学习有关的多视角情景，有助于学生构建新的知识体系，教师可以建立适当的情景，设置充足的资源，提供多样的信息条件，充分调动学生学习欲望，使学生成为主动建构者。学习者之间的合作交流可以从多方面理解事物，更加丰富和全面，合作类作业有助于促进学生的发展。

（三）杜威的"做中学"理论与作业设计

杜威在经验理论的基础上提出了"做中学"理论，他认为教育即生活，学生在进行社会活动时的发现思考、体验结论都是学习。教学活动应该以儿童为中心，关注他们的活动，教师作为教学活动的指导者，要尊重学生的差异性，体现儿童成长的独特性，帮助他们改变原有的经验，形成新的知识系统，让儿童在活动的过程中学习知识。

作业设计过程就是给学生设计活动的过程，应以学生为中心考虑，选择适合学生当前发展阶段，对学生未来有帮助，能使学生形成敏锐的观察习惯和连续推理习惯的活动。生物学知识和生活实际联系紧密，许多生活现象可以用生物学知识解释，实践作业可以让学生从生活实际中发现问题、解决问题，从而建立新的知识结构。作业设计还要考虑到学生之间的差异，使不同基础的学生都有参与实践的机会。

（四）最近发展区理论与作业设计

"最近发展区"的概念是苏联心理学家维果茨基于 20 世纪 30 年代提出的，他认为儿童的发展有两种水平：一种是已经达到的发展水平；另一种是可能达到的发展水平，"最近发展区"是指在教育过程中学生独立解决问题时所能达到的实际水平与在教师指导下解决问题时所可能达到的水平之间的差距。个体发展有它自身的内部逻辑，教学既要立足于现有的水平，又要指向学生可能的水平，这也就意味着，好的教学必须走在发展的前面，好的教学是一个为学生建立，并逐渐推进"最近发展区"的教学。

作业设计要考虑学生的原有认知水平，设计的作业要在学生的最近发展区内，要把握好作业的难度，太难的作业会挫伤学生的学习积极性，太简单的又不能引起学生的学习兴趣。学生原有水平有差异，每个人的最近发展区也有所不同，作业设计要考虑到学生的差异，设计不同层次的作业，使每个学生都能在自己的最近发展区内完成作业，体会到成功的快乐。

（五）关于作业的研究现状

1. 国外关于作业的研究

一是关于作业的功能方面的研究。夸美纽斯在其发表的文章中指出，如果不能针对学科学习进行反复练习，那么就无法对该学科充分掌握，并指出学科作业对掌握科学知识的重要作用。美国布置学科作业的目的主要是引导学生提出新的解决方法、做出新的设计和构思新的想法。研究者哈里斯·库柏在进行深入的研究和分析后指出，布置作业有利于学生进行自我评价、促进小组讨论和增加师生间对话。格洛弗和布鲁宁认为，习题在教学中扮演重要角色，课本上的习题不仅对教师的教学起到辅助作用，还可以评估学生的学习情况。慕思塔法指出，美国科学教材的课后习题可以引导学生做出新的设计和新的解决方案。由此可见，国外学者对作业在学生进行学科学习和技能训练中的重要作用给予了充分肯定。

二是关于作业的类型方面的研究。凯蒂将习题分为四种类型：练习操作型，其作用为帮助学生对新学知识进行巩固和应用。准备任务型，其作用是为学生深入学习知识做好准备。能力创造型，其作用是学生在训练以后，能将知识进一步转化为解决问题的方法。研究任务型，其作用为培养学生收集资料和整合信息的能力。阿伦斯提出习题具有两个方面的作用：学生对错题进行整理的过程中，通过思考将习题与学科内容紧密地联系起来，学生可以通过习题，将以往学习过的知识用自己的逻辑语言，仔细地表述推理；再有在不同的情境中，学生可利用习题不断丰富自己脑海中的知识内容，将自己生产和加工知识的能力发展到更高层次。这说明研究者认为不同的作业类型具有的作用也各有不同，在一定程度上其作用呈递进关系。

三是对关于作业的有关建议。研究学者奥苏伯尔针对课堂作业提出几点建议，指出作业的难度和数量不应该超出学生的完成范围，作业内容应该与实际生活密切相关。克罗斯为英国教师在作业的内容布置上提出了一些参考性意见，如作业内容要有多样性，应包括一些多项选择题、正误判断题、游戏、小话剧表演活动、任务型课外阅读、合作性资料收集等。苏联的凯洛夫提倡文本型作业，认为这类作业主要是教师在课堂教学完成后布置的对课堂学习内容的一种补充性或巩固性任务。可以看出，研究者们认为作业数量和作业难度宜适中，而作业内容适宜理论与实践相结合。

2. 国内关于作业的研究

一直以来国内专家学者对于作业的研究屡见不鲜，但是对于高中生物作业的研究成果并不多见。将"高中生物作业"作为主题关键词，在中国知网数据库中进行搜索，截至 2021 年 1 月，共有期刊论文 62 条，学位论文 7 条。其中，近两年发表的 10 篇期刊论文中，有 8 篇论文都是围绕高中生物作业设计的研究。近两年的期刊文章中，被引频次最高的关慧《基于科学思维的作业设计与评价》和胡鹏伟《基于核心素养的作业优化设计》；下载频次较高的李琨航、赵卓《作业与猿题库结合的优势分析》、陈敬《生物作业现状及改进研究》，均为新课程核心素养立意下的生物作业设计原则和方法的分析。在近三年的学位论文中，黄雪涓《基于核心素养的高中生物作业分析》，秦华玲《高中生物多元化作业的应用研究》，陈敬《建构高效生物作业体系的个案研究》，三篇硕士论文也均为基于新课程核心素养背景下的作业现状分析和改进方法探讨。因此，近年来无论是期刊文章还是学位论文，均是对原有作业形式的分析和创新设计方法的探索，对于高中生物作业在每个模块和每个单元的具体实施过程缺乏大样本的收录和大数据的研究。

综合所述国内外对作业的研究现状，可以看出作业对于高中学生学习生物学科的作用已经得到了普遍关注。国内对于高中生物作业的研究主要是围绕于作业设计方面，可以总结为两个层次，其中包括仅针对作业进行"优化""个性化""多元化""有效"设计的层次，还包括构建更完善的高中生物作业体系，主要涉及作业设计、作业布置、作业评价和作业反馈等更为综合的方面。而无论是实施作业设计还是构建作业体系，目的都是更好地培养学生的综合能力，而基于核心素养的高中生物学作业的单元作业的具体设计过程和方案是完善作业体系的前提。在中国知网数据库中，细化到基于核心素养的高中生物学作业单元设计的研究成果几乎找不到，这充分说明该领域的研究具有极强的创新意义和理论价值。

三、概念界定

《新课标》强调学生的终身发展，凝练了学科核心素养，更新了教学内容，重视以学科大概念为核心，使课程内容结构化，以主题为引领，使课程内容情境化，促进学科核心素养的落实。"核心素养"和"大概念"成为落实新课程标准的两个重要概念。

（一）生物学科核心素养

"素养"一词的英文单词是"literacy"，可解释为有学问。在《现代汉语词典》中，"素养"的释义为"平日的修养"。在教育部的相关文件中，核心素养界定义为：学生应该具备的，可以满足自身和社会发展所需的品质性格和关键能力；其具体表现为学生在面对较为复杂、不太确定的实际生活情境时，可以综合运用自身具备的知识和能力来提出问题、分析问题和解决问题，善于运用各种媒体资源并与他人合作，共同参与社会事务的讨论、处理并达成共识协作的修养和品格。

将上述核心素养进行分解，体现在生物科学领域中，称为生物学科核心素养。生物学科核心素养是指个人通过生物学科的学习，获得的能够应用生物学视野进行观察事物的观念、方法、知识和技能，是能够解决在生活中所遇到的生物学问题的涵养。作为学习生物学科最为核心和最本质的要求，生物学科核心素养体现了生物学科的灵魂，具有实践性、再生性、稳定性、持久性的特点，是能够帮助学生并让学生受益终身的方法、思维和生命观念。《新课标》提出，生物学科核心素养包括生命观念、科学思维、科学探究和社会责任。

（二）核心素养的具体表征

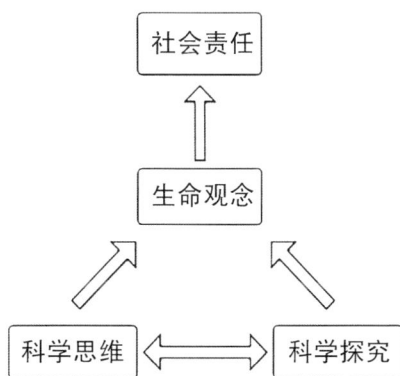

图 1　生物学科核心素养四个要素之间的关系

生命观念：《新课标》对生命观念的概念界定为："生命观念是指对观察到的生命现象及相互关系或特征进行解释后的抽象，是人们经过实证后的观点，是能够理解或解释生物学相关事件和现象的意识、观念和思想方法。"学生应该在较好地理解生物学的基础上形成生命观念，如结构与功能观、进化与适应观、稳态与平衡观、物质与能量观等，能够用生命观念对生物的复杂性、独特性、统一性和多样性有所认识，从而让自己的世界观和自然观具有科学性，并能依据此观念去探究生命活动规律，解决实际问题。

科学思维：《新课标》对理性思维的概念界定为："尊重事实和证据，崇尚严谨和务实的求知态度，运用科学的思维方法认识事物、解决实际问题的思维习惯和能力。"学生应该在平时学习时逐步地发展科学思维，比如能够以生物学事实和证据为基础来运用批判性思维、创造型思维、归纳与概括、演绎与推理、模型与建模等方法，探讨、阐释生命现象及规律，审视或论证生物学社会议题。

科学探究：《新课标》对科学探究的概念界定为："能够发现现实世界中的生物学问题，针对特定的生物学现象，进行观察、提问、实验设计、方案实施以及结果的交流与讨论的能力。"当学生在进行探究的时候，应该逐渐增强对自然界的求知欲，对自然现象的好奇心，并掌握科学探究的基本思路和方法，让自己的实践能力得到提高；在探究的过程中应该勇于创新，并善于进行团队合作。

社会责任：《新课标》对社会责任的概念界定为："基于生物学的认识，参与个人与社会事务的讨论，作出理性解释和判断，解决生产生活问题的担当和能力。"学生在运用生物学相关方法和理论知识的时候应该从造福人类的角度出发，能关注社会议题、参与讨论并做出理性解释，拒绝伪科学和迷信；向他人宣传生命知识，推荐健康文明的生活方式，身体力行做健康中国的实践者和促进者；培养学生环保意识，树立正确的环保观念，引导学生积极参与环保活动；与本地资源相结合，积极开展科学实践活动，让学生学习如何去解决实际问题。

生命观念、科学思维、科学探究和社会责任这四个核心素养的关系，如图1所示。生命观念是生物学科核心素养的基础和支柱；生命观念的形成过程离不开科学思维和科学探究，科学思维和科学探究互为倚重，科学思维是科学探究的重要内涵，科学探究是科学思维的实证过程；在形成生命观念、进行科学思维和科学探究的过程中，最终形成一定的社会责任意识和义务。

（三）大概念

随着科学技术的发展，生物学知识不断更新，要想将这些知识全部添加到课本中是不现实的。所以越来越多的教育研究者提出"少而精"的教学理念，大概念教学应运而生。

大概念是处于学科中心位置，对学生学习具有引领作用的基础知识，往往是以事实性知识为基础建立起来的，具有高度的概括性和抽象性的教育观念载体。在生物学课程中，大概念包括对原理、理论等的理解和解释，是生物学科知识的主干部分。

大概念通常包含学科核心概念和共通概念两大部分。学科核心概念是由若干重要概念组成的，是能够组织某个学科结构主干部分的少数关键概念。大概念相比核心概念更上位，是一种对某个知识结构的概括，因此大概念并不是指知识内容的庞大，而是聚焦思维的核心。

单元教学设计可以以大概念的建构为载体，再将大概念分解到核心概念，形成整体性认知，这也是单元教学设计与课时内容之间的分解与整合所必需的。

（四）单元教学

1. 单元的划分

单元一般是指同一主题下相对独立并且自成体系的学习内容。这个主题可以是一个话题、一个专题、一个关键能力或一个真实问题，还可以是一个综合性的项目任务等。在进行单元设计时，可以教材原本设计的自然章节为一个单元，也可以某个专题或关键能力为依据重组单元。

2. 单元教学的优势

课时一般以某个点状的具体内容作为学习重点，具有一定的片段性、零散性、割裂性。相较于某个单独课时而言，单元具有一定的系统性、关联性、综合性、递进性、相对独立性。显然，单元视角与核心素养追求的项目式学习、深度学习等是完全一致的。相对而言，以单元为基本单位，既可以避免教师宏观把握学科课程整体要求的困难，又可以避免从微观角度仅仅把握某个课时的割裂问题。

（五）作业设计

1. 作业的概念

《辞海》中把"作业"界定为："为了完成既定的生产与学习等任务而开展的各种活动。"《教育大辞典》中把作业分为两类，一类是课外作业，另一类是课内作业。课外作业是指学生利用课外时间合作完成或者独立完成的学习活动，而课内作业是指在课堂中的作业。《中国教育百科全书》对"作业"进行定义，认为作业本质上是一种活动，是学生需要完成的任务；作业可以分为两种，一种是课外作业，另一种是课内作业；作为课内作业的延展，课外作业是教学工作中的有机组成部分。

本文进行研究时使用的"作业"概念是：以新课程理念为基础的，根据实际教学情况在教学过程中实施的，以预习或巩固所学知识、培养学生的核心素养为目标而设计的适量学习任务，既包括平常所说的课外作业，也包括课内作业。

2. 作业设计

作业是一个完整的系统，教学活动中很多教师认为作业的布置只需包含当天所讲知识内容，很少有教师对作业进行特别设计，甚至少有学者对作业设计进行概念定义。作业布置是教学活动的一个环节，教学活动在实际进行之前需要进行教学设计，即根据课程标准的要求和教学对象的特点，将教学内容进行重新组织，选择合适的教学方法，指定相应的教学指导方案。作业作为教学活动的一个环节也需要进行精心的设计，作业设计应根据《新课标》的要求，对应教材，结合学生学习思维特点以及学习能力，为学生制定的辅助学习材料，用于熟悉学习情景，明确学习目标，巩固所学知识，发展综合能力，提升核心素养。作业设计要有利于课堂教学目标的达成，以课堂教学核心概念结构和核心素养提升为落脚点，作业设计应以学生为中心，设计适合学生认知水平，与学习活动进行和学习目标达成有关，能维持持久学习效果的学习活动。

四、研究内容

在新课程理念下，高中生物学科的作业必须摒弃传统作业量大而低效、无法达成核心素养要求等弊端，力争为学生创造出基于学生学习需求的、生动而充满活力的、能够达成学习目标的新型"作业单"，具体解决的问题如下。

（1）进行高中生物学科作业现状及存在问题的调查研究，拟定出较为合理的高中生物作业框架体系蓝图，以解决生物学科作业体系缺乏基于《新课标》的系统设计的问题。

（2）设计涵盖高中生物全部内容的，单元教学过程中（课上与课下）使用的学习作业单，以解决作业内容与单元教学目标达成不一致的问题。

（3）编写高中生物部分教学单元的，教学评一体化的巩固作业单，并进行单元学习作业评价的效度研究，以解决利用作业实现教学评一体化的问题。

（4）整合资源编制高中生物假期预习作业内容资源库，并进行实践效果研究，以解决有效利用假期作业进行学科实践活动有效引导的问题。

本课题的项目组分为两个备课组作为子课题组来进行具体分学段的实践研究，具体研究过程见图2。

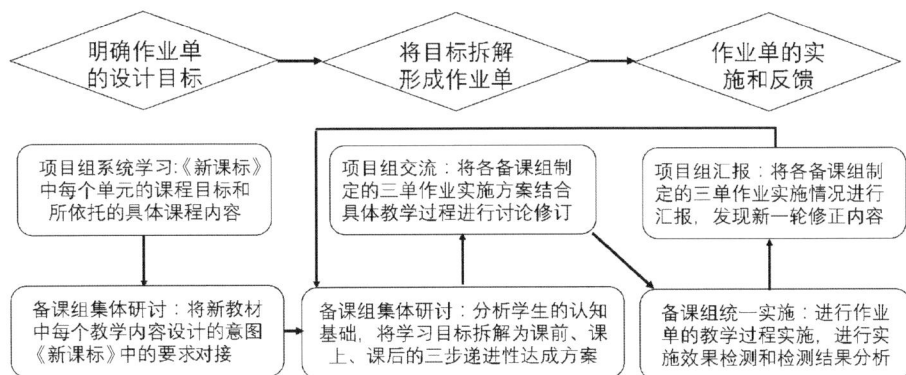

```
┌─────────────┐      ┌─────────────┐      ┌─────────────┐
│ 明确作业单   │ ───▶ │ 将目标拆解    │ ───▶ │ 作业单的实    │
│ 的设计目标   │      │ 形成作业单    │      │ 施和反馈      │
└─────────────┘      └─────────────┘      └─────────────┘
```

图 2　研究过程

五、研究方法

（一）文献研究法

本研究过程的项目组学习阶段，需要系统了解国内外相关研究的基础和进展，并以国内外相关研究为基础，开展创新性深入性研究。项目组主要研读的是中国知网数据库和万方数据库中与本课题相关的文献。同时还研读《新课标》《北京市新课程普通高中生物课程标准指导意见》和2019年版人教版生物教材（必修一、二和选择性必修一、二），以及国家的相关教育政策。

（二）问卷调查法

课题进行前期，利用问卷调查法对北京市第十五中学的学生进行调研，分析高中学生对生物学科作业量、作业内容、作业评价的看法和认识，作为建立课题研究基础的一方面数据支撑。课题进行中，通过问卷收集学生完成一个单元作业单后的感受，作为作业单实施效果评价指标的一方面数据支撑。课题进行中，通过问卷调查长期使用不断改进的单元作业单的学生完成后的效果，总结如何更好地利用作业单来培养学生的核心素养。

（三）案例研究法

以备课组统一设计的单元教学中的三单作业（课前预习单、课上学习单、课后反馈单）为案例，基于核心素养的要求对高中生物学作业设计的内容、方法以及适应性、合理性进行案例化的深入分析和研究。

（四）比较分析法

在作业单的实施效果研究中，设置平行对照的教学班，对布置三单作业的班级和布置常规作业的班级在成绩、课堂表现、能力提升的概念方面进行对比分析，以检验三单作业的实施效果。

六、研究成果

（一）作业现状及效果研究

1.作业现状

在以高考升学为导向的高中学段，大多数学校的学科作业以现成或自编练习册中的试题为主要内容，试题多数是以提高考试分数为目的设置的。作业量为每天每科 10—60 分钟不等，而教师平均每天花在作业批改的时间是 90 分钟，与上课所用时间几乎是持平的。这么大量的教师和学生的时间和精力投入效果如何呢？常见的情况是，每天每班总有一部分学生作业迟交或不交，交上来的作业也存在不同程度的抄袭现象。其原因是作业形式单一，学生难以提起兴趣，完成后也无法获得成就感；同时单一的习题化作业形式也给部分学生提供了偷懒的机会，抄袭他人作业或者网络搜索答案的情况普遍存在。同时对于作业的内容，教师往往抱着"熟能生巧"的想法，对知识点进行重复训练，而学生对着不断重复的作业，早已没有了探究的欲望，即使不抄袭答案，也经常出现扫一眼题目，感觉似曾相识，凭印象写出答案的情况，完全没有进行深入的思考和必要的落实。所以经常有教师抱怨："这个题目作业中已经练过很多次了，但学生还是不会。"以上是从教师经验中显现的作业问题，为了精确地发现习题性作业的效果，我们进行了下面的实验研究。

2.作业的短时效果研究

实验选择了高一年级 4 个教学班，实验班和平行班各 2 个，进行做作业与不做作业的对照研究。在三天的中秋小长假里，在其中的两个教学班（实验班、普通班各一个）布置了 1.5 小时中等难度的习题性作业，包括 30 道选择题和 3 道填空题。返校后，选择了其中文字信息量较大的 8 道选择题，题目内容不做任何修改，进行了测试，结果见下图。

表1　测试结果

组别	班号	均分	人数	错误的题目总数量						
				1	2	3	4	5	6	7
实验组（做作业）	A3-1	0.58	33	4	7	5	9	7	1	0
	A2-1	0.69	21	4	11	3	0	2	1	0
对照组（不做作业）	A2-3	0.54	35	3	10	7	8	2	5	0
	A1-2	0.64	34	4	12	10	4	3	1	0

从测试结果可以看出，做作业的班级的均分与未做作业的班级的均分没有显著差异。同时，班级之间的成绩排位与以往考试的排位完全一致。数据反映出此份作业为无效作业。

作业无效的原因是什么？在测试之后，任课教师与学生进行了面谈沟通，学生将自己出错的原因归结为三点。第一，因为假期家里安排的原因，没有完成作业。第二，因为自己没有对答案所以没进行作业的改错。第三，尽管对照答案改错了，但是并没有搞清错误原因，问题点没有得到及时解决。其中也有部分学生作答情况非常好，比以往的测试成绩高很多，原因是做作业的时间与考试时间相近，很多题目记住了答案。

3. 作业的阶段性效果研究

上面的研究仅仅是高一学生的一次作业呈现的效果，对于经历了较长时间的作业效果如何，评价指标是十分难以界定的，因此我们采用了下面的调查方法。期中考试之后，调查学生每周做生物作业的平均用时。根据学生期中考试的成绩为四组，每组学生的平均周作业时间见下表。

表2　学生平均周生物作业用时

	期中成绩	人数	平均周生物作业用时
A 组	89 分以上	7	2.85 小时
B 组	80—89 分	20	3.5 小时
C 组	60—79 分	20	5 小时
D 组	60 分以下	6	4 小时
总平均	75 分	53	4 小时

学生每周用于生物作业的平均时间是4小时，不同学习成绩的学生生物作业用时差异较大。对于学习出现困难的D组的学生，作业用时比C组少，与该组学生的学习总投入有一定联系，但该组的作业时间与平均水平持平，说明作业不是

影响该组成绩的主要因素。A 组和 B 组学生显示出作业用时与成绩呈显著的负相关，考虑到学生对用时的估计带有主观感受，因此数据反映出的是，作业对于学习越困难的学生造成的心理负担越重。但是，对于特别需要用课后的努力弥补课堂不足的，数量众多的 C 组学生，并没有从作业的多消耗中获得成绩的提升。

4. 作业现状转型要求

上面的两项作业调查不得不让我们这些多年从事教育教学研究的人震惊。如果不是清晰的数字呈现可能很难令人信服，因为多年以来绝大部分作业一直都是这样留的，尽管老师们知道结果可能不尽如人意，但仍对效果近乎为零的调查数据难以接受。无论是一次作业的无效，还是很多学生作业的低效，都提示了我们进行作业系统重构的必要性和紧迫性。

整个高中学习之后特别是高考之后，学生往往对高中作业的认识更加客观和全面。通过对高考之后的学生进行问卷和访谈，我们发现现行的生物作业还存在以下问题：①习题性作业多数与课堂内容脱节（老师讲的永远和练的、考的不一样），作业无法实现对课堂内容的复习和深入思考加工，不能对接课堂；②习题性作业多数都不能针对自己的薄弱点（简单题全会、难题上不了手），不能对接自己；③作业习题中的错误得不到解决，没有课堂讲解作业的时间、自己没有答疑的习惯，问题会不断累积消磨学习的成就感。

正是基于课程完结之后的客观评价，以及作业短效和长效的研究，作业有效性设计有了以下五点明确的方向。第一，数量控制：各科作业的整体数量需要进行精简，以保护多数学生的作业完成意愿。第二，内容重建：作业的内容需要紧扣课堂，再对接最终的学习评价。第三，目的共识：教师与学生达成共识，作业是以发现问题并解决问题为目标的，概念重构、梳理加工和反馈达成为路径的完整闭环，至少由"做题 + 改错 + 梳理"三个过程组成。第四，精心设计：教师需要在布置作业时，依据作业的全环节，控制数量和提供辅助资料。除了作业题目之外，答案、讲解、解析指导、思维导图等加工梳理内容，是布置作业的必需材料。第五，养成习惯：学生需要树立通过作业发现并解决自身遇到的问题的意识，养成做题之后，改错和梳理以及答疑的习惯。

（二）作业设计的方向界定

1. 作业的功能定位

作业的目的是帮助学生巩固所学、实现迁移、综合运用。学生通过作业来强化所学知识，使学科素养达到自己能够达到的层次。作业也是师生沟通的基本方式，教师通过批改作业检查教学效果。所以，作业是教学的重要环节，是学生温故知新的途径，是师生交流互动的渠道，是教师考查评价的平台。作业的功能主要有以下两个方面。

对学生而言，通过练习及时巩固知识，熟悉解题方法，锻炼分析问题、解决问题的能力，实现知识迁移应用，体现了巩固提升的功能。作业是学生消化吸收所学知识的必须环节，它有助于所学知识的巩固、深化，有益于技能、智力和创造才能的发展，是提高学生素质的重要载体。通过作业，学生实现了会学、学会和会用。

对教师而言，通过批改作业发现问题，及时做出反馈和应对，体现了教学检测（评价）的功能。教了不等于学了，学了不等于学会了，教学需要评价，包括课外作业评价。围绕一个学习目标，评价其达成度需要多角度，对学科素养的评价还需要有真实情境的介入。由于课堂上时间有限，将一些评价任务放在作业中进行，体现了作业的评价功能。最后通过教师对作业的批阅，诊断、反馈学习效果，实现教学评价功能。

2. 作业的设计依据

（1）依据学习目标确定作业内容。

学习目标既是学习的目标，又是评价的目标。所以，设计的作业必须依据目标，检测目标的达成情况，包括对知识、技能和学科关键能力的检测，对关键能力的检测需要真实情境的介入。要求做到对标不超标、内容全面不漏项，体现作业的对标检测（评价）功能。

（2）依据素养水平层级确定作业难度。

生物学科核心素养水平分 4 级，数字越小，水平越低。学业水平合格性考试（学考）要求达到水平 2，学业水平等级性考试（选考）要求达到水平 4，即水平 1、水平 2 是学考要求，水平 1—4 均可作为选考要求，所以核心素养水平层级是设计作业难度的依据。根据学科核心素养水平层级的划分标准，设计不同难度的作业，旨在对"标"练习、提升能力、实现迁移，增强综合运用能力，体现作业的巩固提升功能。

（3）依据学生差异设计作业层次。

学生水平参差不齐，设计不同层次的作业，给学生留有自主选择的空间，让他们根据自己的程度选做，以调动学生的积极性，促进生物核心素养不同发展层次的学生在其原有的基础上得到进一步发展。比如，一个单元的作业一共设计了 20 道题，由三个层次的题目组成，一是基础题，主要目的是巩固知识与技能，夯实基础；二是拔高题，这类题目解题方法较灵活，让学生有"跳一跳，摘果子"的欲望，然后感觉"其实并不那么难"，体验成功的快乐；三是发展题，这类题有一定的难度，主要针对"吃不饱"的学生，通过接受挑战，形成高层次学科关键能力。三类题目依次排序，数量占比因学习内容、学生实际而异。这 20 道题不要求所有学生从头做到底，可以有选择地做，如能力较弱的学生做 1—10 题，能力中等的学生做 6—15 题，能力强的学生做 11—20 题。当然，所选做的 10 道题不一定题号连续，允许适当跳格，实现分层作业。

3. 作业的设计策略

（1）检测目标从"知识"到"素养"，层层推进。

设计有梯度的作业，检测目标从知识，到技能、到能力、到素养，层层推进，体现从知识到素养的命题价值取向，提升学生学业质量水平和学科核心素养水平。尤其要重视设计有真实情境的、有一定比例的、可检测素养的作业题，强调"根据什么情境选择用什么样的知识去解决问题（即学科关键能力）"，旨在对标检测（评价）。

（2）核心素养从"水平 1"到"水平 4"，精准进阶。

学科核心素养的四个维度分别是生命观念、科学思维、科学探究、社会责任。每个维度分 4 个水平层级，从水平 1 至水平 4，具有由低级到高级逐渐进阶的关系。如何精准命制不同核心素养水平层级的作业？这需要对照课标中关于每维度学科素养水平层级的描述，用同一素材（或不同情境）逐级精准命制不同素养水平层级的作业，以实现作业的巩固提升功能，帮助学生实现素养水平的逐级进阶。

（3）评分标准从"封闭"到"开放"，推陈出新。

新课标时代，命题要关注和开发作业的激励功能，不管是测知识、技能、能力还是素养层级，都要发挥作业对学生学习的引领与促进作用。比如填空题，如果测知识，评分标准（答案）封闭；如果测素养，评分标准（答案）可以开放。根据答题表现判定其素养水平层级，不同素养水平层级给不同的分，不是传统的非对即错，而是力求对学生有激励作用，使各层次的学生都有学习动力。

（三）单元作业设计图

1. 作业设计的原则

（1）总量控制原则：以教师所教班级大多数学生的作业完成用时为标准，

高一、高二每周生物作业总用时最多为3小时；高三为每周4小时。

（2）分层原则：选择题和填空题作业分为必做和选做；简答题作业设置层级性的完成目标和评价标准。

（3）多元不重复原则：不同类型的作业每天只布置一项，或者请学生自主选择一项。例如，假期作业中的微课学习任务和课外阅读任务，学生可根据自己的学情和喜好二选一。

（4）目标清晰原则：任何一项作业教师均需要明确其设计目标，学生也需要明确自己的完成目标。作业是能力和素养提升的载体，作业完成的目标是得到能力和素养的进阶发展。

2. 单元作业设计图

为了实现上述设计原则，优化教学单元中不同学习阶段和每个学生的作业内容，我们进行了作业的整体规划。将所有的作业分为习题性作业和非习题性作业。习题性作业按照题目类型分为：选择题、填空题、论述题、新情境应用题；非习题性作业按照内容分为：微课学习、课外阅读和实践活动。必做作业需要每个学生在规定时间内完成，教师全批全改并记录作业情况；分层作业为学生按照自己所在的学习层级完成相应内容；选做作业为学生根据自身的情况自主选做内容，具体见下图。

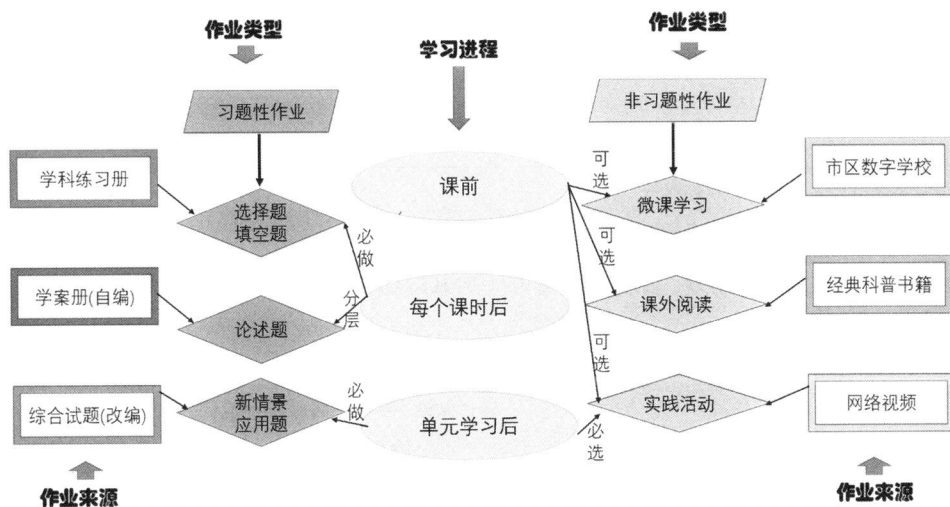

图3　生物作业分类图解

在上面的设计图中，学科练习册由市区教研部门按照教材的版本统一编制。学案册为校本资料，主要由课堂教学中的情境和问题串组成，将其中的一部分论述题以作业的方式呈现，使作业内容与课堂教学内容保持连续性和一致性。新情景应用题是在单元学习后，依据单元学习目标编制的作业，是本文重点分析的和单元作业的主体内容，下面以一个单元学习内容的作业为例具体说明。

（四）设计单元作业范例

单元一般是指同一主题下相对独立并且自成体系的学习内容。"基因工程赋予生物新的遗传特性"是高中生物选择性必修三《生物技术与工程》中的一个单元内容，本单元涉及的概念有"基因工程赋予生物新的遗传特性""生物技术在造福人类社会的同时也可能会带来安全与伦理问题"。

课程标准中对核心素养导向的命题需要创设真实情境，围绕现实问题展开，有一定的信息量和复杂度，能够成为学生运用学科知识分析解决实际问题的载体。本单元的课堂教学以转基因抗虫棉的构建为情境展开，为了锻炼学生将已有的知识迁移到新情境中解决问题的能力，在单元作业中我们创设了"遗传病地中海贫血症的基因治疗途径"的新问题，引导学生在新问题中探索所学内容的深刻含义，从知识记忆转向能力和素养本位，达到知识、能力、情感、素养的综合提升。下表为指向核心素养的本单元的学习目标以及与之对应的课堂教学内容和作业内容。

表3 单元学习内容与作业内容

核心素养	目标内容	课堂学习内容	作业内容
生命观念	1.运用统一性和多样性观点概述基因工程的理论基础和技术基础 2.运用结构功能观、信息观，在基因工程实例中，阐明相关技术操作的原理	通过分析非基因工程生产胰岛素的弊端，认可基因工程生产胰岛素的必要性和可行性	作业1
科学探究	依据生产需求运用基因工程原理设计可行的操作流程	基于遗传学、分子生物学等的知识，构建通过基因工程生产胰岛素的基本流程	作业2

核心素养	目标内容	课堂学习内容	作业内容
科学思维	1.通过构建基因表达载体、比较和选择恰当的受体细胞，主动运用模型与建模的方法研究问题，形成批判性思维	第1课时使用纸条DNA分子模型模拟酶切、酶连，学生动手操作体验基因表达载体构建 第2课时比较、选择恰当的受体细胞，讨论基因工程成功的标志，设计检测方法	作业3
	2.能从生物材料中粗提取遗传物质并鉴定，能够使用PCR及电泳检测的方法	第1课时实践提取DNA，从二苯胺试剂检测结果只能知道是否提取到DNA分子 第2课时实践PCR扩增目的基因，通过设计引物、电泳检测，理解PCR技术的特点	作业4
社会责任	1.面对基因工程中的操作问题，以造福人类的态度和价值观，提出改进的设想，积极参与到生产和应用的问题讨论中 2.关注生物技术在应用中带来的健康、环境和生物多样性等安全性问题	提出生产速效胰岛素的优化思路	作业5

作业1：学习下面的材料，回答相关问题。

在我国长江以南各省高发的一种地中海贫血症属于单基因遗传病，患者体内血红蛋白异常，红细胞易破裂发生溶血，因此患者需要常年输血维持正常生活，给自身和家庭都造成了严重的负担。已知正常的血红蛋白由 α 珠蛋白与 β 珠蛋白按照一定的比例结合，从而发挥正常生理功能。正常人和患者的 β 珠蛋白基因部分序列如下图所示。请结合题干和图示信息，阐述地中海贫血症患者发生红细胞溶血的机理。

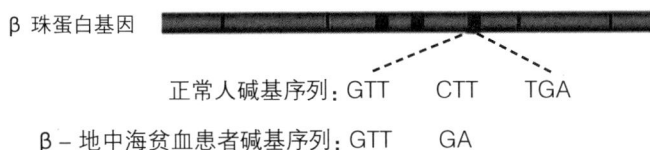

β 珠蛋白基因

正常人碱基序列：GTT　　CTT　　TGA

β - 地中海贫血患者碱基序列：GTT　　GA

图4　正常人和患者 β 珠蛋白基因部分序列

此题提供了一种家族性遗传病地中海贫血症的发病分子机理的材料，请学生分析患者发生红细胞溶血的机理。这一作业的设计目标是评价学生在学习了基因工程的理论基础之后，能否运用统一性和多样性观点概述基因工程的理论基础和技术基础；能否运用结构功能观、信息观，在基因工程实例中阐明相关技术操作的原理，这是本单元的生命观念素养目标，不同学习层级的学生可能会做出差异化的回答，为了对学生的作业作答进行统一的评价，制定了下述评价细则和等级。

表 4　作业评价细则及等级

学生	作业中典型示例	作业评价细则	等级
A	患者的 β 珠蛋白基因发生基因突变	能够说出"基因突变"	及格
B	患者的 β 珠蛋白基因发生碱基对的缺失，导致基因表达异常	能够联系基因序列的改变分析出基因突变的类型	良好
C	患者的 β 珠蛋白基因发生碱基对的缺失，导致表达出的 β 珠蛋白异常	能够将基因结构的改变导致性状改变的过程进行完整阐述	优秀
D	患者的 β 珠蛋白基因发生碱基对的缺失，导致表达出的 β 珠蛋白结构异常，无法与 α 珠蛋白结合，使血红蛋白异常，造成溶血	能够有逻辑地将基因改变引起性状改变的致病机理进行层次清晰的阐述	优秀

作业 2：地中海贫血症患者除了需要输血缓解症状之外，常见的治疗手段是进行异体骨髓移植，但存在较大的局限性。现有研究团队尝试利用基因工程技术，改造患者的造血干细胞，以达到治疗地中海贫血症患者的目的，请你结合所学知识，尝试设计技术方案。

此题介绍了地中海贫血症常见的治疗手段和弊端，请学生设计出利用基因工程的方法进行治疗的技术方案。这一作业的设计目标是评价学生在学习了基因工程的操作步骤之后，能否依据生产需求运用基因工程原理设计可行的操作流程，评价本单元学习中科学探究素养的达成情况，不同学习层级的作答评价和等级划分见下表。

表 5　作业评价细则及等级

学生	作业中典型示例	作业评价细则	等级
A	将正常的 β 珠蛋白基因导入患者造血干细胞	能够说出"导入基因"的概念	及格
B	第一步：获取目的基因 第二步：构建基因表达载体 第三步：将基因表达载体导入受体细胞 第四步：目的基因的检测与表达	能够提出获取目的基因等基因工程的基本步骤，但没有就本情境进行阐述	良好
C	第一步：获取正常的 β 珠蛋白基因作为目的基因 第二步：利用限制酶和 DNA 连接酶构建基因表达载体 第三步：利用显微注射技术将基因表达载体导入患者的造血干细胞 第四步：利用核酸分子杂交技术或者 PCR 技术检测目的基因是否导入；利用抗原－抗体杂交技术检测 β 珠蛋白是否成功表达，观察患者症状是否有所缓解	能够将基因工程的步骤结合本情境进行迁移性表述，逻辑清晰语言准确	优秀

作业 3：应用于人类疾病治疗时，研究人员对传统基因工程技术进行了一些优化，具体操作过程如图所示。请分析，利用慢病毒载体对造血干细胞进行基因修复的利弊。

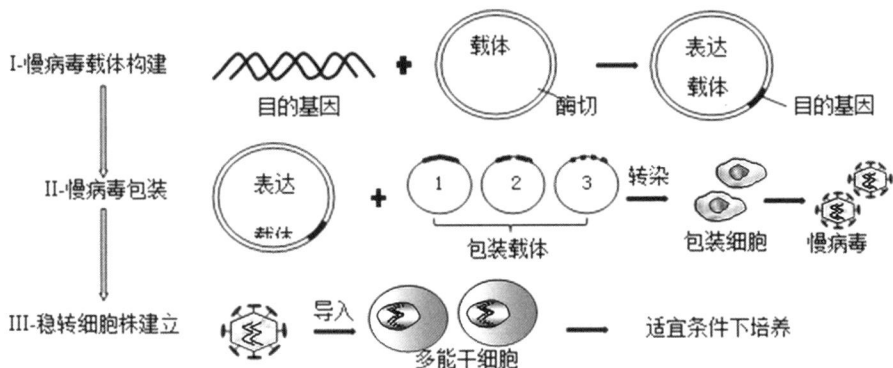

图 5　对传统基因工程技术优化的具体操作

此题为学生介绍了研究人员对传统基因工程技术进行的优化，请学生分析利用慢病毒载体对造血干细胞进行基因修复的利弊。这一作业的设计目标是评价学生在学习了基因工程的原理和操作之后，能否主动运用模型与建模的方法研究问题，是否形成批判性思维。评价本单元学习中科学思维素养一的达成情况，不同学习层级的作答评价和等级划分见下表。

表 6　作业评价细则及等级

学生	作业中典型示例	作业评价细则	等级
A	利：该病毒可以将 β 珠蛋白基因导入受体细胞 弊：导入慢病毒可能引起健康问题	能够通过对比找出慢病毒载体构建与基因工程基本操作间的差异	及格
B	利：慢病毒可以侵染受体细胞，转化效果好 弊：慢病毒可能引起宿主生存状态的改变，有癌变可能，引发免疫反应	在找到新技术与传统技术差异的基础上，能够运用已有认知对新技术提出新问题	良好
C	利：构建的慢病毒可以自行侵染受体细胞，转化效率高于显微注射技术 弊：慢病毒转化细胞时可能影响宿主正常基因功能；经过基因修复的多能干细胞有癌变可能；病毒的部分序列表达产物或经过改造的多能干细胞都可能引发强烈的免疫反应	能够将基因工程的相关技术原理迁移到新情境分析中，并对新技术可能出现的问题进行有理有据和逻辑清晰的阐述	优秀

作业 4：你认为有效治疗地中海贫血症的治疗评价标准是什么？

此题引导学生在前面对地中海贫血症的发病机理和治疗技术路线明确的基础上，评价治疗地中海贫血症的各种方案的有效性。这一作业的设计目标是评价学生能否使用 PCR 及电泳检测的方法分析解决问题。评价本单元学习中科学思维素养二的达成情况，不同学习层级的作答评价和等级划分见下表。

表 7　作业评价细则及等级

学生	作业中典型示例	作业评价细则	等级
A	看患者是否贫血	仅从性状水平分析	及格
B	看患者红细胞的形态；其血红蛋白是否正常	能够从细胞水平答出检测与鉴定的概念名称	良好
C	分子水平：评价 β 珠蛋白的合成量；α 珠蛋白与 β 珠蛋白结合情况 细胞水平：观察红细胞的形态，统计正常红细胞的比例 个体水平：溶血症状是否得到缓解	能够根据检测的目的选择检测的方法并能阐述选择的理由	优秀

作业 5：收集基因工程的案例，结合收集的资料谈谈你对基因工程在现代生活中应用的看法。

此题引导学生在已经对地中海贫血症的多种治疗技术路线有了科学的认识之后，收集基因工程的其他案例，谈谈对基因工程在现代生活中应用的看法。以此评价学生面对基因工程中的操作问题时，能否以造福人类的态度和价值观，提出改进的设想，积极参与到生产和应用的问题讨论中；是否关注生物技术在应用中所带来的健康、环境和生物多样性等安全性问题。评价本单元学习中两个生命观念素养的达成情况，不同学习层级的作答评价和等级划分见下表。

表 8　作业评价细则及等级

学生	作业中典型示例	作业评价细则	等级
A	基因工程能够定向改造生物的性状，满足人类的需求	能够说出基因工程为人类生产生活带来的便利	及格
B	基因工程可以生产出符合人们需求的生物类型，但是存在技术安全风险以及社会伦理方面的问题	提出基因工程为人类带来便利的同时，也存在安全性、社会伦理等方面的问题	良好
C	基因工程已经在各个方面应用于现代生活中，如利用转基因技术培育作物新品种、培育符合人类需求的家禽家畜、治疗疾病等由于技术上还可能存在着安全性的问题，多代遗传之后的效果或者风险未知，基因工程若应用于人类，有可能涉及伦理问题。在应用基因工程来解决现实生活中的问题时，应经过严密的论证及相关的实验研究	能够以科学严谨的态度，全面辩证地评价科学技术，面对问题有理性思考和严谨的阐述	优秀

生物学科核心素养要求学生通过生物课程的学习，认识到生物学在人类发展中的重要贡献，树立生命观念，能够运用生命观念认识生命现象，探索生命规律；形成科学的思维习惯，掌握科学探究的思路和方法，具有开展生物学实践活动的意愿和社会责任感。教师通过基于核心素养的，融入真实、有意义情境的作业设计，为学生提供必要的材料，对学生分析、理解和应用的能力做出评价。同时还可以引导学生从生物学的维度观察社会生产生活，使学生认识到生物学对社会生活的重要性，增强学生适应社会、终身学习的能力。

七、研究效果

（一）对学生生物学科作业的"兴趣、态度、行为"分析

对单元教学视域下的生物作业（以下简称"单元作业"）进行了高一、高二4个学段的实施，实施过程中每个学期末，以问卷的方式进行调研，采用单元作业实施的班级（以下简称"实验班"），学生对于作业的兴趣、态度和行为，由学生个体无记名完成，教师统计分数（15道题满分为30分，得分越高效果越好），结果见下表。

表9　学生对单元作业"兴趣、态度、行为"调查

	高一上学期	高一下学期	高二上学期	高二下学期
总平均	10.12	15.36	16.14	22.17
项目1均分	1.62	1.61	1.78	1.82
项目10均分	1.11	1.43	1.62	1.78

可以看出，调查表中各项目的均分基本呈上升趋势。其中，高一上学期，单元作业刚实施之初，各项目的总平均分最低，说明学生对生物学科作业的兴趣和态度较低；高一下学期和高二上学期，均分都有一定的上升，但是上升的幅度不大；高二下学期，单元作业实施较为成熟，学生也更加适应单元作业，效果也更加显现出来，调查的各项均分均有大幅度的上升。项目1和项目10分别代表了在基于核心素养的作业实施下，学生对作业的兴趣和作业的上交情况，这两者的均分也都呈上升趋势。本研究认为，调查数据可以说明学生对待作业的兴趣、态度和行为，总体呈上升趋势，也就能说明在单元作业实施下，学生对生物学科作业的兴趣、态度和行为都有了一定的提高和改善。

分析其原因，第一，作业形式的多样，让学生不再觉得完成作业是个枯燥乏味的过程，学生通过同学之间的合作，感受到人际交往的乐趣和集体的智慧，学生完成作业经历了快乐的过程。第二，实践性作业的引入，让学生感悟到生物学科知识与生活联系紧密，从而使学生更愿意主动地学习更多的知识，发现生物学科知识的有用性。第三，学生有更多的机会接触到更多的作业形式，让学生保持着认真作业的行为，这些都激发了学生完成作业的动机和兴趣。最后一次测试的分数最高，猜测可能是与期末考试复习有关，学生都更为主动认真。结合上述数据分析的结果，有理由认为单元作业设计的确能增强学生对生物学科的兴趣，快乐学习。

（二）关于生物学科成绩的效果分析

实施教学后，在每一章结束后，用同一套单元测试卷对实验班和对照班进行效果分析，本文在作业案例分析中以"基因工程"这一单元为例，因此，在此列举的单元测试卷为"基因工程"的章节。将本单元的第一课时前测成绩与作业实施后的单元测试成绩进行分析。

1. 实验班后测与对照班后测对照分析

表 10　基于 P 值的显著性分析

班级	人数（N）	均值（M）	标准差（S）	显著性检验（P）
实验班后测	35	63.45	5.103	0.002
对照班后测	33	61.00	7.018	

从表 10 可以看出，实施教学后所选取的两个平行班成绩的平均值，实验班为 63.45 分，对照班为 61.00 分，从均值上看两个班的平均分相差 2.45 分。从表中的 P 值 =0.002 < 0.05 可知，实验后实验班与对照班两次成绩存在显著性差异。

2. 实验班前测与实验班后测对照分析

表 11　基于 P 值的显著性分析

班级	人数（N）	均值（M）	标准差（S）	显著性检验（P）
实验班前测	35	61.18	3.914	0.019
实验班后测	35	63.45	5.103	

从表 11 中的 P 值 =0.019 < 0.05 可知，实验前后实验班两次成绩存在显著

性差异，可以得出实验前后实验班的学生成绩中存在显著性差异的结论。结合上述对比分析，可以认为单元作业可以在一定程度上提高学生的生物学科成绩。

（三）基于核心素养的综合能力的效果分析

1. 促进学生对知识的掌握，利于培养学生的生命观念

例：苏云金芽孢杆菌的 CryIAC 基因编码一种蛋白质，该蛋白可杀死鳞翅目昆虫。为培养转基因抗虫棉，研究者将 CryIAC 基因转入棉花中，并对棉花的抗性进行鉴定和遗传分析。从苏云金芽孢杆菌细胞内获取 CryIAC 基因，怎样操作才能将其转入到棉花细胞中？转入后是否会影响 CryIAC 基因的作用？

参考答案：将获取的 CryIAC 基因与质粒进行重组构建基因表达载体，然后将表达载体导入土壤农杆菌中，再用农杆菌转化法将表达载体从农杆菌导入棉花细胞。因为基因是遗传信息表达的基本单位，所用生物以相同的基因表达方式共用一套遗传密码，只要 CryIAC 基因带有棉花细胞 RNA 聚合酶能够识别的启动子和终止子，该基因就可以在棉花细胞中发挥作用。

【分析】该题的知识点是基因工程的理论基础。解答此题，需要学生运用统一性和多样性观点概述基因工程的理论基础和技术基础；运用结构功能观、信息观，在基因工程实例中，阐明相关技术操作的原理。学生的答题正确率在一定程度上反映学生"生命观念"的差异，具有参考和测评的价值。通过实验班与对照班级的答题结果分析，实验班级在这道题的答题率高于对照班，可以认为基于核心素养的生物学科作业有利于培养学生的"生命观念"。

2. 增加资料情景的创设，利于培养学生的科学思维

例：某一质粒载体如图所示，外源 DNA 插入到 Ampr 或 Tetr 中会导致相应的基因失活（Ampr 表示氨苄青霉素抗性基因，Tetr 表示四环素抗性基因）。有人将此质粒载体用 BamH Ⅰ 酶切后，与用 BamH Ⅰ 酶切获得的 CryIAC 基因混合，加入 DNA 连接酶进行连接反应，用得到的混合物直接转化土壤农杆菌，结果土壤农杆菌有的未被转化，有的被转化，被转化的分别是含有环状目的基因、含有质粒载体、含有插入了 CryIAC 基因的重组质粒的土壤农杆菌。尝试分析：用含有氨苄青霉素的培养基能否筛选出上述三种土壤农杆菌？如果筛选不成功应该如何操作？

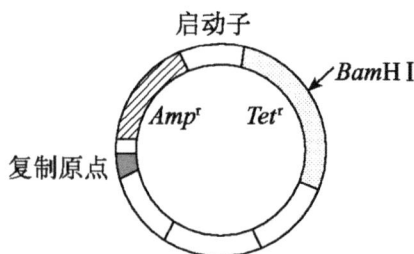

图 6　质粒载体结构图

参考答案：如果用含有氨苄青霉素的培养基进行筛选，在上述四种土壤农杆菌细胞中未被转化的和仅含有环状目的基因的细胞是不能区分的，其原因是二者均不含氨苄青霉素抗性基因，在该培养基上均不能生长；并且含有质粒载体和含有插入了 CryIAC 基因的重组质粒（或含有重组质粒）的细胞也是不能区分的，其原因是二者均含有氨苄青霉素抗性基因，在该培养基上均能生长。因此需要在上述筛选的基础上，筛选含有插入了 CryIAC 基因的重组质粒的土壤农杆菌的单菌落，还需使用含有四环素的固体培养基，用原位接种的方法，选出在该选择培养基中无法生长的土壤农杆菌单菌落。

【分析】该题的知识点是基因工程的操作步骤。解答此题，需要学生通过构建基因表达载体、比较和选择恰当的受体细胞，主动运用模型与建模的方法研究问题，形成批判性思维。因此学生的答题正确率和问题回答的完善程度在一定程度上反映了学生"科学思维"的差异，具有参考和测评的价值。通过实验班与对照班的答题结果分析，实验班级在这道题的答题率高于对照班。可以认为基于核心素养的生物学科作业有利于培养学生的"科学思维"。

3. 训练实验探究技能，利于培养学生的科学探究

例：研究人员为了达到更好的、持续抗虫效果，将两种抗虫基因 H5 和基因 H3 一起导入棉花细胞，以获得双价转基因抗虫棉。在操作过程中，需要利用 p 质粒构建 p-H5/H3 共表达的重组质粒（如下图），其设计思路是：获得 H5 基因和 H3 基因，先将 H5 基因整合到 p 质粒（仅含有 Nhe Ⅰ 和 Xho Ⅰ 酶切位点）上，再将 H3 基因插入，获得重组质粒。为达到实验目的，需要在目的基因两端引入酶切位点，在 H5 基因两端需要引入哪些酶切位点？其原理是什么？通过什么技术可以实现该目的？

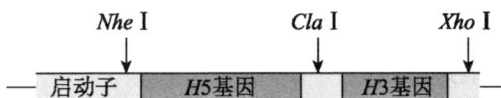

图 7　共表达重组质粒示意图

参考答案：在 H5 基因两端需要引入 Nhe Ⅰ、Cla Ⅰ 和 Xho Ⅰ 三种酶切位点。其中酶切位点 Nhe Ⅰ 和 Cla Ⅰ 有利于基因 H5 以正确的方式插入质粒，Cla Ⅰ 和 Xho Ⅰ 保证了后续 H3 基因的正确插入。为了达到这一目的可以采用 PCR 的方法，两端引物的上游分别加入两端的酶切位点即可。

【分析】该题的知识点是获取目的基因的方法。解答此题，需要学生依据生产需求运用基因工程原理设计可行的操作流程；在具体的设计过程中，需要灵活使用基因工程的操作工具，不断尝试和探究问题解决方案。学生的得分情况在一定程度上反映学生科学探究的差异，具有参考和测评的价值。通过实验班与对照班级的答题结果分析，实验班级在这道题的得分高于对照班。可以认为基于核心素养的生物学科作业有利于培养学生的科学探究。

4. 联系生活实际与应用，利于培养学生的社会责任

例：只考虑 CryIAC 基因的导入的情况，将 T0 代抗虫棉与普通棉花杂交获得 T1 代，对 T1 代进行抗虫鉴定，结果发现抗虫棉与非抗虫棉的比值约为 3：1。推测导入的 CryIAC 基因的位置，并尝试分析导入的 CryIAC 基因如何分布才是理想的抗虫棉，如何用杂交的方法将其选出？

参考答案：导入的两个 CryIAC 基因位于非同源染色体（两对同源染色体）上。如果导入的两个 CryIAC 基因位于一对同源染色体上，才是理想的稳定遗传的抗虫棉，可以用 T0 代抗虫棉花自交，子代均表现为抗虫的即为所需的稳定遗传品系。

【分析】该题的考查点是基因工程操作完成之后，对基因后续传递问题的追踪和思考。解答此题，需要学生面对基因工程中的操作问题，以造福人类的态度和价值观，提出改进的设想，积极参与到生产和应用的问题讨论中；还需要学生以此问题为契机，关注生物技术在应用中所带来的健康、环境和生物多样性等安全性问题。学生的得分情况在一定程度上反映学生社会责任的差异，具有参考和测评的价值。通过实验班与对照班的答题结果分析，实验班级在这道题的得分高于对照班。可以认为基于核心素养的生物学科作业有利于培养学生的社会责任。

例：查阅抗虫棉的应用相关资料，你认为抗虫棉在推广过程中，还需要注意哪些问题才能更好地造福社会？

学生甲："在查阅资料的过程中，我终于明白为什么要在种植抗虫棉的同时还要种植一些不抗虫的棉花，尽管可能会有一小部分经济上的损失，但对于辛苦研究出的科技成果是非常必要的保护。我体会到了科研工作者的严谨与智慧。"

学生乙："以前一直不明白为什么抗虫棉都研究出来了，而棉铃虫的问题仍然没有得到根本性的解决，后来明白，自然界的生物相互选择，协同进化，生物界的稳定状态不能被轻易打破。我们人类在掌握了自然科学的奥秘之后，必须谨慎地操作，以与自然和谐共生的思想来面对和解决环境问题，让人类的生活和地球的环境都越来越美好。"

学生丙："原来抗虫棉不光有单价的，还有二价的和三价的，其中的抗虫基因有各种类型。丰富的自然界给了我们人类最优质的工具，只有学会正确地使用，才能造福人类。"

从学生的表述来看，在实施基于核心素养的生物学科作业之后，学生产生了更多的学习反思，并且反思的内容多与实际生活相联系，惊叹于生物学知识的神奇与奥秘，能解释生活中常见的现象，自豪感油然而生，激发学生将知识学以致用的兴趣，利于培养学生的社会责任。

（四）后期访谈

单元作业教学实施后，本研究为了更加全面地了解研究效果，从实验班里分别抽取三个层次（成绩为较差、中等、优秀）各一位学生进行了访谈，访谈的结果整理如下。

1.问：你认为这次采用的单元作业形式与以往有何不同？感觉怎么样？

学生 A（成绩较差）答：我觉得还不错，因为我平时的生物学科学习成绩不是特别好，以往的作业基本上都是练习题，我经常因为不能很好地完成生物作业，不能及时交作业，甚至有时候会抄班里好成绩同学的作业。老师会在课上讲习题，但我经常听不懂，也不好意思问老师。以往的作业经常刚开始就遇到很难的题目，我也常常因为不会解答而放弃继续做下去的念头，单元作业中的很多内容都是上课老师讲过的情景再现，我基本上能通过课堂上老师的授课和教材的翻阅完成。在做题目的时候，我就能知道题目涉及的知识点，本来很多不太明白的概念，通过题目的训练和翻阅教材的过程中多次记忆强化，我感觉能更好地掌握知识点了，也就没那么讨厌做生物学科作业了。以往在作业中，碰到实验探究题我就会头晕目眩，因为自己不会做，正确率很低，就很排斥做类似的题目，现在的单元作业中，探究的题目都是有情境的，看着情境不知不觉就被带入了，好多大段的描述问题，我也能完成了。我感觉这对我来说就像一个挑战，当我完成相关问题之后，便收获了成就感和喜悦感，让我有动力去更好地完成作业，所以现在我的生物学科作业基本上都是我自己认真完成的，也很少迟交了。期中考试，我的生物学科成绩终于及格了，感觉我对生物学科也越来越有信心了。

学生 B（中等层次）答：总体来说还行，作业增加了自己动手操作、查阅资料的形式，感觉特别新颖，能够联系生活中的知识来进行学习。有时作业的批改方式也换了，我们的小组组员之间相互批改作业，这个方式好，不仅能及时得到作业反馈，还增进了和同学间的交流，不会的题目还能相互探讨学习。相对来说我比较喜欢同学互评学习的这个过程，比较开心，还能学到知识，探讨问题。在以往的作业当中，实验探究类的题，难一点的我也不太理解，由于课时比较紧张，很多时候老师也不能每道题都进行讲解，对着答案我也不能完全理解，这样很多问题就没能及时解决。现在尤其在操作类、探究类、实践类作业上，我们都是以小组合作的形式去完成，在分析别人答案的时候就能够知道自己哪里存在不足。在课上我们都会将小组的成果进行交流展示，这样我就能更多地知道其他同学的思考，进行查漏补缺。现在我也更乐意主动地与同学交流，及时与同学探讨自己不懂的问题，渐渐地，我觉得我的思维比以前更加发散了，性格也开朗了一些。我还是很喜欢现在这种形式的作业的。

学生 C（成绩较好）答：还可以吧，新的作业形式让我对生物学科有了更深的认识，以往我觉得学习就是认真完成老师布置的任务，包括作业，同时考试能有个较好的成绩，就觉得自己对生物学科已经掌握得非常好，甚至会有些优越感。自从采用了单元作业形式，渐渐地，我认识到我们不仅要掌握书本知识，还要学会将知识与实际联系起来，生物学科原来在我们生活中作用这么大，我们学习的最终目的不是追求那个分数，而是将所学知识为我所用，便利自己和他人，造福社会。现在我觉得自己比以前更懂得生物学科的内涵，各方面能力也得到了提升。在小组合作完成作业的过程中，我发现那些成绩不好的学生原来没有那么玩世不恭，也没有比成绩好的同学笨，他们的思维和创造力有时候会比我们更强，彻底改变了我之前对他们的看法，现在班级里的同学不再是一派一派的了，全班的氛围更加融洽和谐了。

2.问：在完成作业的过程中，你遇到了哪些较大困难？你希望以后的学习还继续采用新型作业吗？

学生 A 答：在完成有些复杂情境问题分析的时候比较困难，简单情境分析的题目一般能自己完成。但我还是希望以后能继续采用单元作业的形成，复杂情境的题目可以让我知道我还有哪个概念没有掌握好，像这样分类的作业我觉得对我们基础薄弱的学生帮助特别大，我也坚信通过我的努力，我的生物学科成绩会越来越好，以后在做复杂问题分析的时候，我也能很轻松地解答。

学生 B 答：我希望继续采用这样的作业形式，虽然有些探究类、实践类的题目做起来挺费劲的，但是也让我意识到是因为我们的社会经验太少，逻辑思维能力不太高，动手操作能力也很欠缺。因此我希望通过单元作业来锻炼各方面的能力。

学生 C 答：我非常希望能继续采用单元作业形式。我不希望成为别人眼中的"书呆子"，只会考试，其他能力都很欠缺。虽然新型作业有时完成的时间较多，占据了其他学科的作业时间，但是总体上相对以往的作业利大于弊，我们班生物学科的平均分有所提高。我觉得新型作业的设计还是很好的，不仅能提高我们的生物学科成绩，还培养了我们很多的能力和技能，消除了同学之间的偏见，拉近了同学之间的关系。因此，我是非常赞同采用新型作业的。

小结：采用单元作业形式，一般学生够能接受并且也很希望继续延用。简单情境问题对帮助中低层次的学生掌握基础知识有很大的帮助，同时还提高了他们的学习兴趣和学习成绩；复杂情境的问题，以及探究性、操作性、实践性的作业形式，让中低等学生对知识有进一步的理解，同时各方面能力也得到培养和提升。

对成绩较好的学生来说，完成简单情境问题分析和探究性作业并不是很困难，但是在复杂情境问题分析中，能让他们加深对生物学科的认识，在很好地掌握知识的基础上，与同学合作学习，带领大家共同完成。同时在合作和实践中认识到自身的不足，意识到生物学在生活实际的应用，以此来落实和培养学生的核心素养。可见，基于核心素养的高中生物学科作业设计是有积极意义的，在高中阶段实施基于核心素养的生物学科作业是有价值的。

（五）生物教师使用单元作业的感受

单元作业与以往的习题作业最大的不同是作业问题的情境化，让学生以回答问题的方式呈现一个课时乃至一个单元的学习后的完整思维过程。克服了传统的习题性作业将课堂教学内容与作业内容割裂开，学的与练的不一致的问题。同时，情境化的作业题目有助于帮助学生通过学习内容一步一步接近并最终达成生物学科四个核心素养的培养目标，是一种能够"顶天"——指向核心素养，能够"立地"——从学生课堂学习过程开始，并在"天地之间"架设的桥梁。

有时候我们也会担心以问题为主的情境化单元作业来替代传统的习题作业，学生做题少了，考试分数会不会很低，这点在实验班实施的过程中，最初会出现 3 个月左右的适应期。阶段性检测学生与每天做习题性作业的学生相比，分数略低，分析主要原因是检测试题与习题作业内容的部分重叠造成的。当我们将检测题目变更为情境分析题的时候，实验班显出了绝对明显的优势。因此对于效果的评价，其实需要更长时间以及更加全面的评价才更加有意义。特别是到了高三年级，在面对情境化的高考模拟试题的时候，实验班学生的优势就更加明显了，特别是语言表述能力和逻辑思维能力相比非实验班优势十分明显。因此，最初的不适应这一属于改革的前期短暂的阵痛，相较于最终取得的效果可以说是瑕不掩瑜。

生物学科核心素养要求学生通过生物课程的学习，认识到生物学在人类发展中的重要贡献，树立生命观念，能够运用生命观念认识生命现象，探索生命规律；形成科学的思维习惯，掌握科学探究的思路和方法，具有开展生物学实践活动的意愿和社会责任感。教师通过基于核心素养的，融入真实、有意义情境的作业设计，为学生提供必要的材料，对学生分析、理解和应用的能力做出评价。同时还可以引导学生从生物学的维度观察社会生产生活，使学生认识到生物学对社会生活的重要性，增强学生适应社会、终身学习的能力。

参考文献

[1] 中华人民共和国教育部. 普通高中生物课程标准（2017 年版 2020 年修订）[S]. 北京：人民教育出版社，2018.

[2] 王月芬. 重构作业——课程视域下的单元作业 [M].北京：教育科学出版社，2021.

[3] 王月芬，张新宇等. 透析作业——基于 30000 份数据的研究 [M].上海：华东师范大学出版社，2014.

[4] 刘月霞，郭华. 深度学习：走向核心素养 [M]. 北京：教育科学出版社，2018.

[5] 崔允漷. 指向学科核心素养的大单元设计 [J]. 北京教育（普通版），2019（2）：11-15.

[6] 杨伊，夏惠贤，王晶莹. 我国学生作业设计研究 70 年：回顾与展望 [J]. 教育科学研究，2020（1）.

执笔人：王芳

"中学数学关键能力培养的策略研究"项目研究报告

郑毅斌

一、研究背景

随着"互联网＋教育"、信息技术、人工智能的兴起与发展，"知识大爆炸"的时代已经来临，原来以传授为主的教育已经不能适应新时代的要求，人类的学习速度远远跟不上知识的更新速度，有的时候甚至知识还没有学完就已经过时，技能还没有掌握就已经淘汰。此外，世界各国都开始寻求数学教育改革的出路，试图找到引领数学教育教学的理论框架与实践路径。从国际数学教育发展趋势与经验来看，各国均把数学关键能力作为数学教育改革的育人理念，数学关键能力已经成为信息时代数学教育的基本诉求。

2014年教育部发布《关于全面深化课程改革落实立德树人根本任务的意见》（教基二〔2014〕4号），明确了核心素养的概念，即学生应具备的适应终身发展和社会发展需要的必备品格和关键能力。之后的《普通高中数学课程标准（2017年版2020年修订）》（以下简称《新课标》）中提到，"数学核心素养是数学课程目标的集中体现，是具有数学基本特征的思维品质、关键能力以及情感、态度与价值观的综合体现，是在数学学习和应用的过程中逐步形成和发展的"。为高中数学确定了数学抽象、逻辑推理、数学建模、直观想象、数学运算和数据分析六大核心素养。从数学学科核心素养的定义来看，数学关键能力是数学学科核心素养的必备成分，不可或缺，数学关键能力确保数学学科核心素养在内涵上实现了知识与能力的统一。

高中数学学习关注学生知识技能的掌握，更关注数学学科核心素养的形成和发展，通过制定科学合理的学业质量要求，促进学生在不同学习阶段数学学科核心素养水平的达成。要关注学生学习的结果，将知识技能的掌握与数学学科核心素养的达成有机结合，建立目标多元、方式多样、重视过程的体系。通过测试评价，搜集数据，在数据的基础之上，合理分析，提高学生学习兴趣，帮助学生认识自我，增强自信；帮助教师改进教学，提高质量。

二、文献综述

关于数学能力，在内涵上集中在心理特征、能力表现与数学经验三个方面，例如，鲍建生认为数学能力是一种心理特征，可以指导数学活动的完成并影响其效率，温特认为数学能力是通过各种情境而获得理解、判断与使用数学的经验。

在构成要素或属性上，从数学课程标准层面来看，我国数学课程标准中强调了计算能力、逻辑推理能力与空间想象能力。德国以 PISA 测评框架为基础，构建了六大数学能力，其中包含数学论证、问题解决、数学建模、数学表征、数学符号、公式以及技巧运用、数学交流。《美国共同核心州数学标准》指出了八大数学能力，即问题解决能力、推理能力、论证与互相评价、数学建模、使用合适的工具、精确化、数学结构获取与运用以及探求规律。澳大利亚与其他国家不同，首先综合提出七大能力，然后再从数学学科对其进行阐释。从个人研究层面来看，苏联心理学家克鲁切茨基的数学能力构成对学者们的影响较大，丹麦数学教育家尼斯提出"数学能力之花"模型，喻平将数学能力分为三类，其中蕴含 11 种数学能力，这与塞克瑞等在数学能力方面加入数学元认知、数学记忆等成分是一致的。此外，也有其他学者基于课堂教学对数学能力进行概括。

三、概念界定

"新课标"指出要培养学生会用数学的眼光观察世界，会用数学的思维思考世界，会用数学的语言表达世界（简称"三会"）。"三会"既在一定程度上诠释了数学学科核心素养，也体现了学生从数学的视角提出问题、分析问题、解决问题的能力。构建高中生数学关键能力操作性定义的基本结构，如下图所示，以数学观察、数学思考、数学表达作为一级维度。其中数学观察维度包括数学抽象能力、直观想象与化归能力；数学思考维度包括数学猜想与论证能力、数学运算能力；数学表达维度包括数据分析与预测能力、数学建模能力。

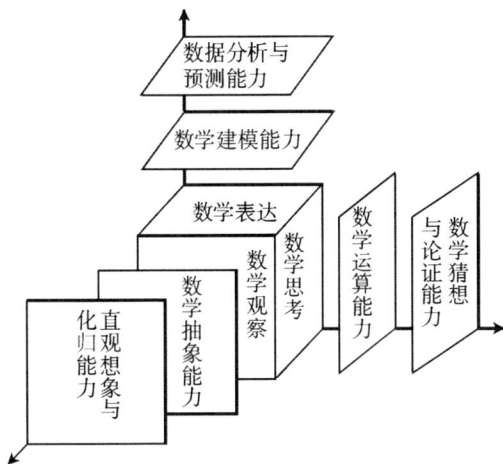

图 1　数学关键能力的三维表达

表 1　数学关键能力的操作指标

一级维度	二级维度	具体操作指标
数学观察	数学抽象能力	能结合具体的实际案例，解释数学概念
		能在具体情境中抽象出概念、规律与定理，在特例的基础上形成数学命题
		能理解相关抽象的数学命题，并用语言进行描述
	直观想象与化归能力	能建立几何图形与实物之间的关系，借助图形发现数学规律
		能利用图形与图形、图形与数量的关系，理解数学内容之间的相互联系
		能对复杂的数学问题进行化归，形成直观模型
数学思考	数学猜想与论证能力	能利用归纳、类比的方法发现数量或图形的性质及其关系
		能利用数学特例，对发现的猜想进行简单验证
		能合理分析数学命题的条件与结论关系，选择适切的论证方法进行演绎证明
	数学运算能力	能确定运算的对象，明确运算的方向
		能在运算情境中理解运算法则，感悟其中的算理
		能理解数学运算方法的一般性，掌握运算的通性通法
数学表达	数据分析与预测能力	能识别随机现象，发现并提出概率或统计的相关问题
		能利用概率或统计思维分析随机现象的本质，发现其中的统计规律
		能理解数据所蕴含的信息，并借助数据信息进行合理的推断与预测
	数学建模能力	能对实际问题加以描述，并将其转化为数学问题
		能从数学角度分析问题，在具体情境中建立符合情理的数量或图形关系
		能运用数学符号语言清晰、准确地表达与交流问题解决的过程与结果

四、研究内容

（一）形成新教材课程教学资源

项目组以整个高中数学新教材内容为对象，进行研究与实践。各位成员根据所教教材，选定重点研究的课时教学内容，结合具体的教学任务，研究该内容中着力提升的关键能力、重点突出的核心素养，确定教学目标，形成较为合理的教与学的设计（教学设计、课堂学习任务单、课堂作业以及现代信息技术的合理运用等）以及评价方案，形成新教材的课程教学资源包，体现核心素养取向的教学与评价的一致。

（二）总结提升数学关键能力策略

项目组各位成员通过课堂教学实践（常规课、研究课、选修课）以及课题组成员讨论探索，总结提升学生数学关键能力的方法策略，形成结论性成果，为今后师生课堂探究模式、教师教学设计参考以及学生学习方式提供研究方向。

（三）提升学生数学关键能力

在教师精心设计的课堂中，学生获取数学知识的同时，增加对数学学习的兴趣，提高自身未来发展需要的数学关键能力。鼓励与辅导学生参与一些数学实践活动，比如数学建模竞赛等，在应用与实践中获得成长与进步。利用假期邀请北师大的教授专门为学生开设建模辅导课，使学生对建模产生浓厚的兴趣，进而积极主动地在生活中寻求可以研究的问题，用数学思维去思考问题，努力去解决生活中的实践问题，学生的建模能力得到极大提升。建模能力是一个很重要的数学关键能力，也是数学核心素养的重要体现。

（四）提升教师课题研究能力

项目组各位成员全程参与，通过查阅资料与会议研讨，选择真实问题申请立项，通过理论学习、课程设计与讨论改进，进行课程实践，通过课后反思、总结交流，总结梳理成果，把问题当成课题，把教学当作研究，把成长当作成果，主动学习，积极探索，提高教师教学水平的同时，也促进教师课题研究专业水平的提升。

五、研究方法

（一）实施范围

由课题组主要成员牵头，整个高中数学教研组参与课题讨论与研究，在高中所有年级，由课题组主要成员实施课堂教学实践，其他教研组成员参与辅助、指导、评价工作。

（二）研究过程

以每个学期为一个小的研究周期，按照如下流程展开课题研究工作：

1. 理论学习

通过互联网和图书馆等资源对数学关键能力相关文献进行查阅、整理和分析，包括数学关键能力具体内涵介绍，具体课堂实践中提升策略等，了解国内外教育领域的数学关键能力研究状况。各课题组成员认真阅读、分析、研究，同时继续研读《新课标》、新教材，通过分析教学内容结构、课堂教学活动和评价建议等内容，归纳实现数学关键能力培养的要求，为数学核心素养落地学生课堂实现策略的提出和教师教学实践提供依据，形成自己的研读性报告，并在组会上交流、完善，形成一定的统一认识。同时邀请北京师范大学教授以及市基教研中心专家对课题研究进行理论与实践指导。

表 2　专家讲座

时间	主讲人	参与人	讲座题目
2020.12.23	李建华	数学组成员	数学教学与科研论文的撰写
2023.3.14	李建华	数学组成员	剖分、拼补与密铺——从勾股定理到希尔伯特第三问题
2022.1.21	王颖喆	课题组成员	指导建模活动的策略一
2022.3.9	王颖喆	课题组成员	指导建模活动的策略二
2022.10.15	康杰	数学组成员	课题研究：提升教研组科研能力
2022.3.14	康杰	数学组成员	中学数学关键能力培养的策略研究
2022.6.18	王颖喆	课题组成员	数学建模的数据处理
2022.7.2	王颖喆	课题组成员	数学建模的数据处理系列讲座——函数拟合
2022.11.5	王颖喆	课题组成员	数学建模的数据处理系列讲座——回归分析
2022.11.12	王颖喆	课题组成员	数学建模的数据处理系列讲座——数据检验

2. 课程设计

细化单元教学背景下的课时教学计划，明确每一个课时教学任务，选定具体某一课时内容作为主要研究对象，着力提升学生数学关键能力。确定教学目标，设计合理的教学过程，设计课堂学习任务单、课堂作业、课时测试以及阶段测试，合理利用信息技术手段提高课堂时效性。以备课组为单位，以学术周为契机，全组教师共同研讨。以单元为整体，更多关注知识的整体性、素养导向的学习目标的落实，挑战性学习任务的执行以及关键能力的培养，促进学生学会学习。

3. 课堂实践

将课时教学设计具体应用到课堂当中，运用合理的师生、生生互动方式，完成相应课时的课堂学习任务单以及课堂作业，对应时间完成课时以及阶段测试，并对学生的课堂行为进行观察与课后反思记录。关注学生的持续性评价，及时反馈，形成相关事实依据。

表3　研究课

时间	授课教师	课程内容
2021.6.1	韩宇	导数的应用——函数零点问题
2021.10.15	石拥军、吴宏宇、谌玲玲、任春	函数与方程、不等式之间的关系
2021.10.15	韩宇	建模初体验——汽车紧急刹车情况下的停车距离问题
2021.10.15	刘静、张静、王莉华、潘启银	直线与圆中的最值问题
2021.10.15	黄思祺	直线与圆的位置关系
2021.10.15	郑毅斌、张彤、吴奇琰、王鑫、刘建莉	三角函数的劣构问题
2022.4.20	韩宇	对"向量数量积中的动点问题"试题分析
2022.10.19	黄思祺	平面向量数量积高考真题盘点
2022.10.21	韩宇	直线与圆的位置关系
2022.10.21	王鑫	椭圆
2023.3.14	王鑫	等比数列的前n项和公式
2023.3.14	韩宇	等差数列的前n项和公式
2023.4.3	郑毅斌、吴奇琰、潘启银、张静、刘静	西城一模试卷讲评
2023.4.4	黄思祺	西城一模试卷讲评

表4 选修课

学段	授课教师	课程名称
2021 高二下	黄思祺	玩转 GeoGebra
2021 高二上	黄思祺、韩宇	玩转 GeoGebra
2022 高二下	黄思祺、韩宇	玩转 GeoGebra
2022 高二上、下	韩宇	玩转 GeoGebra
2022 高二上、下	石拥军	高中数学知识选讲
2022 高二上、下	吴宏宇	数学培优

4. 评价反馈

根据调查研究需要并参照相关文献进行调查问卷设计，对学生和教师开展课堂教学情况相关调查，总结分析影响培养数学关键能力的因素。在课后开展与学生的交流，了解学生在课堂上的学习效果及对课堂教学环节的意见建议，为改进教学思路提供反馈信息。对学生测试以及问卷调查的数据进行收集、整理与分析，得出相应结论，为指导教学提供数据支撑。

5. 总结反思

结合课堂教学的实际情况、上述数据分析以及作业的反馈情况，调整学习任务的难度，使得教与学的设计更趋合理。同时形成配套课时的教学设计资源包，使得数学关键能力提升，核心素养取向下的教学与评价落到实处。课题组成员针对具体课程教学以及关键能力提升策略进行交流，形成一定的研究性成果。

（三）研究方法

1. 文献研究法

通过互联网和图书馆等资源对相关文献进行查阅、整理和分析，了解国内外教育领域的数学关键能力研究状况，明确学科核心素养、数学关键能力、知识要素以及认知加工方式相关概念，寻找开展研究的理论基础。

2. 课堂实践与观察法

根据设计的教学过程进行课堂实践，并对学生的课堂行为进行观察与课后反思记录，形成相关事实依据。

3. 问卷调查法

根据调查研究需要并参照相关文献进行调查问卷设计，对学生和教师开展课堂教学情况相关调查，总结分析影响培养数学关键能力的因素。

4. 访谈法

在课后开展与学生的交流，了解学生在课堂上的学习效果及对课堂教学环节的意见建议，为改进教学思路提供反馈信息。

5. 内容分析法

通过分析《新课标》中各主题教学内容结构、课堂教学活动和评价建议等内容，归纳实现数学关键能力培养的要求，为数学核心素养落地学生课堂实现策略的提出和教师教学实践提供依据。

6. 数据分析法

对学生测试以及问卷调查的数据进行收集、整理与分析，得出相应结论，为指导教学提供数据支撑。

六、研究成果

（一）合理设定教学目标，着力提升数学关键能力

认真研读《新课标》、新教材以及相关参考资料，综合考虑知识、思想方法以及关键能力等方面，合理设定教学目标。要明确学生通过本课时的学习获取的数学知识，帮助学生明确学习目标。数学内容学习与思想方法相结合，学生借助数学思想方法对数学内容进行迁移，举一反三，才能真正理解数学，最终获得数学关键能力的提升。

（二）有效设计驱动性问题，对于教学目标的实现以及数学关键能力的提升尤为重要

结合具体数学教学内容，以驱动性问题为载体，教师创设情境提出问题，师生互动探究分析问题，总结归纳解决问题，最终教师给出结果评价。设计驱动性问题，按照了解、理解、掌握、应用等思路，设计不同层次的问题，由浅入深，由易到难，引发学生的认知意识，引导学生深入探究，拓展学生认识深度，发展学生数学关键能力。设计驱动性问题，要有迁移性，从旧知识出发，对其进行更深一步探究，完成新旧知识融合，构建知识认知架构。设计驱动性问题，要有探究性，驱使学生进行自主探究以及合作交流，在数学活动中获取经验，最终提升数学关键能力。设计驱动性问题，要有一定的开放性，让更多的学生都能发表自己的看法，在思维碰撞中不断丰富、完善问题的结果。

我们尝试在学术周、青年教师的公开课以及各种大型教学展示中，按照驱

动性问题设计教案，针对性更强，效果更好。

等比数列的前n项和（王鑫）.docx
7.3.2正弦型函数的性质与图象教学设计（刘建莉）.docx
7.3.2正弦型函数的性质与图象（第二课时）（苏汉杰）.docx
等差数列的前n项和(韩宇).docx
3.2 函数与方程、不等式之间的关系（高一）.pdf
《与圆有关的最值问题》教学设计(高二).docx
与三角有关的劣构问题（高三）.docx
直线与圆的位置关系（观摩课黄思祺）.docx
建模初体验（观摩课韩宇）.docx

图 2　公开课教案

（三）采用独立思考、小组交流、代表发言的学生活动方式，让课堂有序且活跃

学生结合对于问题的理解以及知识的掌握，独立思考问题；小组成员间交流想法，在思维碰撞中，对错误进行纠正，对思路进行完善，对问题进行深入研究；合作总结小组成果，表达小组观点。这种学生活动方式，不仅促进学生数学学习主动性的提升，更利于高效解决数学问题，积累数学探究经验，培养学生的逻辑推理能力，最终实现数学关键能力的提升。

（四）充分利用信息技术手段，提升课堂时效性

利用数学软件辅助教学，特别是新教材中广泛使用的 GeoGebra 作图软件，不仅活跃课堂气氛以及激发学生学习兴趣，更重要的是，帮助学生直观动态地认知知识，理解知识，进而助力学生数学关键能力的提升。在学生参与的建模活动中，有效地分析和处理有关数据，得到相关的结论进而解决问题。

（五）关注多元化的教学评价，改进学生学习行为以及教师教学行为，促进数学关键能力的达成

学生评价不仅要关注学生数学知识技能的掌握，还要关注学生的学习态度、方法和习惯，更要关注学生数学关键能力的达成。评价不仅局限于书面测验，还采用课堂观察、口头测验、开放式活动中的表现、课内外作业等多种形式。教师评价要参考学生评价，也可采用调查问卷、访谈等多种形式，对象除了学生，还有其他教师，之后要基于以上数据资料，反思教学过程、总结经验、发现问题、提出改进思路。根据学生的每次大型考试的数据，以备课组为单位认真分析每个数据，针对学生的薄弱点以及知识的遗忘点加以强化，落实逻辑推理、抽象概括等核心素养，培养相关的关键能力。这项研究对于高三年

级尤为重要，效果显著。疫情期间，在基教研中心的指导下，高三年级圆满地完成了高三年级期末区统考的数据分析，形成了分析报告，有针对性地指导高三的二轮复习，获得了基教研中心颁发的优质奖证书。

得分情况--2021-2022学年第二学期高二期末考试(数学)得分率.xls
得分情况--2021-2022学年第二学期高三西城一模考试(数学)得分率.xls
得分情况--2021-2022学年第二学期高一期末考试(数学)得分率.xls
得分情况--2021-2022学年第一学期高二期末考试(数学)得分率.xls
得分情况--2021-2022学年第一学期高三期末考试(数学)得分率.xls
得分情况--2021-2022学年第一学期高一期末考试(数学)得分率.xls
得分情况--2022-2023学年第二学期高三海淀一模考试(数学)得分率.xls
得分情况--2022-2023学年第二学期高三西城一模考试(数学)得分率.xls
得分情况--2022-2023学年第一学期高三期末考试(数学)得分率.xls

图3　高中数学学业情况

图4　教师获奖证书

七、研究效果

通过两年的课题研究，在课题组层面，形成了着力提升数学关键能力的教学设计资源包，为今后的课程教学提供很好的参考资料，并就学生数学关键能力的提升策略方面形成一些研究性论文。在课题组成员层面，一方面对《新课标》、新教材有了更为深刻的认识，特别是数学关键能力，不论从其内涵上，还是从提升策略上，都达成一定的共识。另一方面通过这次课题研究实践，提升自身课题研究能力，努力成长为研究型教师。在学生层面，在教师们精心打磨的学习过程中，获得良好的数学学习体验，积累数学研究经验，帮助其养成良好的学习习惯，促进其数学关键能力和创新意识的发展，以适应未来时代发展的需求。

（一）形成新教材课程教学资源

对于研究过程中呈现的研究课，形成基于具体选定教学内容的教学设计资源包，包括教学设计、课堂学习任务单、课堂作业、现代技术学习任务单（课件、数学软件作品）、课堂实践教学视频等。

对于研究过程中呈现的选修课《玩转 GeoGebra》，选择其中一个学期进行详细介绍与总结：

1. 课程内容

本学期已完成以下课程内容的教学，一是介绍平面几何绘图区、3D 绘图区、运算功能区等多个区域的功能介绍，以及工具栏、指令、脚本等多种操作方法；二是将软件功能与课本内容相结合，数形结合，在数学知识可视化的帮助下，加强对知识的理解与把握，例如通过画分段函数图象，形象破解含参分段函数问题，以及通过 3D 绘图区绘制正方体，破解截面问题等；三是介绍一些课外知识，提升学生数学学习兴趣，例如介绍极坐标，画美丽的极坐标曲线，让学生感受数学之美，以及在 GGB 中插入音乐，感受软件功能之强大。

2. 学生所获

经过半个学期的课程学习，在操作讲解与实践演练相结合的教学模式下，学生对 GGB 的基本操作功能比较熟悉，对于陌生的功能区也具备一定的探索实践能力，在课上可完成与课本内容相关的操作探索，化抽象为具体，对知识的理解更深刻，并将对软件的应用以及知识的探索延续到课下，这款软件可谓是学生日常数学学习的最强辅助。

3. 教师所感

当学生在课上完成对课内知识的深入探索，或者生成特别漂亮的作品时，作为教师，都会感到非常有成就感，这也督促着我们不断去学习相关理论知识，不断在课下加强讨论探究，不断在各种网站上查找网络资源，不断翻阅各种书籍查阅相关资料……我们在丰富自我学识、提升能力的同时，学生也获得真正的成长。所以我们要时刻学习，保持探索，为成长为一名"研究型教师"而努力。

对于研究过程中呈现的选修课《高中数学知识选讲》，总结如下：

高中学生的创新能力从何而来？由于自身所学知识的限制，高中学生不太可能一开始就从国内、国际的前沿课题搞研究，也就是说，让高中学生站在"巨人的肩膀上"比较困难。因此，我们考虑从学生课堂所学习的知识出发，探寻一些有"生长性"的知识点的来龙去脉，搞清楚所学习内容的知识背景和发展前景，让学生和"巨人"一起经历知识的探索过程，重走"巨人"们走过的道路，说不定，用现代知识武装头脑的同学们会发现一些"巨人"不曾想到的"蹊径"，而这些"蹊径"可能正是我们所梦寐以求的学生的创新点。经过一个学期的教学活动，开阔学生数学视野的目的初步达成。

（二）加深对数学关键能力的认识，总结提升数学关键能力策略

关于对数学关键能力的认识，详见文献综述和概念界定。关于提升数学关键能力策略，详见研究内容部分。

（三）提升学生数学关键能力

为提升学生数学建模关键能力，鼓励学生参加数学建模能力展示活动，包括知识竞赛以及论文撰写，很多学生在活动中获奖（见表4）。课题组成员整理学生获奖论文，撰写论文评价，并形成论文集《用数学的美感描绘世界》（封面见下图），可作为校本教学资源。

表5　学校建模获奖情况

第二届全国高中数学建模（应用）能力展示活动（初赛）	一等奖	高一张兆浚
	二等奖	高一魏盈欣、周奕、郭奕辰、程鑫涛 高二程思睿、范泽夏
	三等奖	高一王俊洲、李恩泽、陈政旭、吕林泽 高二孟祥宇、刘垠狄、裴恒毅、冯彦雄、丁仁杰、张浩楠、段仕安、赵泽霖、周鸣宇、赵子路、周嘉润、吕佳阳
第二届全国高中数学建模（应用）能力展示活动（论文）	一等奖	高一郭奕辰
	二等奖	高二赵子路
第三届全国高中数学建模（应用）能力展示活动（初赛）	一等奖	高一何承泽、薛安、白子傲、薛家琪、张蓝心、左佳音 高二李云凝
	二等奖	高一高一欢等50人 高二张兆浚
	三等奖	高一刘圣坤等41人 高二甘子逸、熊梓临、张宇彤、朱晓愚

图5　论文集

（四）提升教师课题研究能力

表6　课程研究发言

时间	发言教师	发言主题
2021.6	韩宇	《导数的应用——函数零点问题》课后自述
2021.10	郑毅斌	《中学数学关键能力培养的策略研究》
2021.10	黄思祺	《创造安全的学习环境，让学生乐于交流自己的想法》
2021.11	韩宇	《建模初体验——汽车紧急刹车情况下的停车距离问题》课后自述
2021.11	黄思祺	《直线与圆的位置关系》课后自述
2022.10	韩宇	《直线与圆的位置关系》课后自述
2022.10	王鑫	《椭圆》课后自述
2022.10	韩宇	《直线与圆的位置关系》课后自述
2022.10	苏汉杰	《二面角》课后自述
2022.10	刘静	《2022年高考对高三一轮复习的指导》
2022.10	吴宏宇	《教学的系统性与整体性》
2022.10	刘静	《2022年高考对高三一轮复习的指导》
2022.10	石拥军	《从新旧教材对比研究"三新"教材教学》
2022.10	张静	《向量与高考那十年》

表7　基于具体教学实践撰写的研究性论文

日期	论文作者	论文题目	发表/获奖情况
2021.7	韩宇	《让学生在解题教学中感知数学美——以三角函数为例》	西城区教育学会第24届征文活动三等奖
2021.10	韩宇	《在数学文化中感受数学之美》	北京市第14届"京美杯"论文征集活动三等奖
2021.12	韩宇	《问题驱动下中学数学关键能力培养的策略研究——以"导数的应用——函数零点问题"为例》	北京市教育学会创造教育专业委员会2021年学术论文评审二等奖
2022.1	韩宇	《多面体与棱柱》	为国家级示范区"指向核心素养的深度学习教学改进项目"的西城区子项目中提供教学设计
2022.2	王鑫、吴奇琛、刘建莉、张彤	《北京市第十五中学高三年级2021至2022学年度上学期期末数学测试分析报告》	北京市第十届中学数学教育教学论文评选中获评优质奖
2022.4	王鑫	《如何挑选到自己喜欢的电影——电影评价问题研究》	青少年科技创新成果竞赛二等奖获得者优秀辅导教师

续表

日期	论文作者	论文题目	发表／获奖情况
2022.5	韩宇	《在数学文化中感受数学之美》	北京市基础教育科学研究优秀论文二等奖
2022.7	郑毅斌、韩宇	《基于 GeoGebra 软件的高中数学建模教学研究》	西城区"双新"项目中期教育教学成果奖三等奖
2022.8	郑毅斌、韩宇	《基于关键能力培养的高中数学建模课堂教学策略研究》	《新课程教学》第 144 期高中数学建模教学研究专题
2022.8	吴奇琰	《中学数学建模论文研读课教学模式的思考》	《新课程教学》第 144 期高中数学建模教学研究专题
2022.8	郑毅斌	《基于 PBL 教学模式下的数学关键能力——建模能力培养的策略研究》	《新课程教学》第 144 期高中数学建模教学研究专题
2022.8	吴宏宇	《高中做数学建模论文的感悟与收获》	《新课程教学》第 144 期高中数学建模教学研究专题
2022.9	郑毅斌、韩宇	《基于关键能力培养的高中数学建模课堂教学策略研究》	《北京教育》增刊课程与教学板块
2021.7	黄思祺	《基于 PBL 教学法的高中生创新思维培养的策略研究——让思维发声》	北京市西城教育学会一等奖
2021.12	黄思祺	《促使课堂主体转变的策略研究——让学习真实发生》	北京市教育学会创造教育专业委员会三等奖
2022.5	黄思祺	《学习共同体理念下数学课堂教学模式的转变》	北京教育科学研究院基础教育科学研究所二等奖
2022.7	黄思祺	《数学学科视域下高中生关键能力之合作能力的培养策略研究》	北京市西城区教育委员会二等奖
2022.10	黄思祺	《高中数学课堂学习共同体的构建策略——以〈数列的应用〉为例》	发表于《北京教育专刊》

参考文献

[1] 中华人民共和国教育部. 普通高中数学课程标准（2017 年版 2020 年修订）[S]. 人民教育出版社，2020.5.

[2] 鲍建生. 关于数学能力的几点思考 [J]. 人民教育，2014（5）：48.

[3]WINTER H. Mathematikunterricht and Allgemeinbildung[J]. Mitteilung der Gesellschaft fuer Didaktik der Mathematik.1995（61）：37.

[4] 徐斌艳. 旨在诊断与改进教学的数学学科能力测评分析——来自德国的实践 [J]. 全球教育展望，2011，40（12）：78.

[5]Common Core State Standards Initiative. Common Core StateStandards for Mahtematics[EB/OL].（2013-01-01）[2019-08-01]. http://www.corestandards.org/assets/

CCSSI_Math%20Standards.

[6]朱立明. 高中生数学关键能力研究的追溯与前瞻 [J]. 天津师范大学学报（基础教育版），2019，20（3）：32.

[7]MOGENS N. Mathematical Competencies and the Learning of Mathematics：The Danish KOM Project[EB/OL]. （2013-01-01）[2019-08-01].

[8]喻平. 数学教学心理学 [M]. 北京：北京师范大学出版社，2010：296-303.

[9]曹一鸣，刘坚. 促进学生数学核心素养与关键能力发展的教学研究 [J]. 中小学课堂教学研究，2017（4）：3.

[10]朱立明. 高中生数学关键能力：价值、特质与操作性定义 [J]. 天津师范大学学报（基础教育版），2021（4）：22.

执笔人：郑毅斌、韩宇

"基于真实情境的问题导向的教与学的研究" 项目研究报告

陈丽琴　　张永华

一、研究背景

在教学改革背景下，课堂教学如何实施是一线教师必然要思考与解决的问题。党的十八大提出，"把立德树人作为教育的根本任务"，教育部2014年发布《关于全面深化课程改革落实立德树人根本任务的意见》，提出"研究制订学生发展核心素养体系"。教育部考试中心2020年提出"一核、四层、四翼"的高考评价体系，一核是"立德树人、服务选拔、导向教学"；四层是"必备知识、关键能力、学科素养、核心价值"；四翼是"基础性、综合性、应用性、创新性"。"一核、四层、四翼"的高考评价体系导向是为什么考、考什么、怎么考的问题。

在国家教育改革的大框架下，各学科出台了学科素养。地理学科提出了人地协调观、综合思维、区域认知、地理实践力四个学科核心素养，全面贯彻党的教育方针、落实立德树人根本任务，是学科育人价值的集中体现。随着学科核心素养的提出，课程标准、课程内容、课程目标做出重大变革，新课程以立德树人为根本任务，以满足学生的多元发展为依据，构建了以地理学科核心素养为主导的地理课程体系。高中地理新课标必修课程的最大特点是：突出以图像、文字等资料构建情境，体现学习过程的能力和素养提升。基于现有教学大环境，课堂教学形式的"变"势在必行，本研究提出基于真实情境的问题导向的教学方式，以期全面提升学生素养。

为什么是基于"真实情境"的"问题导向"的"教与学"？在新课程改革的过渡期，中学教学存在诸多问题，随着市区等各级部门对一线教师进行各种培训，教师对新的教育教学理念、新课程新教材在认知上有很大提升，但在教育教学行为上因为教育惯性短期内很难做出真正意义上的改变。因此，在"双新"改革的起始期，存在教学理念先进与教学行为滞后的冲突。怎样才能解决这个冲突？通过实践探索，发现基于真实情境的问题式教学，可有效缓解这种冲突。真实情境需要去条件、去模式化，需要依据中学阶段的素养目标、理念目标、教学内容、学生认知起点等选取真实复杂又贴近生产生活实际、社会现实和学生能理解的情境。通过设计问题，结合图像、视频等材料，构建能使学生身临其境的完整情境，给学生思考、探究的空间，全方位提升学生观察、思考、表达与行动等能力，让学生在一个贯穿全过程的情境中经历思维的发展。因此，开展基于真实情境的问题式教学的研究具有重要意义和价值。

二、文献综述

（一）引入

《普通高中地理课程标准（2017年版2020年修订）》（以下简称《新课标》）提出，创新培育地理学科核心素养的学习方式，即科学设计地理教学过程，引导学生通过自主、合作、探究等学习方式，在自然、社会、生活等情境中开展丰富多样的地理实践活动。对于教师而言，单纯地强调知识与技能目标已不能满足基于地理核心素养的教学要求，只有确认了课程的过程属性和实践属性，才能真正把握课程的全部内涵。对于学生而言，只有切身经历了地理学习的过程，才有利于自身核心素养的发展。教与学的过程，就是教师帮助、引导学生完成学习过程。那么学生应该经历怎样的学习过程？根据具身认知理论的观点，知识来自认知主体与它所处的环境之间发生的有机性、创造性、生成性的交互作用。由此可见，地理课程应强调课程知识的情境性和生成性，处理好知识与情境、知识与行动的关系。"真实情境"和"问题引导"就成为实现学习过程的重要方式。

（二）情境教学研究现状

在我国，情境教学最早由特级教师李吉林老师提出，指在教育教学中，教师为协助学生学习，引入现实生活情景，或有意创设生动逼真的活动场景，指导学生亲自实践体验，帮助学生理解并获得知识，使得学生得到全面发展的教学方式。石先云将情境教学思想运用在了高中地理教学之中，建立了一般模式：创设情境—学生发现、形成问题—自主探究、合作学习—设计方案、探索讨论—成果交流、反馈提高，并通过实验说明，学生学习效果的提高和研究兴趣的增加与教学方法的改进关系密切。之后，国内教育研究者及一线地理教师开展了大量的地理情境教学的研究和实践，同时也出现了实际应用时的问题，比如教师容易单纯地以创设单一情境作为教材内容的引入，没有将预设的情境与教学内容完整、有机地结合起来，仅仅起到了引起学生兴趣的作用。只有将情境贯穿全课堂，学生的学习体验才会完整，完成由情感的被动响应到互动交流的转变。而将情境贯穿课堂，还需要借助另一种方式——问题链的设计。

（三）问题导向教学研究现状、问题教学与情境教学的关系

20世纪70年代，加拿大麦克马斯特大学开始在医学教育方面使用Problem-based Learning（以问题为导向的教学，以下简称PBL），随后被迅速应用到其他学科和学段。PBL被认为是一种系统的、独立的认知活动，即通过处理实际问题来获取新知识、掌握新活动的模式，许多先进的教育体系和学校正试图将教学从"以教师为中心"转移成"以学生为中心，学生与学生、教师和学生共同完成"。我国问题式教学的思想起源早，但问题式教学应用研究起步晚于西方，2017年新课程标准的颁布引起了大量学者对于问题导向教学的关注。李春艳认为，地理问题引导式教学是以"发现问题—分析问题—创造性地解决问题"为一般过程，教师在此过程中利用系统的步骤，引导学生思考、探索和解决问题，使学生运用地理思维方式建立与问题相关的知识结构，合理表达自己的观点，最终解决问题的一种教学方法。在"发现问题"这一环节，多数学者都认为问题的发现应该从真实情境切入，并强调了问题情境创设对于问题式教学的重要性，如陈芸先认为创设情境能确保学生是探究问题的主体，朱克西指出在问题教学中创设情境可以有效提升地理综合思维能力等，梁梅青认为地理问题式教学的活动过程本身就是问题牵引、问题展开、问题解决直至情境迁移形成的过程。这说明"情境教学"和"问题引导式教学"虽然侧重点不同，但彼此相互借力，融会贯通，两者的过程阶段有着一致的契合，对学生核心素养的培养目标是一致的。

（四）情境教学与问题教学的结合方式

在教学中如何将"情境"与"问题"有机结合呢？梁梅青认为，创设情境的原则是地理问题的情境化和地理情境的问题化，发现、提出和分析问题的方式是良性结构地理核心问题的情境化及非良性结构地理情境的问题化，解决问题的过程与方法是地理问题解决的互动化；迁移应用目标是促进情境性迁移以实现地理知识能力的活性化。李春艳提出，完成一个基于情境的问题式教学应有5个步骤：教学目标情境化、教学情境问题化、基本问题系列化、问题分析任务化、问题解决迁移化，并且强调将情境转化为问题，需要基于真实情境提出一个劣构问题，然后将劣构问题分解为一组按逻辑展开的、由基本问题构成的问题链。由此可见，问题情境化和情境问题化是基于真实情境的问题导向教学的关键步骤。

（五）提出研究问题

在实施基于真实情境的问题引导式教学中，尽管设计理念、关键步骤已达成共识，但过程中仍存在一些问题，比如在限定时间的课时中，可能无法像传统讲授式课堂一样涵盖更多的知识点；真实情境往往是复杂的，在缺少经验的前提下，学生可能不知道在这个情境下需要重点关注的问题是什么。因此，在将真实情境问题化和问题情境化的过程中，我们不仅仅要从教师的角度着手，更要关注学生"学"的角度，探讨如何设置情境和问题（问题链）、建构思维结构更符合学生认知发展过程，以及"教"与"学"应以怎样的模式更为高效，是本课题重点研究的方向。

三、概念界定

巴罗斯和泰姆莱恩在1980年将问题式学习界定为：在理解和解决问题的过程中所产生的学习。安托尼艾蒂认为，问题式学习是将学习"抛锚"于具体的问题之中的一种情境化的、以学生为中心的教学方法。卡恩和欧罗克把问题式学习描述为"以问题的界定、处理来驱动学生整个学习经历的学习"。萨维利认为，问题式学习是一种以学习者为中心的方式，在这种方式中，学习者"从事研究，整合理论和实践，并把知识和技能运用于开发一个针对特定问题的可行的解决方案"。《新课标》提出，"问题式教学是用'问题'整合相关学习内容的教学方式"。随着实践的不断深入与理论的不断成熟，问题式学习已经发展成为一种把学生置于具体的问题情境中，鼓励学生通过自主与合作学习、对问题进行有组织的、深入的探究而进行学习的教学模式。

情境教学的概念首先由布朗等人在 1989 年一篇名为《情境认知与学习文化》的论文中提出。他们认为，"知识只有在它们产生及应用的情境中才能产生意义。知识绝不能从它本身所处的环境中孤立出来，学习知识的最好方法就是在情境中进行"。张华认为，情境教学是创设含有真实事件或真实问题的情境，学生在探究事件或解决问题的过程中自主地理解知识、建构意义。韦志成认为，情境教学是从教学的需要出发，教师根据教材创设以形象为主体，富有感情色彩的具体场景或氛围，激起和吸引学生主动学习，从而达到最佳教学效果的一种教学方法。李吉林认为，情境教学就是从"情"与"境"、"情"与"辞"、"情"与"理"、"情"与"全面发展"的辩证关系出发，创设典型的场景，激起热烈的情绪，把情感活动和认知活动结合起来所创建的一种教学模式。

四、研究内容

基于真实情境的问题式教学的实践探索的研究目标如下：对学生而言，学习过程以"问题发现"和"问题解决"为主旨，有效地提升学生的核心素养。对教师而言，结合新课标和新教材的内容要求，达成教师对新课程新教材的理解与教学实施策略的一致性，厘清为什么教、教什么、怎样教的问题，调整以往的课堂教学方式，通过基于真实情境下问题链的创设，开展合作、探究等多方式的学习活动，形成利于目标达成的一般流程和教学策略；集成经典课例，全面发展学生，发掘学生的潜质，提升学生的综合素养；达成国家育人目标和学科素养要求；从根本上提升教师的专业素养和教育教学能力。于学校而言，可以有效实现我校的办学理念，达成"有品质、饱满的课堂"，即自主、实践、智性、温暖的课堂。

基于此，关于研究课例的教学设计过程及课堂实施过程是本研究的主要内容。关于教学设计主要考虑以下四个方面：（1）教学目标的指向；（2）教学素材的选择；（3）真实教学情境的创设；（4）问题的选取与设计。真实情境可能很多很复杂，情境的创设如何取舍是个复杂的工程。"真实情境"就是提取与现实生活相关的客观事实，要与学生的经验相联系，从学生生活经验及兴趣出发，并在课堂进行实践，在学习过程中建立真实的学习氛围，强调环境对学生学习的重要性。对学生来说，源于现实生活的真实情境是真实可感的，也易于学生理解并引起共鸣。如何创设真实的教学情境，是本项目需要研究的内容之一。教师基于真实情境使用"问题"整合相关教学内容，学生以"问题发现"和"问题解决"为主旨。在解决问题的教学过程中，教师引导学生运用地理的思维方式，建立与"问题"相关的知识结构，并由表及里、有逻辑地分析与解决问题，提升学生素养。可见，"问题"是问题导向式教学的核心和出发点。因此，对教师而言，如何选择与设计问题是一项十分艰巨的任务，不仅要让学生融入问题解决，同时也要引导学生理解基本概念、原理，获得地理学科思想的精髓，获得重要的技能和素养。如何设计高质量的、合适的问题或问题链以便开展导向式教学，也是本项目需要重点研究的内容之一。

另外，基于真实情境的问题导向式教学，情境是一贯到底的，在问题导向下的，学生以自主、合作、探究学习等多种方式为主的课堂教学中，动态生成问题应该是课堂教学的常态。生成性教学集中表现为生成性问题的发生，其最大的优点在于能够发挥和发展学生的主体性，让学生学得更主动、更积极、更有效，在动态生成中激发创新精神，锤炼实践能力。同时，也有利于挖掘教师的潜能，促进教师的专业化成长。课堂教学中的生成性问题是在师生、生生对话交流与思维碰撞过程中产生的超出教学预设的新情况、新问题、新疑点、新矛盾，具有不可预测性和不确定性。如何应对课堂生成性问题成为本项目需要关注的主要内容之一。

五、研究方法

本研究过程中主要采用了文献分析法、课堂实践研究法、案例分析法等。文献分析法需要通过文献获取相关理论，通过对已有文献的整理和分析，了解其教学的研究现状和未来发展趋势，为本研究主题的设立、开展提供丰富理论和实践支撑。课堂实践研究法，由于研究成员都是一线教师，同组教师需基于真实情境的问题导向式教学课堂，在观察中寻找存在的问题，为调整教学方式和策略提供依据；同时，教学策略构建后，精心设计相关教学案例，观察以验证该策略的可行性、有效性。案例分析法能将教育理论和实践相结合，通过对具体案例的细致分析，使理论阐释更具体、生动、形象。调查法在本研究的使用包括问卷和半结构式访谈，本研究分别在课程实施之后，利用问卷、访谈调查教师和学生对问题导向式教学策略的看法，进一步了解该教学模式的实施效果和学生学习效果的反馈，以便完善该策略。

由于课题面向的实施对象主要是高中师生，因此，问题式教学课例的教学设计尤为重要。采取的策略是以备课组集体备课为切入点，在备课标、备教材、备学生、备导学案、备练习的同时，重点备教学设计，基本内容包括课标分析—学情分析—学习目标确定（包括重难点问题）—教学过程（创设情境、问题设计与实施）—学习评价—总结反思等过程。教学设计中，首先，学习目标需指向通识素养和学科素养，结合课标和教材内容，确定课时或单元目标。其次，寻找教学素材，广泛收集与选取经典的素材相结合，备课组分享素材并充分研讨，选取最契合的素材，切合生活实际又符合学生认知。再次，共同创设具有一定典型性和代表性的教学情境。最后，依据目标设计问题链，问题的设计充分考虑学生认知起点、学习逻辑、突出重点、突破难点、价值及取向。通过实践探究发现，问题的设计需依据课程标准和教材，与学习目标相一致，有效指向核心素养；要有层次，注重地理知识间的关联性；要有深度，具有可探究空间和挑战性；以学生为主，关注预设性问题，重视课堂生成性的问题等。学习评价是检验学生核心素养目标达成效果的重要环节，主要包括过程性评价和终结性评价相结合的方式。其中，进行过程性评价时，构建理论知识、核心素养、成果表达、小组合作等多维度评价指标体系，指向核心素养。终结性评价能利用客观的数据显示学生的学习状况，充分了解学情，进而有针对性地调整教学策略，改进课程设计，提升教学效果。

六、研究成果

本课题实施过程和形成的研究成果如下：

第一阶段：理论学习。通过中国教研网等平台学习，参与学校组织的项目培训，听取相关领域专家讲座，较为系统地了解该领域的理念。通过学习强国、中国知网下载相关文献，深入学习理论知识，提高科研水平。

第二阶段：实践初探。实践研究的首要场域是地理课堂。课题提出后，教研组除加强学习实践探讨，形成共识外，每个成员都会收集真实情境素材，并在教研组或备课组内分享。加强年级的集体备课，认真研读课标、教材，定位好学生认知起点，把握教材知识结构、思维结构、核心素养，以"问题发现"

和"问题解决"为主旨，做好问题式教学的教学设计，进行课堂实践。组内相互听评课，改进和完善"问题式教学"的方式、手段、途径等，提升教师对新课标、新教材的理解，强化学生素养落地。如2021年6月，张永华老师设计的《农业区位因素》课例，通过设计清晰的问题链：河套雪花粉为什么卖这么贵？清朝到民国期间，河套种植业产生了怎样的变化？清朝初期种植业兴起的原因是什么？种植业发展的限制性因素是什么？修建灌渠后，一定稳产保收吗？为什么修建三盛公水利枢纽工程，为了解决什么问题？河套雪花粉能否保持优势？如何保持优势？依据区位条件变化的时间轴，使主题内容环环相扣。2021年4月，张琨佳老师在校级公开课《农业区位因素及其变化——校园中的田野》的设计中以校园农作物种植为主线，以层层递进的问题形式开展，先是铺垫问题：据图描述校园小麦的生长变化？引出主题问题：评价校园"麦田"的种植条件？之后通过推进问题：推测校园中种植小麦的目的？推测图中土地铺设地膜的目的？进一步探究种植小麦和铺设地膜的关系。最后，通过主题问题的探究：与教学楼前的绿化带相比，屋顶的种植条件有哪些优势？除了绿化，屋顶农场还有哪些作用？我校如果实施"屋顶农场"计划，可能遇到哪些困难？引导学生探究影响农业的区位因素及其变化，在此过程中，调整教师的教学方式，增强学生综合思维能力。

实践研究的另一重要途径是借力学校研学，走出课堂，开展野外实践。为更好地做好地理教学，每一次学生外出，地理组老师都借力学校研学，积极主动地为学生设计具有学科特色的地理研学课程。例如，筑真班赴四川研学，设计了8个地理课题，比如，来到成都，在品鉴了四川火锅、本地川菜、特色小吃后，小组合作探究的问题是"成都饮食文化与地理环境的关系"。近年来，地理组教师先后为研学活动设计的课题涉及祖国的大江南北：桂林、腾冲、都江堰、成都、武汉三峡、黄山、义乌、济南、西安、敦煌、北京玉渡山、石林峡等。每次研学，引导学生敏于观察，勤于思考；问道于心，自我挖潜。回到课堂，教师结合教学内容，创设学生有切身体验的教学情境，分析、探讨真实复杂问题，课堂形式生动而精彩，有效提升学生地理素养。无论是地理课堂、野外地理实践还是学校的研学，基于真实情境的问题式教学利于核心素养落地。如地理教研组带领学生在进行周口店野外实践考察基础上，以高一、高二年级为主，以问题链形式进行主题探究，设计地貌系列课程，高一以地貌的识别和描述为主，开展区级公开课《周口店地貌的观察、识别与描述》，高二以探究地貌的成因为主，开展区级公开课《周口店地貌的成因探究》。

此实践探究阶段具体成果如下：

2021年3月，刘丽录制西城区网络课程《乡村和城镇空间结构》，形成2份课例与学案。

2021年4月，张琨佳、刘丽两位青年教师做课，形成2份课例与学案，主题分别为《农业区位因素及其变化——校园中的田野》《上海产业结构的变化》。

2021年6月，张永华进行平谷区百名中青年教师培养工程公开课展示，主题为《农业区位因素》，形成课例与学案1份。

2021年，张琨佳参与北京市教师"基本功与专业能力"教育教学科研成果征文活动，论文《基于真实情境的问题导向教学研究——以农业区位及其变化为例》获得二等奖，形成论文1篇。

2021年，刘丽以问题链形式进行主题为"周口店地貌的观察、识别与描述"的单元教学设计，获得西城区教学设计二等奖，形成教学设计1份。

2022年，陈丽琴和刘丽撰写论文《基于真实情境实施问题导向教学，培育学生地理学科核心素养——以"周口店地貌的识别与描述"为例》，发表在《北京教育》增刊。

第三阶段：优化教学策略。邀请专家来校指导或通过学术周等进行评课交流，不断改进、完善基于真实情境的问题导向的教学策略。通过多次实践，优化"基于真实情境的问题导向的教与学"流程与策略，促进学生思维进阶和深度学习。如刘丽老师在《以地理视角看待生活中的地理现象——"7·20"郑州特大暴雨》的设计中以郑州特大暴雨这一真实情境为依托，通过问题链构建学生活动，探究郑州特大暴雨的原因。首先，铺垫问题的设计——郑州特大暴雨的特点？建立学生对郑州特大暴雨的初印象，并掌握降水特点的描述的一般方法。其次，核心问题的设计，也是难点问题，需构建支架问题链——郑州市多年平均降水量的时间分布特征？分析郑州特大暴雨的形成原因。最后，提出拓展问题，如何应对郑州特大暴雨，首尾呼应。从特点归纳—原理回顾—成因探究—应对措施，由普遍原理到实际应用，问题层层递进，学生思维不断进阶。

在此过程中，调整以往的课堂教学方式，以学生为主体，通过基于真实情境下问题链的创设，开展合作、探究等多种方式的学习活动，达成国家立德树人的根本任务和学科核心素养要求，形成符合目标达成的教学策略。此外，组内老师在此实践探究阶段开展相关研究，成果如下：

2021年10月，全国"双新"交流研讨会，陈丽琴老师做《基于真实情境的问题式教学的实践探索》的主题发言，地理组围绕"双新"课题，形成3份课例与学案，主题分别为《大气受热过程》《锋与天气》《以地理视角看待生活中的地理现象——"7·20"郑州特大暴雨》。

2021年10月，张永华录制北京市基础教育精品课《中国国家发展战略举例》，形成2份课例与学案。

2021年11月，刘雨菲开展校级公开课，主题为《陆地水体及其相互关系——以鄱阳湖为例》。

2022年3月，刘雨菲开展校级公开课《鄂尔多斯生态脆弱治理》、刘丽开展校级公开课《基于综合思维能力提升的试卷讲评》。

2022年11—12月，刘雨菲开展校级公开课《农业区位因素》，刘丽校开展级公开课《粮食安全》，张永华开展校级公开课《用"真"题，讲"好"事——探究区域特、优农产品的发展路径》，张琨佳开展校级公开课《海—气相互作用》。

2023年1月，张永华做"西城区中学优秀生培训计划"专题课程《地理景观特征与整体性》。

2022年，刘丽撰写论文《基于真实情境的问题导向的教学实践探索》，获西城区论文比赛二等奖。

2022年9月，刘丽《以地理视角看待生活中的地理现象——"7·20"郑州特大暴雨》获西城区教学设计评比一等奖。

2022年12月，张永华、刘丽撰写论文《信息技术助力地理教学核心任务突破》，发表于期刊《中小学数字化教学》。

第四阶段：理论实践的总结，汇总成果，并加强推广。每学期青年教师开展的公开课，是围绕课题研究方向展开的，并通过教研组会形式，围绕做课内容进行主题探讨，最后总结形成一定的科研成果，并通过参赛、论文发表、学术讲座等形式推广。地理组教师将自己的实践成果与教研活动相结合。如陈丽琴老师注重与深度学习理论的融合，在"深度学习教学模型"实践研究研讨交流会上，分享深度学习实践研究，以北京周口店的地貌学习为例，通过实践观察—识别与描述—成因分析—人地关系大单元设计的逻辑主线，设计不同课时，层层递进问题链，学生实现思维深入，素养能力的进阶。此外，组内教师在此实践探究阶段也开展相关研究，成果如下：

2021 年 5 月，西城区开展高一、高二年级联合教研活动（区专题讲座），形成 2 份教学分析成果，张永华进行必修二第五章《环境与发展》教材分析与课例研究，陈丽琴进行选择性必修三基于问题式教学的教材分析与思考《环境安全与国家安全》。

2021 年 9 月，陈丽琴和刘丽做围绕课题的西城区专题讲座《郑州特大暴雨形成原因》《台风烟花》。

2021 年 12 月，张永华做西城区专题讲座《选择性必修一第五章　自然环境的整体性与差异性》。

2022 年 3 月，张永华做西城区专题讲座《选择性必修二第三、四章教材分析与教学建议》。

2021 年 4 月，教研组学术周研讨，围绕"双新"课题，对张琨佳、刘丽两位青年教师公开课进行评议。

2021 年 11 月，教研组学术周研讨，围绕"双新"课题，开展主题为对"'10.15'研讨会的反思总结"，针对 10 月 15 日的观摩课和研究课进行反思小结。

2022 年 4 月，陈丽琴和张永华做集团校学术主题发言，主题为《地貌——以北京周口店为例》《基于"真实问题"的深度学习》。

2022 年 5 月，张永华做西城区专题讲座《环境与发展》。

2022 年 12 月，张永华做西城区专题讲座《以农为基，粮安天下》。

2023 年 3 月，张永华做西城区专题讲座《地理图像的表达与分析方法》。

七、研究效果

在"双新"课题的课堂实践中，探索基于真实情境的问题式教学的一般路径为：确定探究主题与目标，创设教学情境，明晰问题设计的思路，形成学习效果评价方案。在全国、市、区推广问题式教学的理念和课堂实践成果，得到很好的反馈。对教师而言，提高对新课标和新教材的理解和深入解读，并应用于课程实践中，调整以往的课堂教学方式，通过基于真实情境下问题链的创设，开展合作、探究等多方式的学习活动，达成教师对新课程、新教材的理解以及与教学实施策略一致性的目标。整体来看，组内教师的专业素养、教育教学能力和教学策略有所调整。其中，骨干教师积极在市区，甚至全国做关于课堂的主题分享和交流，丰富和推广探索的问题式教学路径和模式，同时，更多年轻老师快速成长，积极在市、区承担做课、录课、讲座分享、论文撰写等工作，提高学术专业能力。

对学生而言，通过"双新"课题的落地，形成"有品质、饱满的课堂"，学生的自主性和思考问题的意识提高，学生更积极主动地参与课堂活动，综合思维和逻辑表达能力都有所提升。如在刘丽老师开展的公开课《郑州特大暴雨的形成原因》中，学生能够更多地发挥其主体性作用，教师能够更加积极主动地把课堂交给学生。在较短时间内，学生能将复杂、真实情境下地理现象的原因分析透彻，内化，再传达，已达到高水平的素养评价要求。回归生活中，学生更积极主动地用地理视角去看待身边的事物，更加热爱地理，并将其与生活紧密联系起来。如学生进行社会实践或游学时，会有选择性地拍下图片，作为地理素材，从地理的视角去分享所蕴含的信息，思维较强的学生甚至会抛出递进的问题链。在此过程中，能够拓宽学生地理视野和形成问题意识，充分发掘学生的潜质，增强学生的自主性，进而提升学生的综合素养，达成国家育人目标和学科素养要求。

参考文献

[1] 中华人民共和国教育部. 普通高中地理课程标准 [S]. 北京：人民教育出版社，2018.

[2] 郭元祥，李炎清. 论学生课程履历及其规约 [J]. 课程教材教法. 2016，36（2）：17-23.

[3] 张良. 具身认知理论视域中课程知识观的重建 [J]. 课程教材教法. 2016，36（3）：65-70.

[4] 韦志榕. 与老师们谈谈地理核心素养 [J]. 地理教育，2016（4）：4-6.

[5] 白兴华. 情境体验式教学在高中地理教学中的应用研究 [D]. 西安：陕西师范大学，2014.

[6] 石先云. 高中地理情境教学研究与实践 [D]. 济南：山东师范大学，2005.

[7] 顾珺. 谈地理教学中的情境创设 [J]. 地理教学，2003（12）：12-14.

[8] 施应玲，孟雅儒，胡梦淇. 国外问题导向学习法（PBL）的发展趋势分析 [J]. 教育教学论坛，2015，40：67-69.

[9] 何美. 基于问题式教学的高中生地理综合思维素养培养研究 [J]. 成都：四川师范

大学，2020.

[10]李春艳. 中学地理问题式教学的研究与设计[J]. 中学地理教学参考，2020(11)：4-7.

[11]王义高. "问题教学"简介[J]. 教师博览：文摘版，1995(12)：8.

[12]王霖. 高中地理课堂"问题解决"教学诊断研究[D]. 武汉：华中师范大学，2008.

[13]蔡绿环. 基于问题式教学的地理核心素养培养研究[D]. 武汉：华中师范大学，2008.

[14]陈芸先. 核心素养目标下的高中地理问题式教学[J]. 中学地理教学参考，2018(15)：35-36.

[15]朱克西，周圣烘. 基于问题创设的地理思维综合能力培养——以"气候成因"复习课为例[J]. 中学地理教学参考，2017(05)：38-40.

[16]梁梅青. 问题式教学的情境迁移策略研究[J]. 中学地理教学参考，2020(11)：8-13.

[17]Boud D., Feletti G. The challenge of problem-based learning. Psychology Press, 1997.

[18]Barrows H.S, Tamblyn R M. Problem-based learning: An approach to medical education[M]. New York: SpringerPublishing Company, 1980.

[19]Antonietti A. Problem-based Learning: A Research Perspective on Learning Interactions[J]. The British Journal of Educational Psychology, 2001, 71 (2)：344-345.

[20]Kahn P., O'Rourke K. Guide to Curriculum Design: Enquiry-Based Learning[J]. higher education academy, 2004.

[21]Savery J.R. Overview of Problem-Based Learning: Definitions and Distinctions[M]. 2015.

[22]Brown J.S., Collins A, Duguid P.Situated Cognition and the Culture of Learning. Educational Researcher[J]. 1989, 18(1), 32-42.

[23]张华. 课程与教学论[M]. 上海：上海教育出版社，2000.

[24]韦志成. 语文教学情境论[M]. 桂林：广西教育出版社，1996.

[25]李吉林，田本娜，张定璋. 李吉林小学语文情境教学——情境教育[M]. 济南：山东教育出版社，2002.

[26]杨向东. 如何基于核心素养设计教学案例[N]. 中国教育报，2018(05).

执笔人：陈丽琴、张永华、刘丽

从学科教学到学科育人的实践研究

——以北京十五中高中思想政治课的探索为例

张依依

一、研究背景

（一）从学校教育角度出发

2018 年 9 月 10 日，习近平总书记在全国教育大会上提出，"培养什么人，是教育的首要问题。我国是中国共产党领导的社会主义国家，这就决定了我们的教育必须把培养社会主义建设者和接班人作为根本任务，培养一代又一代拥护中国共产党领导和我国社会主义制度、立志为中国特色社会主义奋斗终身的有用人才。这是教育工作的根本任务，也是教育现代化的方向目标""要努力构建德智体美劳全面培养的教育体系，形成更高水平的人才培养体系。要把立德树人融入思想道德教育、文化知识教育、社会实践教育各环节"。

习近平总书记为我们指明了学校教育的方向和目标，但在实际教学过程中，会出现"教"与"育"分离的情况。对学科教学的认识停留在培养学生的能力和学生对知识的掌握，学科教学目标和考察目标更多地聚焦在知识和能力的培养，忽视育人培养。笔者认为，这并不是学科教师忽略育人的重要性，或者在进行课程设计时有意为之，而是教师在教学实践时，缺少明确的育人目标实现标准和实现路径，由此教师在进行课堂教学时，多将育人目标穿插入课堂环节，而没有站在育人价值的角度进行课堂设计。

（二）从学生成长需求角度出发

高中学生正值世界观、人生观、价值观形成的重要时期，面对互联网时代多样的价值选择和多种价值观，学生需要通过教师的有效引导，明白什么样的人生是有价值的、什么样的人生是值得推崇的、个人价值与国家发展之间的关系是什么、社会生活运行的基本准则等。除学校组织的各类文体活动、社团活动之外，学生在学校获取知识的主要途径是课堂教学，在学科教学中通过各种设计来实践学科育人的目标，能够更加自然和有效地帮助学生实现个人的全面成长。

（三）从高中思想政治学科的学科定位角度出发

根据《普通高中思想政治课程标准（2017 年版 2020 修订）》（以下简称《新课标》）中的相关概括，高中思想政治课程是落实立德树人根本任务的关键课程，以培育社会主义核心价值观为目的，是帮助学生确立正确的政治方向、提高思想政治学科核心素养、增强社会理解和参与能力的综合性、活动型学科课程。从高中思想政治学科的自身特点来说，学科教学的最终目的就是实现育人的目标。因此如何打通其中的实现路径、充分利用好学科教学资源，如何在实践中更好地落实育人目标，是从具体操作层面上解决高中思想政治课从学科教学到学科育人的转化问题。

二、文献综述

根据唐西胜在《我国学科育人研究：回顾与反思》一文中所总结的，我国学者对学科育人的研究始于 21 世纪初，在 2014 年教育部印发的《关于全面深化课程改革落实立德树人根本任务的意见》中明确提及学科育人这一概念后，学科育人的研究逐渐成为热点[①]。在 2018 年全国教育大会上进一步明确了立德树人的教育目标之后，学科育人的研究更加多样与丰富，各个学科、各个学段都有所涉及。

本课题主要探讨如何在高中思想政治课中实现从学科教学到学科育人的转变，通过日常教学，实现学科育人目标。因此在文献整理时，主要聚焦于众多学者和一线教师，尤其是高中思想政治课教师对于学科育人的相关研究。根据中国知网自 2018 年至 2023 年 4 月，以"学科育人"为主题词的 2300 余条检索结果来看，其中涉及中学课程育人相关信息的有 1300 余条，而明确指向高中思想政治课程的育人研究的仅有 50 余篇，其中配合以具体课例研究的更在少数。

---

① 唐西胜. 我国学科育人研究：回顾与反思 [J]. 教师教育论坛，2020（33）：03，53-55.

例如：李勇斌的《讲好"中国故事"彰显思政学科育人价值——"财产所有权和财产继承权"教学谈》、孙杰的《能动课堂：学科育人的一种创新路向——以高中思政课议题教学为例》、张文秀、张翰的《"从原始社会到奴隶社会"教学设计》、陈宁的《回归学科本质 担当育人责任——以〈政治生活〉课堂教学为例》。多数学者还是从更加宏观的角度来分析学科育人的意义、可行性路径和评价，例如刘媛的《理解统编高中思想政治教材，实现学科育人》、王万青的《立足学科建设，探索思政课程育人路径》、胡波的《优化政治课堂教学 提升学生法治意识》、周霞的《指向学科育人的高中思想政治学科作业设计研究》等。

三、概念界定

从学科教学到学科育人，并不是一个颠覆式的变化，而是对于在学科教学过程中实现的学生成长内容的丰富。单纯的学科教学更加侧重于知识的培养和能力的提高，而学科育人指的是某学科的课程内容除了使学生学习某些学科知识和技能外，还要促进学生在心智能力、情感态度等方面的发展。[1] 两者之间的关系并不是非此即彼的，而应该是有机结合的。学科育人需要通过学科教学来实现，而学科教学需要以学科育人为目的。每个学科都有符合学科内容的育人目标，所有学科一起构成了学校的课程育人体系。

高中思想政治学科作为落实立德树人根本任务的关键课程，以培育社会主义核心价值观为目的，通过课程帮助学生确立正确的政治方向、提高思想政治学科核心素养、增强社会理解和参与能力。

在具体实践过程中，高中思想政治学科育人目标主要通过课程标准的实现而完成。课程标准是国家对基础教育课程的基本规范和质量要求，是每一位教师在设计教学目标、教学环节等内容时首先应该考虑的因素，同时也是学生们预期的学习结果。

四、研究内容

学科育人本体理论的构建和完善已经得到了很多学者的研究，但作为学科

---

[1] 郭元祥. 论学科育人的逻辑起点、内在条件与实践诉求 [J]. 教育研究，2020（4）：4-15.

育人这一理论的具体实践者、学科育人价值开发与转换的具体执行者，教师的具体实践和研究在目前来说还较少[1]，尤其是一个学校不同年级的、包括统编教材各部分的整体性实践研究还很缺乏。因此本次研究拟通过本校教师的教学实践活动，基于对高中思想政治课必修和选择性必修模块典型课例的研究，尝试对高中思想政治课教师教学过程中的育人目标的制定、育人目标的实现标准和实现路径进行研究。

（一）如何确立具体课程中的育人目标

新统编教材共有 7 册，其中必修教材为《中国特色社会主义》《经济与社会》《政治与法治》《哲学与文化》4 册，选择性必修教材为《当代国际政治与经济》《法律与生活》《逻辑与思维》3 册。新统编教材对之前教材内容进行了整合，更加具有时代性、系统性和科学性。因此想要实现教学实践中的学科育人，要基于学科教学内容来进行分析和研究。

首先必须确认高中思想政治学科的育人主线。习近平总书记在学校思想政治理论课教师座谈会上强调："用新时代中国特色社会主义思想铸魂育人，贯彻党的教育方针落实立德树人根本任务。"开好思政课是时代赋予教育工作者的光荣责任，这就要求用习近平新时代中国特色社会主义思想铸魂育人，引导学生增强中国特色社会主义道路自信、理论自信、制度自信、文化自信，厚植爱国主义情怀，把爱国情、强国志、报国行自觉融入坚持和发展中国特色社会主义事业、建设社会主义现代化强国、实现中华民族伟大复兴的奋斗中。高中思想政治课要系统讲授习近平新时代中国特色社会主义思想的核心要义和精神实质，让学生理解为何坚持和发展中国特色社会主义、如何坚持和发展中国特色社会主义，深刻认识中国共产党为什么能、马克思主义为什么行、中国特色社会主义为什么好。[2] 根据《新课标》，高中思想政治学科旨在培养学生的政治认同、科学精神、法治意识和公共参与等核心素养，基于上文提到的学科育人主线，结合统编教材内容，通过不同的现实情境，实现不同的育人目标。

针对不同的课程和模块内容，确定学生在学习学科知识、分析情景和实践过程中，可能获得的情感、态度和价值观，旨在培养学生的独立人格，形成正确的世界观、人生观、价值观，为社会主义事业培养合格的建设者和接班人。

---

① 唐西胜. 我国学科育人研究：回顾与反思 [J]. 教师教育论坛，2020（33）：03，53-55.

② 刘媛. 理解好统编高中思想政治教材，实现学科育人 [J]. 北京教育（普教版），2020（01）.

（二）基于育人目标实现而进行的教学情境选择

学科教学活动不能够脱离真实情境，"就知识讲知识"，而应该让学生从真实情境中有所获得，并能将所学应用于真实情境。因此基于育人目标实现和进行的教学情境的新选择对于实现学科育人是必要的基础。

常见的教学情境一般来源于经典理论和社会生活，例如在学习李嘉图的比较成本学说时，通常使用法国和葡萄牙的毛呢与红酒举例。在讲解成年意定监护制度的时候，教材则选择了通过相关链接讲解现实原因的方式帮助学生理解这项法律制度。这类简化的、公式性的案例可以帮助学生更好地理解原理内涵。这种方式虽然能够使学生理解国际贸易出现的可能和条件，但无法帮助学生理解当前中国在国际贸易中遇到的一系列问题，无法解释当前我国提出的一些对外贸易政策。同样地，学生能够理解成年意定监护制度建立的必要性，但是只通过教材讲解，学生们不能够发现在具体司法实践过程中可能会出现的问题。而只有具体了解司法实践中遇到的困难，学生才能够真正理解成年意定监护制度中最为核心的内容，即行为能力人真实的意思表达。如果学生无法解释和解决真实情境，就无法建立起对于国家政策的自信，不能够实现政治认同的核心素养培养目标。同理也无法构建起完整的法治意识和法治思维。

（三）有利于育人目标实现的学科知识传递方式的选择

根据《新课标》要求，高中思想政治课程的课程性质是综合性、活动性学科课程，同时基于高中生的学习认知规律，确立有利于育人目标实现的学科知识传递方式将会对育人目标的实现起到事半功倍的效果。

例如，高中思想政治课最为重要的育人目标是培养学生对于新时代中国特色社会主义事业的理解与认同。这一部分内容的结构性知识主要在新统编教材的必修一中出现。从知识类型角度来说，这一部分知识都为结论性知识，但这些知识如果只是单纯通过教师提供的事例呈现给学生，那依然是传统的讲授式，学生无法真实体会中国特色社会主义理论、制度是如何完成当前国家建设的成就的。因此对于这一部分的教学内容，相比起讲授式，通过布置核心议题，让学生自行查找资料，通过议题对话，自发形成结论，更有利于学生政治认同感的培养。同时，资料查找、问题讨论的过程也可以锻炼学生的相关能力素养，培养自主学习能力，实现更为综合、丰富的育人目标。

（四）基于育人目标实现效果的有效评价方式的探索

无论是学生的学习效果还是教师的教学效果，最终都需要进行评价，学科的育人功能也不例外。考试评价是更为适应知识学习效果的评价方式，随着招考制度的变化以及"双新"工程的不断推进，当前的考试已经不仅仅考查学生对于知识的理解、复现和应用，更多的还有能力及情感态度价值观的考查。因此考试结果确实可以在一定程度上反映出一部分育人结果。

但不得不承认的是，育人成果在大多数情况之下是不能够通过分数来量化的。同时学科育人的目标是丰富的，并不是所有育人目标都是可以通过卷面考试的方式来进行测评的。更为值得注意的是，育人的成果往往是具有隐藏性和延时性的。在前文中提到，育人目标最终需要通过学生世界观、人生观、价值观的构建和改变来实现，但是这些又必须通过实际生活中的实践才能外显地得到体现，从技术角度来说，更加难以通过量化或可视化的方法来进行检验。因此探索系统性的、科学性的育人目标实现效果评价方式既可以对教师学科育人结果带来反馈，又可以通过评价进一步地促进学生成长。

五、研究方法

（一）文献学习和研究

在新教材和《新课标》实行以来，由于明确了学科核心素养和学科目标，相关论文和研究数量有了一定数量上的增长。在本课题实际研究过程中，文献学习和研究涵盖整个课题研究时期，使研究过程保持相对动态的理论支持。

同时在研究期间，为了帮助课题组教师提高教学水平，帮助教师推进课堂实施，课题组统一和分别购买了大量阅读资料，这都使得整个研究获得了比较好的推进。

（二）针对《新课标》、新统编教材的文本和实践研究

学科育人要根植于学科教学，而学科教学的标准及内容要参照《新课标》和新教材的相关指示。所以学科育人目标的实现必须基于对《新课标》和新教材的研究。在开展课题研究的过程中，虽然本课题研究重点聚焦于学科育人的内容、方法和评价，但其前提是对于新教材、《新课标》内容的明确研究。因此本课题组在研究期间，始终通过集体备课、定期讨论等方式凝聚集体智慧，力图将《新课标》、新教材内容精准落地，便于开展实践探索。

（三）小组成员研究课

本课题组研究重点在于实践研究，因此研究课的开展和分析是本课题的主

要研究方法。本课题组成员分别来自三个不同年级,对于《新课标》、新教材的各个部分都有实践研究的需求和机会。除了上述提到的文本研究之外,本课题更加侧重于对常态课和典型研究课的分析。本课题组在两年时间内分别对四个必修模块、两个选择性必修模块中至少五节典型课例进行有针对性的设计、分析、研讨和总结,同时在小组成员常态课中着重落实学科育人的目标,加强实践性的积累,形成了真实的结论。

六、研究成果

(一)不同课程育人目标实现的情境选择问题

1. 复杂情境与简单情境

通常情况下,为了向学生说明具体知识点的含义,无论是教材背景资料的选取还是课堂教学事例的选取,都会选择一些非常典型的、较为"干净"的简单情境问题。这类问题能够有效地解释原理内容,使学生将抽象原理迅速具象化,有利于学生加深对原理的理解,形成对原理的完整认识。例如在选择性必修二《法律与生活》这个模块中,教材中的介绍探究与分享通常使用较为清晰的案例来帮助学生理解一些法律概念。如教材在讲解合同的订立时,使用了超市结账这一经典情景。通过这一案例学生可以清楚地明晰要约与承诺这一概念,理解承诺一旦发出,立即发生法律效力这一概念。同时教材也会选择相对复杂的案例进行分析。如在侵权责任这一课,教材选取了"驴被狗咬而踢车"这一个复杂情景,课堂呈现时学生讨论的核心其实是法律上的因果关系和事实上的因果之间的区别。这就大大加深了学生的思考力度,同时培养了学生的法治思维。

但是在实际的原理应用环节中,更多地会遇到"情境不良"问题。例如一些主观题的背景材料,需要学生能够敏锐地判断大本文中某些具体情境是否与所学原理之间存在联系。

现实生活中的问题往往是充满了矛盾甚至是"道德两难"的。政治课学习成果的衡量不应该仅仅是对于知识的掌握,更应该以学生是否可以用所学知识解释、解决现实问题为标准。因此在课堂上讨论一些现实生活中存在的复杂问题,更有利于激发学生用所学知识解决现实问题的兴趣,同时也能够在现实生活中更好地体现出学科育人的价值。

例如在必修四关于文化内容的学习中，笔者设计了关于汉服复兴运动和关于点翠工艺的课堂讨论。这两个问题本身已经属于与现实紧密相连的复杂情境，同时两个问题在思维力度和现实冲突上又有不同的层次。汉服复兴运动对于传统文化的继承有着十分明显的积极作用，可以帮助学生更好地了解传统文化继承的相关知识点。而传统点翠工艺因为与现代社会动物保护主义理念相违背，所以实际上出现了在保护传统和保护动物之间的冲突，这就涉及价值判断和价值选择的问题。课上学生的表现也印证了这个问题的设置是有意义的。学生围绕点翠工艺是否道德、用现代工艺替代传统工艺是否是对传统文化的继承这些问题展开了很激烈的讨论。通过教师的引导和学生彼此之间的讨论，能够更好地培养学生对于中华优秀传统文化的保护，在了解到传统文化保护与经济社会发展之间的矛盾之后，更有利于学生形成正确的发展观。

2. 贴近学生生活的真实情境

贴近学生生活的真实情境不仅更能够帮助学生减轻情境理解的思维负担，还可以更好地帮助学生理解知识内容。更重要的是，在生活中理解，能够让学生产生强烈的共情心理，自然激发学生对于自我主观思想的认知和改变。高中思想政治必修三《政治与法治》第三单元第八课《法治政府》的内容从知识方面距离学生生活较远，内容较为抽象。因此笔者在本课的设计过程中特别选用了学生熟悉的德育活动——三好学生评选，希望通过这种方式使学生更好地理解法治政府的内涵，增强自身的法治意识，学会在生活中依法行使权利、履行义务，做社会主义法治的忠实崇尚者、自觉遵守者和坚定捍卫者。

（二）不同课程内容的课型选择问题

1. 议题式讨论

李晓东教授在《议题式教学设计与实施中的几个关键问题》一文中指出，"议题是以活动形式呈现的，承载学科内容的问题。所以，议题有别于话题、主题和问题，但与它们也有着密切的联系。话题是引入和表现议题式教学的'时事'内容，主题是由议题式教学承载的'学科'内容，而问题则是议题式教学的主要呈现形式"[①]。议题式教学是要让学生在合作学习和探究学习的过程中，培养创新精神，提高实践能力，让学生在真实的复杂的情境中解决问题的

---

① 李晓东. 议题教学设计与实施中的几个关键问题 [J]. 教学月刊. 中学版（政治教学），2019（01）.

能力得到提高，同时通过一些"两难性"问题的讨论，帮助学生在交换彼此观点的过程中，树立正确的价值观，实现学科育人目的。例如，在设计统编版教材必修二《经济与社会》第一课一框题《公有制为主体多种所有制经济共同发展》这一节课时，根据上述教学目标确立总议题：公有制为主体、多种所有制经济共同发展的制度优势是什么？这样的议题既包含学科课程的具体内容，又展示价值判断的基本观点；既具有开放性、引领性，又体现教学重点、针对学习难点。议题的确定要关注"学生应到哪里去"的问题，充分体现思想政治课程的育人价值和需要。

在实现学科育人的过程当中，议题式讨论的课堂设计是非常重要的一种方法。首先，教师在议题设置的初始就设立了基本的价值导向。如在设计《坚持国有经济主导作用》这一课中时，教师通过设置"电力企业为什么一定要为国有"这一问题，引导学生思考国有企业的作用，学生通过借助教师提供和学生自我收集的材料进行讨论，不断深入发现国有企业的作用，更加深刻地感受到我国基本经济制度的优势。其次，在学生对于议题的讨论过程中，教师也可以随时发现学生认识上的偏差，并给予及时有效的反馈。最后，议题式讨论最终的结果往往通过学生不断地打破相互认知冲突的过程实现。这就使得学生的价值形成更加自动自发，避免生硬传递。

2. 社会实践与思想政治课教学的结合

在学校德育一体化和思政课一体化的背景之下，思政课教师可以充分利用学校德育活动开展丰富多彩的、走出课堂的教学活动，在实践中构建价值导向，引导学生树立正确的价值观，实现学科育人目标。

在课题研究阶段，因为受到疫情影响，学校多年未组织出京研学活动。在以往的活动设计中，依托于学校研学课题设置，政治学科通常会从制度优势、产业分析、行业调查、基层制度等多角度进行课题设计，帮助学生在"行走的课堂中"实现书本知识与生活情境的贯通，在生活中形成正确认识。在有限的条件下，本课题依然借力学校秋季社会实践机会，实现育人目标。例如在2021年秋季社会实践中，高一年级参观京郊马栏村。学生通过参观这一红色村落，开展"追忆红色记忆"活动，结合必修一《中国特色社会主义》这一模块相关内容，让学生接受革命传统教育、重温革命艰难历程，重塑信念与担当，传承红色基因。

13、经济危机对义乌市场会产生什么样的影响？

14、谈国际贸易现状及新趋势？

15、义乌市场的核心竞争力是什么？

16、义乌市场走什么样的经济发展道路？

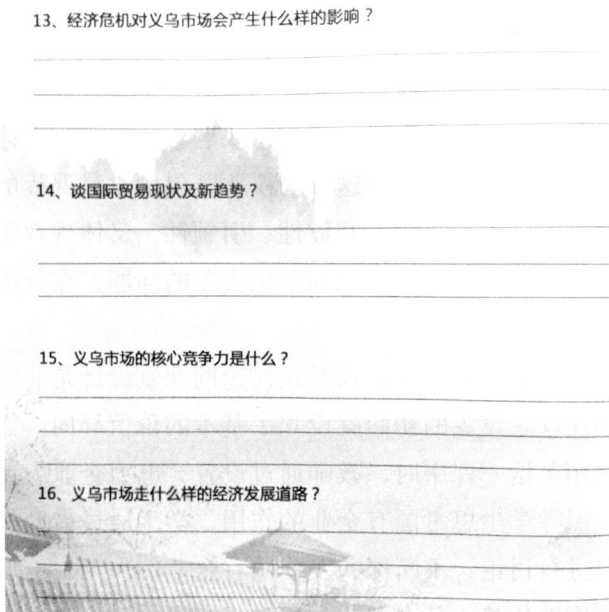

研学活动中的政治学科课题设置

又例如，政治组常年担任学校辩论赛指导和评委工作。借助学校设置的辩题，在日常教学中引发学生讨论，并在评价过程中注意价值引导，让学生在参加活动的同时不仅收获能力的提高、认知的扩展，更树立了正确的价值观。

（三）育人目标实现效果的有效评价方式

1.设计作业评价

考试和作业是最为常用的评价方式，也是能够快速检验学生学习成果的评价方式。但相较于知识和能力目标，育人目标很难通过可见的量化方式来呈现，这与思维和价值观的内隐性有根本的关系。结合育人目标的特点，本课题组尝试通过布置述评的方式，使学生的思想可视化，达到检测和评价的目的。

课题组会在假期当中结合学生正在学习的模块内容，进行相应题目的设置。例如，高一年级寒假作业：分析假期中的经济领域新闻，结合所学知识，分析在这个问题当中，有为政府是如何发挥作用的。高一年级暑假作业：了解冬奥会准备工作，结合某一具体方面内容，谈一谈如何体现党的全面领导。高二年级寒假作业：找到一则你感兴趣的新闻报道，通过查找相关资料，说明该国际组织的作用及中国在相关问题上的立场；观看一期法治类节目，从你的认识出发，分析这件事的原因，并自查民法，体会法律的作用和法治精神。

教师通常需要花费大量的时间来阅读学生的作业，但是在这个过程中不仅可以看到学生对于学科知识的应用，更重要的是思维和价值的可视化。同时在之后还可以组织作业分享和展示活动，不仅可以实现对于个体学生的培养，还可以实现对于班级学生的引导作用。

2. 其他评价方式

在整个研究过程中，本课题组成员尝试用多种方式来进行育人目标的评价，但遗憾的是受制于育人结果的内隐性这一特点，最终的结果并不理想。例如，课题组曾在高考结束之后对学生进行问卷调查，尝试询问学生学习政治学科的收获和体会，获得的答案大多指向思维能力的提高和逻辑的培养，少有学生提到价值观的引导作用。抑或在实践中课题组老师发现，对于不同学生，初始价值观样态具有极大的差异性，这就导致了很难用一种方法来观测或检测学生价值观念的变化程度以及难以进行对比。

七、研究效果

通过两年的学习研究，参与的老师深刻地意识到，作为学生意识形态教育主阵地的高中思想政治课对于学生价值引导的重要作用，能够在每一模块、每一单元、每一节课中有意识地进行学科育人的设计。在研究期间，课题组成员的集体研讨内容从围绕学科目标、学科教学方法开始更多地转变为学科育人目标的实现。这种研究模式是以课题组教师公开课为点，逐渐辐射到单元设计，进而扩展到整个教学过程中。同时以课题组为基本盘，通过备课组、教研组的集体备课研讨，辐射到整个高中政治组。

通过课题组每位教师具体的教育行动研究，逐步形成了对于学科育人方式的探索意识。同时学生能够在真实的学习过程中自然地促进价值观的完善。通过教师的教学设计和有效的提问，课堂不再是简单的知识传授，而是一个多重思想碰撞，多种价值澄清，正确价值观不断树立的场域。在这个过程中教师的角色从讲述者成为引导者，课堂的样貌也在不断地发生着改变。

执笔人：张依依、孙丽华、何淼、王颖

"单元教学视域下的高中政治作业设计实践研究"项目研究报告

张希涛

一、研究背景

（一）单元教学发展态势的要求

《普通高中思想政治课程标准（2017 年版 2020 年修订）》（以下简称《新课标》）明确，高中思想政治课程是落实立德树人根本任务的关键课程，以培育社会主义核心价值观为目的，是帮助学生确立正确的政治方向、提高思想政治学科核心素养、增强社会理解和参与能力的综合性、活动型学科课程。

新课标，新教材，新理念，新要求，新探索。高中思想政治课教学要有宏观视野、单元规划理念、学习者中心意识，包括教师的课程意识，要注重从知识逻辑、事件逻辑，以及学生成长逻辑整体设计学习活动。

在新课改实施的过程中，单元教学被普遍认为是提升课堂效能、培育学生学科核心素养和能力的有效途径，其具有"发掘教材资源的育人价值""优化学科教学环节的组合""激发学生的课程学习兴趣""提高学生的自主学习能力""符合学生多样化成长需求"等优势，因而，有不少教师满怀热情地开始了与此相关的持续研究与实践，不乏出现了一些卓有成效的课堂展示及科研成果，令人鼓舞与振奋。单元教学与深度学习相关联，其研究逐步走向更加细致、更高层次的要求。

单元教学的价值和目的不应仅仅表现在课堂教学这一环节上，新教改中之所以要采取单元教学的模式，是因为这是一个系统工程，是单元教学视域下的各个环节相互配合、有机结合的实现最优目标的教学过程，这其中必然包括单元教学视域下的作业设计。在单元教学的思维统领下，设计怎样的作业？如何设计作业？这也是非常重要的一部分，关系到对单元教学的进一步定位和是否继续推进和延伸尝试的问题。而在现实工作中，老师们在尝试单元教学时，其实对作业设计的专项研究还是不够的，或者是忽视的，因而，更有必要引起我们的注意和重视，其实这将带动的是对单元教学这一理念的重新思考与理解，是对新课改更深层次的探知。

（二）作业设计在单元教学中重要性的要求

作业可以视作承载课堂学习的任务，它存在于学习的全进程。在单元教学视域下需要构建与课堂学习相匹配的作业系统。

在单元教学视域下统筹作业设计有助于增强同一单元不同课时作业之间的结构性和递进性；在一个单元下对各个课时的作业目标、作业内容、作业类型、作业时间、作业难度等可以进行整体设计与统筹分配，更好地实现课时作业之间的统整性、关联性与递进性；有助于从单元整体的视角，将单元整体培养目标、教学、评价、作业、资源等进行系统思考。

（三）真正落实为学生学习"减负"和有效提升学习品质的需要

作业问题一直是学生学习"减负"的焦点。学生在学习过程中不是不需要作业，而是过量的"无效作业"成了家长和学生的负担，影响学生的身心发展，而在学习品质上起到了适得其反的作用。作业设计质量的高低直接影响学生学业负担、学习兴趣、学业成绩。单元教学视域下的作业优化设计，遵循学生认知规律和成长需要，突出作业的有效性、层次性和系统性，贴切服务于整个学习过程的实际需要，减少了无谓的作业布置，势必带来"减负"的功效和学习品质的提升。当然，这也是教育的本质使然，符合国家的教育方针和要求，响应和满足学生及家长的殷切期盼。

二、文献综述

（1）《上海教育》杂志 2019 年 5 月 A 刊，王月芬：课时，一般以某个点状的具体内容作为学习重点，具有一定的片段性、零散性、割裂性。相较于某个单独课时而言，单元具有一定的系统性、关联性、综合性、递进性、相对独立性。显然，单元视角和核心素养所追求的项目式学习、主题式学习等是完全一致的。相对而言，以单元为基本单位，可以从中观角度，避免教师宏观把握学科课程整体要求的困难，又可以避免从微观角度仅仅把握某个课时的割裂问题。

一般而言，作业设计主要考虑作业的目标性、结构性、针对性、科学性、多样性、合理性、纵向层次性等。

高质量的单元作业设计的基本要求：凸显全面育人，目标一致，设计科学，类型多样，难度适宜，时间合适，结构合理等。

（2）王鉴、张文熙，《大单元教学：内涵、特点与实施策略》：大单元教学不是对传统单元教学的颠覆，而是批判性地继承了传统单元教学的课程知识取向及以单元组织教学的理念，通过对传统教学的目标重构、内容重构、程序重构最终实现价值重构，因此具有学习者经验统整性、课程内容结构化、学习程序逆向性、学习成果生活化等特点。

（3）王志安，《核心素养视域下高中思想政治课单元教学设计的方法与路径》：单元教学设计强调从学生"学"的角度考虑课程内容的组合，这是高中思想政治课堂教学的发展趋势。教师在进行单元教学设计时要依据课标要求与教材内容，灵活采用不同的设计类型，通过明确单元学习目标、创设连贯的单元学习情境、设置结构化的单元学习任务、设计系统的单元学习活动、建立丰富的单元学习资料库、实施科学的单元学习评价等，引导学生将零散的知识系统化、结构化，进而实现培育学科核心素养的目标。

（4）高瑛、黄雅娟，《思想政治学科单元教学现状调查与分析》：开展单元教学设计的研究，就是把单元视为一个系统，分析整体的结构和功能，研究系统、要素之间的相互关系和规律，以实现"整体大于部分之和"，其背后的世界观是从整体上把握事物之间的联系。

（5）《中学思想品德和思想政治单元教学设计指南》中解释，单元教学是一种注重从整体上把握事物联系的课程设计与实施方法，注重设计和实施的标准化、整体性和发展性，是对学科课程发展基本问题的系统思考和整体行动方案的设计与实施，是一种思想方法、操作规格和实施过程。单元教学包括设计与实施两个层面，是认识与实践的统一。单元教学包括单元的教材教法分析、教学目标设计、学习活动设计、作业设计、评价设计、资源设计以及单元教学设计最终的价值指向等关键环节要素。

（6）杨芹，《高中思想政治课单元教学设计研究》：高中思想政治课单元教学设计正是在新课改的前提下，以单元为基本单位，整合教材内容，从而设计出符合学生发展的整个教学过程。同时单元教学设计又是以"单元结构"教材为依据，践行课程标准，提升教学效果的有效方式。

（7）单元是一种学习单位，是一个学习事件、一个完整的学习故事（崔允漷，2019），是一个包括目标、内容、过程和评价的学习单元（汤青，2018）。单元整体教学设计是以教材中的单元为基础，以单元主题意义为导向，对教学内容、教学目标、教学活动和教学效果评价的整体化设计（胡润、陈新忠，2020）。单元整体教学过程就是以单元的主题意义建构为核心的语言的"学"和"用"融合的过程（付绘，2021）。单元整体教学设计有利于帮助教师跳出专注于零散知识点的教学，转而引导学生关注单元主题意义，进而把握学科本质和内涵，指导学生做人做事。

（8）崔成林，《基于深度学习的大单元教学设计》：深度学习的单元整体作业设计至少具备三个特征：结构（系统设计）、进阶（思维迁移）、支架（精准支持）。结构就是要根据这个单元的核心知识、单元主题来进行通整，对单元前置作业、单元后置作业、单元课时作业进行统一搭配，减小量，增加质，使作业形式更加灵活，让学生更加乐于完成这样的作业。不仅单元要进行这样结构化的整体安排，课时作业也必须完成结构化的排列，课后作业要与课前备学、课堂学习构成一个完整的思维进阶学习链（联结—生成—迁移）。对学生作业问题研究要解决下列问题：价值问题（有没有用）、动机问题（想不想做）、支持问题（能不能做）、标准问题（做好做不好）。同时也要给学生提供学习支架，在学生最需要帮助的时候提供文字、思维方式、评价标准等多方面的支持。

三、概念界定

单元是依据课程标准，围绕主题、专题、话题、议题和活动等选择学习材料，并进行结构化组织的学习单位。

单元教学立足于课程视角，聚焦学科核心素养，在单元主题的统领下，整合学习内容和学习资源，构建知识结构，设置议题，创设情境，任务驱动，价值引领，思维进阶，展开深度学习。单元教学体现着整体构建、有序衔接、依次递进的思路。

"视域"强调的是，研究某个小问题，但又不能撇开对小问题背后的大问题的分析。视域并不简单等同于视角，视角所牵连的理论与实践并不一定密切相关，只要该理论对实践有所启迪即可，而视域所关联的两端必须紧密相连，因为"感性直观中出场的事物都是出现于由其他许多未出场的事物所构成的视域之中"，也就是说研究所聚焦的那个点是背后很多个问题群凸显或聚焦的结果，或研究阐释某一子理论，要在分析子理论时牵引出总理论。

单元教学是一个系统工程，是单元教学视域下的各个环节相互配合、有机结合的实现最优目标的教学过程。这其中必然包括单元教学视域下的作业设计，如果说课堂是教师在现场组织学生开展的集体学习活动，那么，作业便是教师在隐身状态下引导学生开展的自主学习活动，它是承载学习内容、体现学习方式、实施过程性评价的载体，它存在于学习的全进程。单元教学视域下的高中政治作业设计实践研究，就是在思想政治学科单元教学整体构架的统领下进行作业优化设计的实践研究。

四、研究内容

本课题是以现行的七本统编新教材为依托展开教学实践研究的，在高一、高二、高三各学段皆有涉及，力求每一模块的教学内容都有所尝试，并尽可能多地覆盖相应的单元内容，但是考虑到年级任务要求不同，各模块各单元也各有其自身的特点和具体要求，因而在课题的实际实施过程中，更偏重于必修模块，而每一模块的单元选择更偏重于单元教学代表性明显的部分。从年级角度来看，课题的实施在高一年级下学期、高二年级上学期偏多，高三年级整个复习过程中都配有自编的校本导学案，结合知识专题复习、热点专题复习，进行单元教学视域下高中政治作业设计的探索。

本课题正是力图通过多次的实践研究，寻找到单元教学视域下设计的高中政治作业所应具有的普遍性特征以及需要精细化把控的重要问题，并结合各学段的教学需要，撰写出经过实践检验的、行之有效的、成体系化的、具有可操作性和一定推广价值的范例文本，为整个单元教学的开展提供有力的支撑，更好实现教师与学生之间顺畅和有效交流，给予学生及时的反馈和指导，激发学生的学习兴趣和动力，引导学生更加积极主动地参与到学习中来，进一步助推和引领学生实现深度学习，有序提升学习能力和形成应具备的学科核心素养。

五、研究方法

（一）准备过程

（1）采用问卷调查法，全面调查了解学生的现有学习水平和需求，特别是了解学生对作业布置的需求和以往完成作业时的真实状态，从学习过程的整体和学生主体参与的视角来研究作业设计，在单元教学视域下优化设计作业。

（2）借助西城区研修学院组织开展的各学段的研修活动以及提供的学习资源，观摩部分学校开展的教学展示活动，深化对教材内容的理解和教学理念的参悟。

（3）搜集、整理、提取与课题相关的文献资料，加强对单元教学、作业设计等前沿观点及实践经验的学习与借鉴，有必要在课题实施过程中及时更新与补充。积极、认真参加西城区"双新"国家级示范区项目研究专题培训，聆听专家讲座，不断触及与课题相关的理论、策略及改革的研究与实践，提升课题组成员的理念认知，并开展好项目组内部的交流与总结，集思广益，将所接收到的有益信息转化到本项目组课题的研究中来，提高课题的科学性和可操作性。

（4）赴实践成果显著的地区参观学习，或与相关专家交流研讨，沉淀总结。

（二）实施过程

（1）课题项目组成员根据课题完成的时限，结合前期获得的有关学情、学理等信息资源，依据课程标准及教材编排，进行充分而又严谨的分析和论证，制定出总体的研究设想和构建方向。

首先，确定下来需要进行课题实施的课程单元及单元整体教学思路，包括教学的内容整合、目标的设定、教学过程的逐步推进等初步构思。

其次，根据确定下来的单元教学内容及目标的设定，明确单元作业的整体设计思路，作业的设计要契合单元教学的需要、契合学科核心素养培养。单元作业大致分为三部分：单元预习作业，包括学生在预习了完整的单元内容后所完成的作业，也包括每节课前预习完学习的内容后所完成的作业。这一部分作业主要在于引导学生对单元内容进行了解和熟悉，触及对核心观点的理解，以及就单元内容对自身学习认知做出初步的考量和评估，带着强烈的求知欲为接下来参加的课堂学习做好准备。此部分作业也带有激发学习兴趣、明确学习要求、加强合作探究的学习方式、养成自主学习习惯的特质要求。单元课堂作业，这一部分作业是在单元教学视域下来设计每课时完成的课堂练习，事先要结合学习内容和学生情况做好研判，结合尚须解决的课堂问题设计作业，为此，课堂作业要有的放矢，解决实际问题，因而可考虑根据事先研判的情况多准备一些作业，再根据课堂实际进展加以选择使用。另外，不仅课堂作业的设计上要考虑层次性，还要考虑单元教学视域下其他课时课堂作业的相关性，学生能力提升的渐进性等，也就是说，这一部分的作业设计主要在于现场解决问题，辅助教学推进，拓展延伸思考，因而作业的设置带有挑战性任务的特点，在作业的设计上要能激发出学生解决学习上的问题的思维以及达成创造性思维的培养；单元课后作业，分为每堂课课后练习及整个单元学习后的单元练习，课后练习意在加强巩固、诊断、反思、拓展、应用和提升，精挑细选，不做重复性无效学习，单元练习意在整体视域下检查学生学习的效果，带有综合性、延展性、创造性等特点。思想政治学科的关键能力主要包括辨识与判断、分析与综合、推理与论证、探究与建构、反思与评价，正因如此，课后要根据高考考查的能力要求布置一些适当的作业，作业完成上要求学生要结合试题构建结构、形成思维链条，这是专项学科能力的必然要求。

再次，明确作业设计上的一些统领性的要求：作业设计上重质量而非重数量；有侧重而非全面开花，由需要设置作业而非由作业定需要；作业的形式呈现多样化，但并非要过于追求新颖或者多样，在单元教学视域下为整体学习效果的达成而设计，既注重整体目标的实现，也考虑分布到各部分、各环节的目标的实现；设计的作业要保留一定的可持续使用的可能，也就是说要有一些经典的作业设置，体现学习引导的方向和能力考查的要求，注重阶梯难度的分档，注重不同学科能力的锤炼；采用实践探究的方法，边教学边设计，边实践边总结，边学习边完善，以一个单元为一个小节点，以一个学期为大节点，不断进行总结、研讨，征集学生学习情况的反馈和需求，做出对作业的及时修正和完善。

最后，确定高一、高二、高三三个年级根据教学进度安排同步进行课题实践研究，经过两至三轮的实践磨合，完成教学内容覆盖面较广的，较为系统成型的，富有成效的课题研究。并以起始年级为抓手，持续跟进，至高考结束，整体考量同一部分学生最终的学习效果，进一步验证课题目标的实现。

（2）以某一模块中某一单元为突破口，项目组成员共同设计该单元教学视域下的高中政治作业，并加以反复探讨和论证。当然，体系化地设计出重组的学科单元体系难度是很高的，主要还是以教材的自然章节作为单元，结合学生的认知特点和知识结构化的构建及事实逻辑的演进过程来进行新的调整。本课题的实施先以《政治与法治》中"全面依法治国"为单元主题，进行单元教学视域下作业设计研究。

（3）在实际教学过程中将群策群力、先行设计出的单元教学视域下的高中政治作业加以教学实践，并细致诊断完成的效果、学生的接受程度以及给学生的学习带来的改变，加以反复调整和完善，进一步总结作业设计的科学性、有效性要求。

（4）分年级制订具体的年度研究计划，并以已取得认可并完善的先行先试的单元作业为参照，在高一、高二、高三年级分别以正在学习的教学内容为依托设计单元教学视域下的高中政治作业，并依照教学进度加以实践运用，不断反思、总结实践效果，不断修正和改进。本着重点突破、稳步推进的考量，基本上每学期每年级精心打造一个单元主题的作业设计。

（5）假期是学生放松休息的时间，也是进一步开阔视野、触摸质感的生活、增进自己的人文情怀和科学素养、加深人与人之间的分享与交流的时机，以假期为单元，科学布置学科作业是有意义的尝试，也是单元教学视域下的一种延伸和补充，因此，本次课题研究涵盖了在寒暑假作业上的布置。

六、研究成果

（一）经过多轮次的实践研究，得出以下几点重要结论

（1）单元教学视域下设计高中政治作业是一件非常有必要和有价值的教学研究。它打破了原有的一些作业布置模式和观念，挖掘并激发出了作业的极大功能，从系统优化的站位层次助推学生学习素养的提升。

（2）学生们对课题实践中布置的作业总体上是乐于接受的，给予了认可，并提出了一些有建设性的建议。调查分析如下：在受访学生中，50%认为在学习每一单元内容之前需要布置单元预览作业；70.37%的学生认为每一单元的内容学习结束后，需要布置单元检测作业；任务驱动下预习教材被87.08%的学生认为是单元预览作业应该采用的方式；70.37%的学生认为单元的检测

题应该分层设置，供同学们按自己需要选取；46.3% 的学生认为每节课课前的作业应布置基础性作业，要求预习后完成；72.22% 的学生认为每节课堂的作业主要在于诊断、巩固，应该有针对性地解决挑战性问题；74.07% 的学生认为每节课后的作业应该少而精，偏重于问题解决；从大单元概念看，大部分受访学生认为寒暑假作业应该从知识梳理及构建结构、综合拓展提高、时政关注等方面布置为宜；77.78% 的学生对当前政治作业的布置是满意的。

图 1　学生调查反馈词云图

（3）课题的研究过程中对学生真实水平和需求的把控要精准，与学生的真实认知特点相符合的作业才能真正有助于学生的发展。不匹配，特别是过度超越学生认知能力的作业，不仅会导致学生失去学习自信，还容易带来抄袭、作假等问题。而对学生真实水平和需求的精准把控是有很大难度的，这对课题的研究提出了很大的挑战，但这也是我们不能忽视和草率对待的问题，在课题研究中我们采用了分层设定作业和学生自助式选择相结合的方式，给学生留出了更大的结合自身情况选择的空间，在一定程度上弥补了对学生实际情况认识不足的问题。

（4）单元教学视域下的高中政治作业设计是服从于单元教学的整体性需要的，就作业设计的自身定位来讲，必须清楚和准确。尽管本课题研究的是关于作业设计的问题，实际上建构出单元教学的整体优化设计尤为重要。从某种意义来讲，单元教学整体设计决定着单元教学视域下的作业设计，换一个角度来看，单元教学视域下的作业设计就是单元教学中的一个环节，支撑和服务于单元的整体教学，单元整体教学设计存在问题或者不够科学，那就很难发挥出作业设计的功效来。因此，可以这样讲，单元教学设计比单元教学视域下的作业设计更重要，更需要斟酌和重视。当一个相对合理、科学的单元教学设计安排呈现出来的时候，相对应地，作业设计就有了明确的方向和框架布局了。这也是我们课题研究开展较为缓慢或者研究覆盖量不足的一个原因所在。实际上这是做了两个方面的研究，一个是大概念下的单元教学的研究，一个是单元教学视域下的高中政治作业设计实践研究。单元教学视域下的作业设计区别于过去的一些课前作业、课中作业、课后作业的布置，现在是把作业设计放在了单元教学视域下来进行，因而要求课题研究中，要紧扣住这一限定要求，从真正有利于学生发展水平的角度出发，思考作业在三大环节的设计，不能孤立、片面地就课堂内容而设置课堂内容的作业，某一个作业到底放在哪个时间、哪个地方，是单元教学视域下的实际需要说了算。每一个环节的作业设计也是单元教学推进中的需要说了算，牢固树立单元教学整体意识，才可能会设计出我们理想状态下的作业。

（5）单元整体教学设计是一个在充分分析课程标准、教材和学情的基础上，明确单元主题、整合单元内容、确立单元目标、设定单元大任务、设计单元课时活动、制定单元评价标准的过程。教师要对课程标准、教材以及高考试题的导向有深入的钻研和理解，宏观建立七本教材之间的内在联系，微观构建内容间的具体结合，打通各模块间的逻辑路径，对标学业质量，分析学情，确定用大问题、大任务或大观念来组织单元，明确单元主题，整合单元内容，制定学习目标，设计学习过程与评价，从而把要教的内容转换成相互关联的、有结构的学习经验。就思想政治学科教材的内容设置来看，每一模块每一单元的主题设定都是鲜明和完整的，站在立德树人的意义上看，在单元主题上突出价值引领更贴切。细分下来，必修一《中国特色社会主义》中"新民主主义革命的胜利"与必修三《政治与法治》中"中华人民共和国成立前各种政治力量"在知识内容上可以整合；必修一《中国特色社会主义》中"社会主义制度在中国的确立""伟大的改革开放""中国特色社会主义进入新时代""实现中华民族伟大复兴的中国梦"与必修三《政治与法治》中"中国共产党领导人民站起来、富起来、强起来"在知识内容上适合整合；必修一《中国特色社会主义》中"中国特色社会主义的创立、发展和完善""习近平新时代中国特色社会主义思想"与必修三《政治与法治》中"始终走在时代前列"有衔接之处；必修一《中国特色社会主义》中"原始社会的解体和阶级社会的演进"与必修三《政治与法治》中"坚持人民民主专政"，选择性必修一《当代国际政治与经济》中"国家是什么"，这三部分就"国家"的知识可以整合为一体；选择性必修一《当代国际政治与经济》中"国家的政权组织形式"与必修三《政治与法治》中"人民代表大会制度：我国的根本政治制度"存在由一般到个别的论证关系；选择性必修一《当代国际政治与经济》中"开放是当代中国的鲜明标识""做全球发展的贡献者"是对必修二《经济与社会》中"建设现代化经济体系"进一步的具体说明；等等。在明确单元主题、整合单元内容后，确立单元目标、设定单元大任务、设计单元课时活动、制定单元评价标准的过程中都应考虑到作业设计这一不可或缺的系统要素。

（6）单元整体教学以及置身其内的单元整体作业设计，都是基于促成学生实现深度学习的考量，正因如此，深度学习的单元整体作业设计至少具备三个特征：结构（系统设计）、进阶（思维迁移）、支架（精准支持）。结构就是要根据这个单元的核心知识、单元主题来进行通整，对单元前置作业、单元后置作业、单元课时作业进行统一搭配，减小量，增加质，使作业形式更加灵活，让学生更加乐于完成这样的作业。不仅单元要进行这样结构化的整体安排，课时作业也必须完成结构化的排列，课后作业要与课前备学、课堂学习构成一个完整的思维进阶学习链（联结—生成—迁移）。对学生作业问题研究要解决下列问题：价值问题（有没有用）、动机问题（想不想做）、支持问题（能不能做）、标准问题（做好做不好）。同时也要给学生提供学习支架，在学生最需要帮助的时候提供文字、思维方式、评价标准等多方面的支持。

（二）经过课题的实践研究，基本上确定了经过实践检验的单元教学视域下高中政治作业设计的体系和相关要求

（1）对应相关模块教学的单元整体作业由单元前置作业、单元后置作业、单元课时作业有机构成。

单元前置作业，目的是让学生对本单元有个整体的感知，常用模式是：预习单元内容，在提示语下找到并明确核心概念和核心观点，初步搭建出单元知识脉络，标记出疑难困惑的问题，为有针对性的课时学习做好准备。以必修二《经济与社会》中"我国的个人收入分配与社会保障"单元教学为例，单元前置作业设计为：阅读单元内容，依次列出本单元的核心概念和核心观点（如，个人收入分配、完善个人收入分配）；初步搭建出单元知识推进的路径；标记出预习中遇到的不解之惑。

单元后置作业，常用模式是：在单元内容学习结束后，要求学生自行构建出单元知识结构并不断修改完善；做一套巩固类、检测类与提高类兼有的练习题（巩固类作业是为了巩固课堂上所学的知识与技能，属于必需的技能或能力操练；检测类作业是为了检测学生所学知识与技能的掌握情况；提高类作业旨在为学优生提供更有挑战的任务），就该练习题中的部分典型试题的解题和答题进行反思、总结和举一反三练习强化。以必修三《政治与法治》中"中国共产党的领导"单元教学为例，单元后置作业设计为：构建单元知识结构；做一套等级考水平的单元练习（两道主观题类型不同，能力考查侧重不同），并结合自己的情况对问题明显的试题进行分析、总结至错题本，尝试通过题型相似的试题进一步练习巩固。

单元课时作业由前置作业、课堂作业、课后作业有机构成。前置作业，常用模式是：布置与学习内容相关的一些实践性活动，如，调查，访谈，收集一些学习资料等；预习课时学习内容，带着问题了解并理解核心概念和核心观点，初步构建学习内容的内在联系，教师提出一些有观点或者思维对峙的问题，引发学生在课堂教学中寻找答案；课前时事短评，等等，这一作业偏重于基础性问题的解决，为提升课堂教学效率提供支持。课堂作业，常用模式是：结合学习内容，布置 1—3 个不同等级水平的选择题，1 道有高阶思维要求的主观题，这一作业偏重于挑战性问题的解决，可以涉及不同的思想、观点和理论，鼓励学生从多个角度进行分析和思考，从而更好地理解和掌握思想政治学科的知识，提升学生的思维力度，让深度学习真实发生。课后作业，常用模式是：社会现实评析或者社会现实问题的解决，这一作业偏重于创造性问题的解决，使学生能在知识迁移、应用中，发挥创造性思维，提出自己的观点或建议。以必修三《政治与法治》中"中国人民政治协商会议"课时教学为例，在"人民当家作主"的单元主题统领下，课时教学的作业设计如下：

表 1 "中国人民政治协商会议"课时作业设计安排

教学阶段	作业内容	设计意图
课前作业	1. 预习必修三《政治与法治》第六课的第二框第一目，并做好知识构建； 2. 了解 2023 年全国两会时政信息，并做好学习记录	为课堂教学做好背景理论与时政情境延伸的铺垫
课堂作业	提出问题，结合前面的学习，思考如何进一步丰富和完善中国人民政治协商会议的性质界定	突出理解中国人民政治协商会议是实践全过程人民民主的重要形式
课后作业	结合实例，阐释协商民主在我国的重要作用	关注时政，综合运用所学知识，对协商民主形成自我创造性认知

再如，以高中政治必修二《经济与社会》中"科学的宏观调控"为例，在进行作业设计中，偏向于从社会实践中进行探究，注重培养学生的分析能力和批判性思维能力，采用了以下方式：

◇ 阅读和分析相关文章：在课前作业中要求学生阅读有关宏观调控的文章或新闻报道，分析政府采取宏观调控措施的原因和效果，并在课上就此进行讨论和发表意见。

◇ 宏观经济数据分析：要求学生查阅宏观经济数据，如 GDP、CPI、PPI等，分析数据变化的原因和影响，探讨政府宏观调控政策的作用，从而对经济学的数据有更深刻的认识。

◇ 角色扮演：要求学生分成小组，扮演政府、企业、消费者等角色，模拟宏观调控过程中的各种互动和决策，了解宏观调控对不同群体的影响，从而思考如何提升宏观调控的科学性和有效性。

◇ 撰写研究报告：教师可以要求学生选择某个宏观调控政策进行深入研究，如央行的降准降息决策，政府的税收改革政策等，撰写一份研究报告，内容包括政策的实施背景、目标、措施和效果等方面。

◇ 媒体评论：要求学生撰写一篇针对某个宏观调控政策的媒体评论，探讨该政策的优缺点、实施效果以及对社会的影响等方面。

（2）在单元教学视域下，基于深度学习有效提升学习成绩的需要，高三作业设计尝试推进了以单元知识复习为主题和以时政热点专题复习为单元的实践研究，特别是在试卷讲评上有所突破和创新，以期末、一模、二模为单元，以若干作业循序完成为驱动，在结构化整体架构中强化思维训练和知识转化，在主观题上集约式达成集大成效。高三的这些尝试，都是以学案的方式，在小组合作学习的氛围中完成的。以单元知识复习为主题的作业设计的环节大致为：预习教材，明确主干知识；互助学习，答疑解惑；典型试题，举一反三再训练；拓展延伸，构建大单元知识结构。以时政热点专题复习为单元的作业设计，基本上为：了解相关时政热点背景、内涵、内容；汇总各区模拟题中与此热点相关的试题，总结考查了哪些方面和角度；主要知识总结；思考该热点需要注意哪些问题；试题进一步演练。试卷讲评的作业设计，其设置大致为：结合试题分析设问：关键词、设问逻辑是什么？解题特点是什么？材料中哪些是关键信息？转化为学科本质是什么？答题的逻辑及答案应该是什么？标准答案是如何来的？自己没有答出的答案是什么？原因是什么？需要注意的问题是什么？评析具体答题示例（得分一般的、得分高的），需要修改的是什么？举一反三再训练。

以时政热点专题复习为单元的作业设计表示例如下：

表 2　以时政热点专题复习为单元的作业设计表

热点主题	
涉及相关试题及考查要求	
知识总结（含逻辑建构）	
注意的问题及思维的延伸	

（3）以单元化的形式进行高考前自主复习的作业设计安排。高考前，要为学生安排出一周左右自主复习的时间，这是符合学生的学习规律的。学生此时的自主复习，也一定不是完全放任的自主复习，一切要建立在有序、增效的原则上来推进。为此，从作业设计的角度，以此段学习为单元，我们设计出了帮助学生有序自主复习的学习资源，借此引导学生在自主复习的过程中能有效利用时间，有序推进学习，把握重点，查漏补缺，熟练已有，完善自身，创造未有，锤炼生成坚实的解题技能和学科素养。其内容为：规划建议；解题指导；典型试题回顾；选择性必修教材上的典型的"探究与分享"的分析；适应性练习；时政热点分析、归纳；阅读教材、细化知识。

（4）把寒暑假的时间作为一个单元教学来看，这段时间是学生了解社会、触摸质感的生活、增进自己的人文情怀和科学素养、加深人与人之间的分享与交流的美好时光，借此良机，可以有针对性地弥补、巩固、消化、提升和拓展已学的知识。为此，我们开展了寒暑假的作业设计实践研究，大致模式为：建构主题式知识结构图，整理出重点知识，并能加以准确、熟练复述；做成套练习题若干（巩固、提升）；就假期生活中感兴趣的话题，写一篇800字左右的时事评论（有自己的观点与感受，注重理例结合、思辨论证）。如，高三政治寒假作业设计为：建构主题式知识结构图，组成3—4人的学习小组，互相复述重点知识，做小组学习记录；撰写小短文，请以"穿透""难忘""力量""跨越"之一为题，结合所学的相关知识，理例结合，写一篇800字左右的小短文；完成五套练习题。

（三）多次的实践研究下来，已积累下了一定的研究资料和形成了一定的认识成果

这些成果表现为：学案设计、单元教学设计、课时教学设计、教学课件、教案、寒暑假作业、引导高考前自主复习的作业设计、学生优秀作业成果，撰写的与此相关的论文，等等。主要的成果是：项目组撰写的《单元教学视域下高中思想政治作业的设计探究》的论文，发表于《北京教育》2022年增刊，获西城区教师教学论文评比高中组二等奖；《结构化思维在高中政治复习课中的应用——以"科学立法"为例》获西城区教师教学论文评比高中组一等奖。

七、研究效果

在该课题的实施中，学生的学习兴趣、学习态度、学习习惯、学习方法、学习能力直至学科素养有所改变并提升，作业不再成为"负担"，也不再是散乱的或者无效的任务，避免了作业的重复性、机械性，使之成为学生乐于接受的、学有所获的必须和必备的凭借。就学生个体而言，学习成绩普遍有所提高，自信心和成就感增强，这在期末考试的成绩中有所体现，特别是在高三期末、一模、二模这些关键性考试中，学生的考试成绩不断提升，学习效率明显提高，这些是和单元视域下的作业优化设计有着紧密的关联性，在访谈的过程中学生也表达了对此的肯定。

该课题的研究本身也是一个系统、全面、持续的过程，有部分内容因各种原因尚未进行相关的探索实践，尽管一些内容已经经过了近两轮次的检验与完善，但因学情的变化及教材的更新，仍须要不断扩展与深入，特别是在育人价值的实现上以及实践性作业的基本定型上仍有很大的需要去进一步地实践研究，这也是课题研究的使命所在。又因为对此课题创造出的成效评价，仅仅从量化的指标是难以准确测量由此达成的真实而完整的学业水平的，基于本课题研究的价值功效而言，也需要进一步观察和验证。

执笔人：张希涛、孙丽华、佟军颖

基于历史学科核心素养的深度学习研究与实践

——依托历史材料研读的深度学习探索

阮其红

一、问题的提出

历史事实具有一过性的特点，认知历史必须借助于各种历史材料，辨其真伪，解其内涵，推敲结论，领会精神。基于历史学科的突出特点，探索依托历史材料研读的深度学习的有效策略，可作为新教材新课程下提高历史教学实效性的重要抓手。依托历史材料研读的深度学习是历史学科教学发展学生核心素养的必由之路，通过历史材料研读培育学生的高阶思维能力、正确价值观和必备品格是高中历史核心素养教学的重要内容。本项目研究，旨在围绕基于历史学科核心素养的深度学习这一核心，从依托历史材料研读方面探索其实现路径，探索、提炼高中历史教学中依托历史材料研读的深度学习的有效策略。更深层次把握"双新"教改背景下历史学科教学的定位，落实提升学生核心素养的教学改革，充分用好教材内外的各种历史材料，推进历史学科课堂内外深度学习的高效推进。通过实践研究，积累不断改进的教学案例，形成校本学科教学资源，提高学科教学质量，提炼可借鉴、可推广的学科教学策略。以深度阅读为突破口，引领学生通过深度阅读突破思维瓶颈，转变学生传统的浅层学习方式，促进学生学会学习、发展核心素养和贯通思维。让历史教学发挥强大的育人功能，通过学科核心素养的培育，持续促进学生在信息时代的发展性学习力。

纵观历次教育改革，从学生培养目标由"双基"到"三维目标"，再到

"核心素养"的转变，可以管窥素质教育的逐步推进和基础教育课程改革的不断深化。通过学生主体性发展指向学科核心素养的深度学习实践，是新时代下深入推进新一轮新课程、新教材教改的引擎，是上一轮教改的继续深化和与时俱进。其有机升变的承继关系如图1所示。

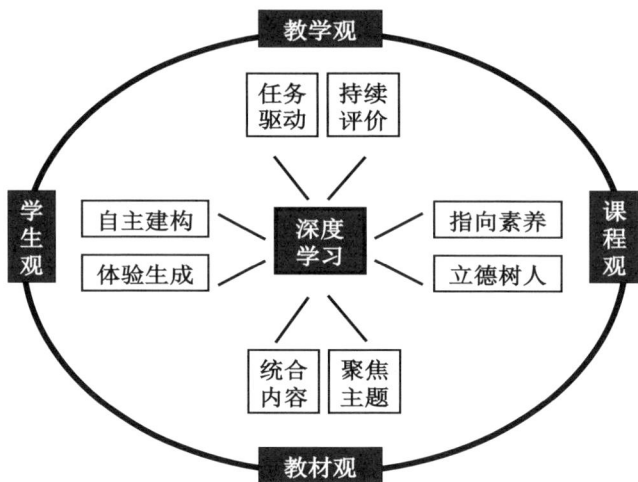

图1　教改理念有机升变的承继关系

二、解决问题的过程与方法

深度学习基于知识价值（学科本质）和素养价值（核心素养）的有机融合，依托历史材料研读的深度学习是借助历史学科的知识价值，由教师引领学生在深度阅读建构中融合达成素养价值，实现立德树人根本任务。本课题主要针对教学目标、知识架构、学习材料、教学情境、教学过程、评价方式等方面进行统筹考量和优化设计，通过文献研究、学科教学（课堂教学、自主作业、研学活动等）的多个维度（图2），从材料的选取、研读的方法、逻辑的建构、理性的表达等视角展开研究与实践。采用文献研习法和行动研究法、经验总结法。课题组统合校级、区级、市级的研修与教学任务，与本项目研究深度融合，发挥每位教师的特长，在一次又一次的交流分享、磨课评课中，理论与实践相结合，探索出可推广的相对成熟又具有实效的教学策略。

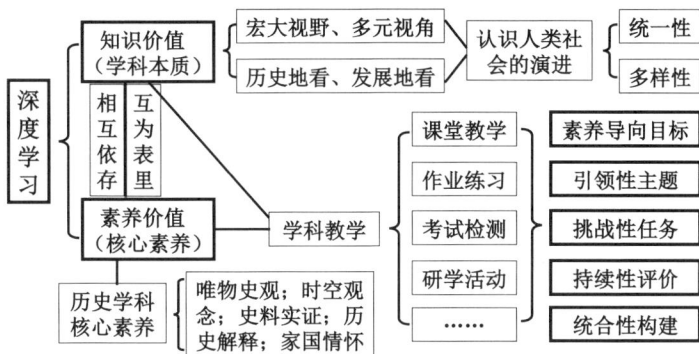

图 2 　依托历史材料研读的深度学习策略

三、成果的主要内容

本课题选题精准务实，理论研习与实践创新同步并举。研究过程比较扎实，课题研究的众多成果扼要归纳如下：

（一）历史材料研读对深度学习的价值分析

1. 历史材料是学生了解、认识历史的重要媒介

史料大体有文献、实物、口述、图像、音像等类别，每种类型的史料都蕴含着重要的历史信息与历史价值。而历史材料的范围更加宽泛，是集合前人对历史的研究成果用于学生学习历史的多种类型的材料。统编版历史教材里也设有"史料阅读"的板块，足见历史材料对于历史学习的重要性。全面辩证地研读历史材料，既能"说明文本"读懂表层意思，也能与作者同处一个时空观念下、结合历史语境去思考"诠释文本"，推动学生深度学习，培养学生的历史思维。

2. 历史材料是学生能力和素养提升的主要依托

历史学科的深度学习思维认知，综观囊括而言，基本可归纳为两大类，一谓透过现象看本质，二谓通过演变看规律。学生可通过对历史材料的深度阅读，由表及里、以小见大地厘清众多史实之间的时空关联与逻辑关系，并在此基础上理解历史的发展演进，透过斑斓的历史现象认知其本质，从统一性和多样性的辩证视角认识并运用历史发展的基本规律，提升观察事物和分析问题的思辨力，涵养学生的史料实证、历史解释等素养。

3. 历史材料与史料

虽然了解、认识历史是以史料为依据，但中学历史教学中借助深度阅读

落实深度学习可以不仅仅是依据史料。我们的阅读研习之所以依托内涵更广的"历史材料"而仅非严谨的"史料",主要是考虑到学生的认知水平和学习条件及效益。学生人手几册的教材可作为阅读研习的重要依托,新教材的编写体例更是指向学生的素养发展。无论是每课正文还是引言抑或目录,无论是历史地图还是历史照片抑或文物图片,以及学习聚焦、历史纵横、学思之窗、思考点、问题探究、学习拓展等各种附加栏目,都为学生的深度阅读提供了丰富的抓手。深度阅读载体的变,并不影响历史解释等核心素养的培育,思维训练的实质是不变的。也正是要在多元载体的丰富变化中,引导学生抓住学科本质特点及学科核心素养,实现自主迁移创新发展,以不变应对万变。

（二）依托历史材料研读开展深度学习的策略

1. 选用历史材料的策略

（1）适主:在遵循深度学习理念,实施单元教学范式的前提下,形成素养导向的学习目标、引领性的学习主题。历史材料的选取和运用必须围绕、从属、服务于学生的学习目标和学习主题。如果历史材料不能围绕主题,缺乏灵魂统率,为了用材料而用材料,那么其运用对解决历史课教学中的重难点毫无用处。因此,围绕目标和主题的典型材料筛选尤为重要。

（2）适时:典型的、扎实的历史材料要用在恰当的时候才会产生事半功倍的效果,就像"好雨知时节,当春乃发生"一样,好的东西只有用在恰当之处才会精彩无限。把那些紧紧围绕教学目标和教学重难点的典型材料在教学最佳时机抛出来,有助于发挥其最佳功用。

（3）适度:一堂历史课只有40分钟,有限的课堂不可能呈现所有相关的典型史料。历史材料在精而不在多,在篇幅有限的历史材料中,通过设计具有统摄性、层次性、递进性、开放性的设问及教师的引导、分析、评价,有助于学生理解问题的本质。当然材料的选择也要从学情出发,适合学生的思维梯度和发展水平。

2. 研读历史材料的策略

（1）领会学习目标,把握时空主题。

其一,领会学习主旨。时空观念是在特定的时间联系和空间联系中对事物进行观察、分析的意识和思维方式。任何历史事物都是在特定的、具体的时间和空间条件下发生的,只有在特定的时空框架当中,才可能对史实有准确的理解。时空观念是诸素养中学科本质的体现,历史解释的前提就是时空定位,在时空定位中把握主题、主线的发展演进及历史价值。

笔者以为,"双新"课改下的学科教学核心任务即借力学科知识价值达成核心素养价值。历史学科知识价值贵在于结构化的逻辑建构中厘清历史发展线索、认清历史本质规律,以达成世界观和方法论的通识迁移,实现对历史事物进行理性分析和客观评判的态度、能力与方法,更能由此及彼地运用普适性的规律和方法去认识现实社会、解决创新问题。《普通高中历史课程标准(2017年版2020年修订)》(以下简称《新课标》)和新教材更强调在宏大视野中和上位统领下指向核心素养,时空和家国是人文情怀的落点,实证和理性是科学精神的支柱,这是历史解释素养的基调。

其二,统合课程内容。引导学生深度阅读的材料多种多样,无所不在。比如教材或教辅书,提笔阅读,圈点批注,多视角、多层级、结构化地处理材料信息,这本就是很好的历史解释素养的思维训练。高中教学中一个非常棘手的现实困难就是:课程目标要求的艰巨性与学生实际学习素养能力薄弱之间、教学内容量大与课堂教学课时不足之间的差距甚大。笔者认为,解决这一难题的关键就在于,要依据课标来统合课程内容,引导学生在归纳提炼中聚焦核心主题、统合学习内容(宏观统筹,结构整合),以利于结构化深度阅读学习的开展。

(2)透析文本内核,感知文明演进。

其一,时代归属下具体感知。历史解释是具有时空属性的,时空观念是诸素养中学科本质的体现。认识历史必须将其置于特定的时间联系和空间联系中,只有在特定的时空框架当中,才可能对史实有准确的理解,进而掌握历史解读的基本方法。通过结构性深度阅读,运用一定的唯物史观把握思维导向,提炼出历史解释的基本要素,升华认知规律,构建逻辑结构和表达式。

其二,定性定位下有序思考。历史解释是诸素养中对历史思维与表达能力的要求,是对历史事物进行理性分析和客观评判的态度、能力与方法,要养成理性思维,就要将历史事物放在定性定位下有序思考。

例如,选择性必修二《经济与社会生活》的第一、二单元的知识点较零碎,我们可以进行大时空跨度的单元主题统合,运用生产力和生产关系的辩证统一关系这一唯物史观,从人类社会形态由低级到高级的发展来定性定位,清晰理出社会生产、生活发展的人类文明进步。聚焦单元核心概念——劳动工具(生产力)、劳作方式(生产关系),把具体史事纳入相关上位核心概念下,从农业革命到工业革命再到信息革命的几次阶段性的文明跃进，感知生产工具的改进促进劳作方式的变革、生产方式的变革推动社会生活的变迁。这样的结构化思维导图，既能在宏大视野中和上位统摄下具体感知历史史实，又能厘清历史发展线索、认清历史本质规律，有利于达成世界观和方法论的通识迁移，提升历史解释素养，实现对历史事物进行理性分析和客观评判的态度、能力与方法。

（3）搭建阅读支架，落实思维素养。

教师引导学生深度阅读，结构化地统合运用教材，或适度补充一定的精选典型材料，并设计有统摄性、挑战性的学习任务和梯度问题，为学生搭建够得着的阅读学习支架。换用不同形式、渐进深入地引导学生认识历史本质及规律，在多元复建的阅读思维训练中，通过逻辑建构、贯通生成实现素养发展，达成历史解释素养的自主内化。深度阅读学习具有过程性和开放型的特点，突出学生自主探索、主动建构的过程体验，结构化深度阅读学习更是强调个体经验的主动性深度加工。

其一，任务清单前置。面对新教材内容体量大、核心素养发展要求高的课堂教学困境，笔者采取了学习任务清单前置，引导学生课前深度阅读教材预习的策略，设计了基础知识扫盲和探究问题导向。

其二，基本概念厘清。历史概念是将具体的历史事实加以概括和总结，利于透过现象抓本质，抽象提炼上升为理性认识。每个历史知识概念都有它特定的历史时间、空间，特定的历史内涵和外延，厘清基本概念之间的逻辑关系，是培育历史解释素养的基石。

其三，核心问题引领。围绕核心主题设计的挑战性问题，是引导和促进学生自觉学习的有效教学手段，是培育学生核心素养的思维路径，是提升学生历史解释素养的深刻性的有益抓手。

在以核心问题驱动深度阅读中，可以针对历史材料设计梯度性问题，让学生对史料的深度阅读思维和理性表达更具高阶发展性，可持续性评价的适度操作性也更强了。还可以就单元主题或课时主题设计核心挑战性问题组，将上位统合性问题化解为利于步步推进的可解性问题组。例如，必修《中外历史纲要（上）》第七单元第21课《五四运动与中国共产党的诞生》，围绕课时主题可设计三大核心挑战性问题组：主题探究活动1："为什么说五四运动是一次彻底的不妥协的反帝反封建的爱国运动？"（化整为零：①五四运动是在怎样的复杂背景下爆发的？②五四运动具有怎样的性质和特点？③五四运动对中国社会的发展产生了哪些深远影响？）；主题探究活动2："马克思主义在中国的传播与中国共产党的成立对中国革命有何深远影响？"；主题探究活动3："国共合作领导的国民革命是怎样加速中国革命进程的？又是怎样失败的？"

其四，时空轴精构建。相对于单线的时间轴而言，复合的时空轴（兼具时序发展与空间领域分布）更有利于学生的结构化深度阅读训练。例如，以学生习惯的罗列式时间轴带入问题情境，要求学生将其完善为分门别类、主题清晰（可用不同颜色笔醒目区分）的时空轴，从而引导了学生的高阶思维训练及素养发展。

3. 分层自主作业的策略

依托历史材料的结构化深度阅读教学中，要处理好两大关系：注意用好教材与适度拓展阅读，兼顾自主开放作业与题型试卷练习。自主作业是课堂教学的延伸，是学生在课外反刍学习中实现内化与提升的途径，也是实现个性化梯度分层发展的平台。指导性的分层自主作业强调教师的指导性和学生的自主性。教师的指导性体现为作业目标的确定、作业内容的设计和作业评析的反馈，特别是针对性的教学调整和个性辅导。学生的自主性体现在可依据自己的现有学习水平及目标设定来选择作业梯度，需要主动参与到学习过程中，通过独立地、整体性地、创造性地完成开放性的作业来进行综合思维训练。

依托历史材料研读的深度学习是契合历史学科本质的高效教学实施路径，笔者在教学尝试中独创的"4-3-2-1"自主作业模式（图4）行之有效，利于学生以深度阅读自主习得突破思维瓶颈，在结构化深度阅读中融合培育历史学科核心素养。

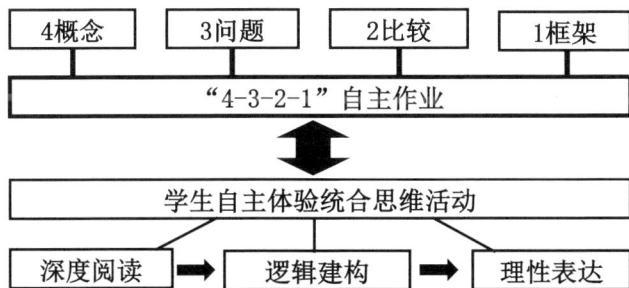

图3 "4-3-2-1"自主作业模式示意图

"4-3-2-1"自主作业模式，引导学生把深度阅读理解分析教材的自主思维过程外显为具体任务群，从最开始的每一课内容，到每一单元甚或某一主题（可大可小），根据学段进程循序渐进地逐渐提升。"4"即4个概念，"3"即3个问题，"2"即一对比较，"1"即一个知识框架或思维导图或时空轴。"4"和"3"在课前预习阅读中完成（课后可修改完善），"2"和"1"在课后复习阅读中完成。"4-3-2-1"分层自主作业基于学生的深度阅读，在学生从整体上预习、阅读所学教材的一课或一单元甚或几本书的内容中，经综合归纳，找出关键概念，加以抽象概括，完成"4个概念"作业；在理解把握主要知识的基础上，提炼整合为核心问题，完成"3个问题"作业。课后带着课上的学习收获，再次从整体上复习、阅读相应教材，将相近似、相关联的概念进行比较分析，归纳概括提炼比较，完成"一对比较"作业；分析梳理相应内容的纲目层次，整体性地厘清知识间的逻辑关系，综合建构知识体系的框架结构，完成"1个知识框架"或"1个思维导图"或"1个时空轴"作业。概念是思维活动的细胞，问题是思维活动的动力，知识是思维活动的载体。如此一来，就把在阅读中的思维认知训练通过外显的任务驱动落到了实处。

"4-3-2-1"作业的自主开放性很强，作业的具体内容由学生在深度阅读教材中建构生成，学生要兼顾4项作业内容的不同侧重点，在谋篇布局统筹建构的综合思维中整体性地独立完成作业。具体做多少内容、做到什么难度，都由学生的原有基础和发展要求来分层实施，这就为大班教学下学生个性发展提供了路径。学生也因着自主作业的任务驱动，自然而然地克服了思维惰性和依赖心理。这种激发学生个体自主思维发展的开放性作业，给了每个学生很大的历史解释思维素养的发展空间，能让每个学生在学会读书中得到自主思维训练并将思维过程外显。这一教学策略将课堂教学延伸至可持续性的作业评价，强化了指向学科核心素养学习中的实践能力，有利于教师有的放矢地完善教学及个性化地指导帮助学生，有助于引导学生依托教材的典型材料研习开展高效的深度学习。

通过"4-3-2-1"自主作业，学生能充分调动分析、综合、比较、归纳、概括等基本思维方法，将零散的知识经逻辑归纳结构化，将庞杂的知识经概括扼要化，在比较中将知识理解消化，在理性综合分析中认识客观规律，学会从整体出发系统考虑问题，处理好整体与局部的关系，把握好知识网络体系的纵向和横向的联系，多角度、多层次地综合分析解决问题，历史解释素养的系统性不断得到加强。当然，这份自主作业的入手起步也比较难，其培育绝非一朝一夕、一招一式就能促成的，教师要耐住性子循序渐进，在悉心指导、激励学生进步中细听学生成长的声音。

4."三度"课堂实施的策略

所谓"三度"，简单说来就是指课堂教学设计实施中蕴含的"深度""角度""温度"。

（1）分组研习，涵养史料实证的素养，拓展历史思维的深度。

如何充分解读材料、在尊重史料的前提下最大化地获取有效信息、下好"论从史出"一盘棋，是涵养史料实证素养的最好"训练场"。通过进行深度的合作学习模式的尝试，激发学生深度学习的自主性，改变传统的材料解读模式，用合作探究的方式涵养学生史料实证的素养。师生共同对学科核心知识进行有深度的加工，对学科核心知识的价值和意义有更深刻的理解，进而全面深入地察觉学科本质，充分领悟学科的功能作用。

（2）钩沉史料，涵养历史解释的素养，丰富探究历史的角度。

历史教学只有深入探究史料中所隐含的思维方式、价值观念和逻辑方法，才能真正让学生受用终身。用补充史料的方式构建史料链条，让学生感受对于同样的史实会出现不同的解读，从而得出不同的结论。历史材料也不是孤立存在的，而是与诸多相关联的事物结合在一起，想要理解历史材料需要抽丝剥茧地从部分与整体分别去理解，个别的事物只能在整体中被理解，而整体也只能凭借个别的事物来理解。引导学生对历史问题进行更加深入的逻辑思考、理性分析、历史感悟，使历史解释的核心素养落地生根。

（3）创设情境，涵养家国情怀的素养，提升感受历史的温度。

历史教学承担着立德树人、传承中华优秀传统文化的责任和使命。让学生真正接受优秀传统文化的熏陶，有助于提升民族责任感和民族自信心，不断增强家国情怀。对于很多重要结论，必须选用贴近学生生活实际的材料及典型、扎实的材料，实事求是、有理有力，才能让学生产生共鸣，起到润物无声的效果。自然生成的情感，才是家国情怀核心素养的真正内涵。在创设的情境中，学生不仅掌握了历史知识，而且激发了家国情怀，从对国家的认同感、自豪感中逐渐衍生出责任感、使命感。

在以学习主题统合单元教学为突出特点的深度学习课堂教学下，每一节课皆是独立的学习单元，需在大单元统摄下分层设计实施教学。抓住核心主题、运用典型材料以贯彻"立德树人"理念，用历史的"真"激励学生，用历史的"理"说服学生，用历史的"情"感动学生。下面就列举《中华优秀传统文化的内涵与特点》一课的几个实例，管窥"三度"课堂的实施策略。

首先，贴近学生生活，激发深度参与。课堂教学贯彻"立德树人"理念，还需要教学设计尽量做到贴近学生生活和社会现实，以拉近学生和课堂话题之间的距离，激发学生主动探究的兴趣，也能使学生乐于接纳探究所得的认识结论。如在课堂导入环节，先是出示了一组图片，唤起学生对于自己经常观看的有关中华文化的综艺节目、纪录片的联想，唤起他们对于中华美食、故事、典籍、诗词、艺术品等的联想，然后引导学生：当我们在沉浸于中华文化具体成就所带来的震撼的同时，有没有想过要从宏观层面、内涵层面去领略中华文化的魅力呢？从而在热场中顺利转入正式授课内容。

其次，依据典型材料，体验问题探究。课堂教学贯彻"立德树人"贵在"实事"的基础上"求是"，最忌照本宣科，生硬灌输或贴标签。因此，对于教材中的重要结论，或者是我们想要达成的认识升华，一定要通过结合扎实的、典型的材料，通过组织学生进行探究的方式，经过学生自己的思考得出，才能取得良好的效果。教材中对"中华优秀传统文化的特点"的表述概括性很强，为了能让这些结论鲜活、充实起来，为了能让学生的感受更真切、深入，笔者查阅了大量资料，并选取其中的典型内容作为学生课堂探究的资料，加之精心的设问和引导，从而取得了不错的效果。比如在探究中华文化的"多样性"这一特点时，笔者在课堂上先出示如下材料："若把家庭作譬喻，埃及、印度、巴比伦是一个小家庭，他们只备一个摇篮，只能长育一个孩子。中国是一个大家庭，他能具备好几个摇篮，同时抚养好几个孩子，这些孩子成长起来，其性情习惯自与小家庭中的独养子不同。——钱穆《中国文化史导论》。"并提出设问：分析材料中的"中国具备好几个摇篮"是指什么情况？材料反映了中华文化的什么特点？学生结合图片与文字材料，真正领会了"中国具备好几个摇篮"是指中国广袤的疆域为文化发展提供了最为丰富的地理、地形条件和最多样性的气候条件，这为理解中华文化的多样性提供了坚实的基础。

最后，推敲教学语言，增强深厚感染。"立德树人"的过程和气场需要感染人、打动人，故课堂教学语言不能贫乏无力，虽然不必追求华丽的辞藻，但必须追求有一定的情绪和力量。比如，在学习中华优秀传统文化"和而不同"

这一内涵时，笔者激情抒发："确实，'和'意味着什么？意味着各得其所、求同存异、相得益彰；'不同'则意味着不是强求一致、蛮横霸满，不是意味着委曲求全、削足适履。所以，在这种情况下，'和'是能够推动事物发展的，'各美其美，美美与共'是能让社会丰富多彩的，是能实现双赢的；而'同'，强求一致，就会使事物千篇一律，社会或是僵化、停滞，或是陷入相互争斗的死循环。"特意运用的排比、对比等句式，增强了说服力、感染力。

5. 研学实践活动的策略成果

所谓自主研学，就是学生在教师引导下，从自然、社会及生活中去选择和确定课题进行研究，在研究过程中主动地去探索、发现和体验，自主获取知识、综合应用知识和系统解决实际问题，从而提升创新精神和实践能力。学生在以小组或个人为单位的自主研学活动中，不得不摆脱对教师的依赖，在选题、收集材料、分析取舍、逻辑构建、史论阐释等环节，自主运用多种学习途径和方法来解决实际问题，是培育核心素养、提升实践创新能力的深度体验的沉浸式学习。自主研学是以学为主的学习方式变革的一大亮点，强调学生学习的自主性、探究性、实践性和创造性。但这种自主性和综合性很强的学习方式毕竟与传统的学习方式有相当大的差异，学生一时不易上手操作，从研究课题的选定到研究过程的进行以及研究成果的结题等环节都会出现一些困惑，以至于有不少学生对自主研学产生畏惧和逃避的情绪，有不少研学活动都流于形式草草应付了之。结合我校开展自主研学的实践，笔者认为研学实践活动的成效，取决于两大关键点：一是选题环节，二是指导环节。

在选题环节，要契合学生的认知经验和生活体验，要利于研学活动的开展和有效性的实现，要基于社会实践又助推立德树人。通过总结，笔者认为可以把以下三方面作为提升亲和力的选题原则：①植根区域，突出特色；②化整为零，小题深入；③立足体验，形式多样。在指导环节，教师要因势利导，既要学会隐身又要及时现身，指导要适时和适度。教师的指导主要体现在助推学生研学目标的深化、研学过程的深入、研学结果的深刻等方面。

四、效果与反思

在项目组扎实推进、交流共进中，课题研究的成效显著，师生皆收获了成长。

通过自主的文献学习、接受专家培训、团队内部的实践与切磋交流，教师的理论认识水平、理论自觉性得到较大提升。深刻钻研并理解了深度学习的内涵、基本特征、实践模型、基本要求。深入领会并把握了《新课标》对于历史学科在学生价值观塑造、必备品格养成和关键能力培养方面所担负的任务。了解了历史学科实践深度学习的重要范式——由内容单元到学习单元转变的大单元教学，深刻领悟其定义、功用、特征、单元类别、意义等方面的内容。为实践层面贯彻新理念、新要求打下了良好基础，更是深入实践了深度学习理念关于统合性学习主题、过程性学习活动、挑战性学习任务、持续性学习评价等关键环节。用中学，学中用，师生共同体验了深度学习，观念和实践能力均有较大变化和提升。

通过课题研究与探索，提升了对深度学习理念的实践意识与实施能力，形成了较为有效的教学策略。在遵循深度学习理念实施单元教学范式的前提下，形成素养导向的学习目标、引领性的学习主题。注重在教学实施过程中尽可能利用课堂内外可及的各种典型历史材料，促进学生的史料实证素养的培育。通过设计具有统摄性、层次性、递进性、开放性的设问，既提供阅读支架，也构建挑战性的学习任务，推动学生自主思考，自主学习，发展理解建构、迁移运用、批判创新等高阶思维。通过教师适当的阅读策略、阅读方法的指导与启发，推动学生深度阅读能力、信息处理能力的提升。通过课堂上师生的互动，及时从时空观念，史论结合，表述的准确性、角度、层次、逻辑等方面对学生的回答进行分析、评价，推动学生历史解释素养的发展。通过布置开放性的作业、提出联系现实的拓展性问题、指导学生自主研究小课题以及参加实践活动等体验性学习活动，推动学生关注现实、学以致用，培育家国情怀，落实立德树人根本任务。总之，以上策略有助于推动学生实现从事实性知识到概念性理解的提升，学生在此过程中理解掌握基本史实（史事与史识）、总结运用规律方法，提升了历史思维与核心素养。

随着课题研究的推进以及教师有意识将所得的理念、方法应用于教学实践，学生的学习也发生了很大程度的改观。多数学生形成有痕阅读（圈点批注与要点建构）的阅读习惯，能够多视角、多层级、结构化地处理材料信息，并能够在此基础上充分调动分析、综合、比较、归纳、概括等基本思维方法，进行逻辑建构、理性表达。学生逐渐养成对于核心知识的自主研习意识，对于思维导图、知识框架构建、时空轴构建、"4-3-2-1"作业等自主学习作业，由陌生、被动接受到理解、悦纳、熟练运用。依托于历史材料研读进行问题探究，也在推动学生主动探究、关注现实、多角度多层次审视事物、形成开放思维与贯通思维等方面发挥了较大作用。

本课题在研究探索过程中也形成了一定数量的可推广成果。课题组成员先后撰写了多篇课例、论文，将课题研究中形成的可借鉴、可推广的学科教学策略及时加以总结并上升到理论层面，并在此基础上初步和其他学校、其他学科进行交流，产生了一定的辐射作用。随着研究和实践的推进，课题组也积累了一些学案、学生作业优秀作品、学生课题研究小论文、实践活动案例等资源，这些都是可以惠及长远的校本学科教学资源。

本课题研究过程中还有一些困惑值得课题组反思：首先，如何将深度学习、单元教学的理念在更多常态化的课堂上加以应用？如何从学生发展的角度做好不同学段核心素养的纵向衔接？如何让学生通过有痕阅读把深度阅读变成习惯意识？其次，时间紧、任务重是历史学科自 2007 年课改以来一直存在的一个问题，有限的课程时间、厚重的教学内容和典型史料的充分挖掘运用，这之间的矛盾如何化解？再次，繁重课业压力下如何调动和保持学生对历史课堂的兴趣度和注意力？等等。诸多问题依然需要在实践中进行进一步的研究探索。"双新"课程改革，核心素养落地，我们一直在路上。

参考文献

[1] 郭华. 深度学习及其意义 [J]. 课程·教材·教法，2016(11).

[2] 中华人民共和国教育部. 普通高中历史课程标准 [S]. 北京：人民教育出版社，2020.

[3] 刘月霞，郭华. 深度学习：走向核心素养（理论普及读本）[M]. 北京：教育科学出版社，2018.

[4] 郑林. 基于学生核心素养的历史学科能力研究 [M]. 北京：北京师范大学出版社，2017.

执笔人：阮其红、彭云、欧阳晴、孙长悟

"基于学科核心素养的深度学习研究与实践"项目研究报告

吕 静

一、研究背景

党的十八大明确提出,"把立德树人作为教育的根本任务"。2014 年 3 月,教育部印发《关于全面深化课程改革 落实立德树人根本任务的意见》(教基二〔2014〕4 号),强调课程改革为进一步推动立德树人工作奠定了基础,并首次提出要"研究制订学生发展核心素养体系""根据学生发展核心素养体系,进一步明确各学段、各学科具体的育人目标和任务"。2016 年 9 月,《中国学生发展核心素养》总体框架正式发布,其以"培养全面发展的人"为核心,分为文化基础、自主发展、社会参与三个方面,综合表现为人文底蕴、科学精神、学会学习、健康生活、责任担当、实践创新六大要素。

核心素养课题组深入回答"立什么德、树什么人"的根本问题,引领课程改革和育人模式变革。核心素养解决的问题是"如何从学生学习结果的角度来回答未来社会所需要的人才是什么样的",属于教育教学目标的范畴。抽象的素养需要通过课程改革、教学实践和教育评价落实,"深度学习"是促进学生核心素养发展的重要途径。

2014 年教育部基础教育课程教材发展中心在全国多个实验区开展"深度学习教学改进"项目,努力在自觉的教育实验活动中探索教学规律,促进学生核心素养发展。同时希望通过"深度学习教学改进"项目的实施,推动课堂教学关系的深度调整和人才培养模式的重大变革,引领教学理念、教学方式、评价体系、教学组织、管理制度等全方位的变革。

在学校各学科具体的教学实践中，教师可以将学科核心素养作为确定课程目标、遴选教学内容、设计教学活动的重要依据，并通过"深度学习"来达成学科课程标准，培养学生学科核心素养，实现课程育人的理想目标。

二、文献综述

20 世纪 50 年代中期，弗伦斯·马顿和罗杰·萨尔乔两位美国学者开始对学生的学习过程进行实验研究，并于 1976 年联名发表了《学习的本质区别：结果和过程》一文，首次提出并阐述了深度学习（Deep Learning）和浅层学习（Surface Learning）的概念。

国内学者何玲、黎加厚在《促进学生深度学习》一文中指出，"深度学习是指在理解学习的基础上，学生能够批判性地学习新的思想和事实，将它们融入原有的认知结构中，而且能够在众多思想间进行联系，将已有的知识迁移到新的情境中，并作出决策和解决问题的学习"；并阐述了深度学习的三个特点：①深度学习意味着理解与批评。②深度学习意味着联系与构建。③深度学习意味着迁移与应用。

段金菊、余胜泉认为，"深度学习强调较高的认知目标层次，强调高阶思维能力的培养，强调学习过程中的反思与元认知，并且注重学习行为方面高情感投入和高行为投入；在认知结果方面，则注重概念转变，强调复杂认知结构的养成"。

张浩等认为，"深度学习是学习者根据自己的学习兴趣和需求，在理解的基础上主动地、批判性地学习新思想和知识，运用多样化的学习策略来深度加工知识信息，建立多学科知识、多渠道信息、新旧知识信息等之间的联系，建构个人知识体系并有效迁移应用到真实情景中来解决复杂问题的学习"。

SDL 是由美国威廉和弗洛拉·休利特基金会发起，美国研究院组织实施的一个深度学习研究项目。在 SDL 研究中，威廉和弗洛拉·休利特基金会在文献研究和广泛征求专家意见的基础上，对深度学习做了如下界定：深度学习是学生胜任 21 世纪工作和公民生活必须具备的能力，这些能力可以让学生灵活地掌握和理解学科知识以及应用这些知识去解决课堂和未来工作中的问题，主要包括掌握核心学科知识、批判性思维和复杂问题解决、团队协作、有效沟通、学会学习、学习毅力六个维度的基本能力。

我国"深度学习教学改进"项目认为，"深度学习是以理解为基础的意义探究型学习活动。学生在教师指导下，通过解释、举例、分析、总结、表达、解决不同情境中的问题等，在已有知识基础上进行建构性活动，由此创造出对新知的理解"。

三、概念界定

（一）深度学习的定义

深度学习中的"深度"应该是指具有高参与度、高认知水平、高度策略性、注重整合建构与迁移运用等特征。2016年美国深度学习项目（SDL）提到的六个维度不仅包含认知领域还关注社会交往及个人发展领域，与学生核心素养养成联系密切。近两年中国关于深度学习的研究成果也明显体现出对学生发展多领域的关注，与核心素养培养"全面发展的人"的理念更加匹配。较有代表性的两项研究对于深度学习的定义如下：

2014年教育部基础教育课程教材发展中心牵头，着手研究开发"深度学习"教学改进项目，经过四年的研究，2018年项目组的阶段性研究成果之一《深度学习：走向核心素养》出版，书中对深度学习是这样定义的："所谓深度学习，就是指在教师引领下，学生围绕着具有挑战性的学习主题，全身心积极参与、体验成功、获得发展的有意义的学习过程。在这个过程中，学生掌握学科的核心知识，理解学习的过程，把握学科的本质及思想方法，形成积极的内在学习动机、高级的社会性情感、积极的态度、正确的价值观，成为既具有独立性、批判性、创造性，又有合作精神，基础扎实的优秀的学习者，成为未来社会历史实践的主人。"

上海师范大学教育学院副研究员、学习共同体研究院院长陈静静博士，开展了教育部重点课题"基于学生深度学习的教育生态重构"，2020年该课题的研究成果之一《学习共同体：走向深度学习》，由华东师范大学出版社出版。书中构建了深度学习的模型："深度学习的核心目标是'自主创造'，在认知领域主要表现为高阶思维和问题解决；在动机情感领域主要表现为全身心投入和自控策略；在人际领域主要表现出自我接纳和协同合作。深度学习活动会形成一种持续探索的冲动，并将不断深化，深度学习如同'螺旋桨'，是一个人成长和发展的巨大动力系统。"

结合文献资料及教学实践，我们认为：深度学习指的是在教师的引领下，学生在学习过程中，主动以个体经验为基础，借助一定的策略方法实现与学科内容、他人及自己对话，从而在认知及社会交往和个人发展领域获得深度发展的学习方式。

（二）深度学习与浅层学习的比较

表 1　深度学习与浅层学习

		浅层学习	深度学习
动机情感领域	学习动机	外部动机	内部动机，发展动机
	兴趣、投入	缺乏兴趣，注意力投入少	充满兴趣，全神贯注
认知领域	思维程度与加工程序	思维简单，运用低阶思维；加工程序少，孤立，综合度低	思维复杂要求高，运用高阶思维；多步骤多水平加工
	对加工策略依赖程度	对加工策略依赖程度低，无意识运用加工策略	对加工策略依赖程度高，有意识运用加工策略
	阅读结果	获取基本信息，浅层理解	提升思考力、理解力
	与原有知识关联程度	关联少，信息碎片化	关联整合，将学习内容融入原有知识结构
	迁移运用	不能应用于新情景	能尝试运用学习收获解决新问题，创造新作品
人际领域	互动沟通	没有交流或不能主动交流	能主动交流，积极与老师、同伴互动沟通
	学习环境	无安全感，不自信	形成相互信任、相互尊重的环境

四、研究内容

在理解深度学习的概念后，本课题确定如下研究内容：①各学科根据自身特点，学习相关理论，借鉴深度学习教学实践模型，选择适宜的深度学习思路与策略进行实践研究，形成典型案例集；②在各学科研究的基础上提炼适合学校课堂改进的方向与路径，探索我校"有品质、饱满的课堂"的特征及实施路径。

（一）借鉴深度学习教学实践模型，支持教师开展素养导向的深度学习单元教学设计

各学科结合各自的研究基础及学科特点，借鉴指向深度学习的教学实践

2.0 模型，从"素养导向的学习目标""引领性学习主题""挑战性学习任务 /
活动""持续性学习评价"等四个核心要素的角度出发，支持并引导教师开展
素养导向的深度学习单元教学设计。通过学科协同，教师们共同深研单元学
习设计与实施，让各教研组教师在深入理解单元教学的价值及内涵的基础上，
持续完善单元教学设计与实施，提升学生的学科核心素养，提高教师的课程
育人能力。

**（二）通过基于学科核心素养的深度学习的研究，探索我校"有品质、
饱满的课堂"的特征及实施路径**

1. 促进学生深度学习要明确三个维度

（1）本项目不是强调教师理解讲授的深度，也不是指学习内容的知识深
度，而是作为学习主体的学生在学习过程中达到的深度，即强调学生在主动
投入学习的过程中，积极调动个体经验实现对学习内容的同化顺应，内化到
自己的认知结构中。

（2）在明确了不是从知识角度区分是否为深度学习之后，可以进一步明
确，从学生学习过程看深度学习应包含以下三个维度。

情感动机维度：就是要学生对学习内容产生情感上的认同，能够以积极的
状态接受新任务。如果学生不愿意接受该新任务，就谈不上深度学习。

元认知维度：完成新任务前能建立与之有关的行动计划或者目标，并选择
适当的任务策略，在任务完成过程中能及时调整策略方法，在任务完成后能够
自我反思总结修正。

认知维度：学生在进行学科教材、核心知识、学科本质及思想方法等方
面的学习中涉及信息的提取、理解、分析、运用等过程，学生能够积极主动
调用多种认知方式，建构高阶思维，进行多步骤多水平加工。

（3）从结果上看，通过深度学习，学生能够掌握学科核心知识，把握学科
本质及思想方法，在知识层面、思维认知层面、思想认识层面获得深度发展；
同时促进学生有效沟通，增强团队协作能力；形成积极的学习态度，更善于监
控和指导自己的学习。

2. 促进学生深度学习要结合六个环节

本项目重点强调具体的教学实践，教师要关注从教学设计的六个步骤中入
手研究促进学生深度学习的策略方法：包括明确学习目标、整合学习材料、营
造学习环境、设计学习活动、组织学习过程、丰富学习评价。

3. 通过研究与实践，提炼我校"有品质、饱满的课堂"的特征及实施路径

学校的办学目标为培养"有品质、饱满的人"，以此为基础，学校提出了建设"有品质、饱满的课堂"这一理念，借助"双新"课题的推进和各教研组学术周公开课的展示，我们将从理论和实践上对"有品质、饱满的课堂"的特征和实施路径进行深入的研究。

五、研究过程与方法

（一）理论学习阶段（2021 年 1 月—2021 年 9 月）

2021 年 1 月—2021 年 9 月，我校的项目研究进入到第一阶段理论学习阶段。通过查阅文献资料、提取关键概念、撰写开题材料，开展理论学习。作为教育部课程教材中心课程教材研究所的"普通高中指向核心素养的深度学习教学改进项目研究"的实验校，我校通过整体统筹推进开展研究准备工作，引导教师从常态课入手进行教学系统改进，帮助教师打通知识到素养的通道，全面提升教师的课程育人能力。

古人云，"凡事预则立，不预则废"。我校通过整体统筹规划，组织各教研组教师积极参加市、区、校三级组织的学术研讨会及学科相关培训研修。与此同时，由教学处整体引领，以教研组为核心单元，通过定期对《深度学习：走向核心素养》《学习共同体：走向深度学习》《学历案与深度学习》《单元教学探索》《教育目标新分类学》等书籍及文献资料的阅读学习与交流分享，进行关键概念、主要思想方法的理论学习，为行动研究奠定理论基础。

2021 年 3 月 22 日，教学处召开全体教研组长会，对学科课标、学业质量标准表现水平等方面进行解读，并对"深度学习""学科核心素养"等相关的文献资料进行理论学习与研讨交流，随后教研组长组织本组教师进行项目动员与理论学习。

2021 年 3 月 31 日—4 月 2 日，学校项目负责教师及各学科的教研组长参加了"普通高中指向核心素养的深度学习教学改进项目"第一期研修班的通识培训与专题培训。其中生物教研组长王芳老师和政治教研组长何淼老师结合所教学科，分别就《"深度学习"的内涵与教学实践模型》《"大概念统领下单元整体教学"的具体实施路径》等专题，与学校全体教师进行分享交流。与会的教

师一致认为本次培训对核心概念的解读和典型案例的分享令人受益匪浅。会后，各教研组又通过组内交流的方式对本次学习主题中的收获、思考及困惑进行了交流。教师们对如何确定引领性的学习主题、设计素养导向的学习目标、挑战性的学习任务以及持续性的学习评价有了更进一步的理解与认识。

2021 年 8 月，在"普通高中指向核心素养的深度学习教学改进项目"第二期研修班中，我校在全校范围内宣传组织，本校 11 个学科中的骨干教师及 40 岁以下青年教师共计 53 人参与本次网络研修活动。培训后教师们通过撰写心得体会的方式就深度学习基本内涵及主张、深度学习究竟深在何处、如何在课堂中开展基于"深度学习"的教学等话题展开研究，更加有力地促进对学生核心素养的发展等问题的反思与总结。

（二）理论深化与实践推进阶段（2021 年 9 月—2022 年 3 月）

2021 年 9 月—2022 年 3 月，我校的项目研究进入到第二阶段理论深化与实践推进阶段。通过全校统筹，以各学科教研组为核心，提出年度教研组的相关研究点并落实到行动研究，进一步推进基于学科核心素养的深度学习研究的有序实施。

各学科教研组充分结合本学科特点，围绕深度学习，进行有计划性、持续性的常态化教研，通过定期组织相关书籍与文献资料的学习与分享活动，形成教研共同体，帮助组内教师深刻把握深度学习的内涵，改进教学方式。我校以教研组内集体进行理论学习为据，逐步辐射到每一个课堂的行动研究。通过开展学术周活动，聚焦"学生学的视角"的单元教学设计，组织本组教师开放课堂、学术研讨，积极撰写教学研究论文，分享教育智慧，将理论研究转化为行动研究，进一步加深对基于学科核心素养的深度学习的认识与理解。

2021 年 9 月 18 日，教育部基础教育课程教材发展中心何成刚处长，《中小学管理》原主编、编审沙培宁老师，教育部课程教材研究所中小学课程研究中心教学处刘莹老师，西城教育科学研究院何暄院长及西城研修学院各学科教研员莅临我校，调研了我校新课程新教材的具体实施情况，随机听了我校高一、高二两个年级近 40 余节开放课堂。在随后的座谈会上，谭小青校长首先以"乘'双新'东风，促学校发展"为题向各位专家和领导进行了专题汇报，汇报主要围绕 10 个方面，其中重点介绍了我校在推进构建五育并举的课程体系结构方面做出的努力。我校 11 个学科的教研组长、备课组长，围绕对本学科的课程标准及核心素养的深刻解读，从实践角度阐述了本学科如何贯彻落实核心素养，如何开展基于学科核心素养的深度学习研究，其中既有心得感悟，又有方法策略，并提出了本学科目前面临的困难困惑及充满智慧的解决措施。

2021 年 10 月 15 日，我校承办 2021 年普通高中新课程新教材实施国家级示范区交流研讨会。以"新课程、新教材、新探索、新发展"为主题，我校共提供了百余节基于核心素养的单元教学设计的教学观摩课，同时邀请外校教师、外区教师及外省优秀教师进行同课异构。本次交流研讨会还专门设置了涵盖多领域的 4 个平行论坛：包括"普通高中新课程新教材实施"校本化探索、"普通高中指向核心素养的深度学习教学改进项目"校本化探索、学习共同体学校建设研究交流探讨及智能化教学管理交流研讨。其中，"普通高中指向核心素养的深度学习教学改进项目"校本化探索论坛，旨在通过真实的课堂设计和课程案例，展示促进学生深度学习的实践与思考；教育部"普通高中指向核心素养的深度学习教学改进项目"课题专家刘月霞主任对深度学习的内涵特征及教学模式进行指导。

（三）改进优化与总结阶段（2022 年 3 月—2023 年 5 月）

2022 年 3 月—2023 年 5 月，我校的项目研究已进入到第三阶段改进优化与总结阶段。本阶段，各教研组教师在行动研究的基础上，持续探索基于核心概念、核心观念的单元教学设计，通过有效的学习活动设计，实现转教为学的课堂教学变革，从而带动基于学科核心素养的深度学习项目的研究与实践。项目组通过课题研究，提取关键策略，整理典型案例，并通过不断地积累优秀案例与相关资料，让教师在项目参与中有"抓手"、有"获得感"，从而促进教师的专业发展，提升教师的课程育人能力。

2022 年 4 月 13 日，我校高中部教学处举办了"基于'证据'的课堂观察与研究"的学习共同体教学研讨会。北京师范大学教师教育研究中心于莉莉研究员带领"中小学学习共同体研究"团队与我校高中部教师进行了课堂观察与交流研讨。日本著名教育专家佐藤学教授也通过"网络连线"方式参与了听评课活动并给予了高度的肯定。多年来，我校在践行"学习共同体"理念的同时，也深入贯彻并融合"深度学习"教学改进项目的理念，让学生在课堂中能够积极参与、全身心投入，获得健康发展的、有意义的学习过程。

2022 年 3—9 月，为推进教育部"普通高中指向核心素养的深度学习教学改进项目"的课题研究，激活教师的教研热情，发挥科研引领功能，促进教师的专业成长。我校高中部教学处针对高考科目连续举办了三期聚焦"深度学习教学实践模型"研究的学术周骨干教师展示活动。我校各学科市区骨干教师发挥示范引领作用，在深入理解"深度学习教学实践模型"的基础上，结合学科教学实例，聚焦于学科核心素养的单元教学视域下的教学各环节进行讨论交流，并将本组的优秀经验汇总，为我校各学科教研组长、备课组长、骨干教师、青年教师等近百位教师进行了学术分享。该分享主要围绕"深度学习教学实践模型"框架，选取 2 课时以上的内容为学习单元，展示单元设计的思路，深度剖析引领性学习主题、素养导向的学习目标、挑战性学习任务、持续性学习评价等四个关键环节在学科设计中的具体实施步骤，阐释该单元设计与新课程理念及核心素养育人目标的关系，极具借鉴意义。

2022 年 7—8 月，在高中"新课程新教材"教育改革背景下，为构建教研组的人才梯队培养计划，深化青年教师对学科课程的理解力，搭建一个践行育人理念、展示教学技能的平台，我校高中部举办了青年教师基本功展示活动，旨在推进青年教师在新课程改革背景下对新教材的理解与深加工，提升"促进学生深度学习"的学习设计能力。青年教师在说课前一小时，会随机抽取一个说课题目。青年教师在深入理解"深度学习"教学实践模型的基础上，主要围绕素养导向的教学目标、引领性的学习主题、挑战性的学习任务（活动）、持续性的学习评价四个方面来进行说课，说课时间为 15 分钟。说课内容需要包括：①说明本节课学习目标及其确定依据。②简述为达成教学目标，你所设计的挑战性学习任务（或活动）的内容及设计原因。③介绍挑战性学习任务（或活动）的组织方式及具体实施过程。④简述完成该挑战性学习任务（或活动）的不同结果水平及预设学习支持。通过该活动的举办，青年教师群体对"深度学习"有了更加深刻的认识与理解。"深度学习"旨在让学生真正成为学习的主人，它以培育学生核心素养作为教学目标追求，对学科知识进行深度加工，促进教与学方式的根本性转变。

2023 年 3—4 月，在"关注学生发展，培养学生核心素养"教育改革趋势的影响下，我校充分发挥办学优势和资源优势，各学科教研组积极探索跨学段贯通培养育人方式。4 月 11 日，我校教学处举办了主题为"跨学段学科内课程整合研究"的初高中联合教学研讨活动。本次活动共开设了 11 个学科分会场，同一学科的初高中教师首次齐聚一堂，以学科教研组为单位，分别就"初高中学科衔接整合的一体化课程框架""以某一单元为例，从学习目标、内容、方式、评价等角度展示整合的细节"等专题进行深入研讨。我校遵循教育发展规律，顺应教育改革和发展需要，在国家课程校本化的实施过程中，注重整合，聚焦深度学习理念，聚焦核心概念与方法，进行主题化、单元化教学，旨在帮助学生建构学科知识体系，形成学科观念，提升学科核心素养。

2023年5月，教学处组织各学科教研组进行基于学科核心素养的深度学习研究的总结交流活动，通过持续地积累深度学习单元教学设计优秀案例与深度学习校本资源库资料，让教师在项目参与中获得专业成长。并通过双向推动骨干教师和青年教师对深度学习理念的理解与实践，不断优化学生的学习路径，将理论学习与实践研究的成果应用于课堂教学之中。从而让每一位学生在课堂上都能全身心地参与进来，享受高品质的深度学习，使课堂和学校真正地成为学习共同体，实现"有品质、饱满的课堂"。

六、研究成果

"不积跬步，无以至千里；不积小流，无以成江海。"我校各教研组依托课题研究，聚焦课堂教学，通过在组内定期开展项目交流研讨活动的有效机制，激发教师的教研热情，并通过持续地积累深度学习单元教学设计优秀案例与建立深度学习校本资源库，让教师在项目参与中获得专业成长，并学以致用，从而促进教与学方式的根本性转变，保障每一位学生都能投入高品质的深度学习，实现"有品质、饱满的课堂"，实现课程育人的目标。

（一）理论成果

1.推进"有品质、饱满的课堂"的研究，总结提炼出"有品质、饱满的课堂"的基本要素

深度学习课题研究的主阵地是课堂。只有课堂变了，学生的主体地位才能回归，深度学习才能真正实现。结合学校办学现状，通过课题研究，在广泛深入的实践研究的基础上，总结提炼出"有品质、饱满的课堂"在现阶段的基本要素，即：唤醒学生学习主体性的自主课堂，创设运用学科核心知识分析和解决问题的学习机会，注重完成真实、复杂情境下的项目或任务的实践课堂，理解学科核心概念，体验基于学科知识与思想方法的思维过程的智性课堂，加强联系感与对话性的温暖课堂。

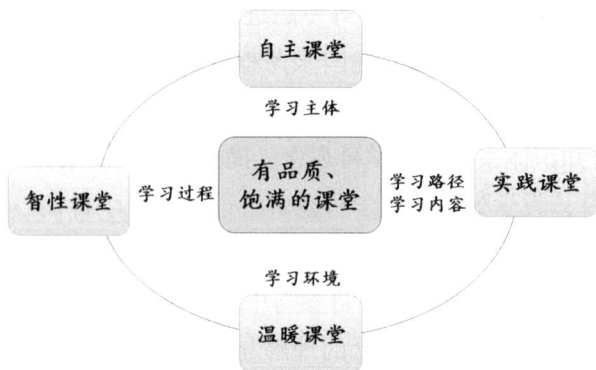

图1 "有品质、饱满的课堂"基本要素

2.提炼推进"有品质、饱满的课堂"的教学设计基本链条

基于学科核心素养的深度学习是对核心素养的具体化，在实施过程中需要聚焦于教学设计，做到学习目标、学习内容、学习任务与策略、学伴关系相互匹配。同时在教师教的方面精准、精确，学生学的方面自主、体验、思考、互助。具体环节及相关要点如下图所示：

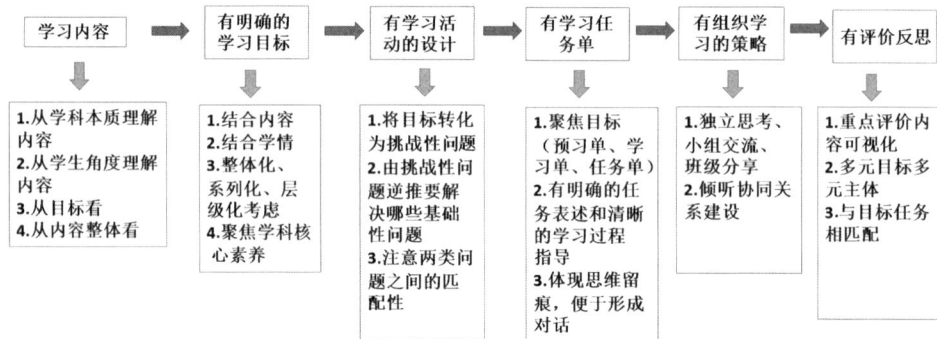

图2 推进"有品质、饱满的课堂"的教学设计基本链条

（二）实践成果

1.以全国研讨会为契机，进一步深化对基于学科核心素养的深度学习研究的认识与理解，形成基于学科核心素养导向的研讨会成果集

2021年10月15日，我校承办了中国教育学会高中教育专业委员会2021年年会暨普通高中新课程新教材实施国家级示范区交流研讨会。课题组以本次全国研讨会为契机，形成研讨会成果集，并组织各学科总结会，汇集典型经验。特别是对研讨会中"单元教学设计"典型教学案例及"深度学习"论坛发

言进行梳理，汇集成册。

（1）全国研讨会单元教学设计优秀案例集。

我校教师精心准备的五个教学时段的百余节"双新"开放课堂参与教学观摩。我校教师按照"学科核心素养"架构，结合"深度学习"理念指导下的基于情境、问题导向的互动式、启发式、探究式的单元教学设计，并将典型案例汇集成册，从而形成深度学习单元教学设计优秀案例集。

表 2　全国研讨会单元教学设计优秀案例汇总

序号	学科	授课课题	授课教师	授课班级
1	语文	《我与地坛》	王丹琳	高一 1 班
2	筑真阅读	《诗·酒·人生——筑真阅读分享课》	高一、高二筑真班语文教师	筑真班
3	数学	《建模初体验——紧急刹车情况下的停车距离问题》	韩宇	高一 9 班
4	数学	《直线与圆的位置关系》	黄思祺	高二 6 班
5	英语	*Spring Festival*	黄健	高一 2 班
6	物理	《磁场对通电导线的作用力》	郭东辉	高二 A3-1
7	化学	《基于实际问题认识离子反应及其发生条件》	赵继勇	高一 2 班
8	生物学	《探究水分进出细胞的方式》	于洵	高一 3 班
9	历史	《近代西方的法律与教化》（第一课时）	孙长悟	高二 A3-2
10	地理	《以地理视角看待生活中的地理现象——"7·20"郑州特大暴雨》	刘丽	高三 A2-1
11	思想政治	《实践是认识的基础》	张宏兴	高二 A3-1
12	思想政治	《坚持国有经济的主导作用》	孙丽华	高一 10 班
13	美术	《古希腊建筑赏析》	黄鹏	高一 1 班
14	体育	《网球正手击球》	李晨曦	高二选修班
15	体育	《击剑活动课》	尤兰兰	高二选修班

（2）全国研讨会学术主题发言。

全国研讨会上，教育部基础教育课程教材发展中心副主任刘月霞作了题为《课改——改到深处是教学》的主题报告。本次研讨会，我校设置了涵盖多领域的 4 个平行论坛：包含"普通高中新课程新教材实施"校本化探索、"普通高中指向核心素养的深度学习教学改进项目"校本化探索、学习共同体学校建设研究交流探讨及智能化教学管理交流研讨。其中，在"普通高中指向核心素养的深度学习教学改进项目"校本化探索论坛上，我校副校长吕静首先作了题为《北京十五中基于深度学习理念进行教学改进的思考与实践》的发言。语文教研组长海娜、语文教师王丹琳、生物教研组长王芳、化学教研组长陈欣、政治教研组长何淼，分别以本学科为例，介绍了本学科基于深度学习的校本化探索。北京教育学院数理学院副院长何彩霞、北京师范大学副教授李晓东，分别进行了高质量的专家点评，对深度学习的内涵特征及教学模式进行专业指导，并对我校以教研组为核心单元的积极探索给予了高度赞赏。

表3　全国研讨会学术主题发言汇总

序号	发言内容	主讲人
1	《北京十五中基于深度学习理念进行教学改进的思考与实践》	副校长 吕静
2	《基于"深度学习"理念的语文单元教学策略——必修（上）第七单元"自然情怀"》	语文教师 王丹琳 语文教研组长 海娜
3	《在活动与评价中探索核心素养导向的深度学习》	生物教研组长 王芳
4	《例谈素养导向学习目标的确立及落实》	化学教研组长 陈欣
5	《深度体验，理性思考，由衷认同》	政治教研组长 何淼
6	《依托"双新"项目研究，开展校本教学探索》	教学处副主任 吴奇琰
7	《中学数学关键能力培养的策略研究》	数学教研组长 郑毅斌
8	《"双新"指导下的育体、育人实践探究》	体育教研组长 张建遥
9	《面向全体学生的美育——高中艺术课程开发与实践》	艺术教研组长 杜鑫雨
10	《指向核心素养依托历史材料研习的深度学习探索》	历史教研组长 阮其红
11	《基于真实情境的问题式教学的实践探索》	地理教研组长 陈丽琴
12	介绍学校"学习共同体建设"研究的情况 《建设学习共同体 培育有品质饱满的人》	校长助理 张绪姝
13	《基于同伴对话的高质量学习——以政治学科〈实践是认识的基础〉为例》	政治教师 张宏兴
14	《英语教学中基于学科本质，设计挑战性学习任务》	英语教师 黄健
15	《学习共同体促进英语课堂转变》	英语教研组长 宋相佚
16	《创造安全的学习环境，让学生乐于表达自己的想法》	数学教师 黄思祺
17	《在实验探究活动中践行学习共同体理念》	物理教师 郭东辉
18	《借力探究实验为学生基于本质的学习创造机会》	物理教研组长 邓连娣
19	《学校改革学习共同体的构想与实践》	北京师范大学教师教育研究中心研究员 于莉莉

2. 以学科教研组为核心，双向推动骨干教师与青年教师的专业成长，持续探索基于"学生学的视角"的单元教学设计，探索一体化培养路径，形成基于学科核心素养的深度学习校本资源库

（1）骨干教师基于"深度学习教学实践模型"的研究展示活动。

我校高中部教学处针对高考科目连续举办了三期聚焦"深度学习教学实践模型"的学术周骨干教师研究展示活动。各学科骨干教师们主要围绕"深度学习教学实践模型"框架，选取2课时以上的内容为学习单元，展示单元设计的思路，包括学习主题、目标、任务、评价设计的依据、模型四元素之间的逻辑互动关系，重点剖析阐释该单元设计与新课程理念及核心素养育人目标的关系。

表4　骨干教师基于"深度学习教学实践模型"的研究展示活动汇总

活动时间	活动地点	主持人	发言人及发言主题	参与教师
第一期 2022.3.29	筑真讲堂二层	海娜	1.吕静《"深度学习"教学案例——杜甫诗歌语言风格赏析》 2.张彤《"深度学习"教案案例分享——以"外国诗歌"单元为例》	语文组教师、教研组长、备课组长、骨干教师、40岁以下青年教师
第一期 2022.3.29	修诚五层报告厅	郑毅斌	郑毅斌、吴奇琰《指向核心素养的深度学习教学改进——〈立体几何初步〉单元设计》	数学组教师、教研组长、备课组长、骨干教师、40岁以下青年教师
第二期 2022.4.12	筑真讲堂二层	何淼	1.阮其红《深度学习理念下学科核心素养的培育》 2.张希涛《指向深度学习的单元教学设计》	历史组教师、政治组教师、教研组长、备课组长、骨干教师、40岁以下青年教师
第二期 2022.4.12	修诚五层报告厅	陈丽琴	1.陈丽琴《地貌——以北京周口店为例》 2.张永华《基于"真实问题"的深度学习》	地理组教师、教研组长、备课组长、骨干教师、40岁以下青年教师
第三期 2022.6.30	筑真讲堂二层	王芳	1.宋相侠《指向深度学习的英语学科单元整体规划》 2.王芳《"深度学习"——持续性学习评价》	英语组教师、生物组教师、教研组长、备课组长、骨干教师、40岁以下青年教师
第三期 2022.6.30	修诚五层报告厅	陈欣	1.邓连娣《"相互作用——力"单元教学设计案例谈如何促进学生深度学习》 2.张绪姝《指向深度学习的单元教学设计——以〈化学反应原理〉水溶液中的离子反应与平衡为例》	物理组教师、化学组教师、教研组长、备课组长、骨干教师、40岁以下青年教师
第四期 2022.11.1	修诚五层报告厅	李晨曦	1.张建遥《"深度学习"教学案例——田径跨栏跑模块教学实践》 2.杜鑫雨《深度学习——木浮雕课程单元教学实践》	艺术组教师、体育组教师、教研组长、备课组长、骨干教师、40岁以下青年教师

（2）青年教师教学基本功展示活动。

我校高中部通过举办青年教师基本功展示活动，推进青年教师在新课程改革背景下对新教材的理解与深加工，提升“促进学生深度学习”的学习设计能力。各学科教研组认真打磨形成了青教赛活动赛题，并通过多次研讨，以学科核心素养的培养为导向，以“深度学习”理念下单元教学设计为引领，制定了青年教师基本功大赛评价标准。

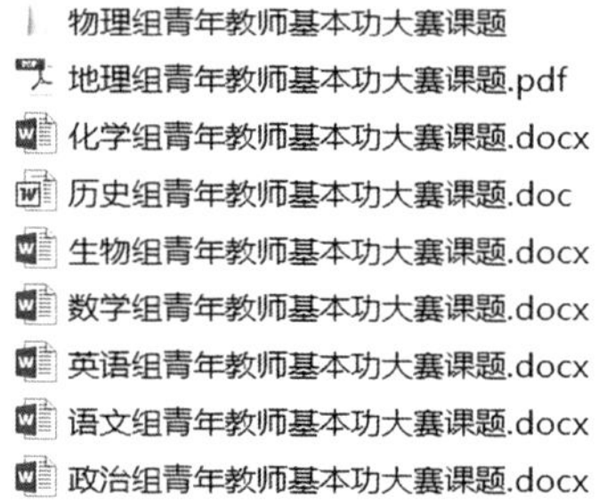
物理组青年教师基本功大赛课题
地理组青年教师基本功大赛课题.pdf
化学组青年教师基本功大赛课题.docx
历史组青年教师基本功大赛课题.doc
生物组青年教师基本功大赛课题.docx
数学组青年教师基本功大赛课题.docx
英语组青年教师基本功大赛课题.docx
语文组青年教师基本功大赛课题.docx
政治组青年教师基本功大赛课题.docx

图 3　各学科青教赛题库

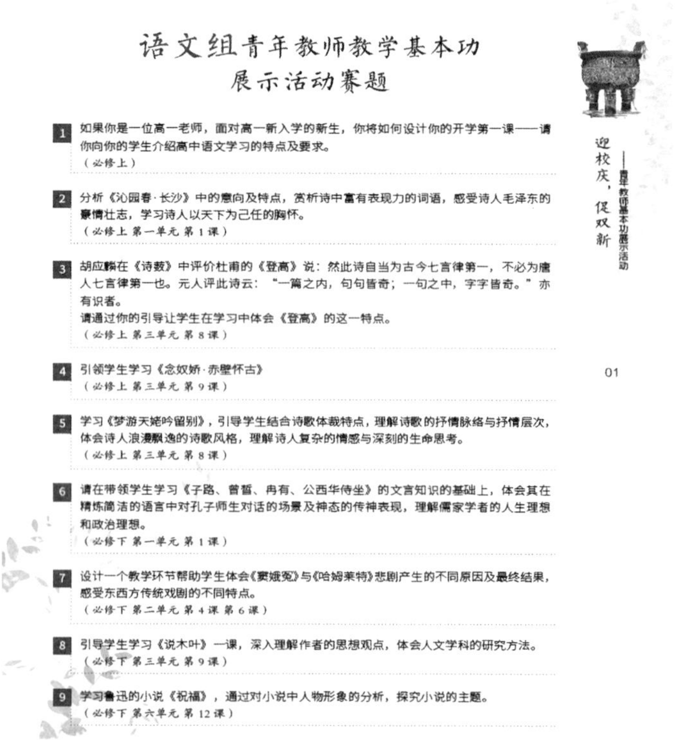

语文组青年教师教学基本功
展示活动赛题

迎校庆，促双新
——青年教师基本功展示活动

1 如果你是一位高一老师，面对高一新入学的新生，你将如何设计你的开学第一课——请你向你的学生介绍高中语文学习的特点及要求。
（必修上）

2 分析《沁园春·长沙》中的意向及特点，赏析诗中富有表现力的词语，感受诗人毛泽东的豪情壮志，学习诗人以天下为己任的胸怀。
（必修上 第一单元 第 1 课）

3 胡应麟在《诗薮》中评价杜甫的《登高》说：然此诗自当为古今七言律第一，不必为唐人七言律第一也。元人评此诗云：“一篇之内，句句皆奇；一句之中，字字皆奇。”亦有识者。
请通过你的引导让学生在学习中体会《登高》的这一特点。
（必修上 第三单元 第 8 课）

4 引领学生学习《念奴娇·赤壁怀古》
（必修上 第三单元 第 9 课）

5 学习《梦游天姥吟留别》，引导学生结合诗歌体裁特点，理解诗歌的抒情脉络与抒情层次，体会诗人浪漫飘逸的诗歌风格，理解诗人复杂的情感与深刻的生命思考。
（必修上 第三单元 第 8 课）

6 请在带领学生学习《子路、曾皙、冉有、公西华侍坐》的文言知识的基础上，体会其在精炼简洁的语言中对孔子师生对话的场景及神态的传神表现，理解儒家学者的人生理想和政治理想。
（必修下 第一单元 第 1 课）

7 设计一个教学环节帮助学生体会《窦娥冤》与《哈姆莱特》悲剧产生的不同原因及最终结果，感受东西方传统戏剧的不同特点。
（必修下 第二单元 第 4 课 第 6 课）

8 引导学生学习《说木叶》一课，深入理解作者的思想观点，体会人文学科的研究方法。
（必修下 第三单元 第 9 课）

9 学习鲁迅的小说《祝福》，通过对小说中人物形象的分析，探究小说的主题。
（必修下 第六单元 第 12 课）

01

图 4　语文学科青教赛题目

表5 青年教师基本功大赛评价标准

评分项目		分值	评分标准	打分等级				得分
教师素质20分	仪表仪态	4	衣着整齐，仪表得体。 行为举止稳重端庄大方，教态自然，肢体表达得当。					
	语言表达	8	语言清晰，表达准确，语速适宜。 语言生动、精炼，有启发性、感染力，有亲和力。					
	思维品质	8	思维缜密，富有条理。看待问题全面，思维灵活。 具有创新性的解决问题的思路和方法。					
说课比赛60分	教学目标	20	能够体现新课改精神，符合新课程理念，符合教学实际，准确、科学地确立学习目标。	20	16	12	8	
	学习任务	20	能够体现学生的主体性，激发学生兴趣。 重难点突出，设计科学，策略有效。 问题设计有层次，有启发，具有开放性、探究性。	20	16	12	8	
	教学实施	10	教学环节安排合理，教法灵活，符合认知规律。 注重学法指导，培养学生自主、合作、探究的学习能力。 注重师生、生生互动，突出学生主体地位。 能够体现"预设性"和"生成性"。	10	8	6	4	
	教学评价	10	能够采用恰当的评价方式对学生的学习活动作出反馈。 能对学生进行过程性评价，并提供有效的学习支持。	10	8	6	4	
德育情境问答20分	问题判断	5	情境中出现的问题判断准确，能够明确核心问题。					
	问题分析	5	全面透彻、深入地分析情境中出现的问题，原因列举全面、主次清晰。					
	问题策略	10	处理问题策略科学，实用有效，具操作性，有创意，点面结合。					
扣分			说课时间控制在15分钟内，否则酌情扣1—2分。（时间由专人统计）	最终得分				

（3）"跨学段学科内课程整合研究"初高中联合教研活动。

我校教学处举办了主题为"跨学段学科内课程整合研究"的初高中联合教学研讨活动。本次活动共开设了11个学科分会场，同一学科的初高中教师首次齐聚一堂，以学科教研组为单位，对"初高中学科衔接整合的一体化课程框架""以某一单元为例，从学习目标、内容、方式、评价等角度展示整合的细节"等专题进行深入研讨。

表6 初高中联合教研活动分组研讨汇总

学科	活动地点	教研组长	研究课例
语文	筑真讲堂二层	海娜	《论语》
数学	修成楼二层会议室	郑毅斌、崔建平	《函数与方程、不等式之间的关系》
英语	三层辅仁会议室	宋相侠、肖颖	《celebrations (special occasions)》
物理	西址六层会议室	邓连娣、马文睿	《机械能守恒定律》
化学	西址四层会议室	陈欣、王桐	《基于碳中和理念设计低碳行动方案》

续表

学科	活动地点	教研组长	研究课例
生物	东址 225 会议室	王芳、卢宇	《生物拓展实验》
历史	三层正则会议室	阮其红、范晓云	《通达人文历史》
政治	修成楼四层会议室	何淼、步立新	《全面依法治国》
地理	美术教室（南）	张永华、王会敏	《航拍中国》
体育	音乐教室	张建遥、朱秋伶	《篮球》
艺术	美术教室（北）	杜鑫雨	《乐海泛舟》《戏剧"传奇"之旅》

3. 以开展《弦歌不辍第二季》教研组线上教学策略分享为抓手，形成各教研组特殊时期"促进学生深度学习"线上教学策略集

疫情期间为保障高质量的线上课堂教学，我校各教研组教师积极主动地开展了多种形式的线上备课活动，交流教学经验，分享教学工具。教学处主动收集各教研组优秀的、可借鉴的教育教学策略，积极开展《弦歌不辍第二季》活动，通过微信公众号分享教研组线上教学案例，累计发布 11 期微信公众号文章，展现北京市第十五中学教师的优秀风采。教学处分学科系统地总结了线上教学的经验，形成了学校线上教学策略案例集，可供广大教师学习使用，极具借鉴意义。

表7 教研组"促进学生深度学习"线上教学策略汇总

期数	组别	主题	发布日期
第 1 期	物理组	穿透迷雾，追寻熠熠发光的万物之理	6.9
第 2 期	政治组	不止停留在想象的完美，更要行进在道路的崎岖	6.11
第 3 期	化学组	成为一束光，高中化学在线教学 plus+	6.14
第 4 期	艺术组	驱散阴霾，让艺术教育点亮生活	6.17
第 5 期	语文组	使命呼唤担当，使命引领未来——语文组之在线抗疫	6.21
第 6 期	历史组	社会面"静下来"，学堂里"活起来"——人文情怀与理性思辨激荡的线上素养教学	6.23
第 7 期	生物组	让生命之花，绽放在这个夏天	6.25
第 8 期	数学组	思维引领与人文关怀共融下的数学"云课堂"	6.28
第 9 期	体育组	同心战"疫"，体育人在行动	6.30
第 10 期	英语组	不一样的五月，"疫"路同行的温暖力量	7.3
第 11 期	地理组	隔屏相守，共时成长，做有温度的教育人	7.6

为了保证线上教学的效率，学校教师们克服了种种困难，灵活应用已有的

各类教学工具，积极学习新的教学工具，开展线上的教育教学研究活动，确保了线上教学的顺利开展。

（1）利用平台优势，灵活使用线上教学工具，多管齐下保证线上教学质量。

我校在居家学习期间所使用的 ClassIn 平台是根据线上学习的特点所引入的综合网络授课平台。教师们利用平台优势，积极探索激发学生学习动力的方法，除基本的直播授课、聊天窗口互动、语音互动、举手提问等基础功能外，还可采用小黑板发放、合理使用视频墙、PPT 远程操作、答题器、计时器、随机点名、自动轮播、虚拟背景等多种强大的功能，以保障线上课堂能够最大限度地接近线下学习的状态。方法的多重探索、技术的灵活使用，既确保了新授课教学的交互性，也确保了学生们学习落实的有效性。

（2）开展特色活动，增加云端教学的趣味性，提升学生的学习积极性。

为了充分调动学生的学习兴趣，提升线上学习的积极性，各教研组积极开展多种多样的特色活动，增加了云端教学的趣味性。如，数学组组织学生参加动手制作空间几何体活动，学生们可参考教材，利用纸张、小棍等材料，制作学习道具，帮助学生认知几何体结构，加强对知识的理解，提升空间想象力。艺术组布置的《手绘我的居家学习一日》及《请表现出你正在画画的一只手》等作业，受到了学生们的欢迎，也收到了很多有趣的作品，创意的巧妙与灵动跃然纸上。政治组安排的 21 天微习惯养成活动，激励学生规律作息、养成良好的学习和生活习惯，以期培养学生坚强的意志、积极向上的世界观、人生观、价值观。为了增加趣味性，生物组设计了家庭提取 DNA 和制作重组质粒的手工作业。为保障学生们的日常体能训练，体育组主动录制了《关于居家训练》的教学视频，为学生提供了良好的锻炼安排。

七、研究效果

通过近两年的学习研究，参与的教师能够明确学科核心素养的重要意义，每个教研组也根据本学科的核心素养特点有针对性地开展课堂研究。这种研究模式是以教研组为点，以教研组基于学科核心素养的探索研究为线，辐射到每一个课堂的行动案例，从而连点成面，构建学校新课堂的策略研究。

通过教研组每位教师具体的教育行动研究，逐步实现"教与学的逻辑平衡"，促进学生真实学习的发生以及学科核心素养的落实。通过教师的教学设计和有效的提问，课堂不再是教师强迫学生进入的，而是学生自然而然地走入问题，进行深度的思考，合作交流去共同寻找答案，在这个过程中教师的角色也从讲述者转换为倾听者，课堂的风格也悄然发生了改变。

在探索课堂变革过程中，课题组借鉴深度学习教学实践模型，支持教师开展素养导向的深度学习单元教学设计，并借助各学科学术周教学进行课堂展示活动。各学科教师打开自己的课堂，形成一种相互学习和促进的关系。为了达成建设十五中"有品质、饱满的课堂"的理念愿景，各学科还不断通过学习主体、学习过程、学习路径和学习环境等基本要素进行联合教研、联合备课，探索基于学科的课程综合化教学模式的自主课堂、实践课堂、智性课堂、温暖课堂，促进学生深度学习的发生。

执笔人：吕静、杨军、张天宇

参考文献

[1] 何玲，黎加厚. 促进学生深度学习 [J]. 计算机教与学，2005（5）：29-30.

[2] 段金菊，余胜泉. 学习科学视域下的 e-Learning 深度学习研究 [J]. 远程教育杂志，2013（4）：43-51.

[3] 张浩，吴秀娟，王静. 深度学习的目标与评价体系构建 [J]. 中国电化教育，2014（7）：51-55.

[4] 卜彩丽，冯晓晓，张宝辉. 深度学习的概念、策略、效果及其启示——美国深度学习项目（SDL）的解读与分析 [J]. 远程教育杂志，2016（5）：75-82.

[5] 刘月霞，郭华. 深度学习：走向核心素养 [M]. 北京：教育科学出版社，2018.11.

普通高中学生学习方式的变革实践研究

——物理课堂教学实践

邓连娣

一、研究背景

（一）研究现状

2003 年教育部颁布的《普通高中物理课程标准（实验）》成为该领域研究的重要指导文件。《普通高中物理课程标准（实验）》从课程目标、课程结构、课程内容、教学方式、课程评价及课程管理多个方面对高中物理课程的教学提出了明确要求。实践和调查表明，高中物理课程改革有效地促进了物理课程理念的更新、课程内容的重整、课堂教学方式的变革、课堂资源的开发、学生学习方式的转变、新的教学模式的形成及评价体系的改革，为全面提升学生物理学科核心素养奠定了基础。

（二）研究热点

核心素养的培养：核心素养是当前物理教育教学研究的热点之一。物理学科核心素养是学生在接受物理教育过程中逐步形成的适应个人终身发展和社会发展需要的正确的价值观、必备品格和关键能力，是学生通过物理学习内化的带有物理学科特性的品质，是学生科学素养的成分。物理学科核心素养主要由"物理观念""科学思维""科学探究""科学态度与责任"四个方面的要素构成。如何在教学中有效地培养学生的核心素养，成为研究者们关注的焦点。

多样化学习方式：随着教育理念的更新，多样化学习方式逐渐受到重视。研究者们通过比较研究、实践探索等方式，探讨了接受学习、机械学习、主动学习、自主学习、合作学习、探究学习等多种学习方式在物理教学中的应用效果。他们发现，多样化的学习方式有助于激发学生的学习兴趣，提高学生的学习效果。

项目学习：项目学习作为一种以学生为中心的教学方式，近年来在物理教学中得到了广泛应用。研究者们通过实践研究，探讨了项目学习在培养学生科学探究能力、科学思维以及科学态度与责任等方面的作用。他们发现，项目学习能够让学生在实际操作中掌握知识，提升能力，同时也有助于培养学生的团队合作精神和解决问题的能力。

（三）面临的问题

尽管物理教育教学领域的研究取得了显著进展和成效，但是根据调研结果显示，高中物理课程改革在实施过程中仍面临以下问题。例如，对三维目标的内涵和层次理解不一，从调研结果看，尽管大多数教师和教研员都认为物理课程三维目标的表述清楚，但在部分教师提出的建议中呈现了对三维目标的可操作性、具体化、应用性的进一步要求。存在课程内容难度大与课时不足的矛盾。科学探究、综合实践活动与研究性课程实践程度不一。

（四）未来发展方向

深化核心素养的研究。未来，物理教育教学领域将继续深化对核心素养的研究。研究者们将进一步探讨核心素养的内涵、构成要素以及评估方法等问题，为教学实践提供更加科学的指导。

探索新的教学方式。随着教育理念的不断更新和教育技术的不断发展，未来物理教育教学领域将出现更多新的教学方式。研究者们将继续探索这些教学方式在物理教学中的效果，找到更加适合学生发展的教学模式。

加强跨学科实践的研究。跨学科实践是当前物理教育教学领域的一个重要趋势。未来，研究者们将进一步加强跨学科实践的研究，探讨如何有效地将物理知识与其他学科知识相结合，培养学生的跨学科能力。

综上所述，当前物理教育教学领域的研究呈现出多元化的趋势，核心素养的培养、多样化学习方式以及项目学习等成为研究的热点。随着研究的不断深入和教育技术的不断发展，未来物理教育教学领域将取得更加显著的进展。

二、文献综述

《普通高中物理课程标准（2017年版2020年修订）》（以下简称《新课标》）从课程目标、课程结构、课程内容、教学方式、课程评价等多个方面促进了高中物理课程与教学的变革，对教师专业发展和学生综合素质提高产生了积极影响，课程改革成效显著。

（一）有效地促进了教师教学观念的转变

《新课标》在课程目标上注重促进学生物理学科核心素养的养成和发展；在课程结构上关注学生多元发展，设计具有基础性和选择性的课程；在课程内容上体现时代性、基础性、选择性；在课程实施上注重自主学习，提倡教学方式多样化；在课程评价上注重过程评价，促进学生核心素养的发展。

（二）有效地促进了物理教师对学科教育价值的认识

物理课程的学科教育价值定位决定了物理课程需要学生达到什么样的学习目标。《新课标》从知识与技能、过程与方法、情感态度与价值观三个维度构建了物理课程的目标，这些对原教学目标体系的突破，深得广大教师的认可和赞同，多年的改革和实践有效地促进了学生在上述三个维度的发展。通过实地课堂观察发现，教师的课堂教学改变了以往只重视知识结果的状况，更加注重客观地展现物理学习过程，引导学生在一个个物理问题情境中获得概念，发现规律，深化对知识的理解，体验科学探究的过程，发展研究问题的兴趣和创新的意识，使学生解决问题的能力得到更好的发展，这表明教师充分认识到了物理课程的意义及其教育价值。

（三）有效地促进了物理教学内容和教学方式的变革

《新课标》提出在内容上注重与生产生活、现代社会及科技发展的联系，反映当代科学技术发展的重要成果和科学思想。这些变革主要反映在物理课程教学内容的基础性与广度、物理内容与学生生活的联系等方面。《新课标》的实施有效地促进了物理教师对课堂教学方式多样化的追求、对多种教学方法的应用以及教学模式改革的尝试。在有助于物理学习的教学方式中，小组合作学习、实验探究、自主学习、合作学习与教师讲解等方法被教师广泛认同，其中自主学习、实验探究、合作学习教学方式认同比例较高，分别为64.88%、61.43%、48.07%。

三、概念界定

（一）学习方式

学习方式这一术语最早由美国学者赫伯特·西伦于1954年提出，通常指学生在完成学习任务时经常的或偏爱的基本行为和认知取向，是学习者连续一贯表现出来的学习策略和学习倾向的总和。从定义中我们不难看出，学习方式反映的是学生倾向于用某种认知方式或行为去完成学习任务，并不特指学习策略和学习方法。

（二）学习方式与其他概念的区别

学习方法是学习者为完成学习任务或实现学习目标而采用的方法，是比学习方式更加下位、更具体的学习问题。学习方式是学习方法的上位概念，除了包含学习方法和策略以外，还强调学习的内在品质、态度和精神。

学习策略是学习者在学习活动中有效学习的程序、规则、方法、技巧及调控方式。它既可以是内隐的规则系统，也可以是外显的操作程序与步骤。

不同的学习方式可以采用不同的学习方法和策略来实现，例如：探究性学习中，学习者可以用实验、调查、文献查阅、与他人探讨等方式发现和解决问题；接受性学习中，可以用观察、听讲、模仿的方式来实现。

四、研究内容

（一）培养学生的自主学习

学习的动机发自内在，是学生自己"想学""能学"并且"会学"，还能够"继续学"，因而学生在学习的过程中获得的是积极的情感体验。苏霍姆林斯基说过："人的内心有一种根深蒂固的需要，这就是希望自己是一个发现者、研究者、探索者。"自主学习恰恰能满足学生的这种强烈需求，强调学生是学习的主体，而不是学习的被动接受者。

《新课标》提出，"高中物理课程通过创设学生积极参与、乐于探究、勇于实验、勤于思考的学习情境、培养和发展学生的自主学习能力"。

1.培养学生自主学习、自主发展能力的内容

（1）培养学生阅读的能力。

在高中物理学习过程中，学生简单地以为学习物理就是记公式、做习题，对于教材，学生不重视、不爱看，也不会看。而阅读能力的培养是自主学习，自主发展能力的核心内容。从教学角度，要注重培养学生阅读教科书的能力。每节新课之前和之后我们都会布置学生认真研读教材，包括教材后的科学漫步、STSE、拓展学习的内容。学生通过阅读了解知识的来龙去脉，了解所学知

识的应用和更广阔的前景和未来。当然，除了阅读教材还要阅读物理学科类书目，我们会在每学期结束后给学生推荐一些物理学科类的书籍，供学生在假期进行阅读，并尝试着写读书笔记，争取每个假期学生们读一本学科类书籍。在每一章的学习中，我们也会根据教学内容给学生推荐一些阅读材料或学术论文，供学生提高和拓展。

（2）培养学生发现问题、提出问题、解决问题的能力。

爱因斯坦曾经说过："提出一个问题往往比解决一个问题更重要。因为解决问题也许仅是一个数学或实验上的技能而已，而提出新的问题，却需要有创造性的想象力，而且标志着科学的真正进步。"高中物理和生产生活实际联系更加紧密，课本中一些探究课题的研究，每节课的思考与讨论，教师都要充分地利用，引导学生提出自己的问题和思考，包括对概念规律的深入理解、学习难点上的疑问等，培养学生在具体的学习中发现问题、提出问题、解决问题的能力。

（3）培养学生梳理知识结构的能力。

利用思维导图、流程图、表格等，帮助形成完善知识结构，建立完整的知识体系，形成知识之间的横纵联系，帮助学生形成学科的大概念。具体的操作可以是全书学完后的归纳整理，例如，我们在学习了必修一新教材后布置了全书的归纳总结任务，引导学生从宏观整体上形成运动与相互作用观念；也可以是一单元结束后用图表、提纲、思维导图等形式将知识归纳总结，整理形成单元知识体系和结构。深度学习倡导单元教学设计，就是基于单元整体的学习设计，规避零散，超越单课，从而达成素养目标，促进学生的深度学习。

2. 培养自主学习、自主发展能力的主要途径

（1）为学生提供充足的自主学习空间与时间。

学生是学习的主体，教师在教学过程中需要激发每一个学生的主观能动性，提高学生在物理学习过程中的积极性。教师在教学过程中要强调自主学习的重要意义，改变学生对自主学习能力的看法，要在完成教学任务的同时，为学生提供足够的自主学习空间和时间。

高中科目多，每一科的课后作业都不可避免，导致学生疲于应对大量作业而没有自主学习的时间。这是教师在课后作业的布置过程中必须要考虑的，可以布置多样化的分层次的作业，例如：在必修一的教学中，学习《自由落体运动》一节课时，我们给学生提供资料，学生可以阅读思考伽利略对于落体运动

的研究。学习《力学单位制》一节时，我们让学生上网查找资料，了解三个力学基本单位的定义是如何变化的，引导学生进行拓展学习。学习《牛顿运动定律》一章时，我们提供给学生《牛顿传》阅读材料，引导学生进行拓展阅读学习，深入了解牛顿运动定律的提出过程。我们还尝试着让学生对教材中涉及的科学思维方法进行梳理，例如类比法、等效法、微元法、科学推理和论证法等。同时我们也把作业进行分层，供不同学习力学生选择。通过多样的不同层次的作业形式，让学生脱离题海的困扰，提供给学生足够的时间和空间，充分发挥作业的作用和价值，促进学生核心素养的形成。

（2）强调课前预习的重要性，锻炼学生自主学习能力。

课前预习环节是培养学生自主学习能力的重要环节。新课改越来越重视学生的主体地位，对学生自主学习能力的要求也在不断提升。通过进行课前预习，我们将新课内容以学案的形式布置给学生，提出一些探究性、启发性的问题，让学生通过阅读教材进行思考。在这个过程中，需要学生阅读课本知识，并结合原有知识对问题进行独立思考和探究，使学生在不断解决问题的过程中提升物理学习的信心，有助于提升学生思考问题、解决问题以及自主学习的能力。

通过有效的课堂预习，再加上一些合理的预习指导，能够帮助学困生提前了解本节课学习内容，逐步跟上教学进度，激发和提升学习兴趣。对于学优生，通过有效的课前预习，可以明确本节课学习的难点，课堂学习中更有针对性和目的性，从而取得更高的学习效率，促进深度学习的发生。

（3）引导学生进行课后反思总结，对学习内容进行回顾拓展。

为了进一步提高物理复习阶段的整体性与全面性，在教学过程中引导学生利用思维导图对物理知识进行系统的整理。在这个过程中，学生具有足够的思维发展空间，可以根据个人主观思想对思维导图的结构进行设计。学生的逻辑思维能力与创新能力也得到了培养和提高。这样的复习方式对于学生来说更容易接受，有助于学生形成自主学习的能力，同时在课程结束以后将本节课所学内容的相关资料、视频音频材料或实验素材等线上分享，方便学生随时对某一部分的内容进行深度学习，教师也可以通过线上平台对课堂教学的拓展性内容进行适当的补充，实现线上线下的很好融合，达到更好的教学效果。

（4）充分利用物理实验，提高学生的自主学习实践能力。

物理实验是高中物理教学内容中的重要组成部分，在《新课标》中，强调要注重学生实验操作能力的培养和提高。教师可以引导学生利用所学的物理知识来设计家庭小实验或通过实验研究生活中的一些现象。这种教学方式可以很好地将理论与生产生活实践能力相结合。自主学习方式的引入不仅可以更好地帮助学生理解相应的物理知识内容，还可以帮助学生养成一定的探究意识。这种教学模式可以很好地促进学生实践能力的提高，有利于学生的全面发展。科学源于实践，物理源于实验。我们还开设了实验选修课，给学生提供开放的、自主的学习研究平台，通过实验选修课学习，学生学会用实验的方法去观察物理现象、分析物理问题，研究物理规律。培养和激发学生积极思考、敢于创新的能力和精神。

3.培养自主学习能力应遵循的原则

首先，教师的引领示范非常重要，教师的示范就是让学生明白教师的想法、如何具体操作的、要求是什么，特别是在学生自主学习养成的初期，教师要精讲，例如，阅读内容、如何阅读、发现问题的方法等。其次，课堂上要设计问题，引导学生进行讨论，对于学生提出的值得讨论的问题要拿出来，不惜花时间讨论。还要灵活恰当地引导，教师引导学生思维逐渐深入、思维认识逐渐提升；同时要有归纳总结。最后，必须遵循循序渐进的原则，帮助学生掌握自主学习方法；给学生时间、空间、必要的素材资料和技术等支撑；因材施教，使每位学生都有收获；重视启发引导，发挥学生的主体作用。

教师在教学过程中，应该给予学生更多的空间，鼓励学生自主、合作、探究，让学生真正地实现共同发展，积极互动，更好地协调培养能力和传授知识之间的关系，让学生在学习的过程中展现出更多的自主性和独立性。

（二）引导学生之间的合作学习

每一位学生的知识储备和思维方式不尽相同，这就形成了学生独特的认知风格。小组合作学习能让每个学生都参与其中，能让每一个学生都获得公平的学习机会。学生个体在完成头脑中的思维过程以后，还要通过和学习伙伴的互动，到他人那里寻求验证或者寻求新的解决方案，一方面更好地解决认知冲突，另一方面从中体会到学习的成就感和乐趣。这就产生新的学习动机，产生持久的学习力。获得启示是一种学习，产生疑问也是一种学习。每一个人，都可以在同一时间段将自己的观点、想法、解决问题的思路和他人分享交流。每个人的认知不同，思考问题的方式和角度不同，如果能够充分利用这种思考问题的路径差异，就会让学生获得更多的学习机会。学生之间相互平等，彼此倾听，互相学习，从而让课堂成为"交响乐"。

合作学习是目前世界上许多国家普遍采用的一种教学策略。新时代要求教育教学培养出适应社会发展的人才，不光要具备丰富的专业知识，能够运用知识解决问题，还应该具有团队合作精神。因此小组合作学习模式在全国乃至世界得到推广。采用小组合作方式进行探究学习，学生们可以主动参与到活动过程中，学生的学习能力与个性差异很好地得到体现。在小组合作学习过程中，教师要注意以下几点。第一，内容要适宜合作；第二，小组搭配要科学合理，使小组顺利地开展合作学习；第三，给学生留有足够的自主学习或独立思考时间，让学生拥有相互交流探讨的机会。

案例：在人教版教材《自由落体运动》这一章节中，要求学生通过实验和推理知道影响物体下落快慢的因素，进而建立物体在自由落体这一理想状态下的运动模型。此外，要求学生通过实验，探究自由落体运动的规律，得出重力加速度。在本节教学中，学生要转变已有的认知，同时参与较多的物理实验。教师可以采用小组合作的探究模式，让小组内、组与组的成员间产生表达自己的想法，发生思维的碰撞。根据学习能力和性格特点设立小组，可以保证实验更加高效地进行。教师提供给同学们两张相同的 A4 纸，提出问题，"能不能用一个小实验反驳亚里士多德的观点呢？"通过小组间的讨论，有的小组采用将纸揉成一团，有的小组将纸竖直落下，同学们采用不同方法证明了物体的下落快慢与轻重无关。比较不同小组方案中，A4 纸下降速度也存在差异，同学们提出物体下落的快慢受空气阻力的影响，之后小组合作，使用真空装置验证自己的猜想。在探究自由落体运动规律的过程中，可以将学生分成 2—3 人一组，保证实验过程可以更加高效地进行。操作过后，教师可以邀请不同小组成员展示自己的实验结果，教师们最后给出结论意见。教师也能够根据学生探究结果，了解学生目前的学习水平、探究思路以及知识掌握程度，从而结合学生实际情况，采取更具针对性的教学策略，实现因材施教。

（三）启发学生的探究学习

以往的教学，以知识体系的传授为逻辑起点，教学方法以教师讲授为主，学生很少主动参与，大部分过程都是教师支配，学生被动接受，因此学生的学习能力不能得到锻炼和提高，自主思考和探究过程的缺失使学生无法真正体验学习的过程，无法达到深入学习的目的。探究式学习让学生经历对未知世界的探索过程，体验从问题情境出发寻找答案。学生成为课堂的主体，教师的角色发生了改变，成为课堂的引领者。通过以问题解决为导向的复杂的思维互动过程，让学习真实地发生。

1. 探究性学习模式的应用策略

（1）创设情境。

提出有价值的物理问题是探究性学习的起点，好的探究问题有助于激发学生探索的欲望，成为学习物理的动力。物理问题往往来自物理情景，教师在物理教学活动中借助师生间、主体与客体间的情感因素，设置合适的物理环境，帮助学习者从情感和物理环境中开展物理学习。好的物理情境有助于调动学生学习物理的积极性，提高学生的自主学习探究能力，促进师生的交流。同时，物理情境起到了启迪引导作用，有助于开发学生创造性思维，帮助学生对固定的知识进行再创造，有助于理解一些复杂的物理知识。

案例：在人教版教材《超重和失重》这一节的教学中，要让学生认识超重和失重现象，发现超重和失重产生的条件，并应用牛顿运动定律分析超重和失重现象发生的动力学原因。教师可以由生活中的现象进行引入，坐过山车时同学们有什么感觉呢？为什么会产生这样的感觉呢？除了游乐园中的过山车，大家生活中还能感受到哪里超重和失重呢？本节课，我们由生活中的情境引入，激发学生兴趣的同时，也为之后探究超重和失重现象的条件和原因做好了铺垫。通过在电梯中体重计示数的变化，或者学生站在力传感器上起立和下蹲，观察计算机采集的数据曲线，学生通过牛顿运动定律分析产生这一现象的原因，进而理解并掌握超重和失重现象的产生条件和原因。在这一过程中，学生可以理解超重和失重现象的本质，也有利于培养学生从实际情境中捕捉信息，发现、提出并解决问题的能力。接下来，教师可以提出问题："同学们能不能用刚刚所学的知识和分析方法，解释生活中其他的超重和失重现象呢？"进一步激发学生的兴趣，将物理知识和生活紧密结合，形成良好的科学态度和责任。

（2）运用实验。

物理实验是现代科技发展的基础，在培养学生的思维能力和动手操作能力方面具有非常重要的作用。在教学中应用实验还可以增强学生的学习兴趣和求知欲望。高中物理涉及的很多规律和成果都来自实验，也需要实验的检验。当所学的知识来自学生亲身参与的实验探究过程，能够有效促进学生知识的理解和应用，学生们也会切身感受到物理探究方法的重要性。

案例：在人教版教材《匀变速直线运动的研究》这一章的教学中，要求学生掌握匀变速直线运动的特点，能用公式、图像等方法描述匀变速直线运动，理解匀变速直线运动的规律，能够运用其解决实际问题。本章教学中，大量使用了打点计时器这一实验器材。首先，通过打点计时器等实验器材，探究小车速度随时间的变化。在这一探究过程中，学生经历了实验设计、实验操作、数据处理、结果分析等一系列完整的探究过程，体会了研究直线运动的一般思路，为之后研究自由落体运动的实验探究做好准备。在数据处理这一过程中，教师可以带领同学手绘小车的 v-t 图像并进行数据拟合，也可以借助于计算机数据处理软件，还可以采用"剪贴纸带法"，从另一角度思考 v-t 图像问题，这一方法体现了高中物理中等效的思想，增强学生对物理过程的理解，也体现了实验探究的重要性。经历了本章第一节的实验探究过程，学生根据 v-t 图像是一条倾斜的直线，发现物体的速度随时间均匀变化，类比匀速直线运动中 x-t 图像，构建匀变速直线运动的模型，"匀变速直线运动"这一概念来自学生亲身经历的实验探究过程，有助于学生对知识的理解和实际应用。在本章教学中，除了采用打点计时器研究物体的直线运动，也可以引导学生设计多种实验方案，采用不同实验装置研究物体的直线运动，如：频闪照片、位移传感器、气垫导轨数字计时器等，培养学生思考问题、解决问题的能力。

案例：《全反射》。

科学思维：经历"观察现象—发现问题—提出猜想—验证猜想—得出结论—解释现象"的研究过程，培养学生分析问题和解决问题的科学思维能力。

科学探究：通过观察光的全反射现象，初步提出全反射条件的猜想，自主实验研究全反射发生的条件，经历科学探究的过程，培养实验设计、动手操作能力。

本节课通过实验探究的过程，引导学生熟悉实验器材的使用，对全反射形成初步的感性认识。引导学生经历探究过程，培养学生分析问题和解决问题的科学思维能力，在实际情境中，不断建立和完善与全反射有关的物理概念。

经过课堂实践，我们发现，我们的学生学习方式发生了转变，由被动参与到自主参与再到自由探索。我们要把学习设计的主动权给到学生，让他们尽情发挥自己的聪明才智、优势特长、资源材料，我们更多的是提供机会、搭建平台，学生体会到探索的乐趣，获得学习的心灵体验，会将学习持续下去。

（四）促进学生的深度学习

深度学习，就是在教师引领下，学生围绕具有挑战性的学习主题，全身心积极参与、体验成功、获得发展的有意义的学习过程。在这个学习过程中，学生掌握学科核心知识，理解学习过程，把握学科本质及思想方法，形成积极的内在学习动机、高级社会性情感、积极的态度、正确的价值观，成为既具有独立性、批判性、创造性，又有合作精神，基础扎实的优秀的学习者，成为未来社会历史实践的主人。

深度学习的五个特征：

（1）联想与结构：经验与知识的相互转化，既指学生学习方式的样态，也指这样的学习方式所处理的学习内容（即学习对象）。意在强调，个体经验与人类知识在深度学习这里不是对立的，而是相互成就、相互转化的。

（2）活动与体验：活动是指以学生为主体的活动，体验是指学生在活动中产生的内心体验。学生成为学习的主体，而不是被动地接受，就得有活动的机会，有亲身的经历。

（3）本质与变式：对学习对象进行深度加工，回答的是如何处理学习内容才能够把握知识的本质从而实现迁移的问题，就是说，发生深度学习的学生能够抓住教学内容的本质属性，全面把握知识的内在联系，并能够由本质推出若干变式。

（4）迁移与应用：在教学活动中模拟社会实践，解决的是知识向学生个体经验转化的问题，即将所学知识转化为学生综合实践能力。需要学生具有综合的能力，创新的意识，同时迁移与应用也正是有目的地培养学生综合能力，创新意识的活动。

（5）价值与评价：人的成长的隐性要素，回答的是教学的终极目的与意义的问题，即教学是培养人的社会活动，要以人的成长为目的。深度学习将教学的价值与评价自觉化、明晰化，自觉帮助学生形成正确的价值观，形成有助于学生自觉发展的核心素养。

深度学习的教学设计流程一般为分析—设计—评价三大部分。分析过程是对学习需求的分析，包括对课程标准、教材、学习内容、学习者特征的分析，形成单元学习主题。设计包括学习目标设计、学习活动设计、教学策略设计、教学技术和手段设计、教学流程设计。评价包括形成性评价、过程性评价，最后形成持续性评价。

案例:"场"概念的整合。

深度学习是一种以高阶思维为主要认知活动的持续性学习过程,具有高投入性和建构性的内涵特质。深度学习需要高质量内容做支撑。

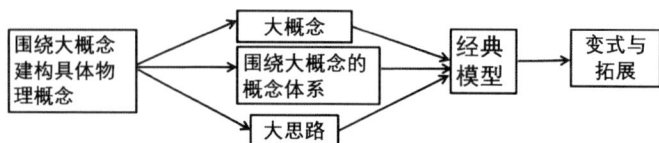

建模—用模—换模

图 1 培养学生建模能力的深度学习路径

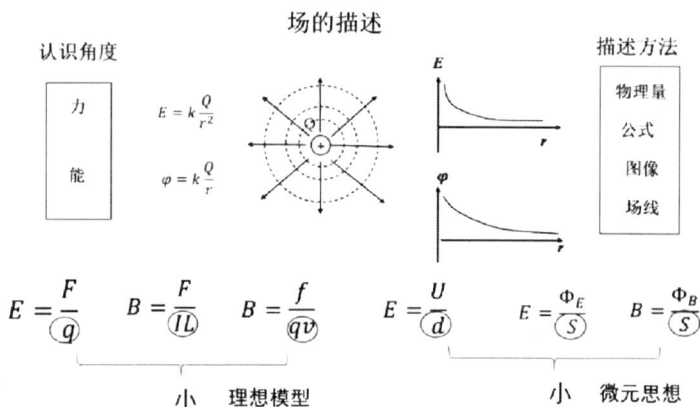

图 2 场的描述的基本方法

场强的定义方式

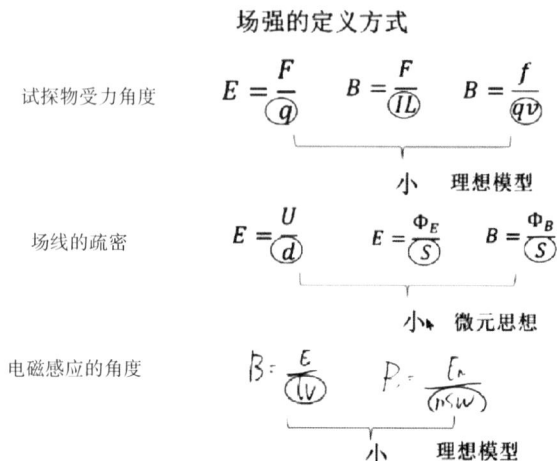

图 3 场强的定义方式

形成物理学的整体认识，形成结构化概念体系，领悟物理学统一的思维方式；改变了单一的思维逻辑，形成多维的思维逻辑，促进深层理解。

案例：恒定电流复习——《闭合电路的欧姆定律》。

（1）关于高三复习课中进行深度学习的策略。

第一类：创设真实的问题情境，导出具有挑战性的学习主题；转变教学方式，提高学生的课堂参与度；优化知识的关联度；通过变式，促进迁移，提升学生思维的深度和灵活度；动手动脑学物理，以研究者的态度进行实验；让学生感受到课堂的"温度"。第二类：分析已有认知，暴露思维误区，促成深度学习的发生；创设情境问题，融入体验活动，点燃深度学习的热情；修正错误观念，完善知识网络，反思中实现深度学习；渗透元认知策略，指导学会复习，保证深度学习可持续。

（2）课前诊断确定目标。

学生诊断：基本概念基本忘记；只记结论不记来由。

以核心素养为导向的目标：

科学观念：通过探究闭合电路中的做功和能量转化，建构非静电力、输出功率等概念，发展学生的能量观念。

科学思维：通过经历用能量守恒的思想推导纯电阻和非纯电阻闭合电路的欧姆定律，让学生体会建构电路模型，提升学生的思维水平。

科学探究：通过探究负载变化时，电路中电功率、电压、电流的变化情况，让学生体会用闭合电路的欧姆定律解决实际问题，提高学生的问题解决能力。

（3）情境的选择，从海量习题中提取问题。

高三，所选择的情境既要真实，又要以考题的形式呈现给学生，还要能够串联本节课大量的知识点，渗透本节课的思维方法。

教学主线：

能用这个规律去解决动态电路的问题，以路的角度来思考问题，判断相关的电学物理量的变化。通过推导闭合电路的欧姆定律，对电路中做功与能量转化有清晰的认识，发展能量观念。

案例:《单摆》。

设计引发学生思考、论证的问题链。

在教师抛出问题激起学生思考、讨论中，既要让学生充分发表自己的见解，又要保证讨论的有序、有效，这就需要教师很好地发挥主导作用。为此，教师要设计一系列问题，构建层层递进的问题链，引领学生深入思考、展开讨论，启发学生采用正确的思维方式进行分析、辩论，得到有价值的结论。针对简谐振动物体周期的决定因素，可以设置下列问题链引导学生思考、讨论：

a.弹簧振子、单摆分别由什么力提供回复力？

b.猜想弹簧振子的周期 T 可能跟什么因素有关？论证 T 与摆球质量 m、弹簧劲度系数 k 的关系。

c.猜想单摆的周期 T 可能跟什么因素有关？论证 T 与摆长 l、重力加速度 g 的关系，并解释周期与摆球质量 m 无关。

传统的教学，往往是从教师如何教学的角度，而较少从促进学生的学习角度进行学习设计。学习设计的出发点应该放在如何促进学生探究未知，如何设计真正核心的、有难度的、有挑战的课题。让学生在具体的任务或挑战中主动学习，在实践活动中动手探究，以促进学生进行深度学习。学习设计要贴近学生的生活经验，难度适中，避免简单的问题造成低效的甚至是无效的探究。同时也要避免探究的盲目性，所以学习设计应该做到清晰明确，使学生的学习过程、学习结果能够得到具象化的呈现。可以采用制定学习单的方式，特别是教师设定的挑战性的问题，可以让学生集中精力去探索。学习任务的设计，还要关注学生多种学习需要，让学生的优势得到全方位的开发，让学生多方面的能力都能得到锻炼和培养。使学生的学习形成一种不断深化的正向循环关系，达到深度学习的目的。

五、研究方法

（一）开展研究课

课题组共完成全国、市、区、校研究课 21 节：郭东辉老师的《电荷》《全反射》《动量守恒定律》（第一课时）、《动量守恒定律》（第二课时），李莹、边红、孙俊东老师的《串联电路和并联电路的应用——电表的改装》，邓连娣、李峥睿、孟祥斌老师的《匀变速直线运动的速度与时间的关系》，孙俊东、李莹、边红、郭东辉老师的《磁场对通电导线的作用力》，汤家新、陈欣、艾彤老师的《动能定理的应用》，李峥睿、孟祥斌老师的《自由落体运动》，艾彤老师的《高三月考试卷讲评》，李峥睿老师的《生活中的圆周运动》；3 节线上研究课：潘竞宇老师的《超重和失重》、李峥睿老师的《交变电流》、郭东辉老师的高三复习课《闭合电路欧姆定律》。教师们的研究课包含不同的课型，如概念课、规律课、实验课、复习课、试卷讲评课、线上课等，通过不同课型研究课，教师们摸索着探索如何通过教学方式转变促进学生学习方式的转变。

（二）加强理论学习

课题组教师不断加强学习，提升理论水平。课题组教师积极参加市级区级培训，不断提升业务水平。课题组聘请专家指导，研究新课标、新教材、新高考。北师大姚健欣老师为课题组教师做《能力进阶视域下的高中物理学业测评》，姚老师主要从事物理教育、科学教育、课程教材等方面的研究工作，帮助教师梳理了课程标准的变化，分析课程评价的设计、课程评价与教学，最后还谈了能力进阶视域下的物理命题研究，教师们收获非常大。

（三）开展教学研讨

每学期至少开展 2 次有主题的教学研讨，组内教师对课题实施过程中的感悟、体会、收获进行分享，对研究课进行点评与研讨。针对不同的学习方式，从概念的界定、教学资源的准备、课堂的实施、课后的反思进行充分的研讨，教师们收获颇多。

（四）撰写研究论文

教师在日常教学中不断尝试，积累教学感悟、总结教学经验、积累学案设计、撰写学术论文。共撰写论文 10 余篇，包括李莹老师的《高中物理教学方式变革初探》、邓连娣老师的《学生自主学习能力的培养和实践》《如何培养学生的推理论证能力》、汤家新老师的《浅谈学生学习方式的变革》、边红老师的《浅谈在物理教学中如何培养学生的分析论证能力》、李峥睿老师的《探究性学习在高中物理教学中的应用》、艾彤老师的《新高考背景下的高三复习学生学习方式的转变》、郭东辉老师的《在探究式学习中培养物理学科核心素养》、李春茹老师的《真问题探究类项目学习，促进学生学习方式转变的教学实践》、孟祥斌老师的《用最朴素的方式方法培养学生的物理学科核心素养》。边红老师的《浅谈在物理教学中如何培养学生的分析论证能力》、邓连娣老师的《由一道期末试题谈如何培养学生的推理论证能力》在本学期区论文评比中获得二等奖。邓连娣老师的《如何培养学生自主学习的能力》、郭东辉老师的《在探究式学习中培育学生物理学科核心素养》被《北京教育》增刊收录。郭东辉老师的《基于深度学习的探究学习——以磁场对通电导线的作用力为例》，被评为西城区"双新"项目中期教育教学成果三等奖。

（五）开展特色选修课程

特色选修课程有李峥睿老师的《物理实验创新与实践探究》，李春茹老师的《物理实验创新与实践探究》，邓连娣老师的《物理培优班》，孙俊东、李莹、郭东辉老师的《物理的明暗面》。选修课为更多热爱物理的学生提供舞台。更多的学生参与物理实验的探究与创新，激发学生物理学习兴趣，提升学生实验探究能力、实践能力；培养物理学科的核心素养与能力，培养学生科学思维以及自主探究能力、解决问题的能力。选修课联系生活、科技与社会，为学生提供自主学习的空间，创造学生合作学习的平台，全面提升物理学习能力。

（六）录制视频网课

疫情期间，市区里录制了大量的网络课程，为学生自主学习提供资源。课题组教师积极参与了区级课程的录制，录制区级课 5 节，分别为孟祥斌老师的《动量守恒定律》（第一课时）、艾彤老师的《动量守恒定律》（第二课时）、邓连娣老师的《实验：验证动量守恒定律》（第一课时）、汤家新老师的《实验：验证动量守恒定律》（第二课时）、郭东辉老师的《极限思想》《共点力平衡》。课题组教师业务能力强、肯专研、善学习，高质量完成网课录制工作。

六、研究成果

（一）获得专利 3 项

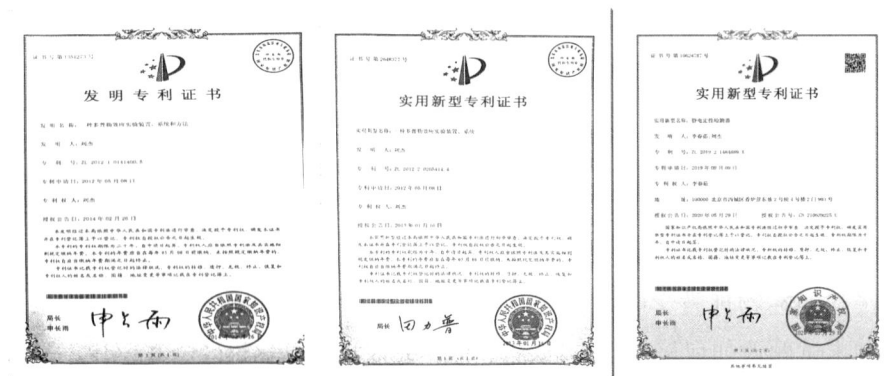

图 4　获得专利证书

3 个获得国家认定的专利产品，其中 2 个为实用型专利、1 个为发明专利，代表物理组内教师高水平的研究能力。

（二）课程收录于中学时事报

图 5　中学生实时报的相关报道

（三）论文获奖情况

图 6　获奖证书

（四）获得市区其他奖项

图 7　获奖证书

（五）成果学案

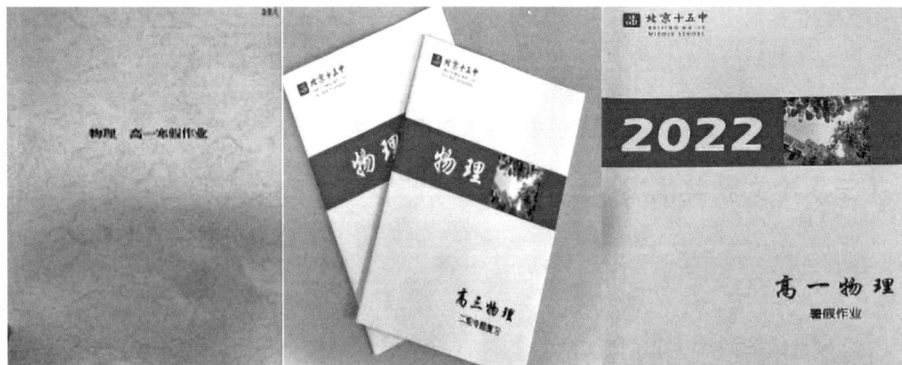

图 8　成果学案

（六）录制课程

录制区空中课堂 4 节：艾彤老师的《动量守恒定律》（第一课时）、孟祥斌老师的《动量守恒定律》（第二课时）、汤家新老师的《动量守恒实验》（第一

课时)、邓连娣老师的《动量守恒实验》(第二课时)。

录制市空中课堂 2 节：郭东辉老师的《动量守恒定律》(第一课时)、《动量守恒定律》(第二课时)。

（七）单元教学设计 2 个

《相互作用——力》单元教学设计、《安培力与洛伦兹力》单元教学设计。

七、研究效果

通过理论学习和实践研究，课题组以及教研组教师达成共识：面对新课程改革，倡导学生学习方式的转变，采取自主探索和合作交流等不同的学习形式。充分发挥学生的主体作用，通过整合学习方式促进教与学的改革，调动学生的积极性，培养学生的自主学习能力，引导学生学会学习、学会思考，培养学生的综合能力。不同课型采用不同教学方式，以期促进学生学习方式的变革，达到更好的教学效果。有一定数量的案例、论文、研究课、选修课支撑。

执笔人：邓连娣、边红、李莹、李春茹、孙俊东、汤加新、郭东辉、艾彤、李峥睿

"探寻英语教学中提升中学生文化认同感的有效策略研究"项目研究报告

宋相佚

一、研究背景

文化自信是一个国家、一个民族发展中最基本、最深沉、最持久的力量，是提升民族自信心的精神支柱。

高中英语课程改革的目标在于提升学生的核心素养，使其在语言能力、文化意识、思维品质和学习能力等方面得到提升。针对文化意识方面，课程标准希望通过课堂教学，学生能够了解不同国家和民族的优秀文化，比较中外文化的异同，汲取文化精华，形成跨文化认知、态度和行为取向。

青少年对于民族文化认同现状令人担忧。随着各国开放程度的提高和自由贸易的发展，全球化愈演愈烈，而如今的全球化已不再仅仅限于经济领域，文化领域的全球化也以极快的速度向世界各国蔓延。中国，一个有着悠久历史和优良传统的文明古国也正在不可避免地迎接着全球化这把"双刃剑"所带来的机遇和挑战。透过日常生活中的很多现象，我们发现中国的青少年对本民族的认同感正在受到外来文化的冲击。在日常教学中我们发现青少年平时的娱乐生活逐渐西化。他们爱过圣诞节、情人节等西方节日，他们爱听西方的音乐，他们爱看好莱坞大片、英美电视剧，他们也越来越爱吃西餐，对于青少年来说，这是一种潮流和时尚。对于国外的时尚品牌，他们也趋之若鹜。而在对比之下，中国的传统文化却显得日益萧条。研究者通过访谈发现，现在的很多青少年分不清中国朝代的先后顺序，不熟悉中国古代脍炙人口的诗词，对中华民族的礼仪也知之甚少。青少年民族认同感现状尴尬。

青少年民族认同感现状尴尬。本文的研究对象是高中生。他们处于从青少年向成人过渡的时期，他们的世界观、人生观、价值观都正处于形成阶段，在他们学习英语、了解西方国家文化的同时，我们探寻有效策略，对他们进行传统文化的教育，增强他们的民族自尊心、自信心和自豪感。长此以往，中华优秀文化一脉相承，中华优秀精神生生不息，这对加快现代化的建设，实现中华民族伟大复兴大有益处。

本课题旨在探求有效策略。通过策略教学，帮助高中生进一步扩大对中外文化知识学习的范围，学会用英文讲好中国故事。本课题还旨在积累优秀的文本，通过创设有意义的语境，基于不同语篇所承载的中外文化知识，尤其是与中国有关的内容，引导学生挖掘其意义与内 涵，帮助学生内化语言知识，加深对文化异同的理解，提升文化意识，帮助学生树立文化自尊，坚定文化自信，增强国家意识。

二、研究内容

内容之一：探求有效的教学策略，帮助高中生进一步扩大对中外文化知识学习的范围，学会用英文讲好中国故事。

内容之二：分析文体特点，引导学生挖掘不同文体的介绍中国的英语语篇的意义与内涵。本课题研究的领域是高中英语教学中的文化知识板块，通过创设有意义的语境，基于语篇所承载的中外文化知识，帮助学生内化语言知识，加深对文化异同的理解，提升文化意识，帮助学生树立文化自觉与文化自信，为实现中华民族伟大复兴的中国梦提供强大的精神动力。

三、研究方法

方法一：文献研究法。阅读相关文献，整理研究资料，提升参与人员的理论素养。

方法二：行动研究法。在行动中观察策略实施效果，不断收集、反馈、调整，积累教学实施过程资料。

方法三：个案研究法。撰写教学案例；以参与研究人员的教学班级为单位，以学生的平时表现、社会实践和终结性考试成绩作为参照标准，检验并调整阶段性研究成果。

方法四：经验总结法。每一个阶段研究结束后，及时总结实践策略，对教学中的有代表性和有效性的方法进行总结和提升。

四、研究过程

第一阶段：理论学习阶段。

课题组成员阅读文献，了解国内外相关理论，学习与课题调研相关的技术。自开展课题以来，课题组成员潜心阅读，每学期开展图书会交流心得体会，深入交流，厘清研究思路。

第二阶段：课例研究阶段。

课题组教师挖掘教材，提炼相关的章节，设计与提升民族认同感有关的活动，形成教学策略。在这个阶段，课题组教师利用学生开展社会实践的契机，发挥博物馆的载体作用，创设情境，鼓励学生利用文化资源、文化信息，开展英语综合实践活动，用英语讲好中国故事。

第三阶段：经验总结阶段。

此阶段课题组成员将之前的实践活动进行梳理，积极撰写论文、开办讲座，宣传研究成果。在这个阶段，课题组老师将之前收集的优质资源进行删选、整合、编写学案，供集团校内使用。

五、研究成果

本课题取得的成果涵盖教学和教育两个方面。本课题最大的成果是凝练出一些提升中学生文化认同感的有效策略。

（一）课堂教学策略

1. 融入优秀传统文化

在课程中，教师通过讲解中国文学、历史事件、传统美德等内容，让学生感受前人的智慧和情感表达，增强学生对民族历史的自豪感；组织开展专题讲座，邀请专家学者或文化名人走进课堂，讲述不同领域的文化知识和故事，如传统书法、绘画等，拓宽学生的文化视野。

2. 对比多元文化

讲课中，教师进行中外文化对比教学，让学生了解不同国家和地区文化的特点和差异。例如，在课上对比中西方节日的起源和庆祝方式，引导学生思考背后的文化价值观，讨论在全球化背景下如何保持和传承本土文化，同时吸收外来文化的优秀成果，提高学生对文化选择和融合的认识。

3. 互动式教学

组织课堂讨论和辩论，围绕文化相关的话题，如"传统文化在现代社会的价值""如何看待西方文化的影响"等，让学生积极发表自己的观点和看法，培养他们的批判性思维和表达能力。

（二）实践活动策略

1. 文化体验活动

教师组织学生参观博物馆、历史遗迹、文化艺术展览等，让他们亲身感受传统文化的魅力，增强民族自信心，提升民族自豪感。例如，参观故宫博物院，了解中国古代宫殿建筑的宏伟和皇家文化的深厚底蕴；参观书法展览，欣赏书法艺术的美，激发学生对传统艺术的兴趣。此外，教师联合教育部门，举办传统文化节日庆祝活动，如春节前开展写春联、猜灯谜的活动，端午节前组织学生包粽子等，让学生在参与中体验传统节日的文化内涵和乐趣，增强对传统文化的认同感。利用学校开展传统技艺体验课程的机会，在学生学习传统技艺的同时，鼓励学生用英语书写其对传统文化的魅力和价值的认识。

2. 社会实践活动

教师鼓励学生参与社区文化活动，如社区文艺演出、志愿服务等。通过与社区居民的互动，让学生了解本土文化在日常生活中的体现，增强对社区和家乡的归属感。

（三）校园文化建设策略

1. 营造文化氛围

与德育部门联动，在校园内设置文化展示区，展示学生的文化作品、传统文化知识展板等。例如，在校园走廊、教室墙壁等地方悬挂古诗词、传统书画作品的中英文介绍，让学生在校园中随时随地感受文化的熏陶。利用校园广播、宣传栏等宣传平台，定期播放和展示传统文化内容，营造浓厚的校园文化氛围。

2. 开展文化社团活动

与德育部门联动，鼓励学生自主组织文化活动，发挥他们的主动性，鼓励学生参加文化社团，如国学社、书法社、戏曲社等，为学生提供学习和了解文化的平台。

与此同时，在助推课题组教师教科研水平提升方面，本课题还取得了以下成果：

其一，课题组成员高质量完成研究课。三年间，课题组全体成员共完成高质量研究课 14 节。其中，2021 年，课题组 4 位成员均完成一节国家级研究课。

其二，课题组成员积极撰写论文。开展课题以来，课题组成员潜心阅读，开展图书会交流心得体会，厘清研究思路，撰写的论文涵盖文体研究、课例研究和课堂研究等方面，截至目前，课题组成员的 7 篇文章在市、区级论文评比中获奖。

其三，在集团校范围内开办讲座，发挥辐射作用。共开展单元教学设计的讲座 1 次、阅读教学培训 1 次。

其四，积极培育新人。课题负责人获聘首师大硕士研究生教学指导教师，三年间组织教学观摩指导，为教育系统培养新教师 6 人次；课题组成员担任首师大本科生教学实习师父，培养英语学科青年教师 8 人次。

其五，编写学案，供集团校内使用。三年来积极整理材料，编写学案，服务教学。先后整理印制了高一、高二基础知识配套练习，听力练习册和高三第一轮复习材料，供高中部学生使用，为学生们提供了学习、复习的好抓手。

其六，精心提供教学案例，集团校共享。精选 2 个教学设计与配套教学案例，在集团校交流时分享做法。

其七，组织初高中联合教研活动 2 次。课题组负责人组织教学交流研讨会，探讨"双新"背景下的听力口语教学和商讨跨学段学科内容整合培养的可行性策略。

其八，开展学生综合实践活动。三年来课题组与教育处合作，邀请专家开办讲座 2 次，简述魅力西城和敦煌壁画；鼓励学生用英语介绍十五中，学生自主拍摄双语版《品味——十五中食趣》；学生制作双语树牌，宣传植物知识。

六、研究效果

首先，教师的研究水平进一步提升，在教学中逐步探索出诸如使用证据收集的策略研读记叙性文本、开展英语综合实践活动等有效教学策略。在高中英语课内外教学中，教师精心设计教学内容，利用多种教学策略讲好中国故事，提升民族文化认同感的同时，探究如何提升学生的综合语言运用能力，并总结实施方法与成果，探索出读写结合、听说结合、听读结合等多种教学策略。

其次，高中生努力学习英语知识的同时，进一步扩大对中外文化知识学习的范围，加深对文化异同的理解，提升文化意识，学会用英文讲好中国故事。在实践活动中拥有了更多英语语言综合运用的机会，学会用英语介绍中国文化，学会用英语宣传身边的真善美，更快地坚定文化自信，拥有家国情怀，成为一名合格的中学生。

最后，经过课题研究，课题组教师们的学术影响力扩大。三年来，经过一场场的读书会、研讨会、磨课评课会，教师们的教学水平提升，教育视野越来越宽广，这有利于教师个人的发展。三年来，通过与集团校的交流沟通、分享经验，越来越多的人了解了我们十五中外语组，知晓了我们十五中外语组的实力。三年来，课题组教师们尽心指导首师大的研究生和本科生教学，帮助他们快速成长，接好班上好课。以上种种，皆反映出课题组教师们的学术影响力日渐扩大。

参考文献

[1] 教育部. 普通高中英语课程标准（2017 年版）[S]. 北京：人民教育出版社，2018.

[2] 王蔷，蒋京丽. 以核心素养为导向构建与英语新课标相适应的新型学业评价 [J]. 中国考试，2023（01）：67-73.

[3] 王蔷，孙万磊，李雪如. 从外语教学走向外语教育：新时代中小学英语课程体系的建构——《义务教育英语课程标准（2022 年版）》解读 [J]. 中小学外语教学（中学篇），2022（10）：1-8.

执笔人：宋相侠

"新课标背景下高中英语读写结合教学策略的研究" 项目研究报告

黄　健

一、研究背景

首先,《普通高中英语课程标准(2017 年版 2020 年修订)》(以下简称《新课标》)对我们的课程教学提出了更高的要求。《新课标》指出,在语言运用过程中,各种语言技能往往不是单独使用的,理解性技能与表达性技能可能同时使用。因此,在设计教学活动时,教师既要关注具体技能的训练,也要关注技能的综合运用。比如《新课标》建议,在阅读训练中穿插看图预测、提取表格信息、读前、读后的讨论或写概要、续写等看、说、写活动,避免孤立的单项技能训练。2019 年开始使用的新教材,也基于《新课标》的要求,每个单元都围绕一个主题语境,依托不同类型语篇,涵盖听、说、读、看、写等方面的技能训练,精心设计了读写结合的活动,聚焦读写能力的培养。针对读写结合教学策略进行研究,可以帮助教师更有效地组织和实施课堂教学,有助于学生语言运用能力的提升。是实现《新课标》中对学科核心素养培养的重要途径。

其次,英语高考的命题着重考查学生在具体社会情境中运用英语理解和表达意义的能力,高考的考试形式尽量贴近真实的语言使用情况,除了采用典型的听、说、读、看、写等任务,还增加了综合任务,为考生提供运用语言和展示语言能力的机会,如在阅读理解的基础上表达个人观点。2021 年北京新高考新题型——阅读表达,即是应命题要求,注重读写综合能力的考查。对读写结合教学策略的研究,是备战新高考的重要途径,同时也有助于借对高考的研究促进日常教学。

最后，传统模式的教学中，读与写往往作为单独的语言能力进行训练，学生在进行写作时常常不能利用阅读中学过的语言知识和结构；英语课对于学生读与写的培养也并不均衡，往往重阅读，轻写作，导致学生写作能力相对滞后，表达能力与思维能力不匹配。对读写结合教学策略的研究，有助于对这些教学问题修正，帮助学生更全面提升英语语言能力。

总之，针对读写结合进行研究探索，在"双新"背景下，既符合英语学科素养的培养方向，也能促进教师日常教学有效性的提高。希望通过研究解决日常教学中写作与阅读脱节的问题，并探索实际可行的策略，让语言在综合的使用中真正被掌握。

二、文献综述

目前解读读写结合教学策略的相关研究包括理论探索和实践研究，较为全面地分析了读写结合的研究意义、理论基础、现状问题及实践建议。

研究者对于读写结合依托的理论进行了分析。美国语言学家斯蒂芬·克拉申在20世纪80年代提出了语言输入假说理论，认为大量的、有效的语言输入是促成二语习得的必要条件。这一理论强调了语言输入的重要性，但是一定程度上忽视了语言输出的重要性。梅里尔·斯旺的输出假设理论认为，二语习得不仅需要可理解性的输入，也需要可理解性的输出，这样来增加语言学习的有效性，帮助学习者检验语言假设，形成反思能力。读写结合这种方式就是以输出为驱动的教学模式，写作是最终语言输出的目的。斯蒂芬·克拉申的输入假设理论和梅里尔·斯旺的输出假设理论相辅相成，为我们革新英语教学方法，开展读写结合提供了非常好的理论依据。我国的英语教育专家王蔷在其专著《英语教学法教程》中专门撰写了一章，把英语听说读写四项基本技能的教学方法综合起来，并通过设置不同类型的任务实现整合综合技能训练的目标。现阶段研究认为，基于目前阅读写作中凸显的问题，读写结合的研究十分必要。

目前的英语读写教学模式较为单一，阅读教学以语言理解为主，而忽略了阅读思维的培养，学生无法通过阅读学习融会贯通，全面发展包括写作在内的各方面能力。在应试教育背景下，写作的训练形式又较为单一，教师和学生往往都更关注结果而忽略过程。同时，学生自身词汇等语言储备不足也导致对写作产生畏难情绪。而对于高三年级来说，阅读课时间有限，教师往往精讲阅读篇章中的语言点和语法结构，而忽略阅读技巧和策略的讲授，缺乏文章深层利用及有效输出。这样的教学方式对于《新课标》和新高考的要求显然已不再适用。

针对这样的现状，很多研究者都试图在应用实践层面总结出一些建议。如加强学生的阅读思维培养，在阅读教学时引导学生关注文章逻辑结构、写作手法等，用阅读促进学生写作思维，增加读后写作，如缩写、仿写、改写、主题写作，模仿借鉴阅读材料。也有一些研究者给出了更为具体的实施步骤和实例，如建议教师在设定学习目标时体现读写结合的教学目的，实施形式上可灵活采用小组合作等多样形式，在阅读的读前、读中、读后各个环节将阅读与写作建立联系。《新课标》指出，"深入研读语篇，把握主题意义、挖掘文化价值、分析文体特征和语言特点及其与主题意义的关联，对教师做好教学设计具有重要意义，是教师落实英语学科素养核心目标、创设合理学习活动的重要前提"。因此，在确定具体的教学目标前，教师应从文本的主题、内容、文体结构、语言特点和作者观点五个角度、三个层面（what/how/why）梳理和解读文本，层层深入地理解和把握文本的主题意义，从而更好地围绕主题意义设计和开展教学。读前，教师应深入文本，确定基于主题探究的读写结合目标。重视对于语篇的分析，把握主题意义，在设置读后任务时与阅读环节输入主题紧密联系。在设置教学目标这一环节时，重视输入目标和输出目标之间的呼应和对接，保证读写结合的有效性。读中，教师应围绕文本，创设培养学习能力的输入活动，在读写结合的课堂中设计指向"写作目的"的阅读体验。学生通过与阅读材料的互动，调动自己的已有知识，充分理解文本中的语言和思想，奠定输出基础。教师在设计阅读任务时，要采用多种策略帮助学生建构文本的意义，充分思考如何推动学生的阅读逐步深入，推动学生的思维从获取表层信息到理解字里行间的深层信息。读后，教师要搭建基于思维启发的语言内化支架，不急于求成。《新课标》指出，在学习理解类活动的基础上，教师要引导学生围绕主题和所形成的新的知识结构开展描述、阐释、分析、判断等高阶思维训练的交流活动，逐步实现对语言知识和文化知识的内化，巩固新的知识结构，促进语言运用的自动化，助力学生将知识转化为能力。

这些基于读写结合的研究探索，为后续在"双新"背景下的进一步探索提供了有力参考。

三、概念界定

读写结合指在阅读教学中,按照系统、有效教学的原则,基于阅读文本的内容,设计与之相关的"写"的任务,综合阅读、写作及思维训练,建构从读学写、以读带写、以写促读的教学模式。这种模式贴合了《新课标》对英语学科素养的培养要求。

《新课标》指出,"学科核心素养是学科育人价值的集中体现""英语学科核心素养主要包括语言能力、文化意识、思维品质和学习能力"。在学习使用英语的过程中,"读"和"写"都是影响语言能力的重要因素,语言能力的提高蕴含文化意识、思维品质和学习能力的提升,有助于学生拓展国际视野和思维方式,开展跨文化交流。

《新课标》同时指出,语言技能是语言运用能力的重要组成部分,包括听、说、读、看、写等方面的技能。其中,"读"是理解性技能,"写"是表达性技能。理解性技能和表达性技能在语言学习过程中相辅相成、相互促进。因此,读写结合正是在教学中综合性语言运用的重要活动之一,将理解性的"读"与表达性的"写"通过教学活动有机结合,相互促进,综合训练学生语言运用能力,提升英语学科素养。

四、研究内容

本研究在教师层面,力求在教学中探索读写结合的有效教学策略。在高中英语课内外教学中,利用多种教学策略探究如何将阅读与写作有效融合,提升学生的综合语言运用能力,并总结实施方法与成果;在学生层面,力图提高学生阅读理解分析的能力与写作水平,培养学生对英语语言的综合运用。针对新高考对写作提出的要求,思考并实践探索在日常教学中的实施落实方法,将语言能力培养与备考相结合。具体研究内容如下:

研究初期,课题组阅读学习了相关文献,明确读写结合教学方式的理论基础,以及现阶段已有的研究路径和成果,初步确定了切合实际教学需要的实施方式。

在实际执行阶段,教师有意识地将阅读和写作活动融入日常的教学活动中，在过程中逐步确定了两个实施方向：以读促写的单元教学策略研究和以写促读的课外阅读教学策略研究。针对以读促写的单元教学研究，教师通过研究新课标新教材，对教材课文做文本分析，发掘有助于学生写作训练的篇目，通过常态课、公开课等方式推动读写结合教学活动的实施，整理总结课例。同时，梳理教材中单元话题的语言素材，为读写结合课程提供语料库。针对以写促读的课外阅读教学研究，教师从高一年级起为学生布置相应课外阅读作业，要求学生每周读后完成一定的写作任务，并在过程中根据学生阅读情况调整具体写作要求，观察、收集学生的阅读效果，总结课外阅读读写结合教学策略。

通过一轮的教学研究，课题组对教材进行系统整理及研讨交流，为后续进一步研究和实践读写结合教学总结经验。

五、研究方法

本课题以任教班级学生作为研究对象，以培养和发展学生综合语言应用能力为目标，通过读写结合的教学实施路径，将高中英语教学中读写结合的实施策略进行梳理、归纳，分析真实的教学案例，总结经验，有效培养学生的语言素养。

研究方法：

一、文献法。查阅与读写结合课题相关的文献资料，在国内外研究文献的基础上挑选适合本课题研究的基本理论与实施途径和方法，科学有效推进读写结合课题研究，积累理论资料。

二、观察法。在教学中有目的、有计划地对参与读写结合的教学班级进行观察，掌握一手材料，作为后续分析的依据。

三、行动研究法。对研究目标进行有计划的实践，不断总结实践经验，反思和诊断教学策略，并对有效成果及时验证、总结，撰写案例。

四、案例研究法。收集、总结教师读写结合教学经验、研究成果，对典型案例进行讨论研究，探究有效实施途径和案例中凸显的问题，以便及时对后续研究进行调整。

六、研究成果

在课题的实施过程中，研究者从以写促读和以读促写两个方面入手，探索高中英语教学中读写结合的实施方法，以达到有效提高学生综合语言素养的目的。在以写促读的研究方面，经实践发现，针对高一、高二年级在教学中定期补充课外阅读读书笔记及读书报告的写作活动，可以有效促进学生的课外阅读，确保学生达到《新课标》对课外阅读量的要求，达成对语言的学习和对篇章的理解。在以读促写的研究方面，通过对新教材的课文阅读及单元主题的学习，可以帮助学生就某一话题或某一类文章的写作提供支架，从而促进学生自主地输出表达。具体研究成果如下。

（一）以写促读的教学策略研究

根据《新课标》对学生课外阅读量的要求，高中每周的课外阅读量应不少于2500词，通过在课外阅读教学活动中布置写作任务，可以有效保证学生在阅读的过程中融合语言学习、信息整合、意义探究等，对文本深入、真实地学习和理解。

在高一、高二阶段每学期初，学生需根据自己的兴趣和语言水平选择一本原版小说或者其他类型的英语阅读文章，如杂志、报纸等作为课外阅读素材，每周完成一定量的阅读任务。为促进学生的阅读效果，学生在阅读的过程中需完成相应的写作任务，除了常规的单词和短语积累，学生每周需要对自己阅读的部分写一段 summary，梳理情节脉络或主要内容，并就此部分进行评论。

例如，某学生在高一下学期选择读 *Pride and Prejudice* 这本原版小说。在第一章节的总结作业中，学生写道："Mr. Bingley returns to his manor house in the country... Mrs. Bennet is an English country woman with five grown-up daughters. Having a snobbish vision, she wants one of her daughters to marry Mr. Bingley... This is an interesting beginning. The image like Mrs. Bennet is common in our life. This kind of beginning keeps me going on." 学生在梳理情节的过程中既对阅读的主要内容有了把握，同时在语境中对小说人物的性格也形成了自己的见解，并联想到身边的人物，助力了学生在语境中对内容的理解。写作任务有效地促进了学生对阅读任务的执行和深度思考。

还有一部分学生选择阅读英文杂志，其中包括了更多说明和议论文体。例如，在阅读了一篇关于志愿救援组织的介绍后，学生在读后写作中说道："I think this organization is caring and helpful, but it also has many problems to solve. On one hand, 4000 people want to be trained and devote themselves to be volunteers to save more lives for free. That's the shine of hope in the darkness... On the other hand, however, it is volunteer-run. So it is not so stable as government's organization. Its equipment all comes from donation..."学生结合阅读内容，从优点和问题两方面对文章中所述机构进行了自己的深入评价，写作任务鼓励了学生的批判性思维。

大部分学生在读后写作任务中都能够使用到阅读中出现的词汇或表达，读和写的训练相辅相成。经过一年的实践，任教班级绝大部分学生能按要求完成每周的阅读任务，约三分之二的学生希望之后的阅读笔记中继续包含总结和评价这两项写作任务，以激发阅读兴趣，提升阅读学习的效果。

除了日常的课外阅读，假期中，通过布置给学生读书报告的写作任务，同样促进了学生对整本书的阅读。对于读书报告的写作内容，同样应给予内容框架，如包含 General introduction, Content（setting, characters, plot...），Your favorite sentences, Your comments 等。读书报告的写作促进了学生更好地梳理和理解阅读文本，鼓励了学生进行持续有效的课外阅读的训练。

（二）以读促写的教学策略研究

2019 年版的新教材根据《新课标》的要求，基于单元主题语境安排和编写语篇，是学生深入学习语言、发展能力、培养策略等的重要载体。教材的阅读语篇也是学生学习写作的第一手素材。

一方面，本研究通过对教材内容的文本梳理，形成了以单元话题为依托的写作语料库，为学生基于话题的写作提供了语言素材。学生根据教师的归纳提示，自主阅读教材课文并对其中的表达进行梳理，运用到单元话题写作中，有效地把语言的输入转化为输出。同时，教材的课文本身也是学生学习篇章写作结构、内容及语言逻辑的重要范例，教师根据文章特点设计有助于学生将所学习的语篇转化为自己的写作输出的问题和活动，学生通过阅读文章，为后续写作活动做铺垫。

以北师大版必修第三册第七单元课文为例，学生通过阅读第一课对三幅世界名画的介绍，学习写作一篇对于其他艺术作品的介绍。学生在课堂阅读中对于作品的基本信息、内容介绍、创作背景，以及评价进行了阅读学习，文章结构清晰，语言生动。例如，在介绍《星夜》这幅世界名画时，作者运用了"massive circles of white and yellow racing across the sky""the moon hang bright"等语言来描述星空，通过比喻、拟人等修辞手法对画作进行了生动的介绍。学生通过梳理这些语言及文章脉络，在自己写作时也能呈现出条理清晰的介绍，有的同学也将原文中新学的表达，如 massive，racing across 等用在自己对其他作品的介绍中，提升了写作的质量。又如本单元 writing workshop 写作课中，教材为学生写作一封正式的咨询信提供了阅读学习范例。学生通过阅读教材提供的咨询信，找出此类书信中可以模仿写作的句子，应用于自己的咨询信写作中，实现了从不会写到写出符合内容要求、交际得体的文章。

将教材中文章的阅读学习与写作任务相结合，重点在于教师能够对课文文本进行准确的把握和充分的分析，选择适合的语篇进行与写作相结合的学习设计。通过一轮对教材的教学，目前已初步对各个单元合适的语篇学习素材进行了分析和相应教学设计。

另一方面，针对高三年级的以读促写的教学研究主要素材取自每年区模拟考试文本，把试卷中高质量的语篇作为语篇学习和输出的依托，依据文章特点对所选文章进行梳理分析，并设置相应的写作话题，阅读的过程也是对写作题目的进一步理解。例如，在对 2018 年海淀一模 D 篇 *Eudaimonia*（幸福）进行学习后，学生要完成一篇 40 词左右的微写作，具体任务为"Give a brief account of experiencing eudaimonia in your own life"学生只有从阅读中透彻理解作者所指的"幸福"是经历挑战甚至挫折后的成就感，才能写出符合要求的文段。通过读前给学生呈现贴合文章主题的写作题目和要求，可以促进学生在阅读的过程中更有的放矢。

七、研究效果

从教师层面，经过一段时间的研究，教师积累了较好的读写结合实践经验，根据新教材文章不同的话题、体裁，探索了单元主题下读写结合实施的具体方式。通过一轮的教学，对新教材有了更深入的理解，整理编辑的学案推广到各个年级的教学中使用，留下了宝贵的资料。对于课外阅读以写促读的探索，也引发了教师进一步的思考，激发了教学研究热情。

从学生层面，经过一段时期的训练，学生阅读分析的思维水平得到了提升，能够将阅读材料中学习到的语言、结构等应用于写作输出，写作的思维和语言水平有所进步，也培养了学生持续性阅读的习惯，提升了英语学习兴趣。

经过对研究过程的反思，读写结合的实践策略还有进一步改善的空间。

经过尝试对比统一阅读材料和学生自主选择两种方式，由教师指定阅读材料的优势更显著。学生自主选择的素材一部分不适合高中英语学习阶段，虽在开始保证了学生的阅读兴趣，但当选择文本难度过大时，不利于学生从语篇理解的角度真正有所收获。如有的学生选择阅读《瓦尔登湖》，但生词较多，阅读语义不连贯，不利于学生理解。由教师统一安排也更能保障学生学习的循序渐进，且不局限于某一种题材，更符合《新课标》对语篇知识内容的要求。

另外，为了保证课外阅读读写结合课程教学的落实，每周应安排相应课时对所阅读部分和写作习作进行讨论分享，关注学生过程性学习效果，带动更多学生养成阅读思考习惯。

参考文献

[1]董小华. 基于读写整合的高中英语阅读教学策略 [J]. 学周刊 A 版，2020（012）：40-41.

[2]粘绎璇. 例谈基于六要素整合的高中英语读写结合教学策略 [J].校园英语，2019：92-94.

[3]宋郝毓. 高中英语读写结合课堂教学的组织与实践 [J].新课程，2018.

[4]教育部. 普通高中英语课程标准 [S]. 北京：人民教育出版社，2017.

[5]戴曦. 读写＋联——英语读写结合新方式 [J].考试周刊，2017（55）：79.

[6]高鸣. 高中英语读写结合课的设计与思考——读写结合，齐头并进 [J].中学生英语，2017：23-23.

[7]曾柳英，李礼. 国内外英语读写整合教学研究综述 [J].考试周刊，2016：82.

[8]李成荣. 高中英语课堂教学中读写结合的实践探究 [J].教育家，2016：78-79.

[9] 黄伊晗. 新课标背景下高中英语阅读与写作的结合 [J]. 校园英语，2015（28）：149.

[10] 毛红利. 读写结合——展现高三英语阅读教学的精彩 [J]. 学周刊，2014（2）：178-179.

[11] 胡登阁. 高中英语读写结合的课堂教学. 百度文库. 2013.01. https://wenku.baidu.com/view/3035b76c9b6648d7c1c746eb.html.

执笔人：黄健

"动态数学软件GeoGebra在高中数学探究式教学中的应用研究"项目研究报告

张　彤

一、研究背景

现代信息技术的进步改变了社会生产方式，也带来了深刻的行业变革，教育行业当然也不例外。计算机辅助教学（CAI）是近年来日趋盛行的教学演化手段，对高中数学教育产生了深远的影响。另外，信息时代对于人才的需求趋于多元化、数字化，对高中生思维能力、信息技术应用能力的要求愈来愈高。从学生角度来看，现阶段高中生学习能力、思考能力欠缺的现状，严重影响了创新人才的培养。《普通高中数学课程标准（2017年版2020年修订）》（以下简称《新课标》）也指出，提倡利用信息技术来呈现以往教学中难以呈现的课程内容，加强数学教学与信息技术的结合；以学科知识教学为载体，通过调整改变教学组织形式，创新教学模式，丰富课程内容，激发学生学习的活力提出的研究课题。基于此背景下，本课题将一种功能强大的开源软件——GeoGebra软件（以下简称GGB）引入到高中数学教学过程中，以学科知识为载体，通过引入可视化软件，改变教学组织形式，创新教学模式，丰富和拓展课程主体内容，从而激发学生学习动力与思维活力。

二、文献综述

GGB是一款专为数学教学研发的软件，其相关研究也都与数学教学有关。

通过对已有的相关文献进行整理，发现有关研究有四类：案例研究、解题研究、相关理论研究和工具研究。

（一）案例研究

案例研究主要分为两类：课堂教学研究和数学实验研究。课堂教学研究主要是从课堂片段优化的角度研究。例如，后文就是从函数的概念、图象、应用三个方面的教学片段出发，基于数学核心素养的提高分析使用 GGB 的优势，认为使用 GGB 使得函数概念更形象、图象更清晰、应用更生动。同时，后文从制作角度出发，研究使用 GGB 探索曲面和曲线的方程，并且能够绘制曲面图形。数学实验研究就是在数学中融入计算机技术，以此来提高学生数学学习的积极性以及应用数学的意识，强调学生自主探究的数学学习方式。后文亦有由教师创设情境，设置问题串，让学生动手操作 GGB 的表格计算与绘图功能，探究身高与体重的关系，以及基于撒点实验、逼近思想、使用 GGB 探究圆周率的近似值。

（二）解题研究

解题研究主要是利用 GGB 将题目情景直观展示，便于学生观察和思考。如基于椭圆与双曲线构图法对高考题的问题情境进行刻画；从题目延伸出探究内容，基于知识本身对一道与椭圆有关的高考题进行分析，并对题目进行延伸、猜想，然后使用 GGB 探究并验证猜想；基于已经学过的圆锥曲线的知识，发现研究了和、差、商的定值的轨迹，却没有研究积的定值的轨迹，并且利用 GGB 软件的优势，引出对这一类问题的探究；根据有商标的铅笔在不同交叉直线上滑动的实际情境，利用 GGB 展开对商标轨迹这一类问题的研究。

（三）相关理论研究

相关理论研究主要是基于某个理论，探讨如何将 GGB 与理论结合，并以此提高教师的教和学生的学。如以导数概念为例，研究 GGB 环境下基于APOS 理论的四个阶段的数学概念教学，使教师以一种更生动、形象的方式带领学生进行探究式学习。还有人从数学思想的角度出发，研究利用 GGB 环境下的功能特点，可以使教学以"数形结合"的方式进行。

（四）工具研究

工具类的研究主要分为工具介绍和工具开发。工具介绍类的研究主要是对GGB 的介绍以及应用推广。有学者使用 GGB 环境下的交互功能，对教育资源平台的构建进行了推广说明；有学者则对动态展示、数形结合、立体图形等这些 GGB 的比较独特的功能做了详细介绍。而工具开发主要是利用 GGB 的基本功能，实现具体课件的开发。例如有人对立体几何中圆台的制作进行了研究；也有人利用锥体侧面展开的参数方程进行作图。

三、概念界定

（一）数学软件 GGB 介绍

GGB 是 2002 年由美国佛罗里达州亚特兰大学马库斯·霍思沃特教授设计的一款免费动态数学软件，目前由 Markus Hohenwarter 和一个国际性的软件开发团队共同开发，他们的目的是设计一款易学易用的数学教学工具。

GGB 以点、直线、多边形、向量、圆锥曲线和函数等为基本元素，具有几何、代数和图表动态结合的强大功能，GGB 界面有代数区——类似超级画板的程序区，几何区（绘图区、3D 绘图区）——类似几何画板，数据表区（通常处于隐藏状态）——类似 Excel，最下面一行是命令输入框。

GGB 功能强大，几乎覆盖了数学的所有领域，可用于从启蒙教育到大学教育的数学教学。GGB 不仅为教师提供了动态演示的教学平台，还为学生自己开展数学探索和实验提供了灵活的工具。通过教师课堂上的实时操作演示，中学生容易掌握 GGB 的基本操作，进而激发学生积极主动地运用 GGB 进行数学探究的热情，使学生真正成为探究的主体。对学生而言，GGB 把复杂而抽象的问题通过易学易用的操作变得相对简单而具体，能激发学生亲自动手尝试的渴望，也为想进一步探索的学生提供了学习的平台。

（二）数学探究式教学

探究式教学：杜威认为探究是学习的基础，所以他经常被认为是探究式教学的创始人。20 世纪 50 年代，美国著名科学家施瓦布在掀起的教育现代化运动中率先开始倡导探究式教学。施瓦布认为，在教学过程中学生应像科学家一样主动探索，不断去发现问题和解决问题，从而获取新知，培养自己的能力，特别是创造能力，同时受到科学方法、精神、价值观的教育。所谓探究式教学，就是以探究为主的教学。具体是指教学过程是在教师的启发诱导下，以学生独立自主学习和合作讨论为前提，以现行教材为基本探究内容，以学生周围世界和生活实际为参照对象，为学生提供充分自由表达、质疑、探究、讨论问题的机会，让学生通过个人、小组、集体等尝试活动，将自己所学知识应用于解决实际问题的一种教学形式，是应用于解决实际问题的一种教学形式。探究式教学是一种更多地倾向于以学生为中心的教与学的方式，学生在这样的教学环境下，学习科学的探究方法并学会如何探究，丰富自己未来的学习策略。在这样的环境中，教师扮演的角色有别于传统教学中的"倾诉者"，要求教师能够通过引导学生探究，让学生自己发现问题、提出问题、解决问题，最终帮助学生完成知识的建构，并且在此过程中，必要时教师还应鼓励学生交流协作，组织小组和全班讨论。这样看来，学生没有被单独留在他们的发现中，而是由支持他们学习的教师引导着，从而独立地完成探究。

《新课标》这样描述数学探究："数学探究即数学探究性课题学习，是指学生围绕某个数学问题，自主探究、学习的过程。这个过程包括：观察分析数学事实，提出有意义的数学问题，猜测、探求适当的数学结论或规律，给出解释或证明。"数学探究式教学与一个展开设定的数学教育目标有关，如提高学生数学思维的能力、培养学生学习的动机、使学生获得未来深入学习的策略，以及帮助学生获得像科学家一样做研究和探究需要的能力。数学探究式教学既是数学教学的一种理念和方法，也是课堂教学的一种组织呈现形式。数学探究式教学可以认为是：教师通过各种措施和途径，把学生在数学学习过程中的发现、探索、研究等认识活动凸显出来，使数学学习过程更多地成为学生发现问题、提出问题、解决问题过程的一种学习方式。这个教学过程以问题为载体，教师在学生先验知识的基础上创设探索问题的情境，学生通过观察、分析来提出假设，并进一步由教师启发引导至既定的数学概念和结论，学生逐渐可以解释和论证假设，最终获得数学新知。在此期间，学生体会认识到数学概念和结论产生的曲折过程。对假设的识别和逻辑辩证思维的使用，有助于学生理解数学直观和严谨的关系，培养科学实践的精神和数学思维的能力。

四、研究内容

在 GGB 辅助教学中，利用动态数学软件 GGB，首先可以加深学生对于几何教学知识的理解，强化空间想象能力，通过其自主操作深刻地理解实际问题是如何一步一步被解决，观看其演化进程，强化思维。其次，通过主动操作可以培养学生的探索精神，增加开放性试题的研究，拓广学生的解题思路，使其发现其中的数学原理。最后，为学生提供开展合作性学习的资源，提供实践机会，使其通过小组交流式的讨论，协作解决实际问题，助力培养创新型人才。本课题试图通过将现代信息技术与高中数学几何教学有机结合，开拓出一种更有效的教学模式，对辅助高中数学教学改革有一定参考意义。

充分开发出动态数学软件 GGB 的功能，拓展可应用的一线教学场景。以极大提高学生学习兴趣、帮助培养思维习惯为目标，不仅帮助学生更易掌握核心知识和思维方法，同时学习将这个技术软件作为一种解决问题的工具，更好地应用到实际问题的解决中。

本课题从理论研究和实践探索两方面展开：

在理论研究方面，首先通过阅读学习文献，详细了解 GGB 软件的特点与教学功能。从理论视角出发，以多元表征学习理念为基本思路，讨论数学软件辅助高中教学的原则：信息打包原则、空间邻近原则、时间临近原则和一致性原则（刘巧玲，2014）。然后根据以上原则设计高中数学若干教学案例。案例选取了高中数学教学中可能用到信息技术操作支持，从而突破课堂教学案例中的重点难点，套用现实的教学场景结合理论进行分析。案例主要包括基本教学分析、制作过程和基本原理和应用三个方面。具体来看两个例子。

例 1：借助动态数学软件 GGB 展示《古代算法案例》中的割圆术。软件中图形变换的精准和生动，可以很容易地帮助学生理解极限思想，并且在思维贯通的基础上解决实际问题，真正培养和打通学生对于多元理念的理解，从而在理解的基础上能够运用到相似的问题场景中，甚至通过对图形的观察，以新的角度发现新的问题，达到"举一反三"的效果。

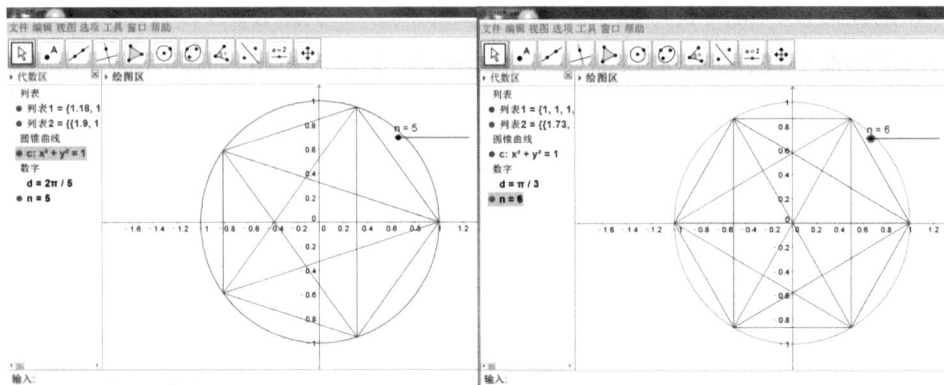

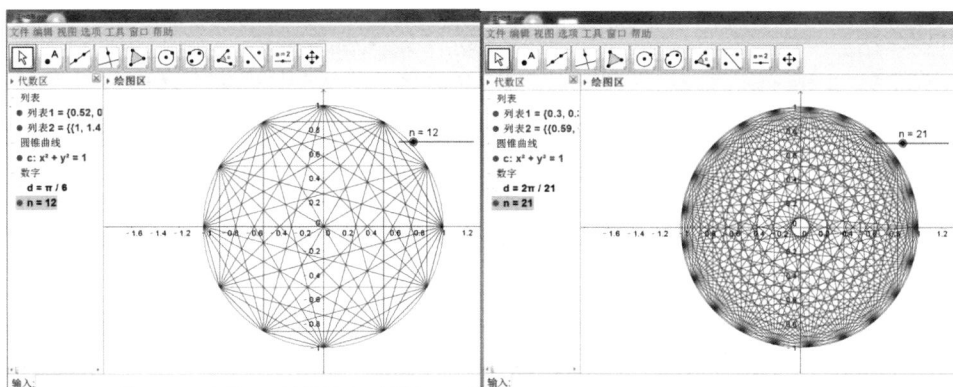

图 1 割圆术

例 2：随着课程改革的深入，立体几何教学中更多地要求学生利用空间向量的方法，通过空间直角坐标系将几何问题转化成代数问题来解决。从三维空间想象到二维建模创造，要求学生具有较高的空间想象力和理解能力。部分学生难以快速理解空间图形之间的位置关系。借助一个动态展示几何的软件，可以帮助学生理解这种位置关系，从而更加直观生动地展示立体与平面的关系，在教学过程中在学生的思维层面刻画出生动的印记，这便是动态数学软件 GGB 起到的独特作用。借助动态数学软件 GGB 中的 3D 功能，展示立体几何中的三视图，不仅直观且容易被学生接受，而且具有其他优势。不仅立体图形与三视图的转化变得简单许多，而且学生可以在自主操作的基础上建立对于问题的讨论和小组合作意愿，锻炼其自主解决问题与协作互助能力。学生可以在图形上随意加点，形成新的多面体，通过主动进行实际操作的教学方式，最大化提升对于空间思维的理解能力。

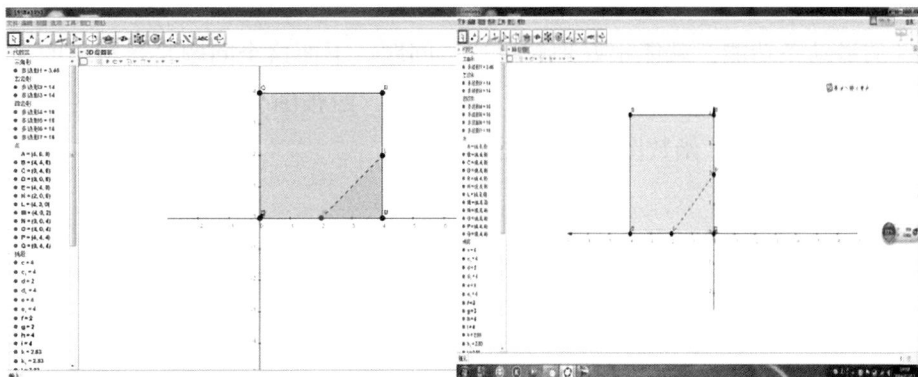

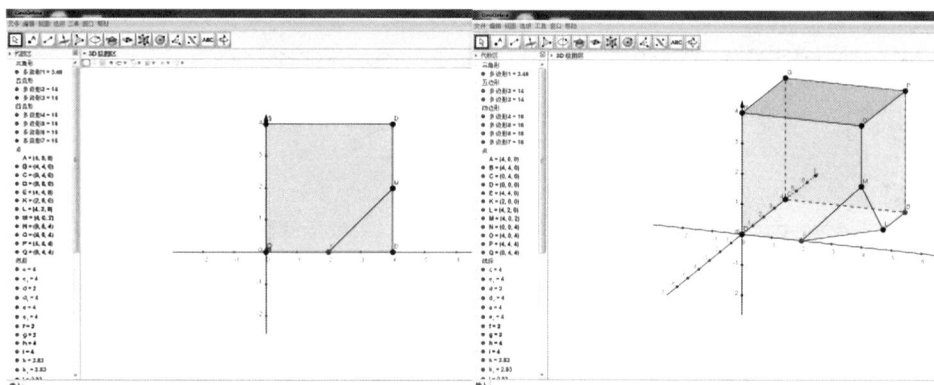

图 2　形成多面体

在实践研究方面，课题将所涉及的案例应用于教学实践的研究，以教学实验为主，问卷调查、个案访谈为辅，对 GGB 辅助教学模式进行实践探究，探索学生学习兴趣、思维探究能力如何通过该软件进一步发掘。

实践研究主要分为三个步骤。第一步，通过组织课题组教师参与学习、讨论、研究动态数学软件 GGB 与教学内容的关联，发掘教学实验场景。第二步，积极开发 GGB 教学软件功能，充分了解和利用软件功能，并思考如何合适地将其在教学过程中展示给学生，帮助学生更加快速、容易理解和掌握核心知识点及思维方法。第三步，开设选修课，通过师生共同探索和发现开放性问题，充分调动学生学习积极性，开发学生的潜力，使其更好地理解知识点与其背后的思维方式。下面举两例说明。

例 1：分段函数是必修一的一个重点内容，也是学生学习的一个难点，尤其是涉及含参的解析式或区间时，大部分学生接受起来会比较困难，原因主要是学生很难直观想象当参数变化时函数图象随之变化的过程。利用 GGB 教学软件的滑动条功能，就能很好地解决这一问题。下面这个问题是教材中的一个问题，如图展示了如何利用 GGB 将其直观化。四张图分别展示了当区间端点参数 t 取值变化时，函数图象的变化过程。

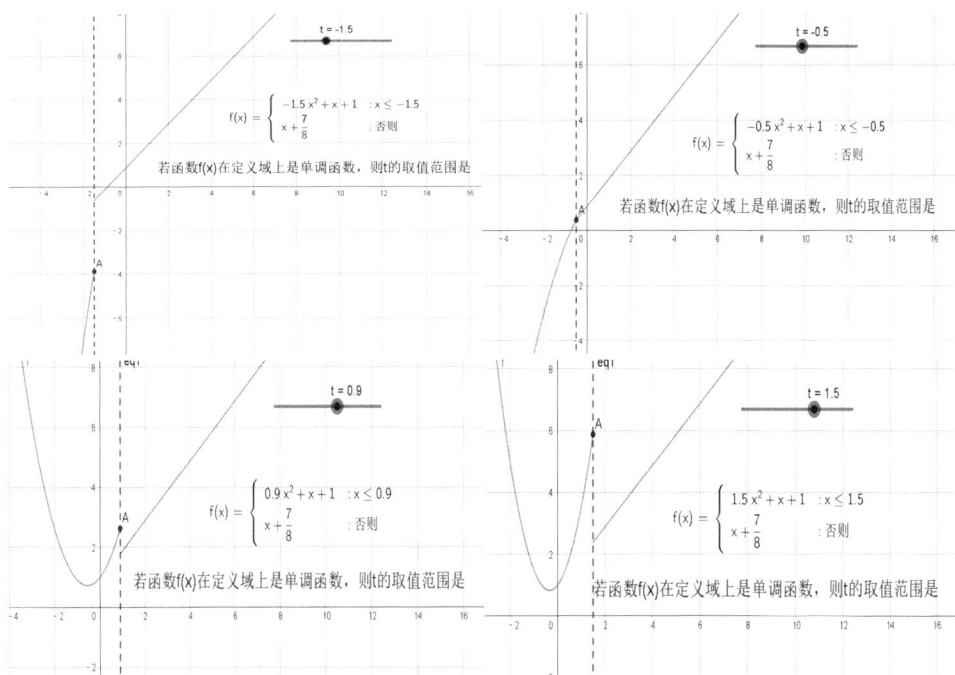

图3　分段函数展示

例2：解析几何既是高中的重点难点内容，也是高考的核心考点，但由于这部分内容对学生的数学素养要求较高，导致有些同学学习起来有一些障碍。例如，三种圆锥曲线的定义都可以在GGB软件中直观验证，北京高考中常见的定点定值问题也可以借助GGB进行探究，圆锥曲线中的一些二级结论也可利用GGB进行猜想验证，等等。

五、研究方法

文献研究法：通过阅读学习文献，详细了解GGB软件的特点与教学功能，从理论视角出发，以多元表征学习理念为基本思路，讨论数学软件辅助高中教学的原则：信息打包原则、空间邻近原则、时间临近原则和一致性原则（刘巧玲，2014）。然后以上原则为理论依据，设计高中数学若干案例。

专家引领法：聘请专家到校开设讲座，引领教师（后期有部分学生参与）开拓动态数学软件GGB使用方法及使用的思路，帮助老师们拓宽视野、加深理解。

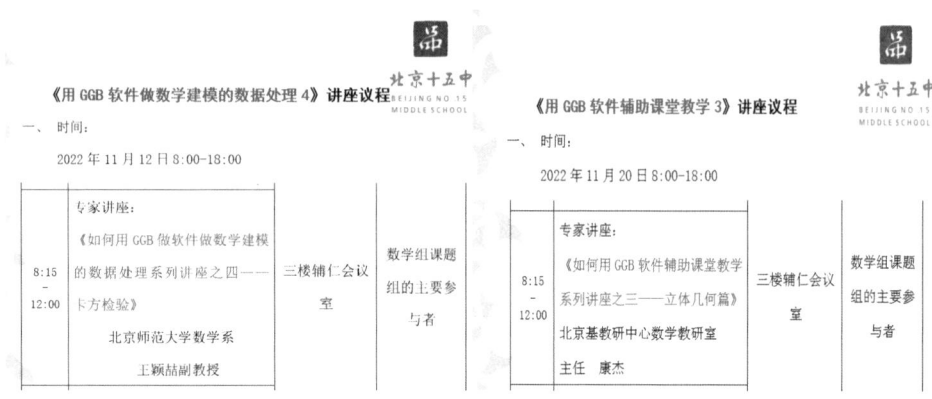

图 4　专家讲座议程

实践研究法：实践研究主要分为三个步骤。第一步，通过组织课题组教师参与学习、讨论、研究动态数学软件 GGB 与教学内容的关联，发掘教学实验场景。第二步，积极开发 GGB 教学软件功能，充分了解和利用软件功能并思考如何合适地将其在教学过程中展示给学生，帮助学生更加快速、容易地理解和掌握核心知识点及思维方法。第三步，开设选修课，通过师生共同探索和发现开放性问题，充分调动学生学习积极性，开发学生巨大潜力，使其更好地理解知识点与其背后的思维方式。

六、研究成果

通过研究和探索摸索出适合各种教学场景应用的相关课程，课程主要适用于人教 B 版教材的相关内容，适应《新课标》中"利用信息技术来呈现以往教学中难以呈现的课程内容，加强数学教学与信息技术的结合"目标的实现。

（1）通过集体讨论和探索，极大地提升了同组教师应用 GGB 软件的能力。

（2）立足于一线课堂，积极开发相关的课件，能够使课件真正达到辅助教学的作用。

（3）通过不断地参与教学实践，部分参与研究的教师写出了高质量的论文并获得了奖项。

（4）使学生对 GGB 软件感兴趣，通过课件的展示，学生能够更直观地理解重点、突破难点。

（5）开设相关选修课，调动了学生学习数学的积极性，在熟练掌握软件的基础上，初步将之运用到实际问题解决的过程中。

张兆浚
陈霄.ggb
程鑫涛1.jpg
程鑫涛2.jpg
程鑫涛3.jpg
程鑫涛4.jpg
程梓轩.ggb
冯浩铭 刘怡凡.ggb
高二八 张汉卿.ggb
高二九，柯美琪.ggb
李海壹.png
李星颜.ggb
牟思翰1.ggb
牟思翰2.ggb

祁彤.ggb
孙欣雨1.ggb
孙欣雨2.ggb
田朔1.mp4
田朔3.mp4
田朔4.mp4
田朔5.mp4
王子舒1号.ggb
王子舒2号.ggb
王子舒3号.ggb
杨瑞熙1.ggb
杨瑞熙2.ggb
杨心尧1.ggb
杨心尧3.ggb

图 5　选修课学生作品集

（6）完善相关选修课的内容，形成了较为完善的相关校本教材。

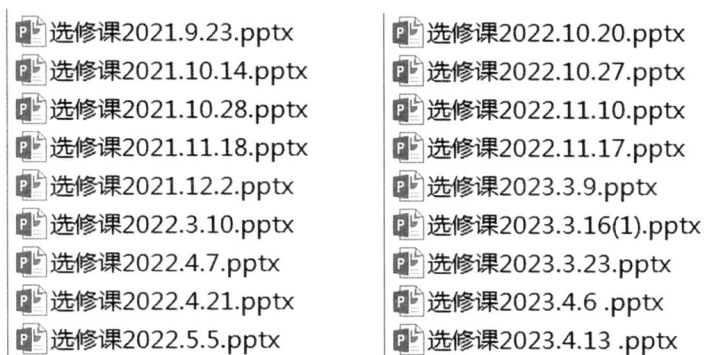

选修课2021.9.23.pptx
选修课2021.10.14.pptx
选修课2021.10.28.pptx
选修课2021.11.18.pptx
选修课2021.12.2.pptx
选修课2022.3.10.pptx
选修课2022.4.7.pptx
选修课2022.4.21.pptx
选修课2022.5.5.pptx

选修课2022.10.20.pptx
选修课2022.10.27.pptx
选修课2022.11.10.pptx
选修课2022.11.17.pptx
选修课2023.3.9.pptx
选修课2023.3.16(1).pptx
选修课2023.3.23.pptx
选修课2023.4.6 .pptx
选修课2023.4.13 .pptx

图 6　选修课课件集

七、研究效果

研究课：以下课程均使用 GGB 软件参与教学过程。

表 1　研究课

时间	授课教师	课程内容
2021.6	韩宇	导数的应用——函数零点问题
2021.10	韩宇	建模初体验——汽车紧急刹车情况下的停车距离问题
2021.10	黄思祺	直线与圆的位置关系
2022.4	韩宇	对"向量数量积中的动点问题"试题分析
2022.10	黄思祺	平面向量数量积高考真题盘点
2022.10	韩宇	直线与圆的位置关系
2023.3	苏汉杰	正弦函数的图象和性质
2023.4	黄思祺	西城一模试卷讲评

表 2　选修课

学段	授课教师	课程名称
2021 高二下	黄思祺	玩转 GeoGebra
2021 高二上	黄思祺、韩宇	玩转 GeoGebra
2022 高二下	黄思祺、韩宇	玩转 GeoGebra
2022 高二上、下	韩宇	玩转 GeoGebra

获奖 / 发表的论文：以下论文均有"使用 GGB 软件参与教学过程"的内容及对于教学过程的再探索及得失总结（反思）。

表 3　基于具体教学实践撰写的研究性论文

日期	论文作者	论文题目	发表 / 获奖情况
2021.7	韩宇	让学生在解题教学中感知数学美——以三角函数为例	西城区教育学会第 24 届征文三等奖
2021.10	韩宇	在数学文化中感受数学之美	北京市第 14 届"京美杯"论文征集三等奖
2021.12	韩宇	问题驱动下中学数学关键能力培养的策略研究——以"导数的应用——函数零点问题"为例	北京市教育学会创造教育专业委员会 2021 学术论文评审二等奖
2022.1	韩宇	多面体与棱柱	为国家级示范区"指向核心素养的深度学习教学改进项目"的西城区子项目提供教学设计
2022.5	韩宇	在数学文化中感受数学之美	北京市基础教育科学研究优秀论文二等奖

续表

日期	论文作者	论文题目	发表/获奖情况
2022.7	郑毅斌、韩宇	基于 GeoGebra 软件的高中数学建模教学研究	西城区"双新"项目中期教育教学成果奖三等奖
2022.8	郑毅斌、韩宇	基于关键能力培养的高中数学建模课堂教学策略研究	新课程教学第 144 期高中数学建模教学研究专题
2021.12	黄思祺	促使课堂主体转变的策略研究——让学习真实发生	北京市教育学会创造教育专业委员会三等奖
2022.5	黄思祺	学习共同体理念下数学课堂教学模式的转变	北京教育科学研究院基础教育科学研究所二等奖
2022.7	黄思祺	数学学科视域下高中生关键能力之合作能力的培养策略研究	北京市西城区教育委员会二等奖
2022.10	黄思祺	高中数学课堂学习共同体的构建策略——以《数列的应用》为例	发表于《北京教育》专刊

学生论文集《用数学的美感描绘世界》（中国言实出版社 2023 年 1 月第 1 版，谭小青主编）：其中部分文章使用了 GGB 软件分析拟合统计数据，绘制图象、构造函数。

参考文献

[1] 司业佳. GeoGebra：辅助函数教学的利器 [J]. 数学教学通讯，2018（24）：35-36.

[2] 施永新. GeoGebra 软件在空间解析几何教学中的应用探析 [J]. 宁德师范学院学报（自然科学版），2018（03）：330-336.

[3] 吴纯良. 基于 GeoGebra 的统计教学课例赏析——"两个变量的线性相关（第 2 课时）"[J]. 数学通报，2016（12）：20-23.

[4] 丁银杰. 用 Geogebra 设计实验探究圆周率的近似值 [J]. 中学数学月刊，2016（03）：53-55.

[5] 温家斌. 圆锥曲线的经典作法演绎高考题 [J]. 数学学习与研究，2013（13）：84-85.

[6] 熊向前，杨墁. 在 GeoGebra 的辅助下对一道高考解析几何题的探究 [J]. 中学数学研究（华南师范大学版），2018（09）：35-38.

[7] 寇恒清. 对一类轨迹问题的探究 [J]. 数学通报，2015（02）：50-54.

[8] 李恒. 用铅笔玩出来的轨迹问题 [J]. 数学通报，2015（11）：52-56.

[9] 吴华，周鸣. GeoGebra 环境下基于 APOS 理论的数学概念教学研究——以导数概念为例 [J]. 数学教育学报，2013（02）：87-90.

[10] 盘俊春. 数形结合的利器：GeoGebra[J]. 中国信息技术教育，2013（03）：87-89.

[11] 杨林，刘梅. 简单易学的开源动态数学软件——GeoGebra[J]. 中国信息技术教育，2018（10）：56-59.

[12] 王康. 基于 GeoGebra 的高中立体几何课件的设计与开发——以圆台的认识为例 [J]. 内江师范学院学报，2017（08）：26-30.

[13] 张东海. 锥体侧面展开的参数方程法及其 GeoGebra 制图 [J]. 中国教育技术装备，2017（04）：37-38.

[14] 喻平. 数学教育心理学 [M]. 南宁：广西教育出版社，2004：49.

[15] 张崇善. 探究式：课堂教学改革之理想选择 [J]. 教育理论与实践，2001（11）.

[16] 徐彦辉. 数学探究的教育价值——论数学探究教学的学科底蕴 [J]. 学科教育，2002（08）.

执笔人：黄思祺、张彤

"基于高中政治核心素养的议题式教学研究与实践"项目研究报告

孙丽华

一、研究背景

《普通高中思想政治课程标准（2017年版2020年修订）》（以下简称《新课标》）中提出："高中思想政治课程是落实立德树人根本任务的关键课程，以培育社会主义核心价值观为目的，是帮助学生确立正确的政治方向、提高思想政治学科核心素养、增强社会理解和参与能力的综合性、活动型学科课程。"《新课标》提出，要"构建以培育思想政治学科核心素养为主导的活动型学科课程"，要"尊重学生身心发展规律，改进教学方式"，在课程实施中，要"通过议题的引入、引导和讨论，推动教师转变教学方式""在合作学习和探究学习的过程中，培养创新精神，提高实践能力"。而如何改进教学方式，构建议题式活动型学科课程成为广大一线教师面临的实际问题。

议题式教学法是对传统教学方法的革新，《新课标》中的学业质量标准要求，要"引导教学更加关注育人目的，更加注重培养学生核心素养，更加强调提高学生综合运用知识解决实际问题的能力"。而这些核心素养和能力的培养，仅仅依靠传统的讲授式教学已经不能完全满足，在今后的学业水平考试和升学考试中，那些依靠"死记硬背"就能得高分的现象将会越来越少，所谓"高分低能"现象将进一步得到改善。作为一线思想政治教师，为落实立德树人根本任务，需要研究探索议题式教学法在高中思想政治课中的运用，推动学生发生"真正的学"和"深度的学习"，提升教学质量和课堂实效。

然而，目前高中思想政治课堂面临着更高的挑战。高中生处于"拔节孕穗期"，是最有朝气和活力的关键时期。他们喜欢独立思考，积极通过实践体验不断探索世界的奥秘。然而，面对日新月异的社会变革，生活在社会价值观多元化的社会背景下的高中生，对老师一再强调的"大道理"，对部分国家政策等存在很大的抵触。部分学生对高中政治学科的学习很不重视，认为政治"没错""没用""没劲"，就是个靠死记硬背就能得高分的学科。政治课堂常常会出现，教师在台上自我陶醉，学生在台下昏昏欲睡的尴尬现象。

高中思想政治课担负着党和国家实现立德树人，培养有政治认同、科学精神、法治意识、公共参与的社会主义合格建设者和接班人的重要使命。同时，普通高中的培养目标要求，进一步提升学生综合素质，着力发展核心素养，使学生具有理想信念和社会责任感，具有科学文化素养和终身学习能力，具有自主发展能力和沟通合作能力。高中思想政治教师需要根据以上学生实际情况以及出现的相应问题，着眼于学生未来发展，进一步通过对议题式教学模式的研究，改善政治课堂面貌，推动有理、有据、有趣的高中思想政治课程的建设和提升。

议题式教学法在欧美、日本等国被用在社会科学中培养公民素养，已经过一百多年的理论研究与实践，并形成了相对完善的理论和实践成果，对提高我国高中思想政治课教学实效性有很重要的借鉴意义。我国关于议题式教学法的研究起步较晚，且将这一方法运用于高中思想政治课教学的研究存在严重不足。本文尝试在《新课标》指导下，充分借鉴国内外关于议题式教学的一切有益成果，分析议题式教学法运用于高中思想政治课教学的现状，尝试分析得出符合我国国情，尤其是北京市高中生学情的议题式教学法的优化策略。

二、文献综述

（一）国内的研究状况

议题的本质是能激发学生思考讨论有效的问题。我国古代就非常重视议题式教学的研究，早在先秦时期孔子就提出"不愤不启，不悱不发"（《论语·述而》）的启发式教学方式，主张教导学生，不到他冥思苦想仍不得其解的时候，不去开导他，不到他想说却说不出来的时候，不去启发他。这是最早通过议题设计，激发学生思考，解决现实问题的典范。在议题的思考和讨论过程中，教师通过这种议题启发式教学，提升学生的思维力度和深度。

我国现代教育中，最早兴起的议题中心教学法是在借鉴国外教育教学理论的基础上，以争论性议题作为课程的核心，教师整合相关学科内容，采取不同种类的教学手段，将不同的观点呈现给学生，将问题的正反两方面都抛给学生的一种教学手段，从而启发学生，增强学生的理论思维能力、政治认同度和对问题的价值判断能力，从而增强学生的社会参与能力。其中，吕慧娟老师通过对议题式教学的访谈调查，总结了一线教师常用的一些议题式教学的方法，即讨论法、辩论法、探究法等。学者余国志提出，议题式教学是基于建构主义教育理论，选择合适的情境为载体，以议题为驱动，以培育学科核心素养为目的，以思维培养为延伸，以学科知识为工具，学生深度参与探究拓展的一种教学活动。沈学春在《议题式教学简论》中对议题式教学的类型、价值旨趣、教学原则，以及议题式教学的评价标准进行了系统的整理。北师大著名教育专家李晓东教授在《议题式教学设计与实施中的几个关键问题》中指出，议题有别于话题、主题和问题。议题是将主题置于话题讨论中的，议题应该有充分的可讨论的空间，但这种讨论应该是建立在基本观点正确、引领方向明确的基础上。议题式教学通过情境创设、方法指引、策略探究和发现陈述等方式展示学生通过活动实现的学科内容的学习与落实，这是实现议题式教学的关键环节和基础形式。

（二）国外的研究状况

国外的议题式教学模式有很多。早在古希腊，苏格拉底就用"助产术"式的教育教学方法与学生进行互动交流，取得了巨大的效果和影响。苏格拉底认为，学生的头脑不是空空的知识容器，而是本身就存在各种知识，只是没有被启发出来而已，这就需要教师运用一定的手段启发学生将知识挖掘出来，就跟产婆进行"助产"一样，通过问答激发学生对知识产生渴望，并引导学生不断进行反思，从而自己发现和产生知识。这应该是国外最早对议题式教学这种启发式教学的实践和研究成果。

20 世纪 60 年代，苏联教学心理学家马赫穆托夫认为，"问题的提出"对哲学、科学和教学都是至关重要的，并发表《问题式教学》这一著作，开创了问题式教学的先河。苏联教育学家维果斯基在研究如何提升教育教学质量的过程中提出"最近发展区理论"。他认为学生的发展有两种水平：一种是学生的现有水平，指独立活动时所能达到的解决问题的水平；另一种是学生可能的发展水平，也就是通过教学所获得的潜力。两者之间的差异就是最近发展区。教学应着眼于学生的最近发展区，为学生提供带有难度的内容，调动学生的积极性，发挥其潜能。这要求我们在议题式教学设计时要充分考虑学情，掌握学生的实际情况来确定议题。

美国著名教育家约翰·杜威先生认为，"教育即生活"，最好的教育就是"从生活中学习、从经验中学习"；"学校即社会"，学校本身必须是一种社会生活，具有社会生活的全部含义，进而，校内学习应该与校外学习连接起来，两者之间应有自由的相互影响。他在此理念的基础上还提出了"五步教学法"：（1）创设疑难情境：教师给学生创设一个课题，情境必须与实际经验相联系，使学生产生要了解它的兴趣；（2）确定疑难所在：给学生足够的资料，使学生进一步观察、分析，研究该课题的性质和问题所在；（3）提出解决问题的种种假设：学生自己提出解决问题的设想，或提出一些尝试性的不同的解答方案；（4）推断哪个假设能解决这个困难：学生自己根据设想，进行推理，以求得解决问题的方案；（5）验证这个假设：进行实验验证，学生要根据明确的假设方案亲自动手去做，以检查全过程所达到的结果是否符合预期的目的。在做的过程中，自己发现这些设想、假设的真实性和有效性。这一教育教学方法进一步推动了问题式教学的发展，对议题式教学具有深远的影响和借鉴意义。

1916年，美国成立国家教育协会社会科委员会（National Education Association Committee on Social Studies），积极推进议题中心教学法在社会科目中，如社会、历史、地理、公民教育等的应用，这可视为议题中心教学法作为一项学校教学策略及组织课程方法的开始。这一方法旨在培养民主社会有见识与批判精神的公民，它对社会、知识的作用，教师与学生角色等要素做出了明确界定。这种议题中心教学法以议题为纽带统领学习内容，以问题解决的能力培养为目标促进深度学习，以情境为依托组织教学活动，以深度辨析凸显价值引领，以对话理论为基础定位的教师角色。它以建构主义、对话理论和深度学习理论为理论来源。议题中心教学法一般使用两类议题：与学科探究相关的实证性议题，以及在探讨公共政策问题中涉及的价值相关的争议性议题。针对美国社会科的特点，学者们对议题式教学提出了三种不同模式：

1. 决策制定模式（Decision-Making Model）

安格（Engle）与奥卡（Ochoa）提出，社会生活中常常存在许多问题以及不和谐现象，这些其实是最好的学习材料，学生可以通过反思这些社会冲突，更好地参与民主生活。这一模式要求学生首先分辨和定义社会问题，充分运用多种信息资源对不同价值观的前设以及不同观点作出比较与反思，继而提出多样的解决方案并逐一论证，最后从中做出明智选择。

2. 法理探究模式（Jurisprudential Inquiry Model）

这一模式在20世纪六七十年代由哈佛社会研究项目小组发展成熟。法理探究模式关注学生如何参与公共议题的议论，以及议论的程序是否正义。课堂中教师提供大量机会让学生参与讨论，不同观点进行对话，在此过程中，教师营造支持性的环境，并着意培养学生的讨论技巧。

3. 议题探究模式（Inquiry Model）

马西亚拉斯与科斯最早提出议题探究模式。这一教学过程一般包含以下步骤：先陈述议题；然后根据问题的特点建立假设；接下来澄清相关概念、术语、假设的含义以确保进行聚焦讨论；之后以各假设为引导，进入搜集资料、探索、评估等阶段；在搜集数据验证各项假设后，对各项假设表示支持或拒绝；最后形成结论，提出解决问题的方案。其中对某一论断的假设和证据的考察十分重要，学习的结果应形成一些有关人与社会关系的一般原则。

自20世纪70年代以来，"基于问题的学习"在美国各级各类学校的教学领域中一直具有广泛而积极的影响，并已经发展成为一种独特的教学模式。韩国、新加坡以及我国香港和台湾地区的学校课程近年开始逐渐采用这一方法，这些理论和实践成果对我们开展议题式教学具有重要的参考和借鉴意义。

三、概念界定

议题式教学的教学方式和课堂学习方式要求教师围绕一个有争论性的议题将相关的知识进行整合，采用多种手段和不同方式，将议题的正反两方面的观点都呈现给学生，让学生主动探讨并得出结论。这一方法旨在培养美国有见识与批判精神的公民。

美式"议题中心教学法"以议题为纽带统领学习内容，以问题解决的能力培养为目标促进深度学习，以情境为依托组织教学活动，以深度辨析凸显价值引领，以对话理论为基础定位教师角色。它以建构主义、对话理论和深度学习理论为理论来源。议题中心教学法一般使用两类议题：与学科探究相关的实证性议题，以及在探讨公共政策问题中涉及的价值相关的争议性议题。

新课程改革中提到的议题式教学与国外的议题中心教学法不完全一样，它具有中国思想政治学科的独特内涵。北师大著名教育专家李晓东教授在《议题式教学设计与实施中的几个关键问题》中指出，议题有别于话题、主题和问题。话题是引入和表现议题式教学的"时事"内容，主题是由议题式教学承载的"学科"内容，而问题则是议题式教学的主要呈现形式。议题是将主题置于话题讨论中的。李晓东教授指出，议题应该有充分的可讨论的空间，但这种讨论应该是建立在基本观点正确、引领方向明确的基础上。议题式教学要围绕话题展开讨论，但不能就事论事地泛泛而谈，而是要明确这种讨论背后的学科支撑和讨论所期待实现的育人价值。议题式教学是要学生去"议"的，而"议"的具体形式，就是通过情境创设、方法指引、策略探究和发现陈述等方式展示学生通过活动实现的学科内容的学习与落实。这是实现议题式教学的关键环节和基础形式。

《新课标》指出："要了解学生对议题的认识状况及原有经验，以提高教学的针对性、实效性。"这一要求表明，我们对于议题的选择，不能忽视学情，学生的原有经验水平和认识基础，以及学生的关注点和兴趣点是我们确定议题的重要依据。李晓东教授指出，我们必须根据学生的现有水平和成长需要，选择合适的议题展开讨论。议题"浅"了，学生会"不屑于讨论"，议题"深"了，学生会"不知咋讨论"，都难以达到理想的效果。另外，《新课标》明确规定："要了解议题的实践价值，创设丰富多样的教学情境，引导学生面对生活世界的各种现实问题。"现实生活丰富多彩，每天都在发生着这样那样的故事，每个故事背后都有值得挖掘和思考的问题。李晓东老师指出，只有那些具有育人价值的问题，才能进入高中思想政治课堂。这为我们开展议题式教学的探索提供了重要的方向指导。

综合以上专家学者的观点，本课题对议题式教学的概念的解读是，议题式教学是以议题为引线，以情境为载体，以活动为路径，以学科知识为中心，以学科素养为目标的教学活动。

四、研究内容

（一）高中思想政治课议题式教学的特点

与其他教学方式相比，通过议题的引入、引导和讨论来呈现和解决问题的议题式教学具有自身的特点。

首先，议题类型呈现多样化。根据议题类型的不同，议题可大致分为原因类议题、措施类议题、辨析类议题、描述类议题等，例如，"为什么中国共产党执政是历史和人民的选择""怎样保持经济平稳运行""如何理解依法执政""传统文化是财富还是包袱""文化创新靠什么""哲学有什么用"等。教学中，教师可根据实际教学的需要，组织学生开展类型多样的议题教学活动，不断丰富学生的思维活动和学习活动。

其次，议题内容具有思辨性。高中思想政治课的教学议题具有探讨与辨析的价值，能适应学生日益多变的思想活动，能激发学生运用自己的知识辨析议题。

最后，议题教学还注重价值导向性。作为学校德育的一个主要渠道，高中思想政治课注重对学生进行社会主义核心价值观的培育。这就要求思想政治课教师在引导学生多学习、多思考的同时，注重对学生进行正确价值方向上的引导，帮助学生确立正确的政治方向，树立正确的人生观和价值观。

探究高中思想政治课实施议题式教学的优势。作为一种新的教学方式，议题式教学是在继承、发展和创新传统教学的基础上形成的，而它又有着区别于传统教学的独特优势。一方面，实施议题式教学将有利于实现"课程内容活动化"以及"活动内容课程化"。议题式教学通过议题的引入、引导和讨论，能使教学在师生互动、民主开放的氛围中进行。为此，实施议题式教学可推动教师教学方式的调整与创新，可促进学生学习方式的不断改进，可有效地服务于高中思想政治课教学。

思想政治课存在大量抽象的概念与理论，而中学阶段的学生思维层次总体水平不高、难以构建系统的学科知识体系、迁移能力较弱，传统的教学方法只是依靠教师带领学生从知识走向知识，从理论走向理论，学生的学习一般停留在浅层次，批判、辩证、迁移的思维能力很难提升，也无法真正实现学科核心素养培育的要求。使得思想政治课在大多数学生的认知中，是一门浮于云端，不接地气，没有实际用处的课程。议题引领的活动型课程则改变学生的学习方式，从被动走向主动，从单向接受走向双向互动，从浅层学习走向深度学习。深度学习是以高阶思维为主要认知活动的学习方式，在教师的引导下学生积极活动，主动学习，能够综合运用以往学习经验学习理解新知识，并能够将所学知识应用到新情境进而解决新问题。议题式教学要想真正改变学生的学习方式，围绕议题的活动必须在各个环节下足功夫进行设计，让活动目标指向高阶思维发展，活动内容体现螺旋式上升，活动形式富有探究性，活动过程发挥学生主体性，活动评价引导学生反思。因此，围绕议题设计合理有效的活动，能让深度学习在高中思想政治课堂教学中真实发生，提升学生的核心素养。

（二）本课题着重解决高中思想政治教学中存在的问题

第一，推动教师转变教学方式，构建师生互动、民主开放的课堂学习氛围。第二，借助议题式教学培养和提高学生思想政治学科的核心素养。第三，提高学生的思维能力，培养学生的分析、评价、创造等高阶思维。

（三）探索高中思想政治课议题式教学实施的优化策略

通过确立适合学生的议题来促进学生思想政治学科核心素养的落实。《新课标》指出："议题，既包含学科课程的具体内容，又展示价值判断的基本观点；既具有开放性、引领性，又体现教学重点、针对学习难点。"突出以议为形式，以育为内容，既要有讨论的空间，又要有正确的价值导向；既让学生开阔思路，又不背离教学要求。确立适合的议题对于学生学习能力的培养至关重要。那么如何确立合适的议题呢？掌握学生的学习的元认知是非常必要的。根据杜威（Dewey）从思维产生的过程阐释了"学习的历程"，思维的过程是一种事件的序列链条。这一生产过程从反思开始移动到探究，再到批判性思维，最后得到比个人信仰和想象更为具体的"可以实证的结论"。思维不是自然发生的，它是由"难题和疑问"引发的，而正是"解决方案的需要"，维持和引导者反思性思维的整个过程。思维的发生就是反思—问题生成—探究、批判—解决问题的过程。所以，教师在实施议题式教学的过程中，通过关注学生的学情来确立适合学生的议题是关键。

思想政治教师在转变教学观念之后，要勇于尝试议题教学的实践，不断提高设计与实施议题的能力。在议题式教学的具体实践中，需要师生之间以及学生之间持续地对话，需要在课堂中，教师广泛使用互动教学策略，如分组讨论、辩论、角色扮演等。议题讨论的过程中，教师需要努力让学生澄清与挖掘各自的观点，强调问题解决的理性思考过程。学生需要对来自不同渠道的多种信息进行综合分析与判断，学习倾听他人的观点，并理解其观点与情感。这一过程需要为学生提供自主学习、留白、等待以及协助思考的时间，这些活动所需时间远远超过直接讲授。这不仅对学生的思维能力，自觉性、积极性，课堂纪律等提出了更高的要求，同时也对教师组织和实施议题式教学提出了更高的要求。所以教师应该根据教学的变化不断提高自身的专业素质。

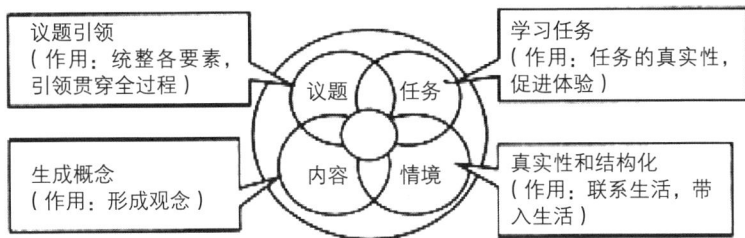

图 1　思想政治学科核心素养培育的教学要素及其关系

（四）通过高品质的学习设计来培养学生的高阶思维

所谓学习设计，是为了学习者有效地开展学习活动，为学习者系统规划学习活动的过程，为学习者的学习提供一个活动脚本。学习设计必须要遵循学习者的学习起点、认知风格和学习历程，揣摩和研究学生学习知识的基本学习过程：学习的起点是什么，需要经历怎样的学习过程，会遇到怎样的困难，可能会提出怎样的问题，会采用什么样的学习方式和策略，最可能在哪些方面得到发展等，并通过有效的设计将学习活动引向深入。

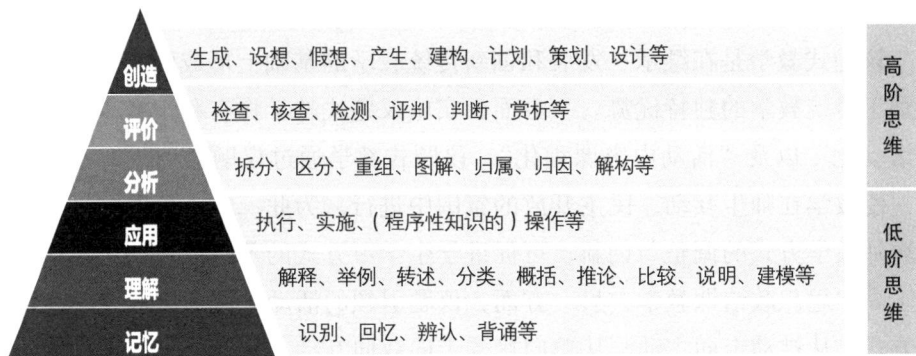

图 2　基于布鲁姆教育目标分类学（认知领域）的示意图

五、研究方法

（一）文献法

通过在中国知网上查阅相关论文，并在图书馆借阅相关著作，广泛浏览、认真思考关于落实政治核心素养的议题式教学的相关资料，不断探索总结议题式教学法的具体策略和方法步骤，寻找更成熟、更适合本校学生实际的议题式教学模式。

（二）访谈法

通过观摩北京市优秀思想政治教师在议题式教学方面的课堂教学，以及对一线教师和学生进行访谈，不断学习、总结、落实议题式教学的方法策略，以探索出适合自己以及自己的学生的议题式教学模式。

（三）实践法

通过平时的教学实践，积极投入到议题式教学的实践活动中，认真听取同组教师的听课评课建议，找到问题，及时调整、巩固、充实、提高。

六、研究成果

经过两年多的学习与研究，本项目取得了以下几方面研究成果：明确了议题式教学相对于传统教学的优势、探索出了高中思想政治议题式教学的策略、项目组的教师们进行了大量的课程实践研究并且撰写了相关的教学论文。

（一）探究出高中思想政治课实施议题式教学的优势

议题式教学是在继承、发展和创新传统教学的基础上形成的，而它又有着区别于传统教学的独特优势。一方面，实施议题式教学将有利于实现"课程内容活动化"以及"活动内容课程化"。议题式教学通过议题的引入、引导和讨论，使教学在师生互动、民主开放的氛围中进行。为此，实施议题式教学可推动教师教学方式的调整与创新，可促进学生学习方式的不断改进，可有效地服务于高中思想政治课教学。另一方面，议题引领的活动型课程则改变学生的学习方式，从被动走向主动，从单向接受走向双向互动，从浅层学习走向深度学习。深度学习是以高阶思维为主要认知活动的学习方式，在教师的引导下学生积极活动，主动学习，能够综合运用以往学习经验学习理解新知识，并能够将所学知识应用到新情境进而解决新问题。议题式教学要想真正改变学生的学习方式，围绕议题的活动必须在各个环节下足功夫进行设计，让活动目标指向高阶思维发展，活动内容体现螺旋式上升，活动形式富有探究性，活动过程发挥学生主体性，活动评价引导学生反思。因此，围绕议题设计合理有效的活动，能让深度学习在高中思想政治课堂教学中真实发生，提升学生的核心素养。

（二） 初步探索形成适合本校学生学情、具有可操作性的议题式教学策略

1. 从学情出发，确立议题

议题从何而来？首先议题要贴近学生的生活、符合学生的认知发展规律。"教学要走在学生发展的前面"，议题式教学应该关注学生"开始在哪里"的问题，充分了解学生对于相关议题的了解程度和兴趣程度等方面的基本状况。《新课标》明确规定："要了解学生对议题的认识状况及原有经验，以提高教学的针对性、实效性。"这一要求表明，我们对于议题的选择，不能忽视学生的原有经验水平和认识基础，以及学生的关注点和兴趣点。只有在对这些内容充分了解之后，我们才能根据学生的现有水平和成长需要，选择合适的议题展开讨论。

教师应善于以学生的视角审视问题，着眼于学生的最近发展区，设置学生"蹦一蹦，跳一跳"后可以"够得着"的问题。议题情境设计就是指围绕议题去创设、优化情境，让议题教学依托情境展开，通过情境内省的问题驱动教学活动，让学生在探究情境中获得议题的内在价值，实现学科核心素养的发展。

2. 创设情境，呈现议题

议题式教学要从复杂的社会生活之中选出贴近学生生活、符合学生发展、针对教学重点、体现教学难点、促进学生核心素养培育的事例，创设经典的教学情境，从而提高教学效率和效果。例如，学习必修2《公有制为主体多种所有制经济共同发展》时，为了进一步让学生认同公有制经济的优势，笔者创设了两个情境进行对比分析，欧美电力体系高度市场化，意味着电力公司以利润最大化为首要目标，因此电力供给受价格导向严重，从一定程度上增加了公共风险。那么，如果中国某地区遭遇类似寒潮，会如何应对？中国的电力体系和欧美等传统发达国家有本质上的不同：中国还处于电力行业市场化的改革进程之中，发电企业多为国有企业，其运营理念是在维护公共安全的前提下实现利益最大化。因此，一旦有类似事件发生，电网公司可以强制将电力资源调配至受灾区域，以保障民众生命及财产安全。学生通过具体的情境对比分析，会进一步认同我国的公有制经济在基础设施建设、改善人民生活等方面作出了突出贡献，从而认同我国基本经济制度。

3. 设置活动，探究议题

活动的设计要体现学科核心素养的培育方向，议题教学以"议"为核心，在议题呈现之后让学生了解相关内容。学生可以通过活动参与到议题的探究之中，教师应该以议题为导向设置一系列活动，让学生在活动中发现问题、解决问题。例如，在学习了公有制经济在我国经济生活发展中的重要作用之后，还要接着探讨我国还要发展多种所有制经济。在这里笔者设置了一个学生讨论活动：为什么我国不能实行单一的公有制？学生通过搜集资料发现民营经济贡献了中国经济 50% 以上的税收，贡献了中国经济 60% 以上的 GDP，贡献了中国经济 70% 以上的技术创新成果，贡献了中国经济 80% 以上的城镇劳动就业，民营经济的企业数量占 90% 以上。通过以上的探究活动让学生认识到非公有制经济在我国的经济社会发展中也发挥着重要作用。接着笔者又设置了一个讨论活动：既然非公有制经济在我国经济社会发展中发挥了如此重要的作用，那么非公有制经济的发展是否会冲击公有制经济的主体地位呢？通过这样的两个活动让学生进一步认识到我国现阶段为什么要实行公有制为主体多种所有制经济共同发展的经济制度。

4. 反思践行，升华议题

议题式教学中的"议"是其核心问题，但并不是最终目的。议题式教学是要让学生在合作学习和探究学习的过程中，培养创新精神，提高实践能力，让学生在真实的复杂的情境中解决问题的能力得到提高。我们的教学不只是让学生学会知识，还要将课堂上学习到的知识应用于社会实践之中，让学生真正做到内化于心、外化于行。在学习了本节课之后，笔者布置了一个课后作业，让学生进行一个调查研究活动，让学生收集日常生活享受的商品和服务都是哪些企业生产的？这些企业属于什么样的所有制？让学生通过调查活动，体会生产资料所有制看似离我们很远，实则与我们的生活密切相关。同时也能体会到我们生活在这样的国家的幸福，从而更加认同中国特色社会经济制度的优势。

（三）学生的思想政治学科的核心素养逐渐落地

学科核心素养是学科育人价值的集中体现，是学生通过学科学习而逐步形成的正确价值观、必备品格和关键能力。思想政治学科核心素养，主要包括政治认同、科学精神、法治意识和公共参与。通过两年多的教学实践，大部分学生对于高中思想政治课的学习热情有所提高，学生的法治意识、公共参与能力逐渐增强。

本课题组的教师们在议题式教学的实践中进行了大量的研究课,并且不断地总结经验与反思,撰写了相关的教学论文,具体详见下表。

表 1　基于具体教学实践撰写的研究性论文

日期	论文作者	论文题目	发表 / 获奖情况
2020.9	张希涛	新课程实施中教学模式的探究	西城区中学政治教师论文评选二等奖
2021.9	孙丽华	高中思想政治议题式教学的研究与实践	西城区政治教师论文评比二等奖
2022.9	张依依	"评三好"背后的法治理念——基于思政课一体化的课题设计	第四届北京市中小学立德树人研究成果征集二等奖
2022.10	张希涛	单元教学视域下高中思想政治作业的设计探究	《北京教育》2022 增刊
2022.9	佟军颖	结构化思维在高中政治复习课中的应用	北京市西城区教育学会二等奖
2022.10	张希涛	"中国共产党领导人民实现全过程人民民主"的热点分析	《时事政治》杂志

表 2　研究课

时间	授课教师	课程内容
2021.4	佟军颖	立足职场有法宝
2021.4	佟军颖	心中有数上职场
2021.4	孙丽华	围绕经济问题解决,构建学科本质意识,培养学生辩证思维——基于比较优势的经济发展战略选择
2021.4	张依依	构建解决经济问题思维长链条
2021.10	孙丽华	坚持国有经济的主导作用
2021.10	张依依	坚持国有经济的主导作用
2021.10	张希涛	个人信息保护之科学立法
2021.10	佟军颖	个人信息保护之科学立法
2022.4	佟军颖	运用结构化思维解决逻辑推导型试题——一模经济学试题讲评
2022.10	孙丽华	人的认识从何而来
2022.10	张依依	唯物辩证法的实质与核心
2023.4	张依依	权利保障　于法有据
2023.4	孙丽华	侵权责任与权利保护
2023.4	佟军颖	中国共产党领导的多党合作和政治协商制度
2023.4	张希涛	中国人民政治协商会议

表3 基于具体教学实践开展的专题讲座

日期	讲座主讲	讲座题目	讲座级别／开展地点
2021.3	张希涛	《自主创业与诚信经营》的教学研究	区级
2021.9	张希涛	高考复习有关文化部分的教学研究	区级
2022.9	佟军颖	原始社会的解体与阶级社会的演进	区级
2022.11	张希涛	我国的个人收入分配与社会保障的教学研究	区级
2022.4	张希涛	指向深度学习的单元教学设计	校级
2022.10	张依依	学习目标的课堂差异化检测	校级
2022.11	孙丽华	聚焦思维 学会思考——在文科类学习中，如何学会思考	校级
2022.10	王传毅 副教授	习近平教育理论	清华大学
2022.10	李晓东 副教授	新背景下高考政策与教学实践	北京师范大学
2022.11	冯务中 副教授	中国共产党二十大精神讲解	清华大学

七、研究效果

经过课题组教师们两年多的共同努力，在课题组资源的积累、教师教学能力的提升、学生核心素养的培养和学生思维能力的培养等方面取得了一定的研究效果。

（1）积累了丰富的教学资源，课题组成员的教师进行了大量的思想政治议题式教学实践活动，形成了很多思想政治议题式教学的课例，为今后的教学提供了可操作性的实施策略，并且撰写了相关的论文，为今后的教学研究提供了理论支撑。

（2）议题式教学对教师教学观念的转变、教学能力的提升有一定的倒逼作用。俗话说："没有金刚钻，干不了瓷器活。"随着新的教学改革的开展，以及议题式教学的实施，教师在指导学生开展讨论活动过程中，其自身的教育理念、教学评价习惯不断受到挑战和冲击，这又促使他们通过自我反思和批判来丰富自身的专业知识，有利于教师不断研究教学规律、把握学生成长规律、反思教学实践、提高教学实效、提升教师的专业素养、提高育人的水平。

（3）议题式教学对学生而言，主要有以下两方面的研究效果：首先，议题式教学促进了学生核心素养的养成，既提高了学生学习政治学科的积极性与热情，又有深入的思考与提升。相应的议题式教学在高中思想政治课中的应用，以培养学生的关键品格和必备能力为目标，改变教师的教学方法和学生的学习方法，将学科知识和社会实践相结合，关注学生的学习过程，充分尊重学生的主体地位，让学生真正成为学习的主人，推动思想政治课教学以知识为本，走向核心素养的养成。

其次，有利于促进学生深度学习的发生。叶圣陶曾经说过，"教是为了不教"。议题式教学有利于学生主动参与学习活动，亲身经历知识发现、发生、发展的过程，形成丰富的内心体验，有利于加强学生对教材内容的结构化理解，帮助学生全面把握知识的内在联系；议题式教学充分考虑活动推进和思维进阶的渐进性和上升性，以及教学的展开逻辑和学生的认知规律，有利于培养学生的高阶思维，对于学生深度学习的发生有一定的促进作用。

虽然经过两年的学习与教学实践，本课题取得了以上几个方面的研究成果，但是还有一些地方需要进一步完善，比如，进行议题式教学能否建立在整个单元教学的整体结构下？比如，能否在议题式教学的过程中更加充分地发挥学生的主体作用，而不是被教师设计的教学活动牵着走？又比如，在具体的教学实践中能否有更加贴近学生生活而不是学科性的教学情境？这都需要我们继续探究和研究。

参考文献

[1]中华人民共和国教育部. 普通高中思想政治课程标准（2017年版2020修订）[S]. 北京：人民教育出版社，2020.7.

[2]叶圣陶. 叶圣陶语文教育论集[M]. 北京：科学教育出版社，2015.

[3]维果茨基. 维果茨基教育论著选[M]. 余震远，译. 北京：人民教育出版社，2005.

[4]李晓东. 议题式教学设计与实施中的几个关键问题[J]. 教学月刊中学版，2019(01).

[5]郭露. 议题式教学在高中思想政治课教学中的应用研究[D]. 石河子市：石河子大学，2020.6.

[6]张扬. 基于真实情境议题探究的教学设计[J]. 中学政治教学参考，2018(34)：47-49.

执笔人：孙丽华

基于真实情境的问题导向的教与学的研究

——以高中政治学科构建问题导向式教学模式为例项目研究报告

张宏兴

一、研究背景

进入 21 世纪，关于学习问题的研究日益成为各个国家提高综合实力和创新能力的重要抓手。我国虽然在人口上占优势，但高素质人才，尤其是创新性人才的不足日益成为国家发展的重要限制因素。将人口大国变为人力资源强国，提高学科素养，是目前教育要着手和改进的战略性任务。

一直以来，我国注重"如何教"，对"如何学"关注不够、了解不够——究竟何为学习，学习是否分类，我们推崇哪一类学习，此类学习是否有阶段，学习对人的影响——人的素质的低与高之间能否发展，是如何发展的，是否有规律可循？

2010 年中共中央 国务院印发《国家中长期教育改革和发展规划纲要（2010—2020 年）》（以下简称《纲要》），提出创新人才培养模式。倡导启发式、探究式、讨论式、参与式教学，帮助学生学会学习。然而，由于传统教育观念与教师专业素质等因素，课堂教学大多停留于"模仿记忆""听讲"式的教学模式，学生并未获得足够的探究时间和机会。《纲要》以及目前课堂教学现状都给传统教育下成长起来的教师带来了极大的挑战。

问题导向式教学是由教师精心设计、提出结构不良问题或者学生已发现问题，学生在情境中合作探究解决问题，从而建构新知识、习得学科技能。它改变了传统的教与学方式，给予学习者足够的探索空间，有助于培养其创新精神和实践能力。

二、文献综述

（一）国外相关研究

国外有关"问题导向教学"的思想至少可以追溯到 2000 多年前的苏格拉底的"产婆术"，又称"精神助产术""谈话法"等。苏格拉底通过不断提出问题来激发学生的思维。他认为，就像助产婆帮助产妇生小孩那样，不是给产妇以小孩，而是帮助产妇生下小孩。问题就像助产婆，能引发思维活动，揭示掌握知识、真理，一般包括：反诘—助产—归纳—定义的过程。苏格拉底首先提出问题，抛出能引起学生认知矛盾性的问题，学生在苏格拉底问题的引导下，不断思考、回答问题，在不断地分析问题、回答问题、反思问题、揭露问题、解决问题中，加深对事物的认识，深入地理解知识，掌握真理。

18 世纪，法国启蒙运动的代表人物、近代自然主义教育思想的主要代表卢梭认为，"儿童天生具有探究问题的欲望，教师应该鼓励学生自己去思考，从而培养学生的思维能力和解决问题的能力"。由此可见，卢梭提倡通过引导学生解决问题的过程来发展学生的思维能力，他反对灌输式的学习。卢梭在《爱弥儿》一书中说："你提出一些他能理解的问题，让他自己去解答。要做到：不要教他这样那样的学问，而要由他自己去发现那些学问。"这就强调教师通过提出学生能理解的问题，让学生去解答从而获得知识，而不是直接教给学生知识，具有了将问题用于教学的思想。

卢梭虽然提出了将问题引入教学的思想，但多半是基于个人经验提出来的，并没有形成体系。后来，美国实用主义教育家、著名的心理学家杜威首次基于心理学基础将问题应用于教学，提出了问题解决的一般过程：①感觉到疑难情境，即处于含糊不定的状态。②明确问题，即要知道困难是什么、困难在哪里。③提出解决问题的假设，即通过观察，搜集更多资料，试探性地提出解决问题的假设。④推理，经过更周密的考查，认真思索，推敲哪一种假设能解决问题。⑤检验假设，采取行动措施检验假设是否有效。杜威还说明了教学法的要素和思维的要素是相同的，与问题解决思维五步相应，杜威继而提出了"教学五步"。

美国著名的心理学家布鲁纳提出了"发现法"即"探究教学法"，是通过问题来激发学生求知欲，在解决问题中发展学生的创造性思维。运用引导、启发等方法让学生从已有的材料中概括出原则和规律，从而启迪学生智慧，发展学生聪明才智。

20世纪六七十年代，原苏联教育科学学院院士，马赫穆托夫提出了"问题教学"理论。马赫穆托夫认为："问题教学是真正的发展性教学。教学过程的组织方式是以问题性原则为基础的，而有系统地解决学习性问题乃是此种教学的突出特征。"马赫穆托夫以马克思列宁主义认识论为方法论基础，以心理学做理论依据，提出并介绍了问题教学的过程。主张通过对话设计和问题性任务来创设问题情境，引导学生通过分析解决学科问题来学习和掌握学科知识，从而使学生能够更加独立地获取知识。

20世纪60年代末，美国南伊利诺大学教授巴罗斯在医学教育领域提出了一种新的学习方法——基于问题的学习（Problem-based Learning，简称PBL），在医学界引起了一场小小的革命。巴罗斯首先在麦克马斯特大学医学院实施基于问题的学习，他将学生分为几个小组，几个小组的学生轮流当"病人"和"医生"。在这样的情境下，"医生"主动询问了解"病人"病情，和"病人"进行沟通，了解"病人"症状，根据病人症状利用图书馆、互联网及向老师请教等多种方式学习相关的医学知识，通过小组交流讨论、教师指导，为"病人"确诊，给"病人"开处方，解决此情境中的问题。此种学习方法大大地改善了学生被动的学习状态，学生变得积极主动地学习，对学习表现出了极大热情。20世纪70年代，新墨西哥大学在麦克马斯特大学的帮助下，也开始采用。随后，哈佛大学医学院新径计划组（New Pathways Program）也开始实施。到20世纪90年代，采用该学习方法的医学院非常多。在医学教育成功运用以后，越来越多的其他专业的教育也开始采用此教学模式，如商业教育、法律教育、建筑学、化学工程、经济学等，同时全美国的幼儿园到大学中，很多学校或教师也推崇此教学模式。

总之，在教育领域围绕问题组织或设计教学活动的思想由来已久，前人非常重视问题在教育领域中的应用价值，并在教学领域进行了一定的探索尝试。这些思想理论相互关联，为开发教学中问题的应用价值、实施策略、具体操作程序奠定了思想和理论基石。如何继承和丰富这些理论，使得问题在教学中的应用更具有操作性和现实性，更贴近真实的教学活动？如何开发新的、将问题应用于教学的新模式或方法，对教学实践和教学改革更具有指导意义？……在教学中开发问题的应用价值，充分挖掘问题对教学、对学生的发展价值是我们今后不断探索和努力的方向。

（二）国内相关研究

我国古代很早就出现了以问题促进学习的思想。古人很重视"问"，认为"问"是"学"的一种，问学的结果叫"学问"。中国古代著作《学记》是比较早涉及问题相关教学的著作，介绍了在教学过程中提问及回答问题的方法，认为在教学过程中最为关键的是"善问"。宋代教育家张载曾提出，"在可疑而不疑者，不曾学；学则须疑"。朱熹认为："读书无疑者，须教有疑。"古人这些思想都带有一定的用问题引导教学、用问题促进教学的思想。

近现代以问题为着力点，对问题与教学展开的研究也越来越多。更多的研究者发现问题在教学中的价值，研究教学中问题的价值、教学中问题的类型、教学中问题的设置与问题相关的教学的过程、教学策略等。对于问题相关的教学研究趋势主要向着两方面发展：

横向上，对问题相关的教学研究，一方面，在大方向上与创新教育、素质教育、探究学习、新课程改革等相联系，如刘绪菊等人编著的《启迪智慧——问题探究教学研究》认为，对教学中的问题进行探究，可以启迪学生的智慧，培养创新人才。启迪智慧是教育的本质要求。此著作还解释了问题探究教学的概念，介绍了问题探究教学的实施，并尝试将问题探究教学应用于学科教学中。又如，陈爱苾的《课程改革与问题解决教学》一书将问题解决与新课程改革的理念结合到一起，来探讨教学中的问题解决。另一方面，对教学中与问题相关的教学理论研究分流成几个大派别。一是对中国传统的问答教学法加以继承创新，指出传统提问教学的弊端，改进教学方法，形成课堂中提问教学的新方法。如上海师范大学博士生黄伟在博士学位论文《对话语域下的课题提问研究》研究了课堂提问为何要达成对话，在何种意义上达成对话。二是研究问题解决教学。注重对不同类型的问题设计，以及有效设计问题之间的关系，以问题连续体设计教学。如陈爱苾的《课程改革与问题解决教学》，关于问题解决教学的研究主要集中在数学研究领域，只有较少的文章在物理等其他理科领域，在文科中的应用非常少。三是基于问题的学习，也被译为问题导向学习、问题本位的学习，最初的研究来源于对国外基本理论的介绍，对国外书籍的翻译。期刊论文中关于基于问题的学习的研究较多，多集中在医学、护理等领域，这可能是因为起源于美国的医学教育，在医学领域的发展较为成熟。国内的学者也尝试将其用于我国学科教学，但研究中存在着滥用、误用等问题。

纵向上，对问题相关教学研究表现在研究的越来越深入，一方面表现在理论研究越来越深入，不管是对问题教学、问题解决教学还是基于问题的学习等理论的研究都日益深化。另一方面表现在将这些理论深入到教学实践和学科教学的实践中，从理论研究到实践应用的研究体现了研究的深度，已经不再停留在理论的说教上。

总的来看，近年来，国内外对与问题相关的教学研究的热情不断增加。国外的研究出现了不同的把问题应用于教学的理论，是对研究理论的不断创新。而国内的研究较多地引进国外的理论，将国外的理论应用于实践，但是对理论本身缺乏完善和修正。有的研究甚至没有弄清楚理论的真正含义，就盲目将理论应用于实践。还有的研究对不同的与问题相关的教学理论不加区分，理论名称与内涵错位，"张冠李戴"，如把问题解决教学与提问教学不加区分，研究内容把两种理论杂糅一起。

所以，对问题教学相关的理论加以区分是必要而且重要的。此外，需要对国外的理论加以完善，推动理论研究的深化，这样才能更好地推动教学实践。对于问题解决教学，问题教学，提问教学的研究中，很多教学中设置的问题是纯学科问题，可以不带情境，而问题导向学习中的问题是带有情境的，实践性的问题，对这类的研究国外比较少，也比较新。问题导向学习中的问题就属于这类。但是国内只有对问题导向学习的研究，并且在这些研究中，第一，研究脱离本土实践，对国外的教学进行简单的移植。第二，研究不够系统全面，停留在解说介绍的层面。多数文章着重于对问题导向学习或基于问题的学习模式的介绍，存在着归纳总结得不够全面和完整的现象；缺乏具体研究实施每一阶段的方法和策略；缺乏针对具体案例进行分析，从中总结经验加以提炼深化。同时，问题导向学习研究侧重于学生"学"，而对"教"与"学"一体化设计的研究很少，国内比较系统的相关研究有中央民族大学的博士王永强的学位论文《人文意义的建构与生成——问题导向式艺术设计教学模式的探索与实践》，但是研究侧重于艺术领域的问题导向教学，学科特色比较明显，理论建构不具有普适性，限制了在其他学科中的应用。

因此本研究侧重于对问题导向教学理论的系统的建构及具体操作。前人的问题教学、问题解决教学、问题导向学习等理论都为问题导向教学的研究提供基础和线索。

三、概念界定

（一）问题

关于问题的概念，学界具有多种不同的解释。对于一般意义上的问题较为常见的一种说法为：问题是一种情境，在这种情境中个体想做一件事情，但又不能马上知道如何开始行动。莱斯特提出，问题是个体或群体需要解决却没有现成方法可循的任务。这种认识与一般意义上的问题相似，不同的是所寻找的解决方法。

从不同的角度来看，政治学科问题有不同的类型，比较典型的有以下几类：

表 1　政治学科问题

分类依据	政治问题类型
知识类型	描述问题、分析问题、辨析问题、比较问题、论证问题、评价问题……
问题形式	选择题、简答题、问答题……
对问题的条件、结论、依据、解决方法是否具备	1. 标准性题（解题者对问题中的四个要素都明确） 2. 练习性题（解题者对问题中的四个要素有一个不明确，而其余三个都明确） 3. 探索性题（解题者对问题中的四个要素有两个不明确，而其余两个都明确） 4. 问题性题（解题者对问题中的四个要素只知道其中一个，其余三个不明确） （此处借用数学概念：一个政治题目的构成含有 4 个要素，即题目的条件、解题的依据、解题的方法、题目的结论）
开放程度	开放题、半开放题、封闭题
问题来源	1. 学科内部问题 2. 日常生活中提炼得来的问题

（二）问题解决

第一，问题解决是一种心理活动问题解决的过程，是人的思维和心理共同作用的结果。而从认知心理学的角度来看，所有的认知活动基本上都是自然而然的问题解决。问题解决与人的认知活动之间存在着必然的联系。

第二，问题解决是一种教学目标。英文中称之为"Teaching for problem solving"，即为了问题解决的教学。在这种教学中，问题解决是教学的目的，教师主要关注的是用于解决常规与非常规问题的途径。教师们认为，虽然掌握知识十分重要，但是学习的基本目的是运用这些知识。因此在教学中，学生有很多机会去尝试运用已学的知识去解决问题。同时，在此类教学中，教师们还十分重视提高学生的能力，尤其是学生举一反三的能力。

第三，问题解决是一种教学过程。英文中称之为"Teaching about problem solving"，即关于问题解决的教学。这种理解下的问题解决是学习者将已有知识应用于新的情境中的过程，并在这个过程中获得不断发展。此类教学特别强调学习者解决问题的步骤、程序、策略与方法等。例如，这种教学特别关注波利亚解题的四个步骤——理解问题、拟订计划、实施计划、反思。教师们引导并鼓励学生理解、实施这四个步骤，从而有效解决问题。

第四，问题解决是一种基本技能。教与学的过程，乃至人类的进步发展都是一个遇到问题与解决问题的过程。因此，不管哪一个领域的发展，都是伴随着问题的产生与解决的均衡发展过程。在学习中，学习者需要掌握多种基本技能，而问题解决是最为重要的技能之一。当问题解决作为一种化解疑难的基本技能时，教学中需要考虑到问题的内容、形式及解决方法。从这些方面入手，培养学习者学会解决各类问题的能力和素养。

第五，问题解决是一种教学手段。英文中称之为"Teaching via/through problem solving"，即通过问题解决进行教学。此类教学将问题解决作为达成教学目标的一种途径或者媒介。在这种教学中，教学不再是一种被动传输知识给学生的活动，而是通过让学生实践，帮助他们构建对概念、过程的深入理解。

结合上述不同的观点可以得出以下结论：政治学科的教学过程就是一种问题解决的过程，在这个过程中学习者在教师的指导帮助下进行各类实践活动，获得知识和思维上的提升。这种认识将问题解决置于一种教学媒介或者手段的地位。

（三）问题导向式教学

问题导向式教学，在英文上常被翻译为 Problem-based learning 或者 Teaching via/through problem solving，是一种以问题为基础的重要的教与学的方式。在中文上，问题导向式教学也常被称为问题式教学、问题解决教学、基于问题的学习等。

随着研究的逐步深入，学界对于问题导向式教学的内涵的认识也不断加深。目前对问题导向式教学的内涵的论述有很多，归纳起来主要有以下三类：

第一，问题导向式教学将问题作为学习的诱因，促使学习者运用各种方法和技能搜集和研究信息，进而解决问题，这个过程伴随着理解和解决问题。这种观点是问题导向式教学的创始人从医学教育的角度给出的一种较为经典的界定。该观点十分强调问题在教学过程中的中心作用。

第二，问题导向式教学指教师让学生参与问题解决，习得知识和技能的教学方式。在这个过程中，教师从学生的实际出发，创设问题情境，设置疑问，在引导中不断挖掘学生潜能，鼓励学生探究解决问题，建构知识。这种观点是从教师的角度来阐述，阐明了问题导向式教学的目的和具体实施程序，充分体现了教师在问题导向式教学过程中的作用。该观点较为简练，目前在学界认同度较高。

第三，问题导向式教学是以问题为中心，在教师的指导下，学习者从不同的角度、运用不同的方法，通过自主探究和合作讨论来尝试解决问题，在此过程中，学生要经历发现提出问题、设计解决问题的方案等阶段，并且发展主动建构知识、发展高层次思维能力。这种观点从学生学习的角度来考虑，强调学习过程中学生的主体性。

上述三类观点是关于问题导向式教学的代表性观点。这些观点并不是完全独立的，从这些观点中可以发现，学界关于问题导向式教学内涵的描述具有一些共性，即：问题为核心、创设情境、学生自主或小组探索、教师指导建构知识。这些共性既是问题导向式教学的重要组成部分，也是问题导向式教学特征的体现。

与传统教学相比，问题导向式教学具有长久保持信息、概念性理解和自我导向学习的优点。在课堂教学中，这种教学方式的核心在于：设置问题解决的背景以及探索性的教学环境。该环境是由教师创设的，帮助学生建立对学科概念的深入理解，让学生融入创建、猜想、探索、测试和检验的"做中学"过程。在这种教学中，教师是课堂的促进者，力求多为学生提供自己建立和理解概念的机会，少量给予解释；允许生生、师生之间交流讨论，鼓励学生自己寻求不同思路，提出问题；而且教师必须对学生的不同理解做出合理评价。

霍华德·巴罗斯从医学问题的角度对问题导向式教学提出了6个特征：（1）以学生为中心；（2）学生以小组的形式进行学习；（3）教师是帮助者或引导者；（4）问题构成了学习的中心和激励因素；（5）问题是获得临床问题解决技能的手段；（6）在自我导向的学习中获得新信息。

塔普林认为，在数学课堂中，问题导向式教学主要有以下7个特征：（1）学生之间、师生之间的互动交流；（2）学生之间的数学对话与共同观点；（3）教师提供与问题背景相关的足够信息，学生自己选择有用信息，解释和尝试建立概念或多种解决途径；（4）教师用非正式评价的方式接受正确或错误的答案；（5）教师引导、训练学生，提出较深入的问题，并与学生共同分享解决问题的过程；（6）教师应当知道何时介入最合适，何时放手让学生用自己的方式进行探索；（7）学生应自己努力归纳得到一些数学定律和概念。

亦有学者提出，这种教学主要有以下 5 个特征能运用于课堂教学设计。（1）用问题驱动课程：问题本身并不考查解题技巧，但它却帮助发展技巧；（2）问题确实是结构不良的：这并非意味着只有一种答案，由于新信息在学习过程中不断产生，对问题的理解和解答都时刻在改变；（3）学生自己解决问题：教师只是指导者和帮助者；（4）只给学生解题的纲领性提示：教学过程中没有一个公式可以直接用于解决问题；（5）真实的、基于表现的评价：在教学结束时必要的部分。

通过上述分析可以看出，问题导向式教学的内涵包括教学的内容、对象、方式及目标，这些与其特征紧密相关。虽然学者们之间的认识有所差异，但是总体而言，学界对该教学的概念、特征等方面的观点比较一致。具体而言，问题导向式教学特指这样一种教学——教师精心设计、提出结构不良问题或者学生自己发现问题，在以该问题为核心的问题情境中，学生进行小组合作、自主探索，在解决问题的同时，达到建构新知识、习得技能的目的；教师在课堂中，引导学生探究、反思，并适时给予提示性帮助和表现性评价。

四、研究内容

本研究的核心问题是基于真实情境的问题导向的教与学的研究，即如何构建政治教师教育中问题导向式教学模式。

自课题开题以来完成以下课题内容：

2020—2023 年制定学习项目工作总结《基于真实情境的问题导向的教与学的研究——以高中政治学科构建问题导向式教学模式为例》；

2022—2023 年推广《教学评一体化在思政课中的实践探究》1 篇、教学设计与配套教学实录精选 1 个，供集团校内或区内共享使用；

2020—2023 年推进教学课程、选修课；

2020—2023 年张宏兴研究课教学设计、课堂实录；

2022 年完成 2022—2023 学年度第一学期工作总结；

2020—2023 年佟军颖研究课教学设计、课堂实录；

2023 年佟军颖课例研讨会发言；

2023 年课例研讨会发言；

2020—2023 年协助组织活动 4 次，为教育系统培养青年教师 5 人；

2022 年 12 月共 2 人代表学校在区级"双新"教育研究汇报中进行学术发言、经验推广，完成课题工作总结、形成课题论文；

2022 年 12 月共 1 人代表学校在国家级"北京师范大学学习共同体年会"教育研究汇报中进行学术发言、经验推广，形成课题论文。

五、研究方法

观察法、调查法、文献研究法。

我国问题导向式教学模式的课堂实施表现出 4 个特征：①课堂教学比较重视"标准""统一"的思想；②注意各环节之间的衔接性；③课堂教学中指导者的总结较多；④课堂教学中教师的应答性反应较多，反思不够。

本研究力图创新之处在于：①基于理论与国外相关实践，修改完善已有模式，尝试构建融合认知与操作两种要素的问题导向式政治教学模式，探索具有可操作性的流程、方法与策略；②利用课堂实践和调查初步验证该模式在我国政治教学中的可行性，说明该模式可以激发学生兴趣、培养其创新能力、促进其主动思考探索，并根据实施中的问题改进模式。

通过质性和量性的访谈和分析，可以得出有推广性的经验和反思，对各自学校的教学改革和教学理念构建具有积极意义。最后，本研究力求理论联系实际，在项目实施中寻求具体案例，丰富研究内容和实施方法。

六、研究成果

通过设置情境，开展研究课，结合教研员、教研组长、领导反馈，提升教师知识梳理的方法与效率，以及对学生呈现答案的处理与应用。

通过日常教学与学生沟通、学生反馈来看，学生整体看问题的能力欠缺，对问题、题目、知识理解不深入。

学生生活经验、对知识的理解仍存在问题，整体分析、判断问题的能力与素养需要在长期的教学过程中培养。

（一）研究课

《国家结构形式》。

《婚姻法》。

《社会主义市场经济体制》。

《我国收入分配制度》。

《中国共产党领导的多党合作和政治协商制度》。

《立足职场有法宝》。

（二）论文

《教学评一体化在思政课中的实践研究》发表于《西城教育》增刊。

（三）发言

在北京师范大学学习共同体年会发表题为《关注学习历程，让学习真实发生》的讲话。

七、研究过程中出现的问题及解决办法

在教学中，突出的问题是目标感不强，也就是本节课的教学知识目标、能力目标、情感态度价值观目标不清晰，不知道要带学生"去哪"。同时，学生本身开始学习的"起点"并不清楚，学生在初中是否有相应知识储备，学生在学业表现上已具备何能力、结合高考要求哪些能力是短板等都并不清楚。

所以在具体授课上，出现了如下的问题：

（1）教学设计任务不清，一般以情境带问题，整体教学设计呈扁平化，一个材料映射一个知识，结构化不强。

（2）教学设问指向性不强，所用概念与问法一方面不体现政治学科特点，另一方面不能指向所教授目标（不聚焦、问题不明确）。

（3）教学过程中对学生的引导性不清晰，教学具体分析不清晰，逻辑过程推导不明确。

（4）教学呈现与评价方式单一（如无伴随教学的评价，无易混易错提示等）。

（5）在具体课堂中时间与任务控制不好，知识经常无法讲完。

为了解决以上问题，有如下四方面的方法性反思与总结。即教材内容分

析、教学目标的确定、学科任务设置、作业设计。

第一，在教材内容分析上，一定要仔细研读课标及教材中具有统领性的语句，理解所传递信息，重点关注动词，在梳理清楚整本书脉络后，能够用学科化语言抽象概括每节课的目的，明确每一课知识所在位置及需要达成的大目标（简单、明确）。同时务必注意每课大目标与单元、与整本书的关系联系，在教学中同时兼顾各层级目标并搭建相互关系。

第二，在教学目标上，明确教学目标或学习目标是宏观目标，抓住核心大概念，3条左右即可，抓大放小，宜准不宜多。在制定目标过程中，采用动词（任务）＋材料＋结果的方式来进行书写。在教学重难点设置过程中，注意抓关键概念，能够对重点难点形成的原因进行全方面、多角度的阐述，同时注意，重点难点务必在后面课程设计中出现，不要不匹配。

第三，在学科任务设置中，时刻谨记目标与重点难点，围绕关键概念"以词带问"，如在探讨中国处理香港问题中出现的"全面管治权"，结合目标"主权统一与权力分层""国家结构形式"多角度思考如何提出设问（体现—为什么—如何—与高度自治权是否矛盾），有意识地构建矛盾与冲突，引发学生对问题的思考与回答。

注意材料的类型与对应设问的类型。如必要性在讨论原因而非意义，历史梳理性材料一般回答形成历史历程即原因类问题等。

注意材料呈现是否完整、是否提供针对问题的有效信息。如在对我国单一制讲解过程中，使用"我国确立单一制的历史过程"这一材料，但材料只提到由我国复杂国情决定，具体什么国情材料没有提供，所以需要另外搜索材料来补充完善，以达成教学目标。

材料呈现应采用多种方式，如文字、表格、图示、视频、小组展示等。同时需要注意如果出现图示，需要能够进行详细的解答与说明；如果需要进行比较，那么需要控制变量，排除无效信息，聚焦目标集中展示不同，从而引导学生进行相应的思考与学习。

在材料选择上，选择官方说法，并指向目标进行设问。

在呈现材料上，论证可以采用正向论证、反向论证的方式，所以在呈现材料时，也可以通过呈现正向材料和反向材料，从而达成重点和难点的突破（如对"国家主权意义"的了解、理解、感悟），引发自身情感波动达成情感态度价值观目标。

一些基础性的了解即可的知识，不用涉及太多太难的材料，通过文字呈现，归纳概括即可得到的知识可以通过归纳概括的方式来进行学习，不用一味追求"新"的教学方式。如果对教学知识进行了拓展和增添，一定明确增添内容不为重点知识不是增加难度，而是为了通过拓展信息来培养学生的学科能力与素养。

在材料挑选与设问设置中，合理采用教材中呈现内容，要深刻理解感悟教材提供材料的意蕴，结合教学目标与学生特点可进行再次处理。

在综合探究中，一方面可以通过量上的累计，如对四个国家结构形式的相同与不同来提升难度，达成综合探究的目的；另一方面可以通过情境的复杂性和任务类型的复杂性，制造冲突来引发学生对复杂问题进行思考，综合运用相应知识、能力与经验对设问进行回答。

呈现材料时务必明确目标。呈现知识结构时，抓大概念和核心概念，注重核心概念相互之间的关系，注重各概念层级（知识结构）是否正确，而非零星知识点。

最后在作业设计上，需要提供不同水平的作业以满足不同水平学生的需求。在具体呈现中注重真实、复杂情境，围绕目标"国家安全"设计作业，从而引导学生结合所学知识及已有知识与经验进行有创新性、综合性的思考与回答。

八、研究效果

效果分两类，一类为效益指标，一类为服务对象满意度指标。效益指标包括社会效益和可持续影响。社会效益包括提高教育教学质量、形成可借鉴教学设计；促进教师优质化、多样化、特色化发展，全面提高教学水平；为西城教师领域持续输出人才，为高校持续输出品质饱满的学生。可持续影响包括项目完成对学校专业教师队伍建设、科研队伍建设持续发挥效益，成功申请北京市教育学会市级课题；相关的支持、培养将对受益学生后续的发展有长期的积极影响；建构"价值引领、五育并举、多元发展"具有十五中特色的课程体系，其中基于本项目，本学科成功申请 2023 年北京市普通高中特色课程。

参考文献

[1] 刘斐. 论问题导向教学 [D]. 武汉：华中师范大学，2014.

[2] 陈燕. 问题导向式教学的模式构建——职前数学教师的培养研究 [D]. 重庆：西南大学，2013.

执笔人：张宏兴、何森、佟军颖

促进高中化学学科核心素养发展的实践研究

——基于相关主题教学内容在不同学段的价值分析和教学目标确立

陈　欣

一、研究背景

发展化学学科核心素养是新一轮高中化学课程改革的核心理念。《普通高中化学课程标准（2017 年版 2020 年修订）》（以下简称《新课标》）明确指出，"学科核心素养是学科育人价值的集中体现，是学生通过学科学习而逐步形成的正确价值观、必备品格和关键能力"。为深入落实立德树人根本任务，自 2017 年开始，不同的研究者围绕化学学科核心素养展开了广泛的研究：高中学生通过什么样的化学课程能得到更好发展；基于现有课程资源（比如不同版本教科书），如何在实践教学中更好落实化学学科核心素养等。

北京自 2017 年 9 月正式进入新一轮高中课程改革，2020 年第一轮新高考落地，在课程改革深入进行的同时，高中化学教学面临严峻的挑战：选考化学的学生人数变化带来的影响，新增加物质结构与性质内容对一线教师教学的影响等。如何将课程标准要求的化学学科核心素养通过合理的教学设计、多样的教学活动、有针对的评价反馈，有目标、有计划、有策略地进行落实，是目前实际教学过程中急需解决和细化的问题。

教学设计需要具体教学内容作为载体，需要合理的教学目标作为引领。与2003 年版本的课程标准相比较，《新课标》增加了部分教学内容，对某些教学内容在特定的学段进行了删减。调整之后，教学内容所承载的教学价值有哪些新的变化，能够衍生出哪些新的关注点，以核心教学内容为载体如何更好地落实学生化学学科核心素养是非常值得关注和研究的问题。检索《化学教育》《中学化学教学参考》《化学教与学》等期刊可以发现,现关于化学教学研究的论文很多,研究者往往围绕单一主题(或单元)教学内容,从教学价值、教学方式、学生认识障碍突破、教学效果评价等角度进行深入研究,但极少有关注同一或类似主题教学内容在不同学段教学功能区别的研究。

关注同一或类似主题教学内容在不同学段教学功能的区别,对于高中化学教学具有极其重要的意义。比如有关"氯气制备"的主题,在高一学段、高二学段、高三综合复习学段均有涉及,在三个不同的学段需要帮助学生落实的化学学科核心素养是完全重复,还是发展不同的认识角度,还是在相同的认识角度上螺旋提高认识的深度?如果针对具体教学内容,结合学生认识发展,有不同学段相对明确的教学功能发展图式,具体指明学习完相应内容后,学生能够具体完成哪些任务,哪些认识会发生变化,就可以帮助一线教师明确教学目标、合理控制教学内容深广度、设计有效的教学活动,有针对性地对学生在不同阶段的化学学科核心素养发展进行测查和诊断。

本研究希望通过选择若干化学核心教学内容,从教学内容的学科价值及学生实际情况出发,分析这些教学内容在不同学段的教学功能,细化具体教学目标,并且进行具体教学实践研究,对学生的化学学科核心素养落实情况进行分阶段测查和反馈,为学生化学学科核心素养的培养和落实提供有效帮助。同时本研究希望在若干案例实践研究的基础上,不断反思、调整研究方法,优化研究思路,促进教师更加深入理解化学学科核心素养。

二、文献综述

(一)有关化学学科核心素养的研究

笔者以"核心素养""化学"为关键词进行检索,根据维普中文期刊服务平台统计,相关文献数量如表1所示:

表1 维普中文期刊服务平台统计的有关"化学学科核心素养"的研究文献数量

年份	文献数量
2015	3
2016	58

续表

年份	文献数量
2017	364
2018	963
2019	1613
2020	1580

从过去几年文献报道数量上看，随着《新课标》的颁布，相关研究持续火热。研究者大多围绕对高中化学学科核心素养的认识和理解以及发展化学学科核心素养的措施两方面进行研究，其中具有代表性的研究如下：

毕华林认为化学学科核心素养是学科育人价值的集中体现，是立德树人的根本要求与科学素养目标的整合，它具有明确的学科内涵与价值导向。化学学科在促进学生形成宏观与微观相结合的学科思维方式、建构对物质及其变化整体认识的学科基本观念、培养勇于实践的实验探究能力等方面具有独特的价值。化学学科核心素养要素的关系如图1所示，化学学科核心素养处在中心的是"科学探究与创新意识"和"科学态度与社会责任"，这是面向未来学生发展最重要的核心素养，也是化学学科育人的核心。三个顶角则是化学学科思维方式、思维方法和基本观念的具体体现，展现了化学课程学习对学生发展的学科价值。这个图示也蕴含了化学学科核心素养对化学教学的重要意义，即引导学生从化学学科的视角，通过科学的思维活动，深刻理解学科基本观念，培养学生的科学探究与创新意识、科学态度与社会责任，全面发挥化学课程的整体育人功能。

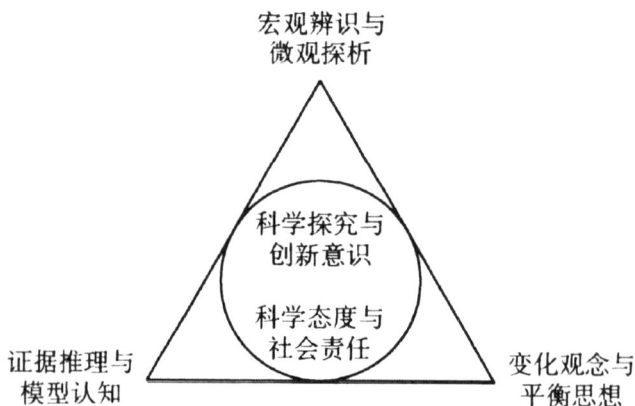

图 1　化学学科核心素养构成要素的关系

周业红认为高中化学学科核心素养是学生发展核心素养的重要组成部分，是高中生综合素质的具体体现，反映了社会主义核心价值观下化学学科育人的基本要求，全面展现了学生通过化学课程学习形成的关键能力和必备品格。化学学科核心素养包括宏观辨识与微观探析、变化观念与平衡思想、证据推理与模型认知、科学探究与创新意识、科学态度与社会责任 5 个维度。5 项素养立足高中生的化学学习过程，各有侧重，相辅相成，它们将化学知识与技能的学习、化学思想观念的建构、科学探究与解决问题能力的发展、创新意识和社会责任感的形成等方面的要求融为一体，形成完整的化学学科核心素养体系。建议高中化学教学策略可以创设情境，关注学习的价值，体会"科学精神与社会责任"；关注核心知识，感受"学科本质与思想方法"；关注探究活动，强化"科学探究与创新意识"。

吴星提出需要从学科观念、学科思维、学科实践建构、学科价值四个方面建构高中化学学科核心素养。在自主探究学习、化学知识学习、化学问题解决中发展学生化学学科核心素养。

黄华文提出基于问题解决落实化学学科核心素养的教学实践。认为问题解决的过程中蕴含着知识、能力、素养三个要素。基于这三个要素围绕"中心问题"设计落实核心素养的课堂教学框架，借助"虚拟"和"真实"相互融合的教学手段，展开"教、学、评一体化"的教学过程，引导学生通过自身的体验和感受收获和完善知识体系，多层次、多角度、递进式地推进学生化学观念和思想形成，实现问题解决能力培养的教育目标。

郭瑞云等提出核心素养的落实，第一要点是了解学生的认知基础，第二要点是基于认知基础的核心知识框架的构建。需要化学与社会结合，发展化学学科核心素养；需要基于真实情境组织教学，问题层层递进，知识螺旋式上升，在不断反思中实现深度学习。

通过上述文献分析可以看出，已有研究对落实化学学科核心素养的重要性、核心素养的内在关系、落实核心素养的方式手段进行了充分阐释。研究者已经形成了高度共识：化学核心素养 5 个维度的发展并不是单独进行，而是相辅相成。学生核心素养的落实，需要考虑学生的认知基础，同时也需要考虑核心教学内容的价值等问题。在研究者建议的具体教学策略中，可以清晰地发现"创设真实情境""设置合理问题""开展有效探究式活动"等均为高频出现的方式。上述研究为本研究的开展奠定了很好的理论基础，同时在具体实践研究层面上提出很好的教学策略。在上述研究中，研究者或多或少提供一些实践研究案例作为研究结果展示，说明相关案例能够促进学生化学学科核心素养的提升。但这些案例研究，并没有细致说明是如何基于课程标准理念进行设计的。

（二）有关化学教学内容的教学价值分析及实践研究

随着新一轮课程改革的深入，围绕相关教学内容进行的实践研究如火如荼，比较具有代表性的研究如下：

毕华林首先提出了结合核心素养的落实，制定化学教学目标的基本思路，需要关注课程标准中内容要求、教学提示和学业要求三个方面。其中内容要求主要是对课程内容深度的把握，学业要求是学习完该主题内容之后学生应有的素养表现。学业要求没有明确的水平等级，是根据不同内容的特点，以行为表现的方式描述学生能做什么，能完成什么类型的任务，如图2所示。从信息加工的角度看，内容要求就相当于信息的输入，是学生要学习的课程内容，而学业要求则是信息输出，是学生学习课程内容后的能力素养表现。

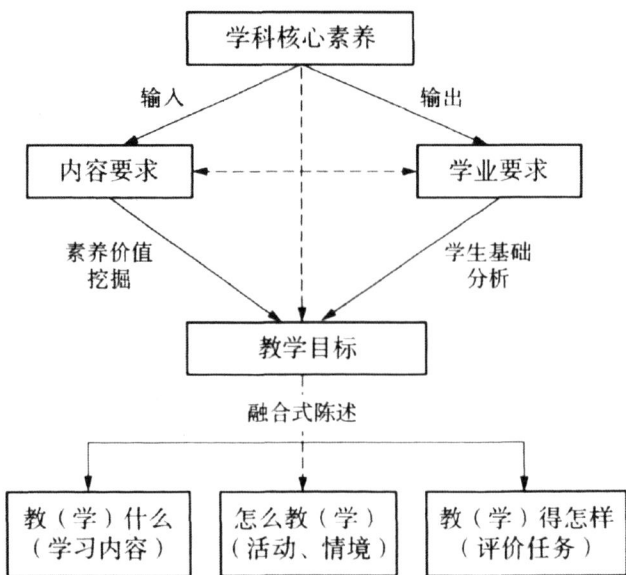

图2 基于学科核心素养的教学目标制定

邢苗苗等在教学价值及学情分析的基础上，确定了学生有机化学素养发展在"合成高分子"上的生长点。由滴眼液引入，围绕其主要成分设计问题情境，通过一系列的教学活动发展了学生对高分子的合成方法及合成路线设计、"链节"和"聚合度"等基本概念及高分子的应用等的认识。

胡久华等分析了《新课标》对必修课程无机物主题的要求，明确了该主题承载的学科观念和指向核心素养的表现性要求。该研究阐述鲁科版高中化学必修新教材无机物主题的编写思路，描述学生无机物认识方式持续进阶的路径，并据此提出新教材的使用建议，例如统筹规划、系统编排无机物内容，促进学生无机物认识方式的持续进阶等建议。比如钠、氯元素放在教学初始阶段，可以巩固发展具体物质类比的认识方式；铁、硫、氮及其化合物集中编排，可以更好促进学生形成价—类二维认识方式；而硅、铝及其化合物置于元素周期律主题，为学生形成"位、构、性"系统认识方式提供帮助。

李晓倩等根据课程标准中相关主题的内容要求和学业要求，结合学生具体情况，制定氧化还原反应复习的项目式教学设计并实施。其项目教学目标如下：

（1）依据核心元素的化合价推断物质的氧化性和还原性，运用氧化还原理论和离子反应原理选择试剂、设计并优化实验，能合作设计完成实验探究，形成物质性质探究的一般思路，增强科学探究与创新意识。

（2）尝试从化合价和物质类别角度认识物质的性质，初步建立价—类二维图的模型。

（3）知道"84"消毒液消毒原理，正确使用"84"消毒液，建立阅读使用说明及正确使用化学品的意识，增强社会责任感。

（4）通过为学校游泳池设计消毒方案的原理分析、充分交流，学生能初步建立分析真实化学情境的一般思路和方法，体会如何用化学的方法将一个复杂的、实际的问题转化为一个简单的化学问题的过程。

近三年有关教学的研究很多，笔者认为上述研究代表了目前研究的特点，同时，就教学内容而言，笔者也有意选择了高中化学教学常见的元素化合物、有机化学、化学概念等教学内容进行举例说明。通过上述研究可以发现，为了促使学生核心素养发展与落实，在具体教学活动实施前，教学目标的确立至关重要。不同的研究者都提到了参考课程标准中有关内容要求和学业要求，是确立教学目标的重要参考，这为该研究提供了很好的支持与参考。

上述"合成高分子"和"氧化还原复习"的研究，研究者围绕同一主题的内容进行了非常细致的分析，从教学目标的确立、教学方式的选择及相应的反馈评价，进行全方位探索，氧化还原案例还进行了类似陈述性的教学目标的详细描述。但有关合成高分子化合物和氧化还原的学习，均不是只在单一教学单元或者学段中进行，在高一、高二、高三学段均有涉及，案例中的教学目标与其他学段的教学目标的关系，研究者并没有进行整体性描述。上述关于元素化合物的研究，研究者基于相应教材，不局限于单一教学主题内容，将研究关注点延伸到了整个必修阶段，详细分析了在必修阶段，不同元素在教学中承担教学功能的区别，详细描述学生无机物认识方式持续进阶的路径，以及分析教材编排方式如何充分外显无机物认识方式，促进从知识到素养的转化。该研究的分析思路为本研究提供了非常重要的理论支撑，为本研究分析更多主题教学内容，以及为将其功能分析研究延伸到整个高中学段提供了重要的实际指导。

三、概念界定

（一）本研究对课程内容的理解

自课程作为一个独立的研究领域以来，对课程内容的解释大多围绕着三种不同的取向而展开的：（1）课程内容即教材；（2）课程内容即学习活动；（3）课程内容即学习经验。

课程内容即教材：课程内容在传统上历来被作为要学生习得的知识来对待，这些知识采取事实、原理、体系等形式，而知识的传递是以教材为依据的。把重点放在教材上，有利于考虑到各门学科知识的系统性，使教师与学生明确教与学的内容，从而使课堂教学工作有据可依。

课程内容即学习活动：活动取向的重点放在学生做些什么上，而不是放在教材体现的学科体系上。以活动为取向的课程，特别注意课程与社会生活的联系，强调学生在学习中的主动性。

课程内容即学习经验：泰勒在课程原理中使用这个术语，是为了区别那些把课程内容等同于教材或学习活动的观点。在他看来，学习经验既不同于一门课程所涉及的内容，也不等同于教师所从事的活动，而是指学生与外部环境的相互作用。

本研究对课程内容的理解为第一种取向，即课程内容即教材。主要是从以下3个方面进行考虑的。第一，本研究拟从学科本体的角度出发分析课程内容，注重体现内容的体系性和层次结构，这与将课程内容理解为教材是相同的。第二，已有相关研究中，也是将课程内容理解为教材，并没有将课程内容的讨论重点放在学生活动上，也没有发现有支持认为课程内容由学生已有的认知结构的情感特征所支配。第三，现阶段的学生学习大都事先规定好内容，学生学习无法脱离教材。因而本研究中将课程内容理解为教材。

（二）本研究对核心内容的理解

本研究认为核心内容是指在化学学科领域的核心内容，并且核心内容能够促进学生认识发展，提升化学学科核心素养。

结合相关文献研究及教学经验，本研究主要圈定的核心内容包括"离子反应""氧化还原""金属的化学性质""氯气""硝酸""化学键""甲烷""自然资源的综合利用""弱电解质的电离""化学平衡""电解原理的应用""化学反应原理综合复习""脂肪烃""研究有机物的一般步骤和方法""有机合成"等。

（三）学科本体的分析视角

本研究注重学科本体的分析视角可以再细化为 3 个方面，其一为核心内容的发展历程分析；其二为核心内容研究前沿与发展趋势的展示与分析；其三为科学家对核心内容真实研究过程分析。

在学科发展过程中，会诞生很多理论、方法、思想等，经过历史洗涤后留下来的必然在整个学科体系中占有重要的地位。本研究分析核心内容的发展历程，注重探寻其诞生及每一次历史演变对学科发展的推动作用是什么，对社会有怎样的贡献，明确人类对相同问题的认识发展变化过程。而对于研究前沿与发展趋势的展示体现了相关核心内容在当代社会发展和科学研究中的应用。从历史演变到研究前沿的考查，可以非常明确地看到核心内容在整个学科体系中的重要地位和价值，可以从学科发展的角度论证学生学习这些内容是有必要的，学科继续向前发展需要学生了解掌握这些内容。

（四）学生认识发展的分析视角

本研究对学生认识方式的本体分析具体为将核心问题看作认识域，预设学生的不同认识角度和认识水平，得出所预设的学生对核心内容的不同认识层级描述图，具体参见下图：

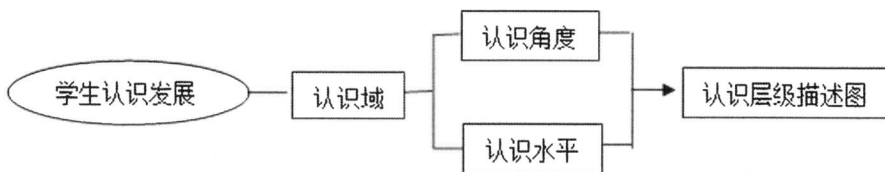

图 3 "学生认识发展"分析视角图解

在学生认识层级描述图中，预设的学生的各种认识表现均是符合学生的认识发展规律的，在具体的学段通过合理的内容选择与组织是完全可以实现的。通过对于学生认识层级的描述，我们可以明确对于某个具体内容的引入，学生的认识方式发生了怎样的变化，是认识域的扩大、认识角度的丰富还是认识水平的提升。同样，当预设了学生的认识发展层级图，便可以判定当希望学生达到某个认识表现，需要运用什么样的知识进行实现。对于某个具体内容，由于存在认识水平的差异，这为螺旋式内容编写提供了分段依据。

学科本体分析视角明确了核心内容的学科价值，明确了完成科学家工作所需要的基础知识和基本思想方法，通过对科学家工作的任务拆解，明确了知识之间的层级关系。其中"核心内容的学科价值"和"基础知识和基本思想方法"有助于进行内容的选择，而"知识之间的层级关系"有助于我们进行内容的组织。从"学生认识发展"的分析视角预设学生的认识发展，得到关于核心内容的认识角度和认识水平。可以根据我们期待的学生认识发展来判定选择什么知识，"不同的认识角度和认识水平"涉及内容间的相互关系，有助于进行内容组织。

四、研究内容

为了回答上述问题，本研究从如下几个方面进行问题解决。

（一）确立研究的内容主题

化学教学内容极其丰富，选择什么内容主题进行研究？本研究希望选择的主题是高中化学教学的核心内容，能够承担更多促进学生化学认识方式发展功能。而哪些主题内容具备这样的特征呢？本研究认为可以从如下两个角度进行界定：

第一，学科价值角度，从学科发展的角度论证核心教学内容是有必要的。相应的主题在化学学科发展的历史中，应当占有突出的地位。这些化学概念一定可以促进学生对化学认识的发展，提高相应学科的核心素养。本研究希望从历史演变到研究前沿，关注核心问题在整个学科体系中的重要地位和价值。

第二，学生认识发展角度。新课程改革背景下，我们将面对不同类型的学习化学的学生，有将来不选考化学的学生，有选考化学的学生；选考化学的学生还可以根据将来是否从事化学及相关专业再细分成不同类别。由于学生选择的多样化，学生的需求也是多样化的。因此不同学生对于核心教学内容的认识发展也是不同的，所以讨论具体教学内容的价值，必须了解对于相应的教学内容，不同学生的认识发展层级区别，找到共性点和差异点。

（二）确立具体的教学内容与核心素养的关系，给出不同学段明确的教学目标

本研究借助毕华林提出的制定化学教学目标的基本思路，完成该研究内容。《新课标》的课程内容部分，主要包括内容要求、教学提示和学业要求三个方面。其中，内容要求主要是对课程内容的深度把握，而学业要求则是学习完该主题内容之后学生应有的素养表现，它没有明确的水平等级，而是根据不同内容的特点，以行为表现的方式描述学生能做什么，能完成什么类型的任务。从信息加工的角度看，内容要求就相当于信息的输入，是学生要学习的课程内容，而学业要求则是信息输出，是学生学习课程内容后的能力素养表现。毕华林同时提出，基于学科核心素养的化学教学目标要以化学学科核心素养为依据，在深入分析课程内容的素养价值和学业要求的基础上来综合制定；要采用融合式的目标陈述方式，将学习活动、学习内容、学习表现紧密地结合起来，全面发挥教学目标的功能，为实现"教、学、评"一体化提供科学的指导。

（三）开展丰富的课堂实践研究

研究团队核心成员承担不同年级教学班的教学任务，有不同的学生作为研究对象。在进行基本文献研究后，在持续两年的时间中，圈定不同学段、不同主题的教学内容，进行教学设计，进行实证研究。同时设计针对性强的教学反馈测试，对研究对象进行纸笔测查，同时辅助个别学生访谈的方式，完善相应研究工作，确认研究结果真实可靠。

五、研究方法

（一）文献分析法

检索国内外关于教材内容选取与组织的专著、期刊，以及相关的政策法规，将收集的资料进行整理分析，文献主要来源为：

（1）国家制定的关于学生化学课程学习的权威文件，比如教学大纲、课程标准。

（2）关于化学新课程研究的相关专著，比如《高中新课程教与学·化学》等。

（3）与化学教育相关的期刊，比如《化学教育》等。

（4）与化学教育相关的论文，比如《高中生化学核心概念学习中的认识方式研究》等。

（二）比较研究法

比较不同版本教材的相关内容编写及相应要求。教材选入的通常是基础性的，但又最为重要的内容，这些教材编排通常也会严格遵循科学体系，反映学科的特点。因此本研究将借助不同版本教材和相关内容的专著，对比分析教学内容，分析编著者思考相关问题的角度，以便确立核心内容的认识角度和了解不同认识角度的不同水平。

（三）课堂实践研究

作为一线教师的研究工作，本研究以学生课堂作为研究主阵地，将教学研究的实质性内容落实为具体课堂的实施，同时将相应的成果落实为相应学生的学习辅助材料，提高研究的实效性。

六、研究成果

基于上述研究想法、研究方法，形成相关研究成果如下：

（一）优秀教学设计、课堂实施过程及教学反思

《燃料电池》教学设计入选《高中化学教科书教学设计与指导》一书（华东师范大学出版社，2023年2月）。

（二）设计学习辅助材料

基于对教学内容在不同学段的教学价值分析，研究团队设计了9本针对高一、高二、高三不同学段学生的学习辅助材料，促进学生化学学科核心素养发展。

图 4　学习辅助材料

（三）教师进行经验性教学总结，开展相关教学研讨小型会议

在研究过程中，结合教师研究关注的具体内容，进行相应阶段性汇报及总结。比如普通高中新课程新教材实施国家级示范区交流研讨会，陈欣作题为《例谈核心素养导向学习目标确立及落实》的发言。

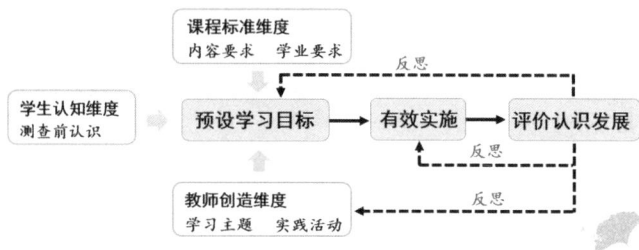

图5 交流材料

（四）结合相关教学内容，开展专题案例研究

在研究过程中，结合研究团队教师实际的教学过程，开展了丰富多彩的案例式研究及经验分享，这也是研究过程中非常重要的过程性研究记录，对提升教师对相应问题、教学研究的认识起到了至关重要的作用。

有机化学若干问题讨论

普通高中教科书（必修 第一册）（人教版）

《物质的量》单元整体教学设计

北京市第十五中学 张跃振

乙酸乙酯的制备实验及相关问题探究

图6 案例课

（五）撰写经验总结和论文

研究者根据研究内容及相关案例思考，梳理出相应的研究论文，并获得相关奖项。例如《"有机物性质"与"有机反应"并重的有机化学教学设计》获2022年西城区"双新"教育教学成果三等奖;《通过持续、有效的评价促进高中化学学习的教学实践与反思》获2022年西城区"双新"教育教学成果三等奖。

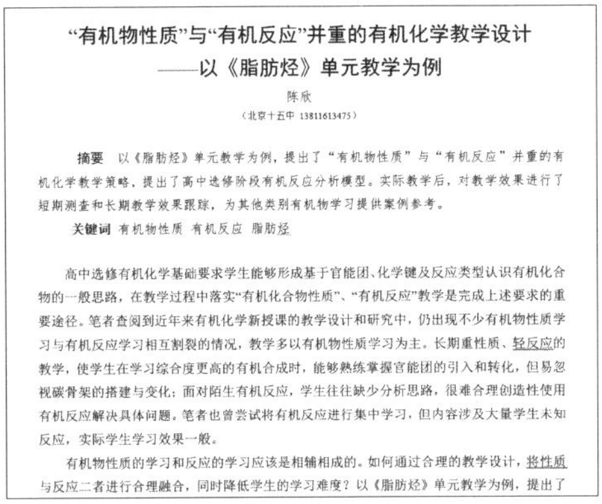

“有机物性质”与“有机反应”并重的有机化学教学设计

——以《脂肪烃》单元教学为例

陈欣

（北京十五中 13811613475）

摘要 以《脂肪烃》单元教学为例，提出了“有机物性质”与“有机反应”并重的有机化学教学策略，提出了高中选修阶段有机反应分析模型。实际教学后，对教学效果进行了短期测查和长期教学效果跟踪，为其他类别有机物学习提供案例参考。

关键词 有机物性质 有机反应 脂肪烃

高中选修有机化学基础要求学生能够形成基于官能团、化学键及反应类型认识有机化合物的一般思路，在教学过程中落实“有机化合物性质”、“有机反应”教学是完成上述要求的重要途径。笔者查阅到近年来有机化学新授课的教学设计和研究中，仍出现不少有机物性质学习与有机反应学习相互割裂的情况，教学多以有机物性质学习为主。长期重性质、轻反应的教学，使学生在学习综合度更高的有机合成时，能够熟练掌握官能团的引入和转化，但易忽视碳骨架的搭建与变化；面对陌生有机反应，学生往往缺少分析思路，很难合理创造性使用有机反应解决具体问题。笔者也曾尝试将有机反应进行集中学习，但内容涉及大量学生未知反应，实际学生学习效果一般。

有机物性质的学习和反应的学习应该是相辅相成的。如何通过合理的教学设计，将性质与反应二者进行合理融合，同时降低学生的学习难度？以《脂肪烃》单元教学为例，提出了

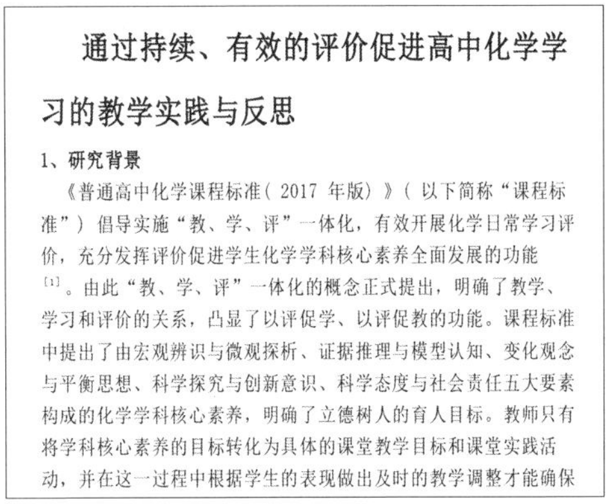

通过持续、有效的评价促进高中化学学习的教学实践与反思

1、研究背景

《普通高中化学课程标准（2017 年版）》（以下简称“课程标准”）倡导实施“教、学、评”一体化，有效开展化学日常学习评价，充分发挥评价促进学生化学学科核心素养全面发展的功能[1]。由此“教、学、评”一体化的概念正式提出，明确了教学、学习和评价的关系，凸显了以评促学、以评促教的功能。课程标准中提出了由宏观辨识与微观探析、证据推理与模型认知、变化观念与平衡思想、科学探究与创新意识、科学态度与社会责任五大要素构成的化学学科核心素养，明确了立德树人的育人目标。教师只有将学科核心素养的目标转化为具体的课堂教学目标和课堂实践活动，并在这一过程中根据学生的表现做出及时的教学调整才能确保

图 7 论文撰写

（六）研究思路与方法小结

研究思路与方法也是本研究重要的收获。本研究注重学科本体的分析视角可以具体再细化为 3 个方面，其一为核心内容的发展历程分析；其二为核心内容研究前沿与发展趋势的展示与分析；其三为科学家真实研究过程分析。

在学科发展过程中，会诞生很多理论、方法、思想，经过历史洗涤后留下来的内容必然在整个学科体系中占有重要的地位。本研究将分析核心问题的发展历程，即明确人类对核心内容的认识发展变化过程。注重探寻核心内容从其诞生到每一次历史演变对有机化学学科发展的推动作用，对社会有怎样的贡献。对于研究前沿与发展趋势的考查主要关注核心内容在当代社会发展和科学研究中的应用。从历史演变到研究前沿考查，可以非常明确地看到核心问题在整个学科体系中的重要地位和价值，并且明确对于核心内容的关键要点的认识变化过程。通过对核心内容发展历程及发展趋势的梳理，在明确人类对核心内容认识变化过程的同时，也尝试论证学生学习这些内容是有必要的，这些内容在历史发展过程中具有非常重要的作用，学科继续向前发展需要学生了解掌握这些内容。

本研究对科学家真实研究过程的分析是指对科学家的实际研究任务从高级向低级逐级拆解，尝试分析要完成科学家的工作需要哪些知识、方法、技能上的支持，并且对这些知识、方法、技能的形成所需要的更基础的知识、方法、技能进行探讨，找出下一层级的知识、方法和技能支持，直到推出科学研究活动所需要的基本思想方法和基础知识。

本研究认为明确了实际科学研究与最基本知识、方法、技能之间的关系，

有助于论证学习哪些知识，掌握哪些方法才是最有助于学生进行科学研究的。由于明确完成真实工作所需要的内容，在内容选择时，可以依据希望学生达到的水平进行选择，同时任务层级关系明确，对内容的组织也给予了参考。

学科本体分析视角明确了核心内容的学科价值，明确了完成科学家工作所需要的基础知识和基本思想方法，通过对科学家工作的任务拆解，明确了知识之间的层级关系。其中"核心内容的学科价值"和"基础知识和基本思想方法"有助于我们进行内容的选择，而"知识之间的层级关系"有助于我们进行内容的组织。"学生认识发展"的分析视角预设学生的认识发展，得到关于核心内容的认识模型。其中我们可以根据我们期待的学生认识发展来判定选择什么知识，"不同的认识角度和认识水平"涉及内容间的相互关系，有助于我们进行内容组织。

"学科本体"的分析视角关注从学科本身发展所需要的角度确立的内容选择与组织的参考标准，而基于"学生认识发展"的分析则是从学生需要建立的认识角度和期待学生的认识发展水平确立的内容选择和组织的参考标准。在本研究中，这两个视角不是孤立的。核心内容的学科价值在一定程度上会影响所期待的学生认识发展，而知识之间本身的层级关系也会影响学生的认识角度与认识水平。

七、研究效果

在研究团队的努力及上述成果的支持下，研究主要效果如下：

（一）相应的学生作业集直接促进了学生学业水平及化学学科核心素养提升

本研究关注不同学段教学目标、课程内容的实施及效果的反馈。通过研究团队的努力，梳理出了 24 万余字的学生作业集，对学生相关核心内容的学习、相关核心素养的提升起到了直接的支持作用。在研究期间，三个年级的同学合格考一次性通过率均为 100%，同时伴随研究从高一学年经历到高三学年，在高三全区统考中，成绩极为突出。

（二）通过相关教学设计及案例研究，研究团队对研究过程增进了理解

研究团队认为，教学研究是指通过系统地研究、分析和评价教学过程及

其效果，以提高教学质量和效果的一种活动。教学研究包括教学设计、教学方法、教学评价、教学管理等方面。教学研究的目的是发现教学中存在的问题，寻找解决问题的方法，提高教学效果，提高学生的学习成绩和学业水平。教学研究需要教师具备良好的研究能力和方法论，同时需要教师对教学内容和学生有深刻的认识，才能准确地分析问题，提出解决方案。而随着师生的认识不断深入，教师团队能够更好地进行相关问题的思考。

（三）通过相应的研究，提升了教师教学反思能力

研究团队认为，教学需要重视学生的学习兴趣和需求。教学应该以学生为中心，注重满足学生的学习需求和兴趣，激发他们的学习热情。同时合理设置教学目标和要求，教学目标应该明确、具体、可测量，教学要求应该符合学生的实际水平和能力，同时要有一定的挑战性。需要根据具体情况采用多种教学方法和手段，应该灵活多样，如课堂讲授、讨论、演示、实验等。教师应该密切关注学生的学习过程，及时给予反馈和指导，帮助学生发现问题并解决问题，不断反思自己的教学过程和效果，寻找不足之处并加以改进，以提高教学质量。

执笔人：陈欣、杨岩、赵继勇、张跃振、陈静、苏鑫

"基于学科核心素养的教、学、评一体化设计研究"项目研究报告

张绪姝

一、研究背景

"核心素养"是一个人终身发展、幸福生活和融入社会的必备条件。核心素养概念一经提出，便成为各个国家课程改革、教育方式变革、教育评价改革等关键性教育活动的推动力。在国际教育改革大背景下，2014年，教育部根据我国具体国情提出"中国学生发展核心素养"这一概念，并具体化到各个不同学科，提出培养"学科核心素养"，从而建立起核心素养与课程教学的内在联系。

"学科核心素养"是指学科教育给予学生未来发展所需要的关键能力、必备品格和价值观念。其实质是学生顺利完成学习理解、应用实践和迁移创新等学科认识活动和问题解决活动的学科能力。

伴随"学科核心素养"概念的提出，2017年"普通高中课程方案""普通高中学科课程标准"一应落地。其中，"学科课程标准"凝练了学科核心素养，更新了教学内容，研制了学业质量标准，增强了对教学和评价的指导性，为教师的教与学生的学提供了依据。

2017年版"普通高中学科课程标准"明确提出"倡导基于学科核心素养的评价"，指出"依据学业质量标准，评价学生在不同学习阶段学科核心素养的达成情况，积极倡导教、学、评一体化"，为教师有效的教，学生高效的学指明了方向。

二、文献综述

纵览国内外的研究我们发现，国内外教育专家对核心素养与教、学、评一致性的理论研究已经较为深入，实践研究也正在蓬勃开展，这在很大程度上促进了理论的实践转化。

（一）国外关于教、学、评一体化的研究

国外关于教、学、评的论述最初出现在泰勒的目标模式四个阶段的论述中，目标确立、选择经验、组织经验、评价结果。即根据目标来选择教学内容，进行教学，而根据教学过程来评价是否达到了教学目标，体现的是教学目标与评价的一致性。但因该理论过于强调目标指向，限制了教师与学生的主动性与创造性，因此，该原理仅停留在理论层面，并未开展后续的实践研究。

20世纪60年代，布卢姆提出了教育目标分类学，对如何保持目标设计、教学实施、有效教学评价这三者的一致性，以及贯穿教学全过程进行评价做出了巨大贡献，并有利地推动了教、学、评一体化理论在实践层面的发展。

20世纪80年代，美国教育界兴起了基于标准的教育改革运动，其研究的主要内容是建立测量教育标准和课程之间一致性的评价系统。

20世纪90年代，日本学者水越敏行等人首先提出了教、学、评一体化的思想，将评价融合在教与学的过程之中，为修正学习目标、促进教师有效的教和学生高效的学提供了实践路径。

与此同时，20世纪90年代中后期，英国学者提出了促进学生学习的评价（Assessment for Learning），准确定位了评价对于学生学习的作用，使评价从测量学生学习结果的工具，转变为促进学习发生的学习过程本身。

21世纪初，英国学者罗娜·厄尔著书 *Assessment as Learning:Using Classroom Assessment to Maximize Student Learning*，将评价从学生学习的外部，置入学生学习的内部，使学生真正成为学习与学习过程评价的主体。

（二）国内关于教、学、评一体化的研究

最初，我国学者张德伟对日本专家提出的教、学、评一体化原则进行了解读：评价是教学过程中一个不可或缺的环节，评价的直接目的是改善教师的教，最终目的是促进学生的学。魏忠凤定义了教、学、评一体化概念：教学和

评价是教学实施过程中同时存在、不可分割的有机整体。它们相互影响、相互促进，共同为不断提升教与学的质量而服务。

福建师范大学王云生教授从课程实施层面阐释了教、学、评一体化的内涵：课堂教学应该遵循教、学、评一体化的原则，依据课程标准和核心素养培养目标，确定教学目标和评价目标，将学习目标达成度的测评嵌入到教学过程中，依据学生的学习表现，测评并调整教学，促进学习目标的达成。

华东师范大学钟启泉教授诠释了"一体化"的两层含义：一是评价结果有助于后续的课堂教学；二是评价本身就是一种教学。教、学、评一体化更加强调并聚焦于后一种水平。华东师范大学崔允漷教授认为：课程思维本来就需要一致性地思考在目标统领下的教学、学习与评价的问题，他建构了目标中心驱动的教、学、评一体化互动模型，主张：学主教从，以学定教，进行教、学、评一体化逆向设计。并创造性地提出将教师的教案转化为支持学生学习的"基于课程标准的学历案"的方法，为教、学、评一体化理论的落地提供了思路。华东师范大学周文叶老师在中小学表现性评价的理论与技术研究方面卓有成效，她提出：表现性评价的内涵特征和构成要素决定着它在一定的条件下能够统整标准、教学、学习与评价，并能促进教师的教学与学生的学习。表现性任务与标准存在共生的关系，表现性任务同时也可以是学习任务。表现性评价水平细则是标准的具体化，既可以帮助教师了解学生学习的表现，也有助于学生依据水平细则实现自我观察、评价、监控、调节的自主学习。

综上文献研究可见，尽管国内国外专家对于教、学、评一体化的研究各有侧重，但专家们对教、学、评一体化的理论价值及其应用前景却有着一致的共识。他们都认为：目标、教、学、评的一致性有利于改善教师的教，同时也能够促进学生有效地学。教、学、评相互融合，教师教的过程即为学生学的过程，同时，也是评价的过程。教、学、评三个重要的教育实践活动是一个良性互动、协调统一的整体。评价按其功能可以分为形成性评价与终结性评价，按其实施评价的主体不同又可以分为来自教师侧的评价——促进学生学习的他评（Assessment for Learning）与来自学生侧的评价——促进自己学习的自评（Assessment as Learning）。国内外学者达成一致共识，教、学、评一体化设计的最终目标，是提高学生自主学习与问题解决能力，从而促进其核心素养的发展。

三、概念界定

（一）教、学、评一体化

（1）教学与评价一体化，就是指教学和评价是教学实施过程中同时存在、不可分割的有机整体。它们相互影响、相互促进，共同为不断提升教与学的质量而服务。（魏忠凤　东北师范大学）

（2）教、学、评一体化是由目标导向的学教一致性、教评一致性和评学一致性三个因素组成的，它们之间存在着一致性的关系，然后组合成一个整体，构成教、学、评一致性的内涵。（崔允漷　华东师范大学）

（3）教、学、评一体化就是把评价融入课堂教学之中，以学案作为收集信息的载体，师生通过评价确定学生所处的学习状态，与学习目标存在的差距及缩小差距的一种教与学的新范式。教、学、评一体化应基于"过程"与"发展"相结合的价值取向来构建框架。（唐云波　广东深圳市宝安区教育科学研究中心）

（4）教、学、评一体化就是以单元学习内容为载体，以"预习单、学习单、作业单"三单联动设计为手段，将课标准确解读为目标，将目标转化为任务，将任务刻画为表现水平，再通过前置与后置表现性评价水平量表，测量、评估学生的学习水平，从而帮助教师在教学过程中进行有效的教学决策，提供指向明确的支持与援助。同时，唤醒学生元评价意识、习得元评价知识与技能，提高自主学习能力。

（二）表现性评价

在尽量真实的情境中，运用评分规则对学生完成复杂任务的过程表现与结果作出判断。表现性评价需要学生在执行表现性任务中实施评价，同时还需要用以判断结果和表现的评价标准。因为表现性任务和评分规则都是依据我们期望学生能表现出来的学习结果来设计和开发的，这就实现了目标、表现性任务和评分规则三个核心要素的一致性。

（三）嵌入式评价

是基于"促进学习的评价"的评价范式。它有量表置放式和量表生成式两种，具体包括前置量表、后置量表，前生量表、后生量表四种实施方式。前置量表和前生量表注重运用量表来引领与促进学生学习，而后置量表和后生量表注重运用量表促进学生学后反思与改进。前置与后置量表均为教师侧提供，前生与后生量表均为学生主体参与制作。

四、课题研究的内容

（一）梳理教、学、评之间的内在关系，明确教、学、评一体化研究的重要意义

评价是教学过程中一个不可或缺的环节，评价的直接目的是改善教师的教，最终目的是促进学生的学。它们相互影响、相互促进，共同为不断提升教与学的质量而服务。课堂教学应该遵循教、学、评一体化的原则，依据课程标准和核心素养培养目标，确定教学目标和评价目标，将学习目标达成度的测评嵌入到教学过程中，依据学生的学习表现，测评并调整教学，促进学习目标的达成。

长期以来，教师管教不管评、学生跟学不会评的现象普遍存在。教师评价意识淡漠、评价技能缺失，所导致的教与学过程中的"失评"现状，严重阻碍了核心素养教育与基于课程标准教学的落地。2017 年版"普通高中学科课程标准"明确提出，"倡导基于学科核心素养的评价"，指出"依据学业质量标准，评价学生在不同学习阶段学科核心素养的达成情况，积极倡导教、学、评一体化"，为教师有效的教，学生高效的学指明了方向。

（二）通过实践形成教、学、评互为反馈的互动系统

新课程标准明确指出，我国普通高中教育的任务是促进学生全面而有个性的发展，为学生适应社会生活、高等教育和职业发展作准备，为学生的终身发展奠定基础。普通高中的培养目标是进一步提升学生综合素质，着力发展核心素养，使学生具有理想信念和社会责任感，具有科学文化素养和终身学习能力，具有自主发展能力和沟通合作能力。为了促进核心素养教育的落地，我们尝试采用基于学科核心素养的教、学、评一体化设计研究，用课标导引教师教与学生学的方向，将评价任务与学习任务融合处理，通过表现性评价测量、评估、监测、调节教与学的过程，让教、学、评围绕目标开展，形成教、学、评互为反馈的互动系统。

鉴于此，本研究拟以英语、物理、化学、政治、信息技术五个学科为研究对象，以一个完整的学习单元为研究内容，以"预习单、学习单、作业单"三

单联动设计为研究载体，通过对学科课程标准精准的目标解读、对学业质量标准表现水平的清晰刻画，进行基于目标的评、学、教一体化逆向学习设计，为教师进行服务于目标指向的准确的课堂教学决策提供依据，为学生朝向目标的、有效的、高效的课堂学习提供技术保障。

五、课题实施的方法与过程

（一）准备阶段

2021 年 3 月至 2021 年 5 月为课题研究准备阶段。此阶段的主要工作是进行课题组研究工作分工，研究并制作教师教、学、评一体化理念与实践现状的调查问卷，研究并制作学生学习评价知识与技能问卷，并完成对抽样教师与学生的前测。组织课题组研究成员进行相关领域的理论学习，开展读书交流活动。

1. 组建团队，明确课题任务目标

本课题招募英语、物理、化学、政治、信息技术 5 个学科教师在多学科、多方面参与研究，如：学科课程标准的目标化解读、学习目标与评价目标的任务化设计、学习任务与评价任务的有效组织、基于学生学习表现性评价的有效教学决策、评价目标的表现性评价水平界定，以及教师在教、学、评一体化研究与实践中的专业成长、学生在促进学习的评价中自主学习力的提高等，开展广泛深入的研究。

2. 问卷调研教师对学习评价的认识与应用水平

问卷调研分别为教师问卷和学生问卷，旨在收集关于教师对学习评价方面的基本认识与学习评价的使用情况。

据学生问卷调查和教师访谈调查的分析结果显示，在实施高中课堂评价过程中，评价反馈有待改进。一方面，高中教师的评价反馈多以口头反馈、书面反馈的形式呈现给学生。而口头反馈多是在课堂提问、课下请教的情境中发生的，此时的口头反馈具有及时性、具体性、激励性，但是欠缺指导性。书面反馈多是在批改作业时发生，但是鉴于实际工作量，很少有老师向学生提供书面反馈，这就导致书面反馈既不具备及时性，也不具备指导性，更难以做到具体性。但是值得肯定的是，即便高中形成性评价实施现状存在诸多问题，高中教师仍能够认识到反馈对全体学生的示范作用，基于学生的学习情况切实改进自身教学。

另一方面，学生问卷调查结果显示，针对课堂提问，教师的反馈是及时的，但是其具体性、指导性有待提升。教师倾向于面向全班的集体反馈。在课堂上收集学生的学习信息，经课后总结，再向全体学生进行反馈。然而，绝大多数学生表示希望在课堂上得到老师兼具指导性、具体性与鼓励性的反馈。29.51% 的学生表示教师就学习情况的反馈一定会对自己的学习产生积极的促进作用，60.66% 的学生表示大概率会，8.2% 的学生表示小概率会。教师应该认识到学生在课堂学习过程中的需要，并着力提高反馈的质量，积极发挥反馈的促学作用。同时，统计结果还表明，学生对于教师的书面形式评价结果的使用情况比口头形式评价结果的使用情况要好一些。针对教师的评价结果反馈，仅有少部分学生能将评价结果直接或间接用于促进自身学习。

通过本次问卷的调查和统计，我们了解了当前各学科教师和学生对教学评价使用的现状，了解了研究所面临的困难和问题，为课题研究方法、课题需要解决的问题做了准备。

3. 理论学习与概念界定

课题组成员共同阅读了《教案的革命——基于课程标准的学历案》《促进学习的课堂评价》，以及其他相关文献资料，探讨了教、学、评一体化的内涵，明确了"一体化"有两层含义：一是评价结果有助于后续的课堂教学；二是评价本身就是一种教学。教、学、评一体化更加强调并聚焦于后一种水平。课堂教学应该遵循教、学、评一体化的原则，依据课程标准和核心素养培养目标，确定教学目标和评价目标，将学习目标达成度的测评嵌入到教学过程中，依据学生的学习表现，测评并调整教学，促进学习目标的达成。

（二）研究阶段

此阶段包含两个完整的学期，我们将课题组 5 个学科教师分别安排在不同的时间段进行研究。参加第一时段研究的教师，负责研究确定学习单元的一般原则，基于课程标准的目标叙写的方法，依据学业质量标准刻画学生表现性评价水平的一般步骤，搜集并解释学生学业表现的方法，基于学生学习表现评价研究促进学生学习的策略等。参与第二时段研究的教师重复实践前面的研究内容，补充、修改、完善第一阶段的研究成果，同时，对 5 个学科的实践研究成果进行比较性研究，概括、抽象出基于学科核心素养的教、学、评一体化设计与实践的思路。

研究中后期对参与研究的教师与学生，进行教、学、评一体化知识与认识的后测。

1. 研究课展示

利用学校学术周活动，课题组教师进行了研究课展示。课题组教师进行了现场观课，课后就关键学习活动的设计与实施进行了进一步的交流与反思，同时借助教育部"双新"示范区下区下校调研工作时契机，课题组教师精心备课，应用学评教一致性理念进行教学设计与课堂实施，获得了教育部专家、西城区领导的一致好评，尤其对授课教师"双新"理念认识到位，理解与实施精准给予了高度认同。

2. 借助学习共同体项目校、高专委学术年会、青年教师基本功展示等契机，课题组教师共同备课、研课，进行教学设计与实践

（1）学习共同体建设研究课堂展示。

2021年5月至2022年5月，作为北师大教育研究中心"中小学学习共同体建设研究"项目首批13个合作校之一，我们邀请佐藤学教授和其他合作校的专家教师进入我校几位教师的课堂，在备课、观课、研课的过程中，促进了教师的专业成长。

杜鑫雨老师的艺术课《木头人的畅想——体积与空间》通过让学生欣赏著名作品概括出艺术要素，然后将这些要素融入自己作品的形体与空间当中，利用"逆序"的教学方式使学生完成创意实践与评价。陈新芳老师的生物课《基因表达载体的构建》以一位组织者的角色，为学生设计出具有学科特点的挑战性任务，以"放心、放手、放开"的心态大胆地让学生去思考去尝试，来推动整个课堂活动的进行。张宏兴老师的思想政治课《中国共产党领导的多党合作和政治协商制度的优越性》则通过日常用语转换成学科术语的方法，为学生构建层层递进的思维框架，让学生能够更好地理解各个政党的制度并进行比较。黄思祺老师在数学观摩课《数列的应用——一个促销问题引发的思考》中，以某品牌奶茶促销活动引入，创设真实情境，通过层层深入的问题引发学生认知冲突，再让学生通过观察分析、归纳猜测等方法将生活实际问题数学化，体会用数列知识研究实际问题的一般流程和方法。在此过程中，师生以目标为导向，以评价为手段，以知识与方法为载体，从不同的视角去解决生活中的实际问题，从而培养了学生用数学的眼光看世界的意识。艺术组徐乐老师的音乐观摩课《西方音乐剧赏析》，学生们从初听到复听音乐作品，再到结合视频并根据演唱者不同的肢体语言、身体形态，进一步修正、完善人物形象。在整节课中，徐乐老师像一个引领者，她倾听每一个"发声"，接纳每一句"无忌童

言"，根据学情判断决策教学行为，使教、学、评一体化学习理念得到了落地，提升学生对音乐剧的鉴赏能力。

课后 5 位教师都对自己的教学设计思路和课堂完成效果进行了发言，使得教师的教学设计与教学反思得到了有效串联。

（2）高专委全国研讨会课程展示。

中国教育学会高中教育专业委员会于 2021 年 10 月 15 日举办 2021 年学术年会暨普通高中新课程新教材实施国家级示范区交流研讨会，课题组成员张跃振老师、郭东辉老师、黄健老师和张宏兴老师分别做了课程展示内容。张跃振老师把课堂中电离平衡的分组实验按学生实验基本功及其对电解质电离差异理解的水平划分成多个等级目标，并为每个目标中可能出现的问题提供应对策略，同时强调了对学习过程的评价。黄健老师在 *Spring Festival* 一课中思考如何能够让学生在英语课上，在获取文章基本信息的同时提炼出文章所表达的更深层次的意义，进而达成学习目标。张宏兴老师使用持续性评价策略，建立课堂中各个任务之间的有效联系。通过适时对学生在完成各个任务时给予提示性帮助和表现性评价，有针对性地推进教学任务，促进学习目标的达成。

（3）青年教师基本功展示。

2022 年 8 月 26 日组织举办了"'迎校庆，促双新'——青年教师基本功展示活动"。课题组郭东辉、黄健、张宏兴三位老师作为选手参加了本次展示。

郭东辉老师的课题为"电容器的电容"，郭老师从单元内容的进阶关系以及内在逻辑中蕴含的认知方式两个方面进行分析，基于学情准确有效地制定了教学目标，根据课时及教学重难点设计了电容器的构造，电容器的充、放电，电容器的电容三个表现性评价任务，引导学生逐步达成学习目标。黄健老师的课题为 *Memories of Christmas*。教师通过故事发生时间轴的明线和背后感情发展的暗线设计学习任务，通过读前主题的引入，初读课文梳理时间轴，深入阅读讨论隐含信息、推理与想象，分析故事背后情感等系列学习活动，帮助学生理解文章的内容与主题。张宏兴老师的课题为"公有制为主体，多种所有制经济共同发展"。张老师首先抓住了本节课内容的重点和难点——公有制经济的地位及其体现国有经济的主导作用，围绕着重难点，张老师在教学过程中设计了三个环节四个任务，每个任务都有对应的设计意图和评价，使学生能够有效地突破难点，获得经济学的核心知识和关键能力。三位参赛教师在获得"青年教师基本功展示"特等奖、一等奖的同时，也将教、学、评的理念深植于心，将教、学、评的技能转化为自己的教学基本功。

（三）总结阶段

此阶段主要内容是课题组成员撰写论文，在学校和集团校各层面进行课题研究的案例分享。

1.交流总结，提炼基于学科核心素养的教、学、评一体化研究思路和实践路径

小组成员提交了自己学期课程案例和教学设计，撰写了研究论文，同时，提炼出适合各学科基于学科核心素养的教、学、评一体化研究思路和实践路径。

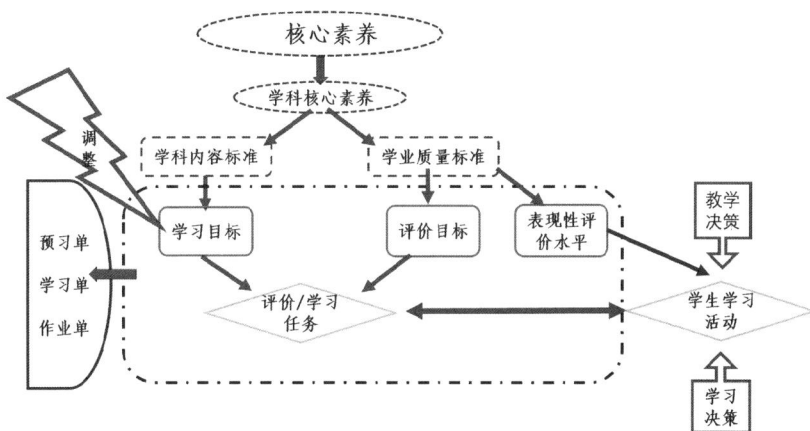

图1　教、学、评一体化教学设计思路

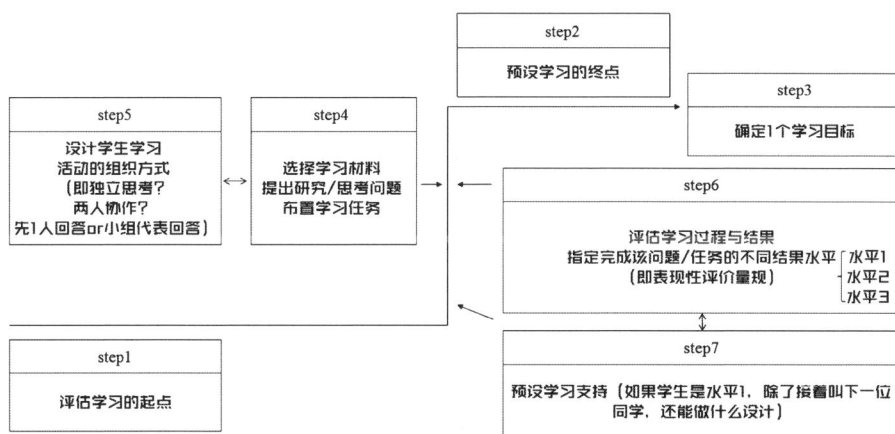

图2　教、学、评一体化教学实施路径关系图

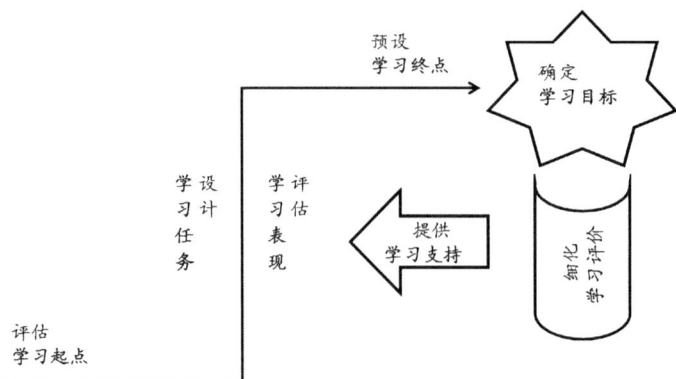

图 3　教、学、评一体化教学实施路径示意图

2. 借助疫情期间线上教学，完善教、学、评一体化线上学习评价设计与实施策略

在课题研究期间，经历了多次线上学习，课题组成员借助网络教学继续优化自己的教、学、评一体化教学设计，在原有基础上不断完善和改进，总结基于网络隔空学习的评价设计与实施经验。如：等待学生陆续上线的限时课前测，教学过程中的小黑板评价法，再如：开放学生上台权限的口语报告，开放学生权限的多屏互动共享、板书互评活动，等等。课题组教师以线上研讨会形式分享相关研究成果，丰富了教、学、评一体化线上教学设计的相关案例。

3. 不断研究分享，提升对教、学、评一体三面的认识水平

在信息技术支持下的教、学、评一体化设计中，要求教师的教、学生的学、课堂的评是具有一致性的，三者都要明确地指向学习目标，且评价应贯穿教学活动全过程。为达成"教、学、评一致性"，教师要评估学生学习的起点并预设学习的终点（确定学生的学习目标），为达到此目标还要给予学生恰当的学习材料（问题与任务）和设计学生活动的组织方式，并评估学生是否达成目标以及对学生不同的结果水平等级提供相应的学习支持策略。政治课教、学、评一体化设计不仅是对教师，更是对学生学习起点、学习目标的明晰，明确教师或学生通过哪些教学任务达成知识、思维、方法的目标，评估任务完成情况，提供学习支架，不断促进学习发生。学习评价是学生学习的"GPS"，解决了能否达到，怎样走最快、最好的问题。英语课结合"画廊漫步"教学策略，教师将目标的设定融入情景中，进一步设计出与学习目标相匹配的教学、

学习、评价活动。教师在设计海报主题时体现出一定的整合性和情境化，不仅仅是零散知识的集合。学生在绘制海报阶段，把之前"画廊漫步"中学习的知识应用到本组的作品中，这是学生在完成信息加工的学习过程。在参观评价其他组作品时，学生需要进行知识的筛选、判断、比较、评价，从而实现评价中的学习。学生依据指向目标的评价单进行评价，当学生回到自己组的作品前，对照目标，讨论他组给出的评价建议并修改作品时，实现对学习的再一次自评与反思。在借助"画廊漫步"策略的课堂中，教师的教是以目标为导向的教，评价促进了学生对学习的理解，同时也促进了教师进一步调整教学活动。化学课依据教、学、评一体化理念，确定评价目标，依据目标设计评价标准。设计支持学生达成目标的学习任务及学习资料，在实施过程中用适当的评价方式，评价与指导学与教的过程。物理课教、学、评一体化设计中，以评价带动学生有目标地学习，以评价引导教师有针对性地设计，让学生的进步可视化，预设各种情况，让课堂教学有的放矢。

教、学、评一体化设计是促进学生高品质学习的一体三面。教、学、评的一体性表现在它们均服务于同一个目的，即都是为了促进学生学并可以学会。但它们又在不同侧面发挥着各自的作用。"教"侧重于教师的教学设计与评价设计，也就是学习目标的确定、学习材料的选择、学习任务的设计（以及顺序安排），学生学习水平的界定（观察什么？是什么水平？），以及预设学习支架。"教"主要发生在"学"之前，"学"是"教"的设计现场化过程，侧重于学生的学习活动的组织、学习表现的观察与评估，以及对学生学习提供的支持（预设或生成）。"学"主要发生在学习之中。如果说"教"偏向于策划，"学"偏重于实施，那么，"评"既存在于策划之内又存在于实施过程之中。"评"是链接"教"与"学"的纽带。用"评"的视角观察"教"的设计与"学"的实施过程，不断比对、分析、调试，使"教"与"学"处在互动反馈循环之中，促进依"教"而学，以"学"定教。"评"是促进教师有证据地设计，学生有"目标"、有"意义"地学习的桥梁。"评"既可以发生在学习之前，也可以发生在学习之中或之后。教、学、评服务于同一个目的，又从各自侧面对促进学生高品质学习发挥着作用。以评促学、以学定教，教、学、评一体三面且相辅相成。

4.进行教、学、评一体化研究后测，反思研究过程，提炼研究结果

教、学、评一体化使教师更加清晰了解学情。"学情分析"这一指标体现了"以生为本"教育改革理念，是教师教和学生学的起点，是教学设计与有效实施的基础。通过后测问卷分析我们发现，有 82.6% 的教师能够借助技术手段调查学生学习的起点，98.1% 的教师能够根据学情合理定位学习目标，96.1% 的教师基本能够将评价贯穿于学生学习的全过程，并随时依据学情调整教学内容、难度及教学目标。

教师们说，通过教、学、评一体化的课题研究，他们对于评价手段有了更深刻的认识，评价不仅可以出现在学生学习之后，也可以出现在课堂学习之前或课堂学习过程之中。全程评价学生的学习水平，能够提高教学的针对性和适应性。同时，随着研究实践的不断深入，教师们也发现自己准确评价的技能，以及制定有层次的评价量规的技能还有待进一步提高。

在教、学、评一体化研究的后测中我们也发现学生侧的变化：有 77% 的学生认为自己的学习主体性有所提高，会主动批改作业并反思自己的问题，主动进行考试后的试卷分析，并依据自己的现状修订学习计划。有 71% 的学生还会主动观察同伴的学习情况，并与自己进行对比，优化自己的学习策略。但是，只有 47% 的学生愿意与老师沟通自己的学习情况，在与教师协同学习方面有待提高。

通过教、学、评一体化研究与实践，有近 88.5% 的学生认为自己的学习能力有所提高，有 92.3% 的学生自认为对学科学习的喜爱度增强了，有近 88.5% 的学生认为自己主动请教教师的次数增加了。通过研究后测我们发现，在教、学、评一体化的实践过程中，学生、教师、学校均得到了理论与实践上的发展。

六、课题研究的结论

（1）教、学、评一体化设计思路与实施路径对于实验学科具有普适价值。依托学科核心素养要求，根据学科内容标准和学业质量标准制定学生学习目标、评价目标，确定学习任务表现性评价水平，设计学习任务、学习活动组织形式，制作预习单、学习单和作业单，在学习活动全过程贯穿评价，评估学生的学习起点，预测学生的学习终点，依据学生学习过程的反馈，制定学习策

略，进行教学决策，有利于学生真实学习的发生。

（2）基于核心素养的单元教学设计，有利于促进学生深度学习的发生。学科核心素养是对核心素养的具体化，单元学习设计使学科核心素养得以实施。在进行单元学习设计的过程中，应用单元设计框架进行教、学、评一体化设计与实施效果显著。

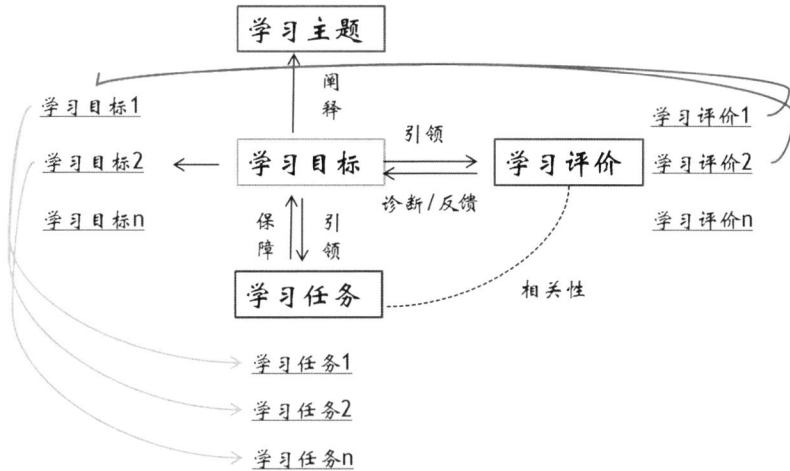

图 4　单元学习设计教、学、评一体化设计与实施框架 1

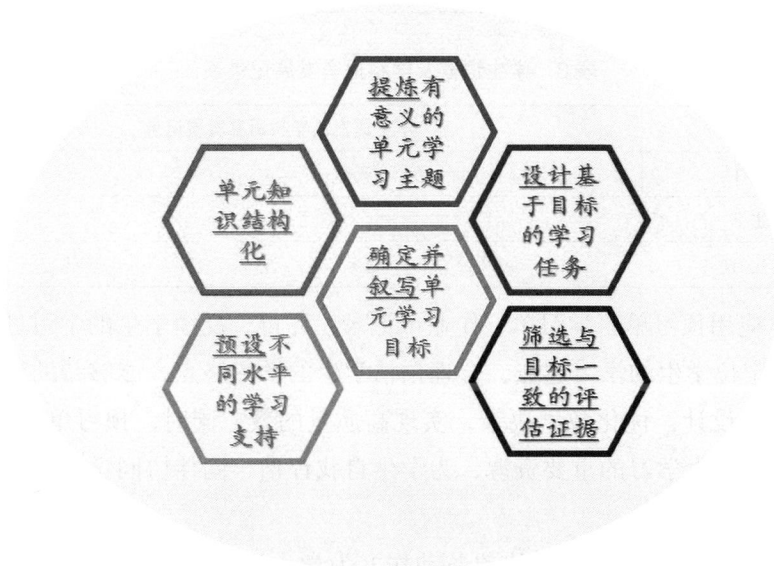

图 5　单元学习设计教、学、评一体化设计与实施框架 2

表1 单元学习设计教、学、评一体化设计与实施框架

学习主题			
学习目标	目标1		
	目标2		
	目标n		
学习任务	学习任务设计	学习活动组织方式设计	脚手架预设（语言、学习工具等）
	任务1： 任务2： 任务n：	任务1组织实施方式： 任务2组织实施方式： ……	任务1学习活动支持系统 任务2……
学习任务	学习评价设计	目标达成的证据（语言、作品类、客观试题等）	
	评价1： 评价2： ……	评价1： 语言类　水平1：　　　　水平2： 作品类　水平1：　　　　水平2： 客观试题类……	

表2 学生学习证据记录表

观察任务（评价）	学生学习表现记录（语言、作业作品、客观题等）
学生1	
学生2	
学生n	

表3 学生语言及学科语言发展记录表

观察对象	学生语言及学科语言发展记录
学生1	
学生2	
学生n	

（3）应用预习单、学习单、作业单记录，评价、反馈学生的学习过程，有助于准确定位学生的学习起点，合理预估学生的学习终点，能够帮助教师实施差异化教学设计，优化教学决策，实现高质量的教。同时，预习单、学习单、作业单也是学生学习的重要资源，为学生自我评估、同伴协同学习，提供了直观互动的媒介。

预习单是学习目标达成的预备动作，为学生后续课堂深度学习提供了必要的物质和精神准备。学生可以通过完成预习单唤醒/修补原有的与即将进

行的与课堂学习相关的（完成"挑战性任务"）基础知识与基本技能。通过完成预习单也可以将注意力分配在课上即将解决的问题上，帮助学生积蓄学习的心理能量。学习单是学习目标达成的必选动作，是实现学科价值与学生深度学习（学科核心素养）的脚手架。它包括：任务型学习单，如：化学课的自制简易净水器的制作方案，任务型学习单是问题解决的思维程序与框架，帮助学生获得学科思想方法。另外，还有问题型学习单、归纳反思型学习单等。作业单是学习目标达成的强化与拓展动作，是学生知识内化与素养形成关键环节，如：指向知识与技能的落实的知识巩固型作业、指向对所学知识的反思与质疑的拓展学习型作业等。

教师借力"三单"备课、上课，学生使用"三单"学习、落实。教师逆向备课设计：先确定目标（为什么学？），设计学习评价（学会了吗？），确定学习内容/素材（用什么学？），设计（组织素材）学习任务（学习什么？准备基础性任务/挑战性任务—巩固/拓展性任务），设计任务实施方式（怎么学？）。学生顺向学习。应用预习单、学习单、作业单"三单联动"转教为学，促进学生深度学习。

（4）进行教、学、评一体化教与学，能够双向促进师生成长。

通过教、学、评一体化研究后测我们发现，教师对学习评价重要性的认识普遍提高，对学生学习全过程评价的意识与技能有明显改善。教师们进一步明确了教、学、评一体化是促进学生有效学习的必要手段。评价不仅能够有效促进学习，评价本身也是学生学习的知识。在教、学、评一体化研究过程中我们不仅发现了教师的专业成长，同时也发现了学生通过评价知识、方法的学习，学习的自主性、学习动机、学习成绩、与同伴教师的协同关系等均有明显改善。

由此可见，教、学、评一体化能够双向促进师生的成长。

尽管如此，毕竟教、学、评一体化研究的时间不长，经验不足，在评价技术、评价的精准性等方面均有待提高。

七、课题研究的成效及主要成果

（一）课题研究的成效

教师们能够从学生"学"的视角出发，进行课程设计，并能够依据学生

"学"的思路进行课堂学习组织，尤其是通过研究课的备课与实施，每一位教师对自己学科专业有了更为深刻的理解。同时，教师们在教学过程中能更加准确实施"持续性评价"，基于目标进行"表现性学习任务／表现性学习评价"设计，并能有意识地在教学过程中保有"观察与评估"的意识与技术。

通过多次的理论学习与交流，课题组教师专业性得到了全面提升，大家更加明确了基于目标的教与有目的的学，在帮助学生整合碎片化信息中的作用与价值，更加明确了在教师教与学生学的过程中，持续对自己行为观察、评估，并与目标对比，对教与学有效性的意义。只有理论与实践相结合，才可能对理论进行实践性解读，才能形成情境化知识并获得可迁移的知识。只有不断地将实践与理论对照，相互印证、相互解释与丰富，才能将别人的知识变成"有我"的知识。

（二）课题研究期间的成果

1. 公开课

教师姓名	学科	课题
黄健	英语	Essay writing
张跃振	化学	高三化学复习
郭东辉	物理	动量守恒定律
徐乐	音乐	歌剧赏析（参与教、学、评活动）
黄思祺	数学	数列的应用——一个促销问题引发的思考（参与教、学、评活动）
张宏兴	政治	中国共产党领导的多党合作和政治协商制度的优越性
杜鑫雨	艺术	木头人的畅想——体积与空间（参与教、学、评活动）
陈新芳	生物	基因表达载体的构建（参与教、学、评活动）
郭东辉	物理	安培力的方向
黄健	英语	Spring Festival
张宏兴	政治	实践和认识的关系
张跃振	化学	电离平衡
邓超	信息技术	DNS 域名解析
张天宇	信息技术	DNS 域名解析
杨军	信息技术	DNS 域名解析

2. 课题论文撰写

教师姓名	论文名称
张宏兴	教学评一体化在思政课中的实践探究——以《国家的结构形式》为例
邓超	单元教学视域下的高中信息技术通信网络模块教学策略研究
邓超	机器会思考吗？——转动信息技术发展史的瞬间
张绪姝	基于课程标准的专业学习设计与实践研究 ——以"探究足量 Fe 粉与 0.5mol/L AgNO₃ 溶液反应的规律"为例

3. 学术主题发言

教师姓名	发言内容	覆盖范围
张绪姝	《应用深度学习教学实践模型的单元教学设计——以水溶液中的离子反应与平衡为例》	十五中及集团校教师
张绪姝	北师大学习共同体全国项目研究活动主题发言《基于证据的课堂观察与研究》	全国共同体项目校老师
张绪姝	西城区高二年级课题研究 8 中"深度学习的教学设计"课题组主题发言《深度学习教学设计——以沉淀溶解平衡为例》	西城区名校参与课题研究的教师
吕静	《应用深度学习教学实践模型的语文单元教学设计》	十五中及集团校教师
张宏兴	第四届学习共同体发言《关注学生学习历程，让真实学习发生》	全国共同体项目校老师

4. 撰写了 4 期高质量的"基于学科核心素养的教学评一体化设计研究"课题简报

时间	简报主题
2021 年 5 月	中小学学习共同体建设研究全国项目校展示活动
2021 年 6 月	学、评、教一体化设计的三单设计与前测数据研究
2021 年 10 月	北京市第十五中学全国研讨会中展示课反思和交流
2021 年 12 月	期末复习课学、评、教一体化设计案例分享
2022 年 5 月	中小学学习共同体建设研究全国项目校展示活动
2022 年 9 月	北京市第十五中学迎校庆青年教师基本功展示活动

执笔人：张绪姝、张天宇